Hans-Jürgen Steinmann, Diana Allwang

Verletzungen im Sport

Hans-Jürgen Steinmann, Diana Allwang

Verletzungen im Sport

vermeiden – behandeln – therapieren

URBAN & FISCHER
München · Jena

Zuschriften und Kritik an:
Elsevier GmbH, Urban & Fischer Verlag, Karlstraße 45, 80333 München

Wichtiger Hinweis für den Benutzer
Die Erkenntnisse in der Medizin unterliegen laufendem Wandel durch Forschung und klinische Erfahrungen. Die Autoren dieses Werkes haben große Sorgfalt darauf verwendet, dass die in diesem Werk gemachten therapeutischen Angaben dem derzeitigen Wissensstand entsprechen. Das entbindet den Nutzer dieses Werkes aber nicht von der Verpflichtung, die Übungsbeispiele auf individuelle Umsetzbarkeit zu überprüfen, an individuelle Bedürfnisse der Patienten zu adaptieren und – das therapeutische Personal betreffend – die Verordnung in eigener Verantwortung zu treffen.
Wie allgemein üblich wurden Warenzeichen bzw. Namen (z. B. bei Pharmapräparaten) nicht besonders gekennzeichnet.

Bibliografische Information der Deutschen Nationalbibliothek
Die Deutsche Nationalbibliothek verzeichnet diese Publikation in der Deutschen Nationalbibliografie; detaillierte bibliografische Daten sind im Internet über http://dnb.d-nb.de abrufbar.

Alle Rechte vorbehalten
1. Auflage 2009
© Elsevier GmbH, München
Der Urban & Fischer Verlag ist ein Imprint der Elsevier GmbH.

09   10   11   12   13   5   4   3   2   1

Das Werk einschließlich aller seiner Teile ist urheberrechtlich geschützt. Jede Verwertung außerhalb der engen Grenzen des Urheberrechtsgesetzes ist ohne Zustimmung des Verlages unzulässig und strafbar. Das gilt insbesondere für Vervielfältigungen, Übersetzungen, Mikroverfilmungen und die Einspeicherung und Verarbeitung in elektronischen Systemen.

Um den Textfluss nicht zu stören, wurde bei Patienten und Berufsbezeichnungen die grammatikalisch maskuline Form gewählt. Selbstverständlich sind in diesen Fällen immer Frauen und Männer gemeint.

Planung: Ines Mergenhagen, München
Lektorat: Hilke Dietrich, München
Herstellung: Hildegard Graf, München; Kadja Gericke, Proprint, Arnstorf
Satz: Kösel, Krugzell
Druck und Bindung: MKT-Print, Ljubljana/Slowenien
Umschlaggestaltung: SpieszDesign, Neu-Ulm
Titelfotografie: Fotolia

ISBN 978-3-437-48600-5

Aktuelle Informationen finden Sie im Internet unter **www.elsevier.de** und **www.elsevier.com**

Geleitwort

Für einen Sportler ist der Physiotherapeut der wichtigste Betreuer. Mittlerweile versuchen auch Ernährungsberater, Sportpsychologen und Osteopathen die Leistung der Athleten zu optimieren. Ein guter Physiotherapeut kann hier allerdings am meisten bewirken, ganze Prozente herausholen. Und dies vor dem Hintergrund, dass im Hochleistungssport nur noch Nuancen zwischen Sieg und Niederlage liegen und die Belastungen für den Sportler immer weiter zunehmen. Der Physiotherapeut wird dadurch noch wichtiger. Kein Betreuer nimmt einen derart direkten Einfluss auf den Athleten wie der Physiotherapeut. Der Trainer bestimmt die Taktik, der Arzt diagnostiziert, aber zuletzt liegt es immer an der Person mit den „magischen Händen", ob man etwa zwei Tage nach einer Muskelverletzung für ein olympisches Halbfinale wieder fit wird oder nicht. Einen guten „Physio" erkennt man daran, dass er nie einen fragenden, sondern immer einen wissenden Blick hat. Hans Jürgen Steinmann, der die deutschen Hockeynationalmannschaften 10 Jahre lang betreute und mich selbst 5 Jahre, hat einen solchen Blick: Sämtliche Erfahrungen, alle erdenklichen manuellen Techniken, Trainingsmöglichkeiten und Tapevarianten verschmelzen in diesem zu einer optimalen und schnellen Behandlung. Der „Steini" ist für uns Nationalspieler eine eigene Instanz. Und diese Instanz hat nun ihr Wissen aufgeschrieben. Der Weg zum wissenden Blick führt über dieses Buch.

Phillip Crone
Dreimaliger Weltmeister, olympischer Bronzemedaillengewinner von Athen und Hockey-Rekordnationalspieler.

Vorwort

Die physiotherapeutische Betreuung von Sportlern hat in den vergangenen Jahren an Bedeutung gewonnen. War früher eine sportphysiotherapeutische Versorgung lediglich Spitzensportlern und Profis vorbehalten, so können heute auch Amateure und Breitensportler über einen Therapeuten – einen „Physio" – verfügen. Gründe dafür sind nicht zuletzt die generell gestiegenen körperlichen Anforderungen im Sport.

Im Spitzensport ist eine adäquate sportphysiotherapeutische Betreuung besonders wichtig, wenn sich Einzelsportler und Mannschaften auf kommende saisonale Wettkampfereignisse vorbereiten oder mitten im Wettkampfgeschehen stehen. Nur mehr Sekundenbruchteile können über Sieg oder Niederlage, über Erfolg oder Misserfolg entscheiden. Um sportliche Höchstleistungen erbringen zu können, muss der Sportler daher bester physischer (und auch mentaler) Verfassung sein und einen optimalen Trainingszustand vorweisen können. Fehler in der Ernährung, unphysiologische und unökonomische Belastungszustände oder muskuläre Dysbalancen, aber auch bereits kleinste Verletzungen können dem entgegenwirken. Es gilt, diese zugunsten optimaler Belastungsverhältnisse zu vermeiden.

Ein gut ausgebildeter Sportphysiotherapeut spielt bei der Betreuung aktiver Sportler – nicht nur während des Trainings, sondern auch während des Wettkampfes – eine bedeutende Rolle. Die genaue Kenntnis funktioneller Bewegungsabläufe, anatomischer Strukturen und physiologischer Verhältnisse im und um den Muskel sind dabei genauso wichtig wie die Prävention und Rehabilitation.

Eine spezielle Zusatzausbildung zum Sportphysiotherapeuten und in den verschiedenen Techniken ist deshalb obligatorisch.

Das vorliegende Buch resultiert aus 20 Jahren Erfahrung im Bereich der Betreuung von Sportlern und gründet konkret auf Fragen und Anregungen von Teilnehmern des Fortbildungslehrganges Sportphysiotherapie:

Was sind meine Aufgaben als Sportphysiotherpeut? Welche Ausrüstung benötige ich? Was erwarten Trainer und Sportler von mir? Welche Informationen brauche ich für eine adäquate, kompetente Betreuung von Sportlern? Welche Produkte/Techniken/Verbände wende ich wann an? Wie baue ich eine sportspezifische Behandlungskette auf (Prävention, Behandlung, Widereingliederung in Training und Wettkampf)?

Das Buch richtet sich im Besonderen an Sportphysiotherapeuten, die sich haupt- oder nebenberuflich der Betreuung von Einzel- und

Mannschaftssportlern verschrieben haben. Auf sie zielen die spezifischen Inhalte der Kapitel über sportphysiotherapeutische Maßnahmen (z. B. Verbände, Manuelle Therapie, Manuelle Lymphdrainage, Elektrotherapie), Sportverletzungen und ihre Behandlung sowie Medizinisches Aufbautraining. Darüber hinaus finden auch Sportler, Trainer und Betreuer zahlreiche praxisnahe und konkrete Tipps und Informationen, etwa zur richtigen Bekleidung und Schuhwahl, zur Ernährung, zum Training motorischer Fähigkeiten, zur Prävention von Verletzungen, zur Ersten Hilfe nach Verletzungen sowie zur allgemeinen Trainings- und Wettkampfbetreuung. Das Buch bietet dem Anfänger alle notwendigen Informationen für den Einstieg in die Sportbetreuung und dem Fortgeschrittenen eine Erweiterung seines Wissens.

Großer Dank für den immerwährenden Beistand und die Geduld bis zur Fertigstellung des Buches gebührt den beiden Lektorinnen, Frau Ines Mergenhagen und Frau Hilke Dietrich.
Ein besonderer Dank geht an den ehemaligen Kollegen und Hockey-Nationalmannschaftstherapeuten, Hans Georg Horn, für seine fachliche und inhaltliche Unterstützung. Beide Autoren danken nicht zuletzt ihren Familien für die stetige moralische Unterstützung.

Porta Westfalica/Wartenberg, im Sommer 2008
Hans-Jürgen Steinmann/Diana Allwang

Abbildungsnachweis

Abb. 3.1, 3.2, 7.1, 10.1, 10.3, 11.1 Gerda Raichle, Ulm
Abb. 10.7, 10.12, 11.3, 11.5 Boris Löffert – Photografie
aus: Medizinisches Aufbautraining, H.-G. Horn, H.-J. Steinmann, 2. Aufl., Urban&Fischer Verlag/Elsevier GmbH, München 2001
Abb. 11.2 Ch. Mächler, Marburg
Alle nicht aufgeführten Fotos: H.-J. Steinmann, Porta-Westfalica

Abkürzungsverzeichnis

Abb.	Abbildung	lat.	Lateral
ABD	Abduktion	LP	Modules en longue periodes
ADD	Adduktion		
AR	Außenrotation		
ASTE	Ausgangsstellung	mA	Milliampére
		max.	maximal
bzw.	beziehungsweise	MF	Monophasé fixe
		Min.	Minute
cm	Zentimeter	min.	minimal
CP	Modules en courtes periodes	ms	Millisekunde
		n.	nach
DE	Dorsalextension		
DF	Diphasé fixe	PIR	Postisometrische Relaxation
d.h.	das heißt		
dist.	distal	prox.	proximal
EMS	Elektromyostimulation	RL	Rückenlage
evtl.	eventuell	Sek.	Sekunde
Ext.	Extension	SIAS	Spina iliaca anterior superior
Flex.	Flexion	SIPS	Spina iliaca posterior superior
ggf.	gegebenenfalls	Std.	Stunde
		Sup.	Supination
HF	Herzfrequenz		
Hz	Hertz	Tab.	Tabelle
		TENS	transkutane elektrische Nervenstimulation
IR	Innenrotation		
Kap.	Kapitel	z.B.	zum Beispiel

Inhalt

Geleitwort V
Vorwort VI
Abbildungsnachweis VIII
Abkürzungsverzeichnis IX

1 Das Team in der Sportbetreuung 1

2 Funktionsbekleidung und Sportschuhe 5
2.1 Bekleidung (Sommer- und Winterbekleidung) 5
2.2 Sportschuhe 7
2.2.1 Kriterien für die Schuhauswahl 7
2.2.2 Sportschuhe für spezielle Anforderungen 11
2.2.3 Schuhschnürungen 13
2.2.4 Einlagenversorgung 15

3 Ernährung im Sport 16
3.1 Nährstoffgruppen 16
3.2 Physiologische Grundlagen der Energie-
     bereitstellung im Muskel 23
3.3 Sportartspezifischer Nährstoffbedarf 27
3.4 Ernährung in speziellen Trainingsphasen 31

**4 Training motorischer Fähigkeiten zur
     Prävention von Verletzungen** 35
4.1 Allgemeine Prävention von Sportverletzungen 35
4.2 Kraft 37
4.3 Ausdauer 43
4.4 Schnelligkeit 47
4.5 Koordination 48
4.6 Beweglichkeit 53

5 Trainings- und Wettkampfbetreuung 58
5.1 Trainings- und Wettkampfvorbereitung 58
5.1.1 Aufwärmen für Training und Wettkampf – „Warm up" ... 58
5.1.2 Ernährung vor dem Training und Wettkampf 67
5.1.3 Spezielle Wettkampfvorbereitung 67

5.2	Betreuung während des Wettkampfes	68
5.3	Trainings- und Wettkampfnachbereitung	68
5.3.1	Abwärmen – „Cool down"	68
5.3.2	Entmüdende Maßnahmen	69
5.3.3	Ernährung nach dem Training und Wettkampf	72
5.4	Trainingslager und Wettkämpfe im Ausland	72

6 Die Ausrüstung des Sportphysiotherapeuten ... 77

7 Erste Hilfe nach Verletzungen ... 82

7.1	Grundlagen der Wundheilung	82
7.2	Das PECH-Schema (nach Böhmer)	83
7.3	Hautverletzungen	85
7.3.1	Wundversorgung bei offenen Hautverletzungen	85
7.3.2	Versorgung typischer Hautverletzungen	88
7.4	Knochen- und Gelenksverletzungen	90
7.5	Gefahren bei Hitze	92
7.6	Kreislaufprobleme	93
7.7	Kopfverletzungen	96
7.8	Verletzungen an Gesicht und Hals	99
7.9	Thoraxverletzungen	100
7.10	Bauch- und Unterleibsverletzungen	101

8 Medikamente in der Sportphysiotherapie ... 103

8.1	Externa – Medikamente zur äußerlichen Anwendung	103
8.2	Die homöopathische Apotheke	105
8.3	Leistungssteigernde Medikamente/Doping	107

9 Sportphysiotherapeutische und physikalische Maßnahmen ... 113

9.1	Massagen	113
9.1.1	Klassische Massage	113
9.1.2	Sportmassage	115
9.1.3	Stäbchenmassage	116
9.1.4	Vakuummassage	117
9.1.5	Kombinationsmassage nach Prof. Schoberth	117
9.2	Manuelle Lymphdrainage	118

9.3	**Thermotherapie**	123
9.3.1	Wärmetherapie	123
9.3.2	Kältetherapie	125
9.4	**Elektrotherapie**	128
9.4.1	Ultraschall	130
9.4.2	Galvanischer Strom (Gleichstrom)	134
9.4.3	Diadynamische Ströme nach Bernard	137
9.4.4	Ultrareizstrom (n. Träbert)	138
9.4.5	Interferenzstrom	138
9.4.6	Transkutane elektrische Nervenstimulation (TENS)	139
9.4.7	Elektromyostimulation (EMS)	140
10	**Typische Sportverletzungen und ihre Behandlung**	142
10.1	**Ursachen von Sportverletzungen und Sportschäden**	142
10.2	**Verletzungen der Muskulatur**	145
10.2.1	Muskelkater	145
10.2.2	Muskelkrampf	147
10.2.3	Myofasziale Trigger-Points, Myogelosen	149
10.2.4	Muskelprellung	151
10.2.5	Muskelzerrung	156
10.2.6	Muskelfaserriss	158
10.2.7	Muskelriss	162
10.2.8	Kompartmentsyndrom	164
10.3	**Verletzungen der Sehnen und Sehnenscheiden**	167
10.3.1	Tendopathie, Insertionstendopathie	167
10.3.2	Peritendinitis, Tendovaginitis	172
10.3.3	Sehnenriss	174
10.4	**Verletzungen der Bänder und Gelenke**	178
10.4.1	Distorsion	178
10.4.2	Bänderriss	179
10.4.3	Luxation	184
10.4.4	Bursitis	186
10.4.5	Meniskusverletzungen	188
10.5	**Verletzungen der Knochen**	191
10.5.1	Periostitis	191
10.5.2	Stressfraktur	192
10.5.3	Fraktur	193

11	**Medizinisches Aufbautraining nach Verletzungen**	195
11.1	**Befunderhebung**	197
11.1.1	Befunderhebung im Akutfall	209
11.1.2	Befundaufnahme bei subakuten und rezidivierenden Beschwerden	211
11.1.3	Die Spielerkartei	216
11.2	**Die Phasen der Rehabilitation**	217
11.2.1	Phase 1 – Frühfunktionelle Therapie	218
11.2.2	Phase 2 – Stabilisation, funktionelles Muskelkrafttraining	219
11.2.3	Phase 3 – Funktionelles Muskelaufbautraining	220
11.2.4	Phase 4 – Sportspezifisches Training, Muskelbelastungstraining	221
11.3	**Sport- und Wettkampffähigkeit – biomechanische Überlegungen**	222
11.4	**Beispiele für die praktische Durchführung des MAT**	223
11.4.1	Krafttraining	224
11.4.2	Ausdauertraining	226
11.4.3	Schnelligkeitstraining	232
11.4.4	Propriozeptions- und Koordinationstraining	233
11.4.5	Beweglichkeitstraining	239
12	**Verbände und Orthesen**	272
12.1	**Funktionelle Verbände (Taping)**	272
12.1.1	Klassifizierung funktioneller Verbände	273
12.1.2	Indikationen und Kontraindikationen	274
12.1.3	Verbandsmaterialien	276
12.1.4	Anlegen und Aufbau funktioneller Verbände	280
12.1.5	Ausgewählte funktionelle Verbände am Bewegungsapparat	284
12.2	**Kinesio®-Tapes**	305
12.2.1	Wirkprinzipien	305
12.2.2	Indikationen	306
12.2.3	Verbandsmaterial	307
12.2.4	Anlegen von Kinesio®-Tapes	308
12.2.5	Ausgewählte Kinesio®-Tape-Verbände	313
12.3	**Orthesen und andere externe Stabilisatoren**	319
Literatur		321
Register		322

1 Das Team in der Sportbetreuung

Bei der Betreuung von Sportlern arbeiten Trainer, Arzt, Physiotherapeut und der Sportler selbst eng zusammen. Ein ständiger Austausch schafft Kompetenz, gegenseitiges Verständnis und Vertrauen. Dadurch werden Standesdünkel abgebaut und es entsteht ein „Wir-Gefühl", welches (früher oder später) zu einem gemeinsamen Erfolg führt. Dennoch übernimmt jeder der Genannten seine eigene Rolle.

Sportler

Der Sportler steht im Mittelpunkt des Interesses von Trainer und Betreuerstab. Sein Ziel ist es, die eigene Leistung durch Training zu verbessern und seine Gesundheit zu fördern bzw. zu erhalten. Der Athlet sollte den vom Trainer erarbeiteten Trainingsplan gewissenhaft durchführen und die festgelegten Intensitäten, Umfänge und Belastungsdichten einhalten. Er sollte diese nicht unter-, aber auch nicht überschreiten. Füllt er die Regenerationstage oder -phasen eigenmächtig mit zusätzlichen Trainingseinheiten, kann es schnell zu einem Übertrainingssyndrom kommen und die Leistung abfallen. Eine ständige Absprache zwischen Sportler und Trainer ist daher unerlässlich.

Auch wenn beispielsweise ein Handballer lieber mit dem Ball arbeitet, ist ein allgemeines Basistraining für Kraft, Ausdauer, Schnelligkeit, Koordination und Beweglichkeit obligatorisch. Es dient nicht nur der allgemeinen Leistungsverbesserung, sondern ist auch präventiv wirksam (als Verletzungsprophylaxe, ☞ Kap. 4).

Bei ersten Anzeichen einer Verletzung oder bei Infekten muss der Athlet eigenverantwortlich und adäquat handeln. Er darf die Symptome nicht verdrängen und sollte sich an die Anweisungen des Arztes oder Therapeuten halten, um chronischen Schaden zu vermeiden.

Trainer

Auch der Trainer trägt eine große Verantwortung für die Gesundheit des Sportlers. Er darf diesen nicht überfordern und Verletzungen nicht bagatellisieren. Eine Jahresplanung mit einer guten athletischen Vorbereitung und ausreichender Regeneration nach intensiven Belastungsphasen ist die Basis für eine erfolgreiche, verletzungsfreie Saison.

Ein geschulter Trainer erkennt die Stärken und Schwächen eines Sportlers und zeigt Wege auf, die Defizite auszugleichen. Er sieht Fehler in der technischen Übungsausführung und korrigiert diese, um Fehlbelastungen vorzubeugen bzw. zu vermeiden. Diesbezüglich sollte der Trainer auch offen sein für Anregungen von Spezialisten, die oftmals bei der Gestaltung gymnastischer Programme helfen oder Modifikationen von ungünstigen Übungen bereitstellen. Andernfalls können diese Übungen dem Sportler mehr schaden als nutzen (auch wenn man früher mit „Entengang" und „Klappmessern" Weltmeister geworden ist). Der Trainer sollte keinen Sportler gegen den Rat des Arztes oder Therapeuten motivieren, zu früh mit dem Training einzusetzen oder an Wettkämpfen teilzunehmen.

Mannschaftsarzt

Der Tätigkeitsbereich des Arztes ist vielfältig. Bei Kaderathleten führt er jährlich die Untersuchung der allgemeinen Sport- und Wettkampftauglichkeit durch. Sie umfasst neben der Erhebung des orthopädischen Status auch eine internistische Untersuchung mit EKG und Laborparametern. Der Arzt bespricht die Resultate mit dem Athleten und gibt Empfehlungen. Vor Auslandsaufenthalten überprüft er den Impfstatus und ergänzt ihn gegebenenfalls. In die Ablauforganisation eines solchen Aufenthaltes ist er einbezogen, um Tipps zu geben bei einer eventuellen Nahrungsumstellung, beim Umgang mit Jetlag und Zeitverschiebung, bei klimatischen Besonderheiten usw.

Im Training und Wettkampf steht der Arzt als Praktiker und Diagnostiker bereit und entscheidet bei Verletzungen, Krankheiten u. Ä., ob ein Athlet weitermachen kann oder abbrechen muss. Er leitet die weiterführende Diagnostik ein (z. B. Röntgenuntersuchung) und bestimmt und koordiniert die weitere Therapie. Eine enge Zusammenarbeit mit Institutionen wie Olympiastützpunkt, sportmedizinischen Einrichtungen und Leistungsdiagnostikern ist bei der Betreuung von Kaderathleten wichtig. Vom Arzt erhält der Trainer die Information über die Verletzung des Sportlers und über die voraussichtliche Ausfallzeit. Bei der Wiedereingliederung in das Training oder Spiel schlägt der Arzt den Zeitpunkt und die Dauer der Belastung vor.

Besonders wichtig ist eine gute Zusammenarbeit zwischen Arzt und Physiotherapeut. Unterschiedliche Auffassungen zu einer Verletzung oder zum Therapieaufbau können zwar vorkommen, müssen aber intern besprochen werden. Um eine Verunsicherung des Sportlers zu vermeiden, zählt vor diesem nur eine gemeinsame Meinung.

Sportphysiotherapeut

Das Tätigkeitsfeld des Therapeuten liegt in erster Linie in der Therapie nach Verletzungen im orthopädisch/traumatischen Bereich. Gute Kenntnisse in orthopädischen Untersuchungs- und Behandlungstechniken, komplexer physikalischer Entstauungstherapie (Manuelle Lymphdrainage und Kompression) sowie medizinischer Trainingstherapie sind daher unverzichtbar. Ausbildungsstand und Erfahrung im zu betreuenden Bereich sind entscheidende Größen. Und da sich die Medizin ständig weiterentwickelt, ist die stete Bereitschaft zur Fortbildung Basis für ein erfolgreiches Arbeiten.

Wichtig ist aber auch, als Therapeut die Grenzen seiner Zuständigkeit zu kennen. So darf ein manualtechnisch ausgebildeter Physiotherapeut Gelenke mobilisieren, aber keine Chirotherapie durchführen. Und Medikamente dürfen nur mit Zustimmung des Arztes verabreicht werden. Es sei denn, der Sportler vertraut sie dem Therapeuten zur Aufbewahrung an. Grundsätzlich jedoch stellt der gemeinsame Einsatz von Arzt und Therapeut das Idealbild einer Sportbetreuung dar. Dabei unterstützt der Therapeut den Arzt bei der (Erst-) Versorgung und Behandlung von Verletzungen. Ist kein Arzt anwesend, ist der Therapeut allerdings allein verantwortlich. So leitet er beispielsweise auch die Erstversorgung nach Verletzungen ein. Rechtlich gesehen, als Erfüllungs- und Verrichtungsgehilfe, darf der Therapeut lediglich einen Befund erheben, aber keine Diagnose stellen. Hier muss er abwägen, wie ernst die Verletzung ist und im Zweifelsfalle immer im Interesse des Sportlers handeln und ihn in ärztliche Behandlung übergeben oder in ein Krankenhaus bringen lassen.

Für den Therapeuten (ebenso wie für den Arzt) ist es wichtig, das Training oder den Wettkampf aufmerksam zu verfolgen, da bereits ein Unfallhergang Hinweise auf die Verletzung, die verletzten Strukturen geben kann. Getreu dem Motto „Vorsicht ist besser als Nachsicht" ist es jedoch wichtiger, den Sportler stets anzuhalten, seine persönliche Schutzkleidung zu tragen. Günstig ist, wenn der Physiotherapeut die von ihm zu betreuende Sportart gut kennt oder sie selbst betrieben hat.

Nach Verletzungen erstellt der Therapeut einen Befund und führt die (in Rücksprache mit dem Arzt) festgelegte Therapie einschließlich des Aufbautrainings so lange durch, bis der Athlet wieder mit dem Trainer und der Mannschaft arbeiten kann.

Zu den weiteren Aufgaben des Physiotherapeuten gehören präventive und regenerative Maßnahmen wie Massagen, das Leiten oder Begleiten des Auf- und Abwärmens sowie das Erarbeiten spezieller Gymnastikprogramme. Im persönlichen Gespräch mit dem Trainer kann der Therapeut über Modifikationen von Trainingsinhalten beraten, sofern sie den funktionell-anatomischen und biomechanischen Bereich betreffen. Hierbei sollten beide Seiten den jeweils anderen als Fachmann auf seinem Gebiet anerkennen.

Der Therapeut hat in der Regel einen sehr intensiven Kontakt zum Sportler und sollte neben seiner fachlichen Kompetenz menschlich anerkannt sein, um ein Vertrauensverhältnis aufbauen zu können. Das Behandlungszimmer ist oft ein „gesellschaftlicher Treffpunkt" der Athleten und der Physiotherapeut oft der „Kummerkasten" für Athletenfrust. Dennoch ist er auch Teil der „Offiziellen" und nimmt damit eine Zwitterfunktion ein. Informationen, die er vom Trainer über den Sportler erfährt oder umgekehrt, dürfen nicht ohne weiteres weitergegeben werden. Das gegenseitige Vertrauensverhältnis ist sonst zerstört.

2 Funktionsbekleidung und Sportschuhe

Die Bekleidung sollte bequem, funktionell und in jedem Falle der Witterung angepasst sein – ob Hitze oder Kälte, Regen oder Sturm (☞ Kap. 2.1). Sie dient damit nicht nur dem Schutz vor möglichen ungünstigen Wetterverhältnissen, sondern muss auch die **Schweißableitung** gewährleisten. Die Auswahl der Sportschuhe richtet sich zusätzlich nach den unterschiedlichen Terrains – ob Halle oder Natur, Straße oder Waldweg, Sommer oder Winter, Training oder Wettkampf, für jeden Einsatzbereich gibt es speziell konzipierte Schuhe (☞ Kap. 2.2).

2.1 Bekleidung (Sommer- und Winterbekleidung)

Selbst bei intensiver körperlicher Belastung sollte die Körperkerntemperatur bei unterschiedlichsten Witterungsbedingungen stets zwischen 36 °C und 38 °C bleiben. Die Bekleidung ist es, die uns diese Grenzen nicht über- oder unterschreiten lässt. Dabei ist neben der Umgebungstemperatur immer auch die „Wärmeintensität" der jeweiligen Sportart zu beachten. So gibt es für jede Sportart, ob in der Halle oder draußen betrieben, spezielle Funktionskleidung, die den jeweiligen Anforderungen anpasst ist, genügend Bewegungsfreiheit zulässt und den Wärmehaushalt reguliert. Unangepasste Kleidung führt zu einem höheren Energieverbrauch und dadurch unter Umständen zu einer geringeren Konzentration. Außerdem besteht die Gefahr der Verkühlung von Muskeln oder inneren Organen, was zu Verspannungen oder Infekten führen kann.

Funktionskleidung besteht aus modernen Mikrofasern und ist **atmungsaktiv**. Sie leitet den Schweiß von der Haut weg und gewährleistet damit, dass die Haut nicht nass wird. Gleichzeitig und durch das Tragen **mehrerer funktioneller Bekleidungsschichten** (vor allem im Winter) hält sie den Körper warm und schützt ihn vor Auskühlung, etwa bei Regen und Wind. So sollte bereits die Unterwäsche funktionell sein. Dagegen ist Baumwolle nur bedingt geeignet, da sie den Schweiß nicht weiterleiten kann. Sie speichert die

Feuchtigkeit und verliert damit ihre wärmeisolierende Eigenschaft. Ein Effekt, der durch Wind noch verstärkt wird. Außerdem begünstigt Baumwollkleidung ein Wundscheuern der Haut, das es zu vermeiden gilt.

Sommerbekleidung

Um bei hohen bzw. höheren Temperaturen eine Überwärmung des Körpers zu vermeiden, sollte leichte und locker sitzende Bekleidung getragen werden. Lockere Kleidung ist luftiger. Wer allerdings zu Wundreiben neigt, sollte eng anliegende Textilien wählen.

- Unterwäsche: Kurze Unterwäsche, die den Schweiß vom Körper wegleitet.
- Sporthose: Kurze Sporthose, die bei Sportlern als oberschenkellange Tight getragen werden kann, um ein Wundreiben der Oberschenkelinnenseiten zu verhindern.
- Oberteil: Bei warmem Wetter ist ein kurzärmeliges Funktionshirt optimal (z. B. Climalite), welches den Schweiß von der Haut wegtransportiert. Zu beachten ist auch, dass dunkle Kleidung das UV-Licht besser absorbiert als helle Kleidung. Bei kühlerem Wetter empfiehlt sich ein Langarmshirt, das durch eine Weste ergänzt werden kann.
- Socken: Dünne, atmungsaktive Socken ohne Naht halten die Füße trocken und vermeiden Blasenbildung. Die Socken müssen faltenfrei sitzen.
- Laufkappe: Eine dünne, atmungsaktive Kappe schützt den Kopf vor intensiver Sonnenbestrahlung.

Winterbekleidung

Je nach Wetter sollte man sich durch mehrere, aufeinander abgestimmte Kleidungsschichten vor kalten Temperaturen schützen. Die körpernahe, **innere Schicht** (Sportunterwäsche) sorgt für den schnellen Abtransport von Schweiß und hält dadurch trocken. Hierbei hat eng anliegende Kleidung den Vorteil, dass sie nicht scheuert und ein Wundreiben verhindert wird. Die **mittlere Schicht** ist je nach Außentemperaturen unterschiedlich. Sie soll den Körper in erster Linie warm halten, sollte sich aber auch durch ein geringes Gewicht auszeichnen. Dafür eignet sich Fleece, weil diese Fasern in unterschiedlichen Stärken eine gute Wärmeisolierung bieten. Die **äußere Schicht** ist wetterabhängig. Winddichte, aber atmungsaktive Westen und/oder Jacken sind zu empfehlen. Mikrofasern stehen dabei für die beste Atmungsaktivität, eine Membran schützt hingegen zuverlässiger gegen Regen, Schnee und Wind (z. B. Goretex).

- Unterwäsche (innere Schicht): Winterunterwäsche sollte langärmelig bzw. langbeinig und atmungsaktiv sein, eng am Körper anliegen und an den Bündchen dicht abschließen.
- Oberteil und Hose (mittlere und äußere Schicht): Bei kühlerem oder kaltem Wetter sollte ein langärmeliges, aber leichtes Funktionshirt getragen werden (am besten aus Fleece), dass ggf. mit einer atmungsaktiven Weste/Jacke ergänzt wird. In jedem Falle sollte bei kalter Witterung eine lange Hose getragen werden.
Auch der Abstand zwischen mittlerer und äußerer Schicht sollte nicht zu groß sein, da die Schweißableitung und ein optimales Körperklima noch gewährleistet sein müssen.
- Socken: Dickere, atmungsaktive Socken halten die Füße trocken und warm. Die Socken sollten keine Falten und Nähte haben, um Blasenbildung zu vermeiden.
- Mütze: Über den Kopf werden mindestens 40% der Körperwärme abgegeben. Er ist der Körperteil mit dem größten Wärmeverlust und sollte, auch bei dichtem Haarwuchs, mit einer Mütze geschützt werden.
- Handschuhe: Dünne Handschuhe schützen die Hände vor dem Auskühlen. Sie sollten wind- und wasserdicht sein.

Sportartspezifische Bekleidung

Bei einer Vielzahl von Sportarten (Judo, Boxen, Reiten, Fechten etc.) ist es notwendig, eine spezielle Kleidung und Schutzausrüstung zu tragen. Sportler und Physiotherapeut sollten auf einen ordnungsgemäßen Zustand der Kleidung achten. Protektoren wie Reitkappe, Schutzmaske, Handschuhe, Schienbein- und Rückenprotektoren müssen unbedingt getragen werden.

2.2 Sportschuhe

Das Finden des geeigneten Sportschuhs ist beinahe eine Wissenschaft für sich, denn die Ansprüche an einen solchen sind höchst unterschiedlich und individuell und ergeben sich auch aus den unterschiedlichen Sportarten.

2.2.1 Kriterien für die Schuhauswahl

Entscheidend für die Auswahl des optimalen Schuhs sind neben **Fußtyp** auch das **Körpergewicht**, die zu erwartende **Laufbelastung** (Umfang), der **Laufuntergrund** sowie die **Laufintensität** (schnell oder locker).

Ein optimaler Sportschuh sollte den Fuß führen, stabilisieren und dämpfen. Alle drei Eigenschaften in einem Schuh jedoch zu vereinen, ist nahezu unmöglich. Deshalb wird bei einzelnen Sportschuhen immer eine der genannten Funktionen überwiegen.

- **Stabilschuhe:** Schuhe die vorrangig Stabilität bieten, werden häufig auch als Stabilschuhe bezeichnet. Sie sind für Normalfußläufer mit normaler Pronation und leichtgewichtige Überpronierer geeignet.
- **Stabilitätsschuhe:** Schuhe, die Fehlbelastungen korrigieren, nennt man Stabilitätsschuhe. Sie sind für Überpronierer und schwergewichtige Sportler gemacht und durch eine Stabilitätsstütze an der Innenseite gekennzeichnet.
  Anfänglich können die Schuhe zwar unbequem sein, langfristig jedoch überwiegen die günstigeren Belastungsmuster.
- **Dämpfungsschuhe:** Schuhe mit guten Dämpfungseigenschaften haben eine weiche Zwischensohle und ein hohes Maß an Flexibilität durch den Aufbau auf einen gebogenen Leisten. Sportler mit Normalfuß oder Unterpronation sowie Sportler mit Hohlfuß profitieren von diesen Eigenschaften.
  Dämpfungsschuhe sind sehr bequem. Verliert der Schuh im Laufe der Zeit jedoch seine Dämpfungseigenschaft, können angrenzende Gelenke (Knie- und Hüftgelenk) vermehrt belastet werden. Der Schuh sollte rechtzeitig ausgewechselt werden.

Um generell ungünstige Belastungsmuster zu minimieren, können individuell angepasste Einlagen in den Sportschuhen verwendet werden (☞ Kap. 2.2.4).

Bestimmen des Fußtyps

Eine einfache Möglichkeit einen Fußabdruck zu erhalten ist, sich mit nassen Füssen auf eine wassersaugende Unterlage zu stellen (z. B. Löschpapier). Genaueren Aufschluss bietet der Fußabdruck auf Druckpapier. Optimal ist ein computergestütztes Abdruckprofil. Dieses hat den Vorteil, dass innerhalb der Fußform Zonen mit unterschiedlicher Druckbelastung sichtbar werden. Nur so ist auch eine optimale Einlagenversorgung möglich.

- **Normalfuß:** Durch die physiologische Stütze der Fußgewölbe sind beim normalen Fuß der Vor-, Mittel- und Rückfußbereich als Abdruck gut sichtbar.
- **Senkfuß:** Durch den Verlust der Gewölbespannung ist beim Senk-, Spreiz- und Plattfuß der Fuß im gesamten Abdruck zu sehen. Beim Laufen knickt der Fuß nach der Landephase verstärkt nach innen ein (Überpronation).

- **Hohlfuß:** Beim Hohlfuß ist ein Abdruck lediglich im Vor- und Rückfußbereich sichtbar. Der Mittelfuß zeichnet sich lediglich an der Außenseite ab. Da dieser Fußtyp in der Landephase zu wenig nach innen einknickt (Unterpronation), wird der Fuß insgesamt zu wenig gedämpft.

Laufbandanalyse

Anhand einer videoüberwachten Laufbandanalyse erhält man wichtige Informationen über die Fußform/Fußtyp, das Laufverhalten und schlussendlich für die daraus resultierende Schuhauswahl. Hierbei muss zuerst einmal barfuss gelaufen werden. Anhand der ermittelten Daten werden dann die optimalen Sportschuhe ausgesucht, die dann wiederum auf dem Laufband getestet werden sollten. Es ist hilfreich, bereits getragene Laufschuhe mitzubringen, denn Schuhabrieb und Scheuerstellen können Hinweise auf mögliche Fehlbelastungen geben.

Laufuntergründe

Der Laufuntergrund wirkt auf unterschiedlichste Weise auf die Be- und Entlastung des Bewegungsapparates zurück. So kann einerseits ein Laufuntergrund mit verantwortlich sein für die Entstehung von Verletzungen und Überlastungsschäden. Andererseits werden verschiedenartige Untergründe als Unterstützung bei der Wiedereingliederung in sportliche Aktivitäten genutzt.
Bei allen Laufuntergründen (und von diesen unabhängig) gelten für das **bergab** und **bergan** laufen generelle Regeln, um Reizungen und/oder Überlastungen der Schienbeinmuskulatur und der Patella sowie der Achillessehne zu vermeiden:

> **Merke**
> - bergab: Geschwindigkeit reduzieren, Schritt verkürzen, über den Vorfuß abfedern
> - bergan: Schritt verkürzen, Oberkörper nach vorne neigen, über den Vorfuß laufen.

Asphalt

hat wenig dämpfende Eigenschaften, daher ist er für Sportler mit Rückenproblemen und Schwergewichtige ungünstig. Vorfußläufer jedoch und ein Laufschuh mit guten Dämpfungseigenschaften können diese negativen Aspekte ausgleichen.
Der Vorteil beim Laufen auf Asphalt ist die normalerweise gleichmäßige und ebene Oberfläche, wovon Sportler mit Achillessehnen-

problemen dann auch profitieren können. Allerdings ist es bei Wölbungen in der Straßenmitte empfehlenswert, einen Teil der Strecke auf der linken Straßenseite, den anderen auf der rechten zu laufen oder die gesamte Strecke in der Straßenmitte selbst. Da längeres laufen auf schrägem Untergrund die Achillessehne erheblich belastet, können durch den Seitenwechsel einseitige Belastungen kompensiert werden.

Befestigte Wald- und Naturwege
sind für längere Laufumfänge ideal, da sie eine gute Dämpfung gewährleisten. Sie führen am Bewegungsapparat selten zur Gewöhnung, da jeder Kilometer anders ist.

Trial
Als Trial werden Wegabschnitte bezeichnet, die durch Wiesen und Wälder gehen und nicht präpariert sind. Sie sind koordinativ sehr anspruchsvoll. Die Gefahr einer Verletzung durch Umknicken und Überlasten der Achillessehne ist aber sehr groß.

Sand
bietet einerseits den Vorteil, dass Fuß- und Beinmuskulatur optimal gekräftigt und die Koordination geschult wird. Andererseits benötigt ein Sportler für jeden Schritt auch mehr Kraft, da der Fuß tief einsinkt. Dies lässt die Muskeln schneller ermüden und die Achillessehne kann überanstrengt werden. Ein Training auf Sand sollte daher einen gewissen zeitlichen Rahmen nicht überschreiten. Außerdem sollte bei zum Wasser abfallendem Sand (also am Strand) nicht zu lange in eine Richtung gelaufen werden. Hier gilt das gleiche Prinzip wie bei laufen auf Asphalt: Längeres laufen auf schrägem Untergrund kann Überlastungen provozieren, besonders im Knie und an der Achillessehne.

Gras
hat gute Dämpfungseigenschaften und eignet sich hervorragend zum barfuß laufen. Allerdings beherbergt ein schlecht gepflegter und holperiger Rasen die Gefahr umzuknicken oder z. B. durch Scherben verletzt zu werden. Hier obliegt auch dem Trainer eine gewisse Fürsorge- und Aufsichtspflicht.
Ein Kunstrasen muss bei der Ausübung des Sports (z. B. Hockey) immer nass sein. Ist der Kunstrasen zu stumpf, können schnelleres Umknicken und Hautverbrennungen bei einem Sturz die Folge sein.

Kunststoffbahnen

Tartanbahnen haben meist sehr gute Dämpfungseigenschaften. Ein Laufschuh mit ebenfalls guter Dämpfung auf einem solchen Untergrund führt allerdings zu einer schnelleren Ermüdung und Überlastung der Muskulatur. Hier sind weniger gedämpfte Wettkampfschuhe besser geeignet. Ein Training mit Spikes ist nur für kurze, schnelle Einheiten sinnvoll, da auch hier die Belastung hoch ist und Ermüdungsbrüche und Achillessehnenreizungen provoziert werden können.

Laufbänder

eignen sich als Alternative bei schlechtem Wetter. Die Vorteile liegen in der Schulung des Laufstils und der Möglichkeit, Hügelläufe zu simulieren.

Allgemeine Kriterien für den Schuhkauf

Für den Schuhkauf eignen sich die späten Nachmittagsstunden am besten, da der Fuß dann etwas länger und breiter ist. Grundsätzlich wird der Laufschuh eine Nummer größer gewählt als der gewöhnliche Straßenschuh. So sollte mindestens eine Daumenbreite zwischen Zehenspitze und Schuhspitze sein. Die Lebensdauer eines Laufschuhs beträgt in Abhängigkeit von Belastung und Pflege etwa 600–1000 km. Optimal ist es, wenn an verschiedenen Tagen mit unterschiedlichen Schuhen trainiert wird – angepasst an die unterschiedlichen Trainingsansprüche und Laufuntergründe. Durch das wechselnde Schuhwerk wird eine einseitige Überforderung des Bewegungsapparates vermieden.

2.2.2 Sportschuhe für spezielle Anforderungen

Nicht nur die verschiedenen Laufuntergründe und Fußformen bedingen jeweils spezifische Sportschuhe (Stabil-, Stabilitäts- und Dämpfungsschuhe, ☞ Kap. 2.2.1). Auch jede Sportart fordert ihre „ureigenen" Sportschuhe.

Laufschuhe

- **Trialschuhe** sind für das Laufen auf unbefestigtem Gelände gemacht. Sie haben ein grobes Sohlenprofil.
- **Stollenschuhe** werden bei Sportarten benutzt, die auf Rasen betrieben werden (z. B. Fußball und Rugby). Sie sind im Sohlenbereich eher hart und unflexibel und sollten daher nur beim eigentlichen Balltraining benutzt werden, nicht aber beim allgemeinen Lauftraining.

- **Kunstrasenschuhe** sind mit einer Noppensohle ausgestattet, um eine bessere Griffigkeit zum Kunstflor herzustellen. Sie werden in Sportarten wie Feldhockey und Fußball eingesetzt.
- **Wettkampfschuhe** sind besonders leicht und auf einen stark gebogenen Leisten aufgebaut. Für weite Strecken und schwergewichtige Sportler sind sie allerdings ungeeignet.
- **Spikes** sind reine Wettkampfschuhe in der Leichtathletik. Sie sind extrem leicht und haben keinerlei Dämpfungs- oder Führungseigenschaften. Sie sollten daher nur im Wettkampf oder während kurzer, schneller Trainingseinheiten getragen werden.
- **Hallenschuhe** verfügen über eine spezielle Drehzone im Vorfußbereich. Gelegentlich sind sie als hohe Schuhe (Stiefel) angelegt, um zusätzlichen Schutz gegen das Umknicken zu bieten (z. B. beim Basketball).

Ballettschuhe
Diese Schuhe haben eine verstärkte Zehenkappe für den Spitzentanz.

Boxerschuhe
sind geschnürte Stiefel zum Schutz der Sprunggelenke als passive Stabilisatoren.

Fechterschuhe
besitzen eine spezielle Sohle, die auf der Unterseite verstärkt ist. Ein Wildlederbesatz gibt beim Ausfallschritt einen besseren Halt.

Gewichtheberschuhe
sind knöchelhoch und verfügen über eine erhöhte Ferse, um die auftretenden Kräfte besser zu verteilen.

Golfschuhe
haben einen speziellen Sohlenaufbau mit Stollen oder Spikes, um im Gelände die nötige Standsicherheit zu geben.

Motorsportstiefel
sind leicht aber Hitze abweisend und feuerfest.

Reitstiefel
haben eine glatte Sohle, um beim Auf- und Absteigen oder bei einem eventuellen Sturz nicht im Steigbügel hängen zu bleiben. Ein hoher Schaft schützt vor Wundreiben der Unterschenkel; ein verstärkter Fersenteil verbessert die Einwirkmöglichkeit auf das Pferd.

MBT®-Schuhe (Masai-Barfuß-Technologie-Schuhe)

Durch seinen speziellen Aufbau fördert und trainiert der MBT®-Schuh die koordinativen Fähigkeiten des gesamten Bewegungsapparates und die Stellung und Belastung der Wirbelsäule, der Muskulatur und der Gelenke. Er ist somit kein Sportschuh im eigentlichen Sinne und wird vor allem Sportlern in der Regenerationsphase, d. h. zur Kräftigung und Förderung der Koordination nach Knie-, Sprunggelenk- und Wirbelsäulenverletzungen empfohlen.

> **Merke**
> Der MBT®-Schuh ist ein reiner Trainingsschuh.

2.2.3 Schuhschnürungen

Eine sinnvolle Schnürung kann den Fuß zusätzlich schützen, stützen und entlasten. Die Schnürung richtet sich in erster Linie nach der jeweiligen Fußform. Bei etwaigen Beschwerden wie Blasen, Achillessehnenreizung oder blutunterlaufenen Nägeln werden die Schnürungen entsprechend angepasst.

Schmale Füße
Bei schmalen Füßen wird der Schuh bei vorhandenen zusätzlichen äußeren Ösen über diese geschnürt, um mehr Stabilität zu schaffen.

Breite Füße
Bei breiten Füßen werden die inneren Ösen gewählt, um dem Fuß mehr Raum zu geben (Standardschnürung).

Hohlfuß
Bei einem Hohlfuß können bei gekreuzter Schnürbandführung häufig Schmerzen und Parästhesien auf dem Fußrücken auftreten. Um dies zu vermeiden, sollte hier eine parallele Schnürform gewählt werden (☞ Abb. 2.1, linker Schuh).

Überpronierer
Überpronierer wählen die äußere Ösenreihe zum Schnüren, um eine bessere Stabilisation des Fußgewölbes zu erhalten.

Unterpronierer
Sie wählen eine parallele Schnürung, da sie zum Hohlfuß neigen (☞ Abb. 2.1, linker Schuh).

2 Funktionsbekleidung und Sportschuhe

Abb. 2.1 Schuhschnürungen. In der Draufsicht links Parallelschnürung bei Hohlfuß und Unterpronierern, rechts Schnürung bei blutunterlaufenen Nägeln.

Blutige Nägel
Bei blutunterlaufenen Nägeln wird der Schnürsenkel vom untersten Loch auf der Seite der höchsten Belastung in das gegenüberliegende obere Loch gezogen (☞ Abb. 2.1, rechter Schuh).

Blasen
Um ein Rutschen im Schuh zu vermeiden, wird die Schnürung durch die gegenüberliegende obere Schnürbandlasche gezogen. Diese Form der Schnürung hilft, Blasenbildung zu verhindern (☞ Abb. 2.2, linker Schuh).

Abb. 2.2 Schuhschnürungen. In der Draufsicht links Schnürung bei Neigung zu Blasenbildung, rechts Schnürung bei Achillessehnenschmerz, Reizung.

Achillessehnenschmerz
Bei Achillessehnenschmerzen kann der Druck des Schafts auf den oberen Fersenbereich vermindert werden, indem die Schnürung die letzten zwei bis drei Ösen ausspart. Ein zweiter Schnürsenkel wird locker durch diese oberen Ösen geführt und verschafft der Achillessehne mehr Flexibilität (☞ Abb. 2.2, rechter Schuh).

2.2.4 Einlagenversorgung

Wenn eine aktive muskuläre Korrektur oder Sicherung der Fußstellung nicht möglich ist (die wiederum Auswirkungen auf den gesamten Bewegungsapparat hat) oder trotz optimaler Schuhauswahl, Überlastungsprobleme weiter bestehen, empfiehlt sich eine Einlagenversorgung. Nach einer ärztlichen Untersuchung folgt eine computergestützte Bewegungsanalyse, mittels derer sowohl das **statische** als auch das **dynamische Bewegungsverhalten** vermessen wird. Die plantare Druckmessung im Schuh gibt dabei Aufschluss über die Druckverteilung und Belastungsspitzen während der Bewegung. Diese beiden Analysen spiegeln das **Zusammenwirken von Fuß, Knie, Hüfte** und den daraus resultierenden Problemen in den einzelnen **Phasen des Bewegungsablaufs** wieder – Landephase, Stützphase, Abstoßphase. Eine nach kinetischen Gesichtspunkten angefertigte Sporteinlage unterstützt das **phasengerechte, physiologische** Abrollen des Fußes bei individueller Dämpfung und optimierter Führung und Abstützung, z. B. Covilas®-System.

Möglichkeiten der Korrektur und Entlastung
- Fersennegativführung bei Patellaspitzensyndrom und Retropatellararthrose
- Kuboidanhebung bei Bandinstabilität
- Plantarfaszienweichbettung bei Fasciitis
- Fersendämpfung bei Fersensporn und Achillodynie
- Zehenpolsterung bei Hallux rigidus
- Vorfußpolsterung bei Metatarsalgien
- Verstärktes Längsgewölbe korrigiert die Hyperpronation bei Kniebeschwerden (Runners knee) und Schienbeinkantensyndrom (Shin splints).

3 Ernährung im Sport

Synonym wird häufig der Begriff Sporternährung verwendet. Beide Begrifflichkeiten umschreiben jedoch nicht eine generelle Ernährungsform für alle Sportler, sondern befassen sich im Allgemeinen und im Spezifischen mit der Ernährung sportlich aktiver Menschen, deren körperliche Leistungsfähigkeit zum großen Teil von der Ernährung abhängt. Somit hängen auch die Empfehlungen zur Ernährung und die entsprechenden Maßnahmen immer von den individuellen Zielen und Rahmenbedingungen des Sportlers ab. Falsche Ernährung ist nicht selten der Grund für ein vorzeitiges Ermüden, Versagen im Wettkampf oder für erhöhte Verletzungsanfälligkeit.

3.1 Nährstoffgruppen

Die Nährstoffsubstanzen, die wir für gewöhnlich mit der Nahrung aufnehmen, lassen sich in zwei Gruppen einteilen:
- die **Makronährstoffe** Kohlenhydrate, Eiweiße und Fette
- die **Mikronährstoffe** Vitamine, Mineralstoffe und Wasser.

Makro- und Mikronährstoffe greifen in ihrer Wirkung ineinander über und sind gleichzeitig voneinander abhängig. So sind Kohlenhydrate, Fette und Eiweiße als Grundnährstoffe die Hauptbestandteile des Energie- und Baustoffwechsels (Kohlenhydrat-, Fett-, Eiweißstoffwechsel), wobei besonders die Kohlenhydrate und Fette der körperlichen Energiegewinnung dienen. Diese Energie wird nicht nur zur allgemeinen körperlichen Leistungsfähigkeit benötigt, sondern letztlich auch, um den reibungslosen Ablauf beider Stoffwechsel zu garantieren und lebenswichtige Körperfunktionen zu steuern (Wasserhaushalt, Blutdruck, Cholesterinspiegel etc.). Hierfür sind wiederum die Mikronährstoffe von Bedeutung. Eiweiße und Mineralien sind vor allem für Wachstumsprozesse, Aufbau und Reparaturprozesse von Muskeln, Organen, Knochen und Zähnen notwendig. Außerdem sind unsere Körperfunktionen abhängig von einer ausreichenden Vitamin- und Wasserzufuhr.

Kohlenhydrate

Der Begriff Kohlenhydrate beschreibt eine organische Verbindung aus den Elementen Kohlenstoff (C), Wasserstoff (H) und Sauerstoff (O). Eine Vielzahl von Stoffen besteht aus diesen so genannten Zuckermolekülen. Und je nach Anzahl ihrer Zuckermoleküle werden die Kohlenhydrate in Mono-, Di- und Polysaccharide unterteilt:

- Tritt ein Zuckermolekül einzeln auf (monomerer Baustein), so spricht man von Einfachzucker oder auch **Monosaccharid**. Der wichtigste Einfachzucker im und für den menschlichen Organismus ist die **Glukose.**
- Haften zwei Einfachzucker zusammen, bezeichnet man dies als **Disaccharid** oder Zweifachzucker.
- Wenn sich Disaccharide mit Monosacchariden zu einer langen Kette verknüpfen, werden diese komplexen Moleküle (Makromoleküle) als **Polysaccharide** bezeichnet.

Kohlenhydrate sind die schnellsten und effektivsten kalorischen Energielieferanten. Der Körper setzt sie als **Hauptenergieträger** ein. Während Mono- und Disaccharide schnell löslich und somit schnell verwertbar sind, kann der menschliche Körper ca. 400 g Kohlenhydrate in polymerer Form speichern. Die Speicherform ist das **Glykogen**, d.h. ist der Körper ausreichend mit Glukose versorgt, wird dieser Einfachzucker in Glykogen umgewandelt und vor allem in Muskulatur und Leber, aber auch im Gehirn gespeichert. Bei Bedarf, also bei Muskelarbeit, wird das Glykogen wieder in Glukosemoleküle zerlegt (☞ Kap. 3.2). Durch Training kann die Speicherkapazität von Glykogen um ca. 25 % gesteigert werden.

Energiebereitstellung

Die Verfügbarkeit der Kohlenhydrate ist abhängig von ihrer jeweils spezifischen Löslichkeit und damit der Geschwindigkeit, in der sie aus den Lebensmitteln ins Blut gelangen.

- Monosaccharide, z. B. Traubenzucker: 10 – 20 Min.
  Die Kohlenhydrate *schießen* ins Blut. Sie sind schnell verfügbar und bewirken eine Leistungsexplosion. Der Zuckerspiegel sinkt jedoch schnell wieder ab und kann bis unter das Anfangsniveau fallen. Folgen dieser Unterzuckerung sind Konzentrationsschwäche, Leistungsabfall, Müdigkeit. Daher sollte eher mit langkettigen Kohlenhydraten Energie für einen längeren Zeitraum bereitgestellt werden.
- Disaccharide, z. B. Süßigkeiten und Süßgetränke: 15 – 40 Min.
  Die Kohlenhydrate *strömen* ins Blut.

- Polysaccharide
  - Vollkorn-Mehlprodukte: 40–60 Min.
    Die Kohlenhydrate *fließen* ins Blut.
  - Obst und Gemüse: 60–100 Min.
    Die Kohlenhydrate *tropfen* ins Blut.
  - Vollkorn- und Vollwertprodukte: 60–240 Min.
    Die Kohlenhydrate *sickern* ins Blut und sichern einen konstanten Blutzuckerspiegel.

Merke
Besonders vor und während eines Trainings und Wettkampfes müssen die unterschiedlichen Resorptionszeiten der verschiedenen Kohlenhydrate berücksichtigt werden. Eine rechtzeitige Energieversorgung ist Voraussetzung für eine konstante Leistung! Um die Leistungskurve konstant zu halten, sind 6–8 über den Tag verteilte kleinere Mahlzeiten sinnvoller als 3 Hauptmahlzeiten.

Empfehlenswerte Kohlenhydratträger
- Getreide: Vollkornbrot, Nudeln, Reis, Mais, Müsli, Flocken
- Hülsenfrüchte: Bohnen, Erbsen, Linsen, Sojabohnen
- Obst, Trockenfrüchte
- Gemüse: roh und kurz erhitzt, Kartoffeln.

Proteine
Die für den Menschen wichtigen Proteine sind Eiweiße, die aus über 20 Aminosäuren zusammengesetzt sind. 8 essentielle Aminosäuren kann unser Körper nicht selbst herstellen, sie müssen mit der Nahrung aufgenommen werden. Proteine kommen sowohl in tierischen als auch in pflanzlichen Lebensmitteln vor. Pflanzliches Eiweiß kann der Körper zwar schlechter verwerten als tierisches, dennoch sollte es in der Ernährung überwiegen, da es kaum Fett enthält. Bei der Nahrungszubereitung können tierische und pflanzliche Proteine kombiniert werden, z. B. Fleisch mit Hülsenfrüchten.
Die wichtigsten Speicher für Proteine sind die Leber und die Skelettmuskulatur, die wiederum zum großen Teil aus Proteinen besteht. Somit sind Proteine am Muskelaufbau und an Reparaturprozessen der Muskulatur beteiligt. Zudem sind sie entscheidender Bestandteil fast aller Organe im Körper. Zur Energiegewinnung spielen Proteine jedoch nur eine untergeordnete Rolle, sie werden bis max. 15 % des Energiebedarfes herangezogen. Je nach Sportart ist der Proteinbedarf unterschiedlich, so benötigen z. B. Kraftsportler mehr Proteine als Ausdauersportler (☞ Tab. 3.1).

Tab. 3.1 Proteinbedarf eines Sportlers pro Tag.

Ausdauersportler (Langlauf, Straßenradsport)	1,2–1,8 g/kg Körpergewicht
Kraftausdauersportler (Rennrudern, Boxen)	1,5–2,5 g/kg Körpergewicht
Schnellkraftsportler (Sprinter, Bahnradfahrer)	1,5–2,5 g/kg Körpergewicht
Kraftsportler (Gewichtheber, Kugelstoßer)	2,0–2,5 g/kg Körpergewicht

Empfehlenswerte fettarme Eiweißlieferanten
- Fisch: Forelle, Garnele, Heilbutt, Seelachs, Steinbeißer, Rotbarsch
- Fleisch: Huhn, Kalbfleisch, Rindfleisch, Tatar, Schinken
- Milchprodukte: Buttermilch, Magermilch, Hüttenkäse, Harzer Käse, fettarmer Joghurt
- Pflanzliches Eiweiß: weiße Bohnen, Linsen, Soja.

Bei Schwerathleten wird eine tägliche Eiweißzufuhr von ca. 2,5 g/kg Körpergewicht empfohlen. Um eine gleichzeitige und vermehrte Aufnahme von Fett und Purin (erhöht den Harnsäurespiegel) zu vermeiden, kann die normale Kost durch Eiweißkonzentrate ergänzt werden. Diese sind fett- und purinfrei und belasten den Organismus nicht.

Fette

Fette und fettähnliche Substanzen sind neben den Kohlenhydraten und Proteinen weitere energiereiche Nährstoffe (☞ Tab. 3.2), die unter anderem fettlösliche Vitamine transportieren.
Nach ihrem natürlichen Vorkommen wird zwischen gesättigten und ungesättigten Fettsäuren sowie zwischen tierischen und pflanzlichen Fetten unterschieden. Nahrungsfette setzen sich aus Glycerin und Fettsäuren zusammen.
Der „Sättigungsgrad" der Fettsäuren bezeichnet die Anzahl der Doppelbindungen zwischen zwei Kohlenstoffatomen und beeinflusst die Stoffwechselaktivität. Je höher die Anzahl der Doppelbindungen, desto besser der Stoffwechsel:
- gesättigte Fettsäuren haben keine Doppelbindung
- einfach ungesättigte Fettsäuren besitzen eine Doppelbindung
- mehrfach ungesättigte Fettsäuren haben mehr als eine Doppelbindung und sind am stoffwechselaktivsten.

Neben der Glukose sind es hauptsächlich die Fette bzw. deren Abbauprodukte, die zur Energiegewinnung herangezogen werden. Sie enthalten doppelt so viel Energie wie die Kohlenhydrate. Da die Fettsäuren allerdings schwerer als die Kohlenhydrate abbaubar sind, kann diese Energie nicht so schnell freigesetzt werden, weshalb Fette hauptsächlicher Energielieferant bei Langzeitausdauerbelastung sind (> 30 Min. im aeroben Stoffwechsel, ☞ Kap. 3.2). Die Energiespeicher an Fett sind unersättlich, so speichert z. B. ein normalgewichtiger Mensch mit 70 kg Körpergewicht rund 12 kg Fett im Gewebe. Das entspricht fast 120 000 Kalorien (damit könnte man mehr als 650 Std. joggen). Fett hat weiterhin Stützfunktion und dient zur Wärmeisolation im Unterhautfettgewebe.

Da die meisten Nahrungsmittel bereits Fette enthalten, ist eine zusätzliche Aufnahme von Fett nicht nötig. Auch sehr fettreiche Nahrungsmittel sollten nach Möglichkeit vermieden werden, da es sonst zu einer hyperkalorischen Ernährung kommt. Allerdings sind für den menschlichen Körper mehrfach ungesättigte Fettsäuren (z. B. Linolsäure) essentiell, d. h. lebensnotwendig. Da der Körper diese nicht selbst aufbauen kann, müssen sie mit der Nahrung zugeführt werden. Die hochwertigen ungesättigten Fettsäuren sind meist in flüssigen Fetten pflanzlichen Ursprungs zu finden. Gerichte und Salate sollten deshalb möglichst mit Pflanzenölen zubereitet werden.

Zu den fettreichen Nahrungsmitteln zählen vor allem:
- fette Saucen, Dressings und Mayonnaisen
- Käsesorten über 30 % Fettanteil
- fette Fleisch- und Wurstsorten (Leberwurst, Gehacktes)
- fette Fischsorten (Aal, Schillerlocken)
- Paniertes und Frittiertes (Fischstäbchen, Pommes frites)
- Nüsse und Schokolade
- Sahne, Butter und Cremespeisen.

Tab. 3.2 Energiegehalt der Hauptnährstoffe.	
1 g Kohlenhydrate	4 kcal (16 kJ)
1 g Eiweiß	4 kcal (16 kJ)
1 g Fett	9 kcal (36 kJ)

Wasser
Wasser ist Hauptbestandteil des Organismus und beträgt ca. 65–70 % der Gesamtkörpermasse. Wasser ist Transportmittel und bestimmt entscheidend die Herz-Kreislauffunktion, den Zellturgor und die Thermoregulation. Der Tagesbedarf an Flüssigkeit beträgt auch ohne spezielle Belastung ca. 2 Liter. Die zusätzlich empfohlene Trinkmenge richtet sich nach Belastungsintensität und Umgebungstemperatur. Der Wasserverlust kann bei sportlichen Aktivitäten bis zu 2 Liter pro Stunde betragen.

Mineralien

Mineralstoffe sind anorganische, lebensnotwendige Substanzen, die für die Aufrechterhaltung eines ungestörten Stoffwechsels notwendig sind. Als Elektrolyte sind sie an der Erhaltung des elektrochemischen und osmotischen Gleichgewichts beteiligt. Sie beeinflussen die Stoffwechselprozesse durch Regulierung biologischer Vorgänge wie Blutgerinnung und Muskelerregung.

Spurenelemente

sind Mineralien mit einer sehr geringen Konzentration, die auch in tierischen und pflanzlichen Organismen in Spuren vorkommen. Hierzu zählen Eisen, Zink, Kupfer, Mangan sowie Jodid und Fluorid.

Kalium

ist entscheidend für das Auffüllen der Kohlenhydratspeicher. Es ist außerdem beteiligt an der Regulierung des Wasserhaushalts und an Muskelfunktionen. So wird die Regenerationsphase durch das Auffüllen der Kohlenhydratdepots beschleunigt. Bei Kaliummangel treten Muskelfunktionsstörungen auf.
Kalium ist vor allem in Früchten, Gemüse und Fleisch enthalten. Der Tagesbedarf beträgt ca. 2 – 2,5 g.

Magnesium

aktiviert Enzyme, die an Energiegewinnungsprozessen teilhaben. Ohne Magnesium findet kein geregelter Eiweiß- und Muskelaufbau statt. Typische Zeichen von Magnesiummangel sind Muskelkrämpfe, Schwindelgefühl und Händezittern.
Magnesium ist in Getreideprodukten (Cerealien) und grünem Gemüse enthalten. Der Tagesbedarf beträgt ca. 300 – 600 mg.

Kalzium

spielt eine Rolle bei der Muskelkontraktion sowie beim Aufbau und Erhalt der Knochenstruktur. Des Weiteren unterstützt es die Blutgerinnung.
Kalzium ist besonders in Milchprodukten, grünem Blattgemüse und Zitrusfrüchten enthalten. Der Tagesbedarf beträgt ca. 0,8 – 1,2 g.

Natrium

reguliert den Flüssigkeitshaushalt und wirkt an der Funktion der Natrium-Kalium-Pumpe mit. Sportler scheiden pro Liter Schweiß ca. 1200 mg Natrium aus. Wird der Verlust nicht ausgeglichen, kann

es zu einer Abnahme des Blutvolumens, zu Krämpfen, erhöhtem Puls sowie niedrigem Blutdruck führen.
Geräucherte und gepökelte Fleisch- und Wurstwaren und Kochsalz enthalten Natrium. Der Tagesbedarf beträgt ca. 120 mg.

Eisen

ist für die Struktur und Funktion des Hämoglobin, Myoglobin und einiger Enzyme notwendig. Besonders bei Langstreckenläufern kommt es zur mechanischen Zerstörung von Erythrozyten im Fußsohlenbereich und im Darm, weshalb für diese Sportler eine ausreichende Eisenzufuhr wichtig ist.
Fleisch, Leber, Eigelb, Vollkorngetreide und Nüsse enthalten Eisen. Der Tagesbedarf beträgt ca. 15–20 mg.

Selen und Zink

wird eine antioxidative Wirkung nachgesagt. Zink ist beim Menschen wichtig für Wachstum und für den Kohlenhydrat-, Fett- und Eiweißstoffwechsel.
Zink ist besonders in Fisch, Fleisch und Vollkorngetreide enthalten. Der Tagesbedarf an Zink beträgt ca. 10–25 mg, der Tagesbedarf an Selen ca. 50–400 µg.
Jodid ist Bestand der Schilddrüsenhormone und **Fluorid** ist essentiell für den Zahn- und Knochenaufbau.

Vitamine

Vitamine gehören zu den essentiellen Mikronährstoffen und müssen mit der Nahrung zugeführt werden. Sie kommen als fett- und wasserlösliche Vitamine vor.
Besonders den wasserlöslichen Vitaminen C und E wird eine positive Wirkung in der Immunabwehr und eine schützende (protektive) Wirkung gegen freie Radikale zugeschrieben. Das fettlösliche Vitamin E ist in kalt gepressten Pflanzenölen, Samen, Nüssen und Vollkorngetreide enthalten und der Tagesbedarf beträgt ca. 500–1000 µg.
Zitrusfrüchte, frisches Obst, Kartoffeln und Sojabohnen enthalten Vitamin C. Hier beträgt der Tagesbedarf beträgt ca. 1–3 g.
Das wasserlösliche Vitamin B ist für den (Kohlenhydrat-)Stoffwechsel unentbehrlich. Es kommt vor allem in Getreide, Reis, Mais, Hefe, Hülsenfrüchten, Leber und Fleisch vor. Während Vitamin B_{12} nicht vom menschlichen Körper synthetisiert werden kann und über die Nahrung aufgenommen werden muss, kann Vitamin B_1 ernährungsabhängig auch vom Körper produziert werden. Der Tagesbedarf ist unterschiedlich: Vitamin B_1 ca. 1–2 mg, Vitamin B_2-Komplex ca. 300 µg – 10 mg, Vitamin B_6 ca. 2 mg und Vitamin B_{12} ca. 3 µg.

Nahrungsergänzungspräparate

Die zusätzliche Gabe von Nahrungsergänzungspräparaten ist für den normal Sport treibenden Menschen nicht notwendig, solange er sich ausreichend ernährt. Lediglich bei Mangelzuständen, Krankheit und längerer intensiver Belastung sind diese Präparate sinnvoll. Die Substitution von Vitaminen ist bei regelmäßigem Verzehr von frischem Gemüse und Obst ebenfalls nicht notwendig. Lediglich bei Krankheit oder Aufenthalt in Ländern, in denen der Verzehr aus hygienischen Gründen problematisch sein kann, sind Vitaminpräparate sinnvoll.

Vorsicht ist bei dem Nahrungsergänzungspräparat Kreatin geboten. Es wird als legales leistungsförderndes Mittel vorwiegend im Sprint und bei Schnellkraftathleten eingesetzt. Der große Nachteil ist, dass durch vermehrte Wassereinlagerung das Gewicht zunimmt und der Muskeltonus sehr deutlich steigt. Sportler werden anfällig für Muskelverletzungen.

 Eine Studie der Anti-Doping-Kommission hat ergeben, dass auch in frei verkäuflichen Nahrungsergänzungspräparaten erhöhte Werte verbotener Substanzen gefunden wurden, insbesondere bei Importprodukten aus dem Ostblock.

3.2 Physiologische Grundlagen der Energiebereitstellung im Muskel

Die beim Abbau der Nährstoffe (☞ Kap. 3.1) entstehende Energie wird nicht direkt den Energie verbrauchenden Zellprozessen zugeführt (z. B. Muskelkontraktionen), sondern zunächst im Muskel in energiereichen Phosphatverbindungen gespeichert. Ein Muskel verfügt über zwei energiehaltige Phosphatspeicher:
- den kleineren Energiespeicher **ATP** (Adenosintriphosphat), der als unmittelbare Energiequelle der Muskelkontraktion für Sofortlieferung zuständig ist,
- den größeren Energiespeicher **KP** (Kreatinphosphat), der den kleineren Energiespeicher wieder auffüllt.

Die gesamte Energiemenge beider Speicher reicht für ungefähr 50 Muskelkontraktionen bzw. 12–15 Sekunden intensive Muskelarbeit und stellt das Energiesystem für kurzzeitige sportliche Belastungen dar, z. B. 100-m-Lauf. Da für weitere bzw. längere sportliche Leistungen mehr Energie benötigt wird, müssen die ATP- und KP-Speicher umgehend wieder aufgefüllt werden. Dies geschieht zum einen mittels **Glukose** und **Glykogen** (bei ausreichender Versorgung durch Glukose wird diese in Glykogen überführt und dergestalt gespeichert, ☞ Kap. 3.1). Zum anderen kann Energie durch den Abbau von Fetten bereitgestellt werden. Zwar kann aus einem Gramm Fett mehr als die doppelte Menge Energie gewonnen werden als aus einem Gramm Kohlenhydrate (☞ Kap. 3.1). Da die Triglyzeride jedoch schwerer abzubauen sind, bevorzugt der Körper – und damit jede Muskelzelle – zur Energiebereitstellung/Energienachlieferung den Kohlehydrat- bzw. **Glukosemetabolismus** (siehe unten).

Die Energiegewinnung aus dem Kohlenhydrat- oder Fettspeicher kann mit Sauerstoff erfolgen, d. h. aerob oder ohne Sauerstoff, d. h. anaerob.

Energie aus den Phosphatspeichern

Wie bereits erwähnt wird für kurzzeitige Belastungen Energie zunächst aus dem in jeder Muskelzelle vorhandenem ATP-Vorrat bezogen. Die in dieser Verbindung gespeicherte potenzielle Energie wird durch Abspaltung der Phosphatgruppe (P) als kinetische Energie frei, die die kontraktilen Eiweißfäden der Muskelzelle zum Erzeugen von Spannung nutzen.

Vorrätiges ATP → ADP (Adenosindiphosphat) + P (Phosphat) + Energie (für ca. 2–3 Sek.)

Ist das gespeicherte ATP verbraucht, greift die Skelettmuskulatur auf das energiereiche Kreatinphosphat-Molekül (KP) zurück; zum einen, um den ATP-Speicher rasch wieder zu regenerieren, zum anderen, um weitere Energie zur Verfügung zu stellen. Das Kreatinphosphat überträgt sein abgespaltenes Phophat auf das ADP (Adenosindiphophat), wobei neues Adenosintriphosphat (ATP) und Kreatin entsteht.

KP + ADP → Kreatin + ATP (Energie für ca. 12 Sek.)

Die Prozesse laufen von Sauerstoff unabhängig ab und werden als **anaerob-alaktazide** Energiebereitstellung bezeichnet.

Glukosemetabolismus zur Energieerzeugung

Da bei länger andauernder Belastung bzw. Muskelaktivität auch der KP-Speicher ausgeschöpft wird, muss Glukose als Energieträger verstoffwechselt werden. Glukose ist im Muskel in der Speicherform Glykogen gelagert (☞ Kap. 3.1). Im Bedarfsfall – also bei längerer Muskelarbeit – wird das Glykogen durch **Glykogenolyse** zu Glukose gespalten. Die Glukose kann jedoch nicht direkt für die Erneuerung von ATP und damit der Energiebereitstellung herangezogen werden. Zuvor muss auch die Glukose gespalten bzw. abgebaut werden. Dieser Abbau wird als **Glykolyse** bezeichnet und setzt ca.

30 Sekunden nach der KP-Spaltung ein. Die Glykolyse an sich ist von Sauerstoff unabhängig, d. h. sie erfolgt immer **anaerob**. Hierbei entstehen eine geringe Laktat- (Milchsäure) und ATP-Konzentration. Diese Form der Energiebereitstellung wird als **anaerob-laktazid** bezeichnet.

Glykogen → Glukose → Laktat + ATP

Der Abbau der Glukose unter aeroben Bedingungen, d. h. mit Sauerstoff, setzt bei anhaltender Muskelarbeit nach ca. einer Minute ein. Zwar läuft die anaerobe Glykolyse neben der aeroben parallel weiter, ist aber wegen ihrer geringen Energieausbeute und der anfallenden Menge an Laktat auf Dauer für den Körper als Energielieferant ungünstig.

Bei der aeroben Glykolyse werden in zahlreichen und komplexen enzymatischen Reaktionen aus einem Molekül Glukose zwei Moleküle Brenztraubensäure (Pyruvat, ☞ Abb. 3.1). Der weitere Abbau des Pyruvats hängt von der jeweiligen Menge und der **Verfügbarkeit von Sauerstoff** in der Muskelfaser ab. Limitierender Faktor ist hier das in den Mitochondrien enthaltene Myoglobin, den Sauerstoffträger der Muskulatur.

Ist für die Menge des immer noch energiereichen Pyruvats ausreichend Sauerstoff vorhanden, tritt das Pyruvat in den **Zitratzyklus** ein und wird hier unter großem Energiegewinn oxidiert: Im Mitochondrium wird dabei in komplexen enzymatischen Reaktionen Kohlendioxid (CO_2) vom Pyruvat abgespalten (und ausgeatmet) und der verbleibende Essigsäurerest an das Koenzym A angelagert (= Acetyl-Koenzym A). In weiteren Schritten entsteht unter Sauerstoffzuführung Wasser und eine große Menge an Energie, die zur Regeneration von ATP benutzt wird. Diese letzten Schritte werden als **Atmungskette** bezeichnet – der gesamte Stoffwechselprozess als **aerober** Energiestoffwechsel.

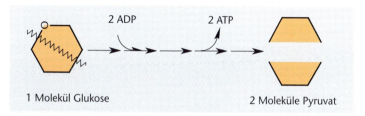

Abb. 3.1 Vereinfachte Darstellung der Glykolyse. Aus einem Glukosemolekül entstehen zwei Moleküle Brenztraubensäure (Pyruvat). Dabei werden 2 ATP-Moleküle regeneriert. Im Regelfall tritt das Pyruvat anschließend in den Zitratzyklus ein (☞ Abb. 3.2).

Ist für die Menge des Pyruvats ungenügend Sauerstoff vorhanden (Sauerstoffmangel), kann aus dem Pyruvat keine weitere Energie gewonnen werden. Das Pyruvat tritt nicht ins Mitochondrium ein, sondern wird **anaerob** zu **Laktat** (Milchsäure, ☞ Abb. 3.2) reduziert. Das Laktat wird von der Skelettmuskulatur nicht weiter verbraucht. Es gelangt über die Blutbahn zur Leber, wo es weiterverwertet werden kann. Durch die gestiegene Laktatkonzentration im Muskel wird jedoch die Glykolyse zusehends gehemmt. Der Muskel ermüdet und muss seine Tätigkeit einstellen oder weitgehend reduzieren.

Die Gewinnung der Energie aus dem Fettabbau ist hauptsächlich bei Langzeitausdauertraining von Bedeutung. Der Fettabbau setzt nach ca. 30 Minuten ein. Hierbei müssen die Triglyzeride zunächst in Glyzerin und Fettsäuren gespalten werden. Unter Sauerstoff erfolgt

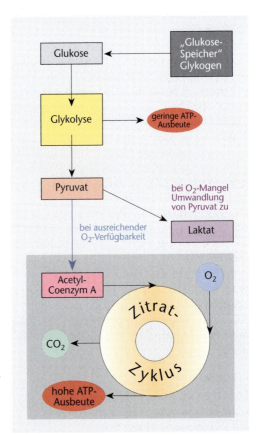

Abb. 3.2 Der Muskel benötigt Glukose und Sauerstoff, um Energie zu gewinnen. Wasser, Kohlendioxid und Laktat bleiben nach der Oxidation übrig.

dann der Abbau zu Wasser, Kohlendioxid (wird abgeatmet) und einer großen Menge ATP (Energie).

> **Merke**
> Die verschiedenen Energiebereitstellungsformen (aerob, anaerob-laktazid, anaerob-alaktazid) müssen beim Training berücksichtigt werden. Wenn der sportlich bedingte Energiebedarf so groß ist, dass dieser durch die aerobe Energiebereitstellung nicht gedeckt werden kann, entsteht im anaeroben Stoffwechselweg Laktat.
> Die Laktatkonzentration im Blut dient der Beurteilung des Trainingszustandes. Je höher der Laktatgehalt, desto schlechter der Trainingszustand.

Folgen der Laktatbelastung
- Übersäuerung der Arbeitsmuskulatur: Normalisierung nach 24–96 Std.
- Schmerzen in den Armen und Beinen
- Verringerung des Koordinationsvermögens
- Vergrößerung der Verletzungsgefahr
- Beeinträchtigung der Regeneration des Kreatinphosphat-Systems (KP-Speicher)
- die Leistung kann nicht mehr auf dem anfänglichen Niveau gehalten werden, es kommt zum „Leistungsknick".

3.3 Sportartspezifischer Nährstoffbedarf

Die qualitativen und quantitativen Zusammensetzungen des Nahrungsangebots richten sich nach dem allgemeinen Bedarf, der durch die Anforderungen in Alltag und Beruf entsteht, und nach dem sportartspezifischen Bedarf. Dieser Bedarf kann saisonal variieren, je nachdem, ob der Sportler sich in der Vorbereitungs-, Wettkampf- oder Regenerationsphase befindet und bei welchen Witterungsbedingungen der Sportler trainiert.

Allgemein hängt der Nährstoffbedarf eines jeden Einzelnen unmittelbar mit dem Energiebedarf zusammen und richtet sich nach diesem.

Energiebedarf

Die Angaben zu Energiebedarf und Verbrauch erfolgen in Kalorien (kcal) oder Joule (J). Die Einheit der Energie ist Kilojoule (kJ) mit der genauen Umrechnungszahl von 4,184 kJ. Wird von kcal in kJ umgerechnet, kann der Wert auf 4 abgerundet werden, d.h. 1 kcal = 4 kJ.

Der gesamte Energiebedarf einer Person pro Tag – der Gesamtumsatz – errechnet sich aus dem Grundumsatz und dem Leistungsumsatz:

Der **Grundumsatz** ist die Energiemenge, die ein Mensch pro Tag – also in 24 Std. – in völliger Ruhe im Durchschnitt benötigt, um alle physiologischen Grundfunktionen des Körpers abzusichern (Atmung, Herz-Kreislauf-Tätigkeit, Verdauung, Stoffwechsel, Nieren- und Gehirnfunktion). Dieser Energiebedarf ist individuell verschieden und abhängig von Alter, Geschlecht, Größe und Gewicht. Mit steigendem Lebensalter sinkt er. Da Fettgewebe sehr viel weniger Energie braucht als z. B. Muskeln, gilt: Je größer der Anteil der Muskulatur, desto höher der Grundumsatz.

Der durchschnittliche Grundumsatz wird üblicherweise mit 1 kcal (4 kJ) pro Kilogramm Körpergewicht pro Stunde angegeben.

Der **Leistungsumsatz** umfasst die Energiemenge für alle zusätzlich erbrachten Leistungen (körperliche und geistige Arbeit). Er ist abhängig von Umfang und Intensität der muskulären Belastung sowie der Wärmeregulation bei unterschiedlichen Umgebungstemperaturen. Dieser Energiebedarf schwankt also je nach körperlicher Belastung und wird anhand des Sauerstoffverbrauchs bestimmt (☞ Tab. 3.3 und 3.4).

Unter extremen Bedingungen (z. B. eine Bergetappe bei der Tour de France) werden bis zu 9000 kcal (36 000 kJ) verbrannt und ca. 9 Liter getrunken.

Der **Gesamtumsatz** muss durch die Nahrungsaufnahme gedeckt werden. Wird der Wert dauerhaft unter- oder überschritten, gerät

Tab. 3.3 Leistungsumsatz pro Stunde in Abhängigkeit körperlicher Tätigkeiten.

Tätigkeit	Leistungsumsatz
leicht, z. B. Büroarbeit	Ca. 30 kcal/kg Körpergewicht
mittelschwer, z. B. Gärtner	Ca. 32 kcal/kg Körpergewicht
schwer, z. B. Masseur, Physiotherapeut	Ca. 35 kcal/kg Körpergewicht
schwerste, z. B. Hochleistungssportler, Stahlarbeiter	Ca. 40 und mehr kcal/kg Körpergewicht

Tab. 3.4 Energieverbrauch pro Stunde bei ausgewählten sportlichen Belastungen.

schnelles Gehen	260 kcal (1040 kJ)
ruhiges Schwimmen	310 kcal (1240 kJ)
Tennis	360 kcal (1440 kJ)
Radfahren (21 km/Std.)	610 kcal (2440 kJ)
Ski fahren	630 kcal (2520 kJ)
Joggen (9 km/Std.)	665 kcal (2660 kJ)

das energetische Gleichgewicht ins Wanken. Deshalb ist die Ermittlung des individuellen Gesamtumsatzes notwendig.

Beispiel: Ein 70 kg schwerer junger Mann hat nach oben benannter Formel einen Grundumsatz von ca. 1700 kcal (6800 kJ; beides aufgerundet), bei leichter bis mittelschwerer Arbeit einen Leistungsumsatz von ca. 800 kcal (3200 kJ). Das ergibt einen persönlichen Gesamtumsatz von insgesamt ca. 2500 kcal pro Tag (10 000 kJ).

Nährstoffbedarf

Der Nährstoffbedarf ist die Menge eines Nährstoffes, die für den Erhalt der Körperfunktionen benötigt wird und die Leistungsfähigkeit aufrechterhält. Er wird bestimmt durch den Grund- bzw. Mindestbedarf, den Mehrbedarf und den Sicherheitszuschlag.

Der **Grundbedarf** eines Nährstoffes soll als Mindestmenge (☞ Kap. 3.1) Mangelerscheinungen verhindern. Diese äußern sich z. B. durch splissige Haare, brüchige Nägel, Rhagaden etc.

Der **Mehrbedarf** ist der zusätzliche Bedarf an Nährstoffen und abhängig von physiologischen Faktoren wie Alter, Geschlecht, Wachstum. Außerdem richtet sich der Mehrbedarf nach Einflussfaktoren wie Erkrankungen, Stress, Klima und körperlichen Aktivitäten. So braucht ein Sportler/Hochleistungssportler mehr Energie und damit mehr Nährstoffe als ein körperlich wenig oder nicht aktiver Mensch. Aber auch innerhalb der gleichen Sportart können durch Gewichtsklasseneinteilungen (z. B. bei Judo, Boxen etc.) unterschiedliche Nährstoffgewichtungen entstehen. Grundsätzlich aber benötigen Kraftsportler, die besonders viel Muskelmasse brauchen (z. B. Gewichtheber), einen höheren Eiweißanteil als ein Ausdauersportler, für den eine große Muskelmasse eher hinderlich ist. Und im Gegensatz zum Sprinter benötigt ein Marathonläufer Energie über mehrere Stunden, die er nicht allein aus den Kohlenhydratspeichern gewinnen kann. Deshalb wird er einen Großteil seiner Energie aus Fett gewinnen und darf aus diesem Grund auch einen höheren prozentualen Fettanteil mit der Nahrung aufnehmen (☞ Tab. 3.5).

Der **Sicherheitszuschlag** berücksichtigt Verluste eines Nährstoffes, wie sie beim Kochen oder bei unsachgemäßer Lagerung entstehen können.

Tab. 3.5 Sportspezifische prozentuale Nährstoffanteile an der Gesamtnahrungsaufnahme.

	Eiweiß	Fett	Kohlenhydrate	Kalorienbedarf/Tag
Schnellkraftsportler	25–30%	15%	55–60%	3000–5000 kcal
Kraftsportler	30%	15%	55%	3000–6000 kcal
Ausdauersportler	15–20%	20%	60–65%	4000–9000 kcal
Kraftausdauersportler	15–20%	15–20%	60%	3000–5500 kcal

Empfohlene Trinkmengen

Regelmäßiges Trinken ist sehr wichtig. Schon eine Dehydratation von 1–2% des Körpergewichts reduziert die maximale aerobe Leistungsfähigkeit. 4% Flüssigkeitsverlust vermindern die Ausdauerfähigkeit und die Kraft. Das Durstgefühl nimmt zu. Bei 6% kommt es zu körperlicher Schwäche, erhöhter Reizbarkeit und starkem Durstgefühl. Bei 8% klagt der Sportler über Übelkeit, Erbrechen und mangelnde Koordination. Ab 10 % besteht akute Lebensgefahr! Deshalb:

- 250–500 ml zwei Stunden vor dem Sport trinken, um den Wasser-, Kohlenhydrat- und Mineralstoffhaushalt zu optimieren
- 125–250 ml unmittelbar vor dem Sport
- 125–250 ml alle 15–20 Min. während des Sports, um den Flüssigkeitsspiegel aufrecht zu erhalten
- 250–500 ml unmittelbar nach dem Sport, um den Flüssigkeits-, Kohlenhydrat- und Mineralstoffspiegel auszugleichen.

Geeignete Getränke zum Flüssigkeitsausgleich sind:
- Mineralwasser liefert hauptsächlich Natrium, Chlorid und Calcium (stilles Mineralwasser bevorzugen, da es weniger Magenprobleme macht als kohlensäurehaltiges Wasser)
- Fruchtsäfte liefern vor allem Kalium und Magnesium

- Saftschorlen und Früchtetee bieten eine gute Mischung aus Wasser und Saft
- isotonische Elektrolytgetränke, z. B. Basica Sport®.

Wegen der besseren Resorbierbarkeit eignen sich warme Getränke (25 °C) besser als eiskalte.

Ungeeignete Getränke zum Flüssigkeitsausgleich sind:
- alkoholische Getränke, Kaffee und Schwarzer Tee aufgrund ihrer harntreibenden Wirkung (Kaffee enthält außerdem Koffein und kann bei mehr als 4 Tassen einen positiven Dopingbefund geben.)
- zuckerhaltige Getränke und Cola (koffeinhaltig), weil sie den Blutzuckerspiegel rasch anheben, der daraufhin durch vermehrte Insulinproduktion sogar unter das Ausgangsniveau absinken kann.

Der **individuelle Flüssigkeitsverlust** lässt sich einschätzen anhand des Schweißes, des Urin und des Körpergewichts:
- Der Schweiß sollte keine zu starke Konzentration aufweisen (Brennen in den Augen).
- Der Urin sollte nicht zu dunkel sein und nicht zu intensiv riechen.
- Die Differenz einer Gewichtskontrolle vor und nach sportlicher Aktivität ergibt in etwa die auszugleichende Trinkmenge. Da ein Teil der Flüssigkeit sofort wieder ausgeschieden wird, sollten ca. 0,5 Liter mehr getrunken werden als der Flüssigkeitsverlust ausmacht.

3.4 Ernährung in speziellen Trainingsphasen

Trainings- und Aufbaukost

Das Training des Sportlers zielt meist auf einen oder mehrere Saisonhöhepunkte hin. Am Anfang jeder Saisonplanung steht eine Vorbereitungsphase, in der ein Grundlagentraining der motorischen Grundeigenschaften Kraft, Schnelligkeit, Ausdauer und Koordination steht (☞ Kap. 4). Ziel der Ernährung ist in dieser Phase eine für das Training ausreichende Kalorienversorgung mit **hochwertigen Kohlenhydraten.** Proteinreiche Nahrung unterstützt den aufbauenden (anabolen) Effekt der Muskelkraft- und Massenzunahme und dient dem Ausgleich von abbauenden (katabolen) Effekten, der für Reparaturprozesse im Organismus notwendig ist (☞ Tab. 3.5).

Akzentuiert kann bei lang andauerndem Ausdauertraining und hohen Außentemperaturen eine zusätzliche Gabe von **Magnesium** notwendig sein. Besonders krampfanfällige Sportler profitieren davon. Bei intensivem Krafttraining kann zusätzlich zum Magnesium noch **Kalzium** substituiert werden.

Diese Ernährungsphase kann zwischen 6–9 Monate lang sein. Ihr schließt sich die Vorwettkampfphase an.

Vorwettkampfkost

Die Vorwettkampfkost bereitet den Sportler auf den bevorstehenden Wettkampf vor. Bei Sportarten mit einem Saisonhöhepunkt (z. B. Marathon) dauert diese Phase ca. 2–4 Wochen. Bei Sportarten mit regelmäßig stattfindenden Wettkämpfen (z. B. Fußball) bezieht sich diese Ernährungsphase auf die letzten 3 Tage vor dem Spiel oder Wettkampf. Die Zeit wird genutzt, um ausreichend **Kohlenhydrate in Form von Glykogen** in der Leber und Muskulatur einzulagern und die **Wasserspeicher** aufzufüllen, d. h. den Körper ausreichend mit Flüssigkeit zu versorgen.

Sportler, die ihren Sport in Gewichtsklassen durchführen (z. B. Boxer, Ringer, Gewichtheber), nutzen diese Zeit, um ihr Wettkampfgewicht zu erreichen.

Krampfanfällige Sportler können zusätzlich **Magnesium** erhalten (ca. 350 mg pro Tag).

Dieser Ernährungsphase folgt die Phase der Wettkampfkost.

Wettkampfkost

Zu Beginn eines Wettkampfes (oder einer sportlichen Tätigkeit) sollte die Verdauung der vorangegangenen Mahlzeit möglichst abgeschlossen sein. Dabei gilt es zu beachten, dass bei schwerer körperlicher Belastung Wasser, Glukose und Salz im Darmkanal resorbiert werden. Je höher die Glukosekonzentration in der zugeführten Flüssigkeit ist, desto langsamer entleert sich der Magen, so dass Wasser und Glukose im Darm nur verzögert resorbiert werden (☞ Tab. 3.6).

Um bei Dauerbelastungen (z. B. Marathon) die Ermüdungsgrenze hinauszuschieben, sollten kleine Zwischenmahlzeiten eingeplant werden, in flüssiger oder fester Form. Bewährt haben sich Müsliriegel, Power Bars, Kekse und Biskuits oder Gels (40–50 g pro Std.), die mit ausreichend Flüssigkeit zu sich genommen werden. Als komplexes, flüssiges Kohlenhydratgetränk hat sich Maltodextrin bewährt (5 % Kohlenhydratanteil).

Der Flüssigkeitsbedarf während eines Wettkampfs ist abhängig von der Dauer, der Intensität und den Witterungsbedingungen. Es ist wichtig, früh und regelmäßig zu trinken und nicht zu warten, bis sich ein Durstgefühl einstellt.

Tab. 3.6 Physiologische Zeiten der Magenentleerung.

bis 30 Min.	kleine Mengen: • Traubenzucker, Fruchtzucker, Honig • isotonische Elektrolytgetränke • alle alkoholischen Getränke
30 Min. bis 1 Std.	• Tee, Kaffee • Buttermilch, Magermilch, fettarme Aufbaugetränke • Käse, Weißbrot, gekochte Eier, Trockenreis, gekochter Fisch • Fruchtkompott, fettfreie Proteinkonzentrate
2 bis 3 Std.	• mageres Fleisch, Beefsteak, Tartar • gekochtes Grüngemüse, Salzkartoffeln • gekochte Teigwaren, Rührei, Omelette • Bananen
3 bis 4 Std.	• Schwarzbrot, Käse (50 % Fett i. Tr.) • gedünstetes Gemüse, grüner Salat • Hühnerfleisch, gegrilltes Kalbsfleisch und Filet, Schinken Bratkartoffeln • rohes Obst • Buttergebäck
4 bis 5 Std.	• Braten, gebratener Fisch, gebratenes Steak oder Schnitzel • Erbsen, Linsen, Bohnen • Hackfleischsoßen • Buttercremetorte
ca. 6 Std.	• Speck, geräucherter Lachs, Thunfisch • Gurkensalat, Pilze, Schweinebraten, Kotelett, Pommes frites • Spritzgebäck
bis zu 8 Std.	• Ölsardinen, Gänsebraten, Terrinen • Sauerkraut, Grünkohl

Eine Ernährungsumstellung oder die Einnahme unbekannter Nahrungsmittel sollte am Wettkampftag vermieden werden.
Bei Konsum von Kaffee sollte die harntreibende Wirkung beachtet werden.

Regenerationskost

Nach dem Wettkampf/Spiel/Training ist es wichtig, möglichst zeitnah die leeren Energiedepots wieder aufzufüllen und Regenerationsprozesse einzuleiten. Es sollte eine leicht verdauliche, **kohlen-**

hydrat- und flüssigkeitsreiche Nahrung aufgenommen werden. Gegebenenfalls können **Mineralien** und **Vitamine** substituiert werden.

Die folgenden Mahlzeiten sollten neben Kohlenhydraten auch einen hohen Anteil von Proteinen haben.

Da nach dem Sport nachgeschwitzt wird, ist es wichtig, regelmäßig und ausreichend zu trinken.

Reisekost

In vielen außereuropäischen Ländern sollten verschiedene Aspekte beachtet werden, die unter ☞ Kapitel 5.4 im Einzelnen behandelt werden.

Weitere aktuelle Informationen zum Thema Ernährung gibt es unter www.ernaehrung.de/tipps/sport.

4 Training motorischer Fähigkeiten zur Prävention von Verletzungen

Jede Sportart stellt unterschiedliche Anforderungen an die motorischen Fähigkeiten Kraft, Ausdauer, Schnelligkeit, Koordination und Beweglichkeit. Um sich diesen Anforderungen auf Dauer anpassen zu können und effektiv vor Verletzungen zu schützen, benötigt jede Struktur des Bewegungsapparates, also Muskeln, Sehnen, Knochen, Gelenke und das neuronale System, adäquate Reize. In der Sportphysiotherapie nehmen daher die motorischen Fähigkeiten nicht nur in der Therapie von Verletzungen einen bedeutenden Stellenwert ein (☞ Kap. 11), sondern auch in der Prävention.

> In diesem Kapitel werden die motorischen Fähigkeiten zunächst vorgestellt und definiert, ausschließlich unter dem Gesichtspunkt der Prävention. Die konkrete Anwendung bzw. praktische Durchführung im Sinne des Medizinischen Aufbautrainings erfolgt in ☞ Kapitel 11.

4.1 Allgemeine Prävention von Sportverletzungen

Die Prävention von Sportverletzungen ist ein weites Feld, zu dem nicht nur das spezifische Training der motorischen Fähigkeiten zählt. Dazu gehören sämtliche Maßnahmen, die zur Verhinderung bzw. Verringerung von Risiken und Ursachen von Sportverletzungen (☞ Kap. 10.1) beitragen. In jedem Fall müssen Sportler, Physiotherapeut, Trainer und Sportmediziner sehr gut kooperieren.

Primäre Prävention

Hierunter sind alle aktiven und passiven Maßnahmen zu verstehen, die einer Verletzung oder Überbelastung entgegen wirken.

Passive Maßnahmen
- sportartspezifische bzw. adäquate und funktionstüchtige Ausrüstung (Kleidung, Schuhe und Sportgeräte, ☞ Kap. 2)

- der Sportart angepasste und intakte Sportanlagen
- Änderungen von Regelwerken seitens der Sportverbände können verletzungsprovozierende Belastungen und Spielsituationen entschärfen.

Aktive Maßnahmen
- adäquates Auf- und Abwärmen
- Technikanalysen zur Überprüfung und Überwachung der korrekten Ausführung sportartspezifischer Übungen
- Trainingsanalysen zur Überwachung des Trainings bzw. der allgemeinen Trainingsparameter Intensität, Dauer, Umfang und Dichte (☞ Kap. 11)
- Aufklärung des Sportlers über Verletzungsrisiken und die Bedeutung von Regenerationszeiten (letztere nicht vernachlässigen)
- regelmäßige sportmedizinische Untersuchungen (kardiale Belastbarkeit, Laborwerte)
- Schulung koordinativer Fähigkeiten, Beweglichkeit, Kraft, Ausdauer und Schnelligkeit (☞ Kap. 4.2 bis 4.6)
- Beachtung einer ausgewogenen Ernährung (☞ Kap. 3).

Kurzfristige primäre Prävention

Alle Maßnahmen, die vor bzw. nach einem Wettkampf/Training zur Verletzungsprophylaxe durchgeführt werden:
- mentale Vorbereitung des Sportlers
- korrekte Tape- und Stützverbände (☞ Kap. 12)
- Vorwettkampfmassage, Regenerationsmassage (☞ Kap. 9.1)
- Sportartspezifisches Aufwärmen (☞ Kap. 5.1)
- Cool-down-Phase beachten (☞ Kap. 5.3).

Sekundäre Prävention

Die sekundäre Prävention zielt auf die völlige Wiederherstellung verletzter Strukturen, so dass das Risiko einer erneuten Verletzung minimal gehalten wird bzw. völlig ausgeschalten:
- schrittweises und individuelles, dem jeweiligen Trainingszustand des Sportlers angepasstes Komponententraining (Kraft, Ausdauer, Schnelligkeit, Koordination, Beweglichkeit) mit dem Ziel einer optimalen Leistungsfähigkeit und vollen Belastbarkeit (☞ Kap. 4.2 bis 4.6)
- im Training/Wettkampf die ehemals verletzten Strukturen besonders beachten, ggf. mit Tapeverbänden oder physikalischen Maßnahmen wie Massage, Elektrotherapie unterstützen (☞ Kap. 12, Kap. 9).

Ausgleichstraining

Sportartspezifisches Training bedeutet oftmals einseitige Belastung, die wiederum eine höhere Verletzungsanfälligkeit bedeuten kann. Um dies zu verhindern bzw. zu verringern, ist das Training sportartähnlicher oder fremder Bewegungsabläufe sinnvoll. Der Athlet wird dadurch in die Lage versetzt, im Notfall (z. B. Sturz, Foul etc.) schnell auf ein ihm dann bereits bekanntes Bewegungsmuster zurückzugreifen. Dadurch hat der Sportler die Möglichkeit, gegnerischen Fouls gekonnt auszuweichen oder bei drohender Sturzgefahr adäquat zu reagieren.

Ein Ausgleichstraining beinhaltet ein Koordinations- und Propriozeptionstraining (z. B. Übungen auf dem Kreisel, Kippbrett, Posturomed®, Pezziball®) und ein breit gefächertes Krafttraining des gesamten Bewegungs- und Stützapparates.

4.2 Kraft

Defizite hinsichtlich der Muskelkraft bzw. Dysbalancen des Kräfteverhältnisses zwischen Agonist und Antagonist führen nicht nur zu verminderter Leistungsfähigkeit, sondern sind häufig die Ursache akuter und chronischer Beschwerden des Bewegungsapparates. Ein kräftiger Muskel hingegen ermüdet langsamer. Er stabilisiert Gelenke und entlastet dadurch nicht kontraktile Stabilisatoren wie Gelenkkapsel und Bänder. Ferner begünstigt ein gut trainierter Muskel durch eine Zentrierung der Gelenke eine gleichmäßige Knorpelbelastung und muskuläre Balance.

Voraussetzung für eine optimale Kraftentwicklung der Extremitätenmuskulatur ist ein stabiler Rumpf (Punctum fixum). Daher muss vor einem Krafttraining der Extremitätenmuskulatur die Rumpfstabilität erarbeitet werden! Dies dient gleichzeitig der Verletzungsprophylaxe am Rumpf.

Kraft ist in der (Sport-) Physiotherapie das Maß für die **Überwindung von Widerständen** durch muskuläre Anspannung. Für das normale koordinierte Bewegen und für die allgemeine Stabilität der Gelenke bei den verschiedenen Haltungen und Bewegungen (im Alltag) ist stets ein minimaler Kraftaufwand erforderlich. Darüber hinaus besitzen wir die Fähigkeit, maximale Widerstände durch maximalen Kraftaufwand – **Maximalkraft** – zu überwinden. Hierbei spielen Schnelligkeit und lokale Ausdauer eine Rolle, also **Schnellkraft** und **Kraftausdauer** eines Muskels:

- Maximalkraft: Bewältigung großer Widerstände über einen kurzen Zeitraum

4 Training motorischer Fähigkeiten zur Prävention von Verletzungen

- Schnellkraft: Bewältigung geringer Widerstände über einen kurzen Zeitraum
- Kraftausdauer: Bewältigung geringer Widerstände über einen längeren Zeitraum.

Physiologische Kraftverhältnisse der Muskulatur

Um Verletzungen und Überlastungsschäden langfristig zu vermeiden, sollten prophylaktisch große Missverhältnisse der Muskelkraft – muskuläre Dysbalancen zwischen Agonist und Antagonist – durch entsprechendes Muskelaufbautraining angenähert bzw. ausgeglichen werden. In der Rehabilitation von Sportverletzungen sind diese Kraftverhältnisse durch entsprechendes Muskelaufbautraining kurzfristig anzustreben (☞ Kap. 11).
Beispiel: Kraftverhältnis im oberen Sprunggelenk 1:2,7, d.h. die Kraftentwicklung in die Plantarflexion wird immer höher sein als die Kraftentwicklung in die Dorsalextension im Verhältnis 1:2,7. So stehen 10 kg Kraftentwicklung in der Dorsalextension (DE) 27 kg Kraftentwicklung in der Plantarflexion gegenüber (oder 17 kg zu 46 kg usw.).

Krafttests zur Ermittlung der Maximalkraft

Bei voller Belastbarkeit (100%ige Belastung) ist die Ermittlung der Maximalkraft möglich, indem das individuelle größtmögliche Gewicht/der größtmögliche Widerstand einmalig bewältigt wird. Da

Tab. 4.1 Kraftverhältnisse großer Gelenke. (Diese Kraftverhältnisse können sowohl bei isometrischer wie auch dynamischer Messung ermittelt werden.)

Gelenk	Bewegungen	Kraftverhältnis
Sprunggelenk	DE/Plantarflex.	1:2,7
	Sup./Pronation	1:1,7
Kniegelenk	Ext./Flex.	1,3:1
Hüftgelenk	Ext./Flex.	3:1
Handgelenk	Ext./Flex.	1:2
Ellenbogen	Ext./Flex.	1:1
Schulter	Ext./Flex.	1,5:1
	AR/IR	1:2
	ABD/ADD	1:1,8

die Muskelkraft häufig zu Beginn der Rehabilitation ermittelt werden muss und eine volle Belastbarkeit dann meist kontraindiziert ist, müssen andere Methoden zur indirekten Kraftmessung herangezogen werden.

Seitenvergleich
Eine gängige Methode zur indirekten Ermittlung der Maximalkraft von Extremitätenmuskulatur ist der Vergleich der Muskelkraft mit der nicht betroffenen Seite. Zwar ist eine genaue Übernahme nicht möglich, als Anhaltspunkt ist dieser Wert aber annehmbar.

Counting repititions
Eine weitere Möglichkeit ist das Zählen der möglichen Wiederholungen mit einem leichteren Gewicht/Widerstand. Hieraus ergeben sich Richtwerte für das Verhältnis zwischen Wiederholungsanzahl und aufgewendeter Kraft.

Ermittlung der Individualbelastung
Für eine präzise Steuerung des Trainings ist eine genaue Dosierung der Belastung erforderlich (siehe unten, Formen des Krafttrainings). Beim Medizinischen Aufbautraining (☞ Kap. 11) ist ein Maximalkrafttest (Feststellen der Leistung, die mit maximaler Anstrengung einmal erbracht werden kann) meist nicht durchführbar. Deshalb wird die **Belastungsintensität** anhand der möglichen Wiederholungszahl geschätzt.

Dabei geht man davon aus, dass *eine* Wiederholung mit einem gerade noch einmal zu bewältigenden Gewicht einer Belastung von 100 % entspricht. Hieraus ergeben sich **Richtwerte** für das Verhältnis zwischen Wiederholungsanzahl und aufgewendeter Kraft:
- 3–4 mögliche Wiederholungen: 90 % der Maximalkraft
- 7–8 Wiederholungen: 80 %
- 11–13 Wiederholungen: 70 %
- 17–20 Wiederholungen: 60 %.

Anwendungsbeispiel: Die Armstreckung in Rückenlage mit einer 20 kg-Langhantel ist für den Trainierenden 18 Mal durchführbar. Daraus errechnet sich seine Maximalkraftleistung wie folgt:
Ist-Leistung laut Tabelle: 20 kg, 18 Wiederholungen = 60 %

$$\text{Maximalkraftleistung (kg)} = \frac{\text{max. Belastungsintensität (100\,\%)} \times \text{Ist-Gewicht (20 kg)}}{\text{Ist-Intensität (60\,\%)}} = 33 \text{ kg}$$

4 Training motorischer Fähigkeiten zur Prävention von Verletzungen

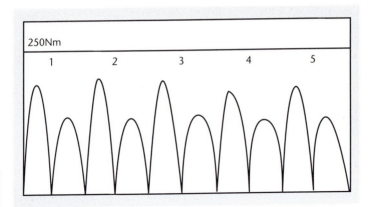

Abb. 4.1 Isokinetikkurve Kniegelenk (physiologische Verhältnisse).

Isokinetikgeräte

Diese speziellen Geräte haben die Möglichkeit, die relative Maximalkraft in Abhängigkeit zur Bewegungsgeschwindigkeit zu ermitteln. Dies gelingt durch eine Geschwindigkeitsvorgabe und Anpassung des Widerstands des Gerätes an die aufgewendete Kraft.
In der isokinetischen computergesteuerten Diagnostik lassen sich Ungleichgewichte der Muskelkraftverhältnisse zwischen Beuger und Strecker bzw. operierter und nicht operierter Extremität ermitteln. Dies dient sowohl als Eingangstest als auch zur Dokumentation nach Behandlungsende einer Rehabilitation (☞ Abb. 4.1).

Formen des Krafttrainings

Die Steuerung des Krafttrainings richtet sich nach der Belastbarkeit der zu trainierenden Struktur. Dies gilt für die Prävention von Verletzungen gleichermaßen wie für die Rehabilitation bzw. Therapie. Im Krafttraining zur Rehabilitation von Verletzungen kommt es darauf an, in welcher Aufbauphase sich der Sportler derzeit befindet (☞ Kap. 11).
Steuerungselemente sind die Intensität (Widerstand), der Umfang (Wiederholungen), die Dauer und die Reizdichte (Häufigkeit). Diese **allgemeinen Trainingsparameter** gelten ebenfalls für das Ausdauer-, Schnelligkeits-, Beweglichkeits- und Koordinationstraining (☞ Kap. 4.3 bis 4.6, Kap. 11). Die Intensität wird als anteilige Prozentzahl der maximalen Leistungsfähigkeit errechnet. Sie muss daher individuell ermittelt werden (siehe oben, Ermittlung der Maximalkraft).

Entsprechend der Möglichkeiten der Muskelanspannungen (Kontraktionen) kann ein Krafttraining statisch (isometrisch) oder dynamisch (isotonisch) erfolgen. Das Ziel ist jedoch immer das Auftrainieren des Muskels durch das Überwinden möglichst hoher Widerstände. Beim Krafttraining sind ein dosierter Einstieg und ständige Rückmeldungen vom Patienten unerlässlich.

Statisches (isometrisches) Krafttraining
Hierbei werden Widerstände ausgeübt, es findet aber keine sichtbare Bewegung statt (die Gelenke werden nicht bewegt). Das heißt, die Spannung des Muskels ändert sich, die Länge bleibt jedoch während der Kontraktion unverändert. Die aufgewendete Muskelkraft entspricht der einwirkenden Kraft (Widerstand). Der Trainingseffekt wird ergo durch Spannungsaufbau bei der Haltearbeit gegen einen Widerstand erreicht.

Vorteile des isometrischen Krafttrainings sind:
- Widerstände sind gut dosierbar
- Spannungsübungen können gezielt für einzelne Muskelgruppen angewendet werden
- das Training kann frühzeitig nach Verletzungen oder Operationen durchgeführt werden, um Atrophien vorzubeugen.

Nachteile des isometrischen Krafttrainings sind:
- Beweglichkeit und intermuskuläre Koordination werden nicht geübt
- keine Trainingswirkung auf die Schnellkraft.

> **Merke**
> Statische Muskelarbeit verursacht durch den Verschluss peripherer Gefäße eine Erhöhung des Blutdruckes. Deshalb sollte die Anspannungszeit bei kardial gefährdeten Patienten 5–7 Sek. nicht überschreiten.

Dynamisches (isotonisches) Krafttraining
Beim dynamischen Krafttraining werden zur Überwindung von Widerständen Gelenkbewegungen ausgeführt. Das heißt, während der Kontraktion kommt es bei gleich bleibender Spannung zur Verkürzung oder Verlängerung des Muskels. Die aufgewendete Muskelkraft ist entweder größer (bei Verkürzung) oder kleiner (bei Verlängerung) als die einwirkende Kraft.
- **Konzentrische Kontraktion:** Durch die Anspannung nähert sich der Ansatz des Muskels seinem Ursprung. Der Muskel verkürzt sich.

- **Exzentrische Kontraktion:** Gegen den bremsenden Widerstand des Muskels entfernen sich Ansatz und Ursprung voneinander. Der Muskel verlängert sich.
- **Auxotonische Kontraktion:** Bei dieser Kontraktionsform finden sowohl Spannungs- als auch Längenänderungen des Muskels statt, wobei die Muskelspannung zu- und die Länge abnimmt. Dies ist die häufigste Trainingsform im Kraftsport.

Vorteile des isotonischen Krafttrainings sind:
- ein physiologisches Training auch komplexer Bewegungsabläufe ist möglich, koordinative Aspekte werden berücksichtigt
- durch verschiedene variable Parameter (Wiederholungen, Intensität etc.) kann der Trainingsreiz verändert werden.

Nachteile des isotonischen Krafttrainings sind:
- die Übungsgestaltung ist aufwändiger als beim statischen Training.

Isokinetisches Krafttraining
Hierbei handelt es sich um eine Sonderform des dynamischen Krafttrainings. An speziellen Geräten erzeugt der Patient den Widerstand während der Bewegung selbst. Vorgegeben ist nur die Geschwindigkeit der Bewegung, der Widerstand passt sich der jeweiligen Kraftentfaltung des Muskels in jeder Gelenkstellung an. Dieses Verfahren kann auch zu Testzwecken eingesetzt werden.

Vorteile des isokinetischen Trainings sind:
- gute und schnelle Trainingserfolge
- Widerstände sind genau dosierbar
- das Training kann vielseitig angewendet werden
- es bietet gute Koordinations- und Ausdauertrainingsmöglichkeiten
- das Training ist gleichzeitig ein aussagefähiges Testverfahren
- je nach Gerät sind sowohl konzentrische als auch exzentrische Kontraktionen möglich.

Nachteile des isokinetischen Trainings sind:
- teure Geräte, aufwendig in der Anschaffung
- während des Trainings ist eine intensive Betreuung des Patienten nötig
- es besteht eine relativ hohe Verletzungsgefahr durch unsachgemäße Benutzung der Geräte.

4.3 Ausdauer

Fehlende Ausdauer führt zu einer frühen Ermüdung und verlangsamter Regenerationsfähigkeit des Muskels. Die Verletzungsanfälligkeit steigt.

In der (Sport-) Physiotherapie ist die Ausdauer ein Maß für lang angehaltene oder über längere Zeit wiederholte Muskelanspannungen. Folglich bezeichnet Ausdauer die **Widerstandsfähigkeit des Muskels gegen Ermüdung.**

Die Ausdauer lässt sich hinsichtlich der Energiegewinnung bzw. der Situation des Muskelstoffwechsels unterteilen in **aerobe** und **anaerobe** Ausdauerleistungsfähigkeit. Hinsichtlich der an einer Bewegung beteiligten Muskulatur unterscheiden wir zwischen **lokaler** und **allgemeiner** Ausdauer. Zwischen **spezifischer** und **unspezifischer** Ausdauer wird in Bezug auf bestimmte Bereiche/Sportarten unterschieden:

- lokale Ausdauer: weniger als $1/6$ oder $1/7$ der gesamten Skelettmuskulatur sind an einer Bewegung beteiligt
- allgemeine Ausdauer: mehr als $1/6$ bzw. $1/7$ der gesamten Skelettmuskulatur sind an einer Bewegung beteiligt, die Ausdauerleistung wird je nach Art der Energiebereitstellung aerob oder anaerob erbracht, wobei die allgemeine aerobe Ausdauer vor allem durch die Leistungsfähigkeit des Herz-Kreislauf-Systems, der Atmung und des Muskelstoffwechsels bestimmt wird
- spezifische Ausdauer: Fähigkeit, nur bestimmte und/oder sportartspezifische Bewegungen über einen längeren Zeitraum durchzuführen (ein ausdauernder Läufer ist nicht zwangsläufig ein ebenso ausdauernder Schwimmer)
- unspezifische Ausdauer: die allgemeine Kondition (Grundlagenausdauer), ist nicht an bestimmte Bewegungen und/oder Sportarten gebunden.

Bei der aeroben Ausdauer handelt es sich um körperliche (Ausdauer-)Leistungen, bei denen die Energiegewinnung im Muskel unter Sauerstoffverbrauch und Sauerstoffzufuhr stattfindet. Liegt ein Gleichgewicht zwischen Sauerstoffverbrauch und -bereitstellung vor, handelt es sich um ein Fließgleichgewicht oder den sog. „Steady State". Die Laktatkonzentration im Blut steigt nicht über 2 mmol/l an, der Muskel wird nicht „sauer" (☞ Kap. 3.2). Wie lange ein Muskel/unser Körper eine aerobe Leistung durchhalten kann, hängt von der Kapazität der Sauerstoffaufnahme ab, die identisch ist mit der Sauerstofftransportfähigkeit des Herz-Kreislauf-Systems. Auch die Lungenfunktion spielt eine entscheidende Rolle.

Übersteigt der Energiebedarf die für die Energiebereitstellung notwendige Sauerstoffzufuhr ist die anaerobe Schwelle überschritten. Die Muskulatur nutzt dann die energiereichen Phosphate ATP und KP (☞ Kap. 3.2), um Energie freizusetzen. Dabei kommt es zur vermehrten Bildung von Laktat (über 4 mmol/l). Der Muskel wird „sauer".

Die anaerobe Ausdauerleistungsfähigkeit ist gleichermaßen die Fähigkeit, auch bei unzureichender Sauerstoffzufuhr körperliche/sportliche Leistungen zu vollbringen. Der Körper geht dabei eine Sauerstoffschuld ein, da die Milchsäure ebenfalls nur mit Sauerstoff abgebaut werden kann.

Beispiele der einzelnen Ausdauerarten:
- lokale aerobe dynamische Ausdauer: Arm beugen und strecken
- lokale anaerobe dynamische Ausdauer: Arm beugen und strecken mit Zusatzgewicht
- lokale aerobe statische Ausdauer: Arm mit Zusatzgewicht gegen die Schwerkraft halten
- lokale anaerobe statische Ausdauer: Arm mit Zusatzgewicht gegen die Schwerkraft halten
- allgemeine aerobe dynamische Ausdauer: Joggen
- allgemeine anaerobe statische Ausdauer: isometrische Spannungsübungen.

Ausdauertests

Ausdauertests dienen der Ermittlung der aktuellen Ausdauerleistungsfähigkeit, die besonders nach längerer Immobilisationsphase stark reduziert sein kann. Trainingsempfehlungen zur Regulierung bzw. Steuerung des Ausdauertrainings werden in Prozent der maximalen Herzfrequenz (Maximalpuls) angegeben (siehe unten, Formen des Ausdauertrainings). Dieser Maximalpuls muss zunächst herausgefunden werden.

Ermitteln des Maximalpulses

Grundlage eines individuellen Ausdauertrainings ist die Ermittlung des Maximalpulses. Der Maximalpuls ist die höchstmögliche Anzahl von Kontraktionen, die das Herz in einer Minute leisten kann. Da dieser Wert respektive diese Anzahl individuell verschieden ist und genetisch bedingt, lässt sich mit der **Faustformel 220 minus Lebensalter** nur eine grobe Einschätzung geben, die einer großen Streubreite unterworfen ist. Da bereits der Ruhepuls bei Menschen gleichen Alters, gleichen Geschlechts, gleicher Größe und Gewichts um bis zu 50 Schläge/Min. variieren kann, muss auch der Maximalpuls individuell ermittelt werden.

Seinen persönlichen Maximalpuls ermittelt man am Besten im Rahmen einer sportmedizinischen Untersuchung anhand eines Ausdauerstufentests (siehe unten, Conconi-Test) oder einer Leistungsanalyse mit Laktatwertbestimmung auf dem Laufband. Um den Wert der Belastung auf dem Band, dem Laufen auf der Bahn vergleichbar zu machen, muss am Laufband eine Steigung von ca. 1,5 % eingestellt werden.

Dies weist darauf hin, dass bei unterschiedlichen muskulären Anforderungen auch unterschiedliche Werte gelten können, weshalb bei der Berechnung des Maximalpulses mit der Sicherheitsformel darauf geachtet werden muss: Im Schwimmbecken, auf dem Fahrrad und beim Laufen sind unterschiedlich große Anteile der Gesamtmuskulatur beteiligt. Die maximale Herzfrequenz muss beim Training auf dem Fahrrad nach der Formel 200 minus Lebensalter berechnet werden, beim Schwimmen gilt 190 minus Lebensalter.

Conconi-Test

Der Conconi-Test ist nach dem italienischen Professor Francesco Conconi benannt und stammt aus dem Jahr 1982. Es handelt sich hierbei um einen Stufentest, der auf dem Ergometer oder Laufband absolviert werden kann.

Beim **Laufbandtest** steigert der Sportler nach vorheriger Aufwärmung seine Belastung abschnittsweise (alle 200 m) um 0,5 km/h, bis keine Steigerung mehr möglich ist.

Beim Test auf dem **Ergometer** beginnt der Sportler mit 50 Watt und steigert alle 3 Min. die Wattzahl um einen festen Wert, z. B. 25 Watt. Während des Tests wird die Pulssteigerung in ein Koordinatenblatt eingetragen, in das sog. Conconi-Diagramm (☞ Abb. 4.2): Herzfrequenz auf der vertikalen Achse, Geschwindigkeit auf der horizontalen Achse. Es ergibt sich ein linearer Anstieg bis zu dem Punkt, an dem die Linie plötzlich einen Knick macht. An diesem Punkt ist nach Conconi der Übergang des aeroben (Fettsäuren und Kohlenhydrate werden mit Hilfe von Sauerstoff verbrannt) zum anaeroben Stoffwechsel (ohne Hilfe von Sauerstoff). Diese ermittelte Herzfrequenz wird als 100 % angesehen. Die „Knickbildung" ist nicht bei allen Sportlern so deutlich zu sehen. Besonders bei sehr gut Trainierten ist dieser Test nicht ohne weiteres anwendbar.

Formen des Ausdauertrainings

Die allgemeine Ausdauer und das Ausdauertraining lässt sich klassifizieren in Kurzzeitausdauer (3–10 Min.), Mittelzeitausdauer (10–30 Min.) und Langzeitausdauer (über 30 Min.).

Das Ausdauertraining erfolgt je nach Zielstellung (Grundlagenausdauertraining, Fettstoffwechsel, Organadaptation etc.) in den verschiedenen Herzfrequenzzonen (☞ Kap. 11.4.2).

Basistraining, Grundlagenausdauer (Zone 1)
Das Basistraining ist ein allgemeines Gesundheitstraining im Sinne eines Grundlagentrainings, Regenerations- und Rehabilitations-

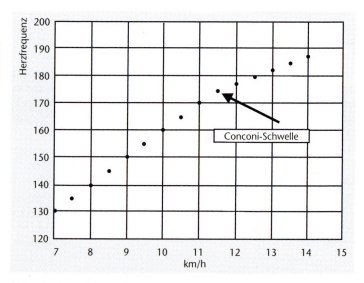

Abb. 4.2 Conconi-Diagramm.

Tab. 4.2 Conconi-Testblatt zur Dokumentation.			
Conconi-Test			
Strecke	Geschwindigkeit	Laufzeit (Sek.)	Herzfrequenz
200–400 m	12 km/h		
401–600 m	12,5 km/h		
601–800 m	13 km/h		
801–1000 m	13,5 km/h		
1001–1200 m	14 km/h		
1201–1400 m	14,5 km/h		
usw.	usw.	usw.	usw.

trainings mit geringer Belastung für das Herz-Kreislauf-System und den Stoffwechsel. Es wird bei 50–65% der maximalen Herzfrequenz für max. 3 Std. durchgeführt.

Diese Zone sollte bei einem Aufwärmprogramm (Warm-up) und der Cool-down-Phase (☞ Kap. 5.1.1 und Kap. 5.3.1) nicht überschritten werden. Außerdem eignen sich lange, ruhige Regenerationsläufe, die bei ca. 65% der maximalen Pulsleistung über mehr als 30 Minuten durchgeführt werden, die aerobe Ausdauer zu trainieren.

Entwicklungstraining (Zone 2)

Das Entwicklungstraining ist ein stressfreies Training der Grundlagenausdauer bzw. der Kondition. Als primäres Stoffwechseltraining (Fettstoffwechsel) mit positiven Effekten auf das Herz-Kreislauf-System (Stabilisierung) ist es ein idealer Trainingsbereich zur Gewichtsreduktion. Es wird für max. 1 Std. bei 65–75% der maximalen Herzfrequenz durchgeführt.

Aufbautraining (Zone 3)

Das Aufbautraining ist ein Training zur Verbesserung/Steigerung der Grundlagenausdauer, zur Verbesserung der aeroben Muskelausdauer und des Herz-Kreislauf-Systems. Die aerobe Kapazität wird gesteigert. Es wird für max. 30 Min. bei 75–85% der maximalen Herzfrequenz durchgeführt.

Leistungs- oder Wettkampftraining (Zone 4)

Das Leistungstraining wird für max. 2 Min. bei 85–100% der maximalen Herzfrequenz durchgeführt. Es dient der Erhöhung der anaeroben Kapazität und damit der Verbesserung der Laktattoleranz sowie der Wettkampfgeschwindigkeit.

4.4 Schnelligkeit

Schnelligkeit ist die Fähigkeit, Widerstände in kürzester Zeit zu überwinden. Daraus resultieren kurze, intensive (explosive) Belastungen.

Schnelligkeit äußert sich in verschiedenen Erscheinungsformen: in der Koordinationsgeschwindigkeit, in der Reaktionsgeschwindigkeit, in der Schnellkraft (☞ Kap. 4.2) und der Schnelligkeitsausdauer, d. h. der Fähigkeit, schnelle Bewegungen über einen längeren Zeitraum auszuführen.

Schnelligkeitstests

Zur Messung der Schnelligkeit gibt es verschiedene, einfache Methoden:
- Zeitnahme (z. B. wie schnell wird eine vorgegebene Strecke durchlaufen)
- Messung von Wiederholungen pro Zeiteinheit (z. B. wie viele Faustkontakte schafft ein Boxer pro Minute an einem hängenden Boxsack)
- Messung der Reaktionszeit (Antritte aller Art, z. B. nach welcher Zeit verlässt ein Sprinter nach dem Startschuss den Startblock)
- Messung der Beschleunigungszeit (z. B. wie schnell durchläuft ein Sportler die einzelnen Abschnitte von mehreren nacheinander aufgebauten Lichtschranken)
- Einfach- und Mehrfachsprünge beidbeinig auf Zeit (z. B. über 50 m) oder auf Weite.

Formen des Schnelligkeitstrainings

Um Schnelligkeit zu trainieren nutzt man unter anderem die verschiedenen motorischen Fähigkeiten wie Kraft und Koordination, auch Reaktion:
- Krafttraining mit kurzen, intensiven und explosiven Belastungen, zur Ausbildung vermehrter FT-Muskelfasern (fast twitch = schnell zuckend)
- Reaktionstraining (auf diverse optische oder akustische Signale)
- Sprunggelenksarbeit (Koordinationstraining zur Ausbildung eines dynamischen Stereotyps)
- Explosivtraining an Sequenztrainingsgeräten oder isokinetischen Systemen (geringe Gewichte bzw. hohe Bewegungsgeschwindigkeit) im offenen und geschlossenen System (☞ Kap. 4.2 und Kap. 11.3.1).

Das Schnelligkeitstraining ist abhängig von einer guten intra- und intermuskulären Koordination und damit ein Aspekt des Koordinationstrainings (☞ Kap. 4.5).

4.5 Koordination

Erst optimale koordinative Fähigkeiten machen die motorischen Eigenschaften Kraft, Ausdauer und Schnelligkeit nutzbar: Je besser die Koordination, desto weniger Kraftaufwand ist für die Ausführung einer Bewegung und für das Erreichen eines Bewegungszieles notwendig (ökonomische Bewegungen). Dadurch lassen sich physische Ermüdung und andere Verletzungsrisiken verringern.

Bei bestehender verringerter Belastbarkeit passiver (Kapsel, Bänder) und/oder aktiver Gelenkstabilisatoren (Muskeln) wird durch ein gezieltes Koordinations- und Propriozeptionstraining deren Funktionsfähigkeit wiederhergestellt. Der Sportler ist in der Lage, rasch auf Veränderungen des Körpers in seiner Umwelt zu reagieren.

Koordination ist das **Zusammenspiel von ZNS und Skelettmuskulatur** innerhalb eines bestimmten Bewegungsablaufes. Man unterscheidet zwischen intramuskulärer und intermuskulärer Koordination:

- Die **intramuskuläre Koordination** beschreibt das Zusammenspiel innerhalb eines Muskels. Sie wird bestimmt durch die Anzahl der aktivierten motorischen Einheiten und die Frequenz und Synchronisation der Nervenimpulse, die eine motorische Einheit aktivieren.
  Die Belastungsintensitäten, die die intramuskuläre Koordination fördern, liegen zwischen 80–100 % der Maximalkraft.
- Die **intermuskuläre Koordination** steht für das Zusammenspiel aller an einer Bewegung beteiligten Muskeln. Dazu gehören Agonisten, Synergisten und Antagonisten.
  Die optimale Trainingsintensität zur Verbesserung der intermuskulären Koordination liegt bei ≤ 30 % der Maximalkraftleistung (Maximalkraft ☞ Kap. 4.2).

Koordinationsverlust bedeutet mangelnde oder fehlerhafte Übertragung von Informationen sowohl aus dem ZNS als auch aus der Peripherie an die Erfolgsorgane. Jede Verletzung oder Funktionsbeeinträchtigung geht mit Koordinationsverlust einher, der auch nach Ausheilung der Verletzung bestehen bleiben kann.

Im Rahmen des Koordinationstrainings sollen Bewegungsabläufe ohne Kompensationsmechanismen erarbeitet werden. Hierzu müssen die Rezeptoren geschult werden, adäquat und schnell genug auf Reize zu reagieren, um benötigte Bewegungsstereotype jederzeit abrufen zu können. Das Koordinationstraining hat also eher einen Einfluss auf die neuronale Steuerung als auf die Muskeln selbst. Trainiert werden die Muskel- und Gelenksensoren und ihre afferenten Nervenbahnen (zum Gehirn führend), das Gehirn selbst, die zu den Muskeln führenden efferenten Bahnen.

Damit einer großen Anzahl von Bewegungsanforderungen ohne Verletzungsgefahr entsprochen werden kann, sollten beim Koordinationstraining möglichst differenzierte Übungsinhalte gewählt werden. Je mehr Bewegungsmuster abrufbar sind, desto geringer ist die Gefahr, auf eine unvorhergesehene Situation keine Bewegungsantwort parat zu haben und dadurch ein erhöhtes Verletzungsrisiko einzugehen.

Koordinative Fähigkeiten

Kopplungsfähigkeit
Die Kopplungsfähigkeit ermöglicht es, die Körperteilbewegungen, Einzelbewegungen und -operationen zu einer zielgerichteten Gesamtbewegung zu verbinden, z. B. beim Kugelstoßen. Der Bewegungsablauf des Kugelstoßens setzt sich aus verschiedenen Phasen zusammen:
- Anrutschphase
- Umsetzungsphase
- Stoßphase
- Landephase.

Orientierungsfähigkeit
Die Orientierungsfähigkeit ist Voraussetzung für die räumliche und zeitliche Lageveränderung des Körpers. Sie befähigt den Menschen dazu, Bewegungsanforderungen räumlich und zeitlich orientiert vorherzusehen und die Bewegungssteuerung entsprechend zu verändern, z. B. beim Basketball. Hier ermöglicht es die Orientierungsfähigkeit, räumliche und zeitliche Positionsveränderungen zwischen dem eigenen Körper und anderen zu erwarten und das eigene Bewegungsverhalten den neuen Positionen anzupassen. So wird z. B. ein Passspiel in den Laufweg des Mitspielers möglich.

Differenzierungsfähigkeit
Die Differenzierungsfähigkeit macht genaue Feinabstimmungen der einzelnen Phasen eines Bewegungsablaufes möglich. Kraft-, Raum- und Zeitparameter innerhalb eines Bewegungsvollzugs werden präzise unterschieden und individuell angepasst, z. B. bei Zielwürfen. Hier kann Dank der Differenzierungsfähigkeit die angewendete Kraft genau an das geworfene Gerät und die zurückzulegende Entfernung angepasst werden.

Gleichgewichtsfähigkeit
Die Gleichgewichtsfähigkeit erlaubt es, Formen des statischen und dynamischen Gleichgewichts während und nach Bewegungsvollzügen beizubehalten oder wieder herzustellen, z. B. bei Balance halten. Hier ermöglicht die Gleichgewichtsfähigkeit Vorwärts- und Rückwärtsgehen auf dem Schwebebalken, Drehsprünge oder einen Sprung mit Drehung vom Minitrampolin auf den Weichboden.

Reaktionsfähigkeit
Die Reaktionsfähigkeit ist die Fähigkeit, zum zweckmäßigen Zeitpunkt mit einer aufgabenbezogenen Geschwindigkeit auf Signale

reagieren zu können, z. B. im Mannschaftsspiel. Die Reaktionsfähigkeit ermöglicht hierbei durch sofortige Verarbeitung optischer und akustischer Signale das Eingehen auf bewegte Objekte in ständiger Variation.

Umstellfähigkeit

Die Umstellfähigkeit stellt die Grundlage dar, auf der bei allen Situationsveränderungen das Handlungsprogramm den neuen Gegebenheiten angepasst wird, z. B. beim Surfen. Dank der Umstellfähigkeit können bei Bedarf Wellengang und Windveränderungen beim Surfen durch die entsprechenden Bewegungsabläufe ausgeglichen werden.

Rhythmisierungsfähigkeit

Die Rhythmisierungsfähigkeit erlaubt es, Bewegungen an vorgegebene Rhythmen anzupassen, z. B. bei Jazzmusik. Vorgegebene Rhythmen können die Bewegungsabläufe beeinflussen, indem sie als Richtwerte für Tempo und Wiederholungsfrequenz genutzt werden.

Koordinationstests

Die intramuskuläre Koordination lässt sich durch Maximalkrafttests ermitteln. Eine Möglichkeit der Testung und der Dokumentation dieser Daten ist mit isokinetischen Geräten möglich (☞ Kap. 4.2).
Die intermuskuläre Koordination ist auf Bodenreaktionsplatten (z. B. Fastex-Matte) prüf- und dokumentierbar.
Diese beiden Möglichkeiten stehen jedoch nicht jedem zur Verfügung. Dennoch ist es sinnvoll, einen Vergleich zwischen der gesunden und der betroffenen Seite zu haben und noch wichtiger: Der Vergleich des Eingangs- und Abschlusstests zeigt die Verbesserung der erworbenen koordinativen Fähigkeiten. Nachfolgend sind einige Testmethoden beschrieben, die ohne technischen Aufwand durchführbar sind.
Vor Testbeginn wird dem Sportler die Übung erklärt. Anschließend soll er die beschriebene Übung einmal praktisch durchführen, bevor jeder Test pro Bein 3× absolviert wird, um einen Mittelwert zu erhalten.

Einbein-Sprungparcours

Der Parcours (in Anlehnung an Chambers) setzt sich aus unterschiedlich geneigten Aufsprungflächen zusammen, die den Propriozeptoren des Sprunggelenkes eine schnelle Anpassung an veränderte Unterlagen abverlangen. Die Auftrittsflächen der „Stepps" werden mit einer Unterlage im Neigungswinkel verändert.

Der Parcours beginnt mit einem geraden Absprung, gefolgt von einer Steigung und geht in eine Neigung über.
Fortsetzung in einer geraden Auftrittsfläche, die der Proband links herum umspringt, um mit dem nächsten Sprung auf einer nach links und anschließend auf einer nach rechts geneigten Auftrittsfläche zu landen.
Hier wechselt der Proband die Richtung und springt den Parcours in die Gegenrichtung zurück (☞ Abb. 4.3).
Bewertet wird die benötigte Zeit. Jedes Verlassen eines „Stepps" zählt als Fehlerpunkt.

Einbein-Stand
Der Proband steht mit geradeaus gerichtetem Blick auf einer labilen Unterlage (z. B. Weichboden, Minitamp oder Posturomed®).
Der Test sieht vor, dass der Proband 1 Min. lang mit geschlossenen Augen im Einbeinstand verharrt. Jedes Hüpfen, Absetzen des gebeugten Beines, Öffnen der Augen oder ggf. Festhalten an Griffen zählt als Fehlerpunkt.

Störungen der Koordination

Störungen der intra- und/oder intermuskulären Koordination können vielfältige Ursachen haben, beispielsweise:
- Gelenkfunktionsstörungen angrenzender Gelenke und der segmental versorgenden Wirbelsäulenabschnitte: Hypomobilität muss manualtherapeutisch gelöst und Hypermobilität durch Muskeltraining stabilisiert werden, wobei ein Extremitätentraining ohne stabilen Rumpf nicht sinnvoll ist.
- Neuromuskuläre Dysbalancen müssen durch Dehnung und Kräftigung in ein für die entsprechende Sportart vernünftiges Maß gebracht werden.
- Schmerz und Narben: Schmerzauslöser können z. B. durch Tapes, auch Kinesio®-Tapes verringert (☞ Kap. 12), Narben müssen mobilisiert werden.

Abb. 4.3 Einbein-Sprungparcours.

- Aktive Muskel-Triggerpunkte, z. B. im M. sternocleidomastoideus, müssen eliminiert werden.
- Ein Gelenkerguss führt zu einer Aktivierung der Beuger bei gleichzeitiger Hemmung der Strecker. Solange ein Erguss besteht, ist ein koordiniertes Aufbautraining nicht möglich. Die Schwellung muss erst durch Medikation (☞ Kap. 8), manuelle Lymphdrainage und Kompression beseitigt werden (☞ Kap. 9.2).
- Um physischer und psychischer Erschöpfung vorzubeugen nur ausgeruht trainieren.
- Alkohol, Drogen, Medikamente haben im Training und Wettkampf nichts zu suchen.

4.6 Beweglichkeit

Verkürzte und in ihrer Spannung erhöhte Muskeln können eine reduzierte Gelenkbeweglichkeit verursachen, zu Verletzungen im Muskel und der Insertionen führen. Sie haben ungünstigen Einfluss auf die Druckbelastung im Gelenk, verändern die Statik und machen eine vollständige Entwicklung der konditionellen und koordinativen Faktoren unmöglich. Zudem ist die Leistungsbereitschaft/-fähigkeit der Muskulatur verringert, was zu einer verminderten Kraftentwicklung in der gesamten, für die ausgeübte Sportart typischen Bewegungskette führt. Das heißt, alle an einer Bewegung beteiligten Muskeln sind direkt oder indirekt betroffen, sowohl Agonisten als auch Antagonisten und Synergisten: Ist in diesem System ein Muskel verkürzt, ist der entsprechende Antagonist meist zu schwach. Dieser neuromuskulären Dysbalance muss mit einem individuellen, auf die Sportart abgestimmten Kraft- und Mobilitätstraining entgegengewirkt werden (Dehnung verkürzter, Kräftigung hypotoner Strukturen).

Ursachen einer verminderten Beweglichkeit können jedoch auch in anderen Körperstrukturen zu finden sein, so z. B. Kapsel, Menisken, Bänder, Knochen, Haut oder Nerven. In der (Sport-)Physiotherapie hat man es jedoch am häufigsten mit den Muskeln zu tun, der Gelenkskapsel und den Nerven.

- Flexibilität ist der **willkürlich mögliche Bewegungsbereich** in einem oder mehreren Gelenken. Das Bewegungsausmaß kann aktiv oder passiv erreicht werden, wobei die passive Beweglichkeit immer größer ist als die aktive. Der Bewegungsausschlag (aktiv und passiv) in einem Gelenk ist ergo von verschiedenen Faktoren abhängig:
- Dehnfähigkeit der Gelenk umgebenen Muskulatur

- Form der beteiligten Gelenkflächen
- Elastizität der kontraktilen Strukturen des Bewegungsapparates (Gelenkkapsel, Sehnen, Bänder, Haut)
- Muskelkraft, die auf das bewegte Gelenk wirkt.

Beweglichkeitstests

Die Beweglichkeit wird durch direkte und indirekte Messung von Bewegungswinkeln mittels Winkelmesser oder Flexometer ermittelt. Die Messung orientiert sich an der funktionellen Anatomie. Als Normwerte dienen die aus der Neutral-Null-Methode bekannten Bewegungsausmaße der Gelenke (☞ Tab. 4.3).
Die Testung des Iliosakralgelenkes (Nutation, Gegennutation) ist Bestandteil der Manuellen Therapie (☞ Kap. 11.4.5).
Ob der erreichte Bewegungsausschlag für den Sportler ausreichend ist, hängt von der betriebenen Sportart ab. Ein Turner benötigt für seine Sportart eine größere Beweglichkeit/Dehnbarkeit der Arme als ein Marathonläufer.

Formen der Beweglichkeitsverbesserung

Muskulatur und umgebendes Bindegewebe stellen eine natürliche Schutzeinrichtung für ein Gelenk dar. Das Ausmaß der Beweglichkeit sollte deshalb nur soweit verbessert (oder erhalten) werden, wie es zur Ausübung der Sportart nötig ist. Auch innerhalb einer Sportart kann die benötigte Beweglichkeit variieren. Beispielsweise benötigt beim Handball der Torwart zur Ballabwehr eine größere Beweglichkeit seiner Adduktoren als ein Rückraumspieler.
Um die Beweglichkeit zu verbessern/erhalten, den Tonus zu normalisieren, die Muskelentspannung und -dehnfähigkeit zu verbessern, werden verschiedene Mobilisationstechniken angewandt (z. B. Manuelle Therapie, Querfriktionen nach Cyriax, Muskel- und Gelenkdehntechiken). Die Entscheidung, welche Technik angewandt wird, erfolgt erst nach vorangegangenem Funktionsbefund und Strukturdiagnose (☞ Kap. 11).
Einschränkungen der Beweglichkeit aufgrund verkürzter Muskulatur lassen sich mit **Dehnungen** gut beheben. Dehnungen können sowohl **statisch** (ohne Gelenkbewegung) als auch **dynamisch** (mit Gelenkbewegung) durchgeführt werden. Eine weitere Differenzierung besteht in der **aktiven** Durchführung, bei der der Sportler seine Muskeln selbst dehnt, und der **passiven Variante,** wobei der Muskel durch einen Mitspieler oder Therapeuten gedehnt wird. Dehnungen können/sollten vor und nach einer Therapieeinheit bzw. einem Training (Ausdauer, Kraft) erfolgen (konkrete Anwendung und Durchführung der verschiedenen Dehntechniken ☞ Kap. 11.4.5)

Tab. 4.3 Physiologische Bewegungsausmaße der Extremitätengelenke (nach der Neutral-Null-Methode).

Gelenk	Bewegung	Bewegungsausmaße
Obere Extremität		
Schultergürtel	Retraktion/Protraktion	20/0/40
	Elevation/Depression	30/0/10
	Skapuladrehung	Abstand unterer Schulterblattwinkel zur Dornfortsatzreihe in cm bei max. Elevation (Flexion) des Armes
	Kombinationsbewegungen: Nackengriff, Schürzengriff	verbale Beurteilung
Schultergelenk	Ext./Flex. (Retroversion/Elevation)	40/0/170
	ABD/ADD	90/0/30
	Horizontale ABD/ADD	40/0/110
	AR/IR	90/0/80
Ellenbogengelenk	Ext./Flex.	0/0/150
Unterarm	Pronation/Supination	90/0/90
Handgelenk	DE/Palmarflexion	50/0/80
	Radialabduktion/Ulnarabduktion	30/0/50
Daumensattelgelenk (Carpometacarpalgelenk)	ABD/ADD	70/0/0
	Opposition (nur in Verbindung mit Bewegungen im Daumengrund- und -endgelenk möglich)	verbale Beurteilung der max. ulnar gelegenen erreichten Handflächenpartie
Daumengrundgelenk (Metacarpophalangealgelenk)	Ext./Flex.	0/0/50
Daumenendgelenk (Interphalangealgelenk)	Ext./Flex.	10/0/80

Fortsetzung s. Seite 56

Tab. 4.3 Physiologische Bewegungsausmaße der Extremitätengelenke (nach der Neutral-Null-Methode). (Fortsetzung)

Gelenk	Bewegung	Bewegungsausmaße
Obere Extremität		
Fingergrundgelenke (Metacarpophalangealgelenke)	Ext./Flex.	30/0/90
	ABD/ADD	Distanz der Fingerkuppen in cm
Fingermittelgelenke (prox. Interphalangealgelenke)	Ext./Flex.	0/0/100
Fingerendgelenke (dist. Interphalangealgelenke)	Ext./Flex.	0/0/70
Untere Extremität		
Hüftgelenk	Ext./Flex.	10/0/130
	ABD/ADD	50/0/30
	AR/IR (in Rückenlage)	50/0/40
	AR/IR (in Bauchlage)	40/0/50
	Horizontale ABD/ADD	60/0/20
Kniegelenk	Ext./Flex.	0/0/150
	AR/IR (in Bauchlage)	40/0/10
Oberes Sprunggelenk	DE/Plantarflexion	30/0/50
Unteres Sprunggelenk (Tarsalgelenk)	Pronation/Supination (Eversion/Inversion bzw. Heben/Auswärtsdrehung des äußeren/ inneren Fußrandes)	15/0/35
Zehengrundgelenk 1. Zehe (Metatarsophalangealgelenk)	Ext./Flex.	45/0/70
Zehengrundgelenke 2.–5. Zehe	Ext./Flex.	40/0/80
Zehenmittelgelenk 1. Zehe (Interphalangealgelenk)	Ext./Flex.	0/0/80
Zehenmittelgelenk 2.–5. Zehe	Ext./Flex.	0/0/35

Aus diesen vier Varianten ergeben sich folgende Dehnungsmöglichkeiten: aktiv/statisch, aktiv/dynamisch, passiv/statisch und passiv/dynamisch.

Ziel von Muskeldehnungen ist die **Wiederherstellung der physiologischen Muskellänge** und des Gleichgewichts zwischen Agonist und Antagonist. Dazu ist es notwendig, nicht nur einen verkürzten Agonisten zu dehnen, sondern gleichzeitig seinen abgeschwächten Antagonist zu kräftigen. Anderenfalls werden falsche Bewegungsmuster eingeschliffen, das Gelenk dezentriert und Gelenkbinnenstrukturen fehlbelastet. Dies wiederum kann zur verstärkten Aktion der Nozizeptoren und damit zur Bewegungshemmung führen.

Voraussetzung für eine Muskeldehnung ist jedoch ein vorhandenes **Gelenkspiel,** um bei der Dehnung unnötige Kompressionen zu verhindern.

In Bezug auf die sportliche Leistungsfähigkeit haben Muskeldehnungen folgende Funktionen:
- Vorbereitung auf die körperliche Aktivität
- Verbesserung der Durchblutung und des Muskelstoffwechsels
- Regeneration nach intensiven Trainingsbelastungen
- psychische Entspannung
- Vermittlung eines besseren Körpergefühls
- Verringerung der Gefahr von Muskel- und Gelenkverletzungen.

Weitere Möglichkeiten der Beeinflussung von Beweglichkeitseinschränkungen sind:
- **Bewegung unter Traktion**
  Das Ziel ist es, schmerzhafte Gelenkblockierungen zu lösen, die durch verlagerte Binnenstrukturen oder freie Gelenkkörper entstanden sind (intraartikuläre Strukturen verursachen die Hypomobilität).
- **endgradiges, anguläres Bewegen**
  Zur Verlängerung von kollagenem Gewebe bei strukturellen Bewegungseinschränkungen (extraartikuläre Strukturen verursachen die Hypomobilität).
- **Gleitmobilisation** und Traktionsmobilisation
  Zum Lösen von Verklebungen sowie Verlängerung von kollagenem Gewebe bei strukturellen Bewegungseinschränkungen unter weitgehender Vermeidung von Kompression.
- **Weichteilmobilisationen**
  Zur Mobilisation von Verklebungen, Muskeltonussenkung, Durchblutungsverbesserung, Stimulation der Ausrichtung von zugfesten Fasern bei Heilungsprozessen und Schmerzlinderung durch Aktivierung der Mechanorezeptoren (☞ Kap. 11.4.5).

5 Trainings- und Wettkampfbetreuung

Zum Aufgabenfeld eines Trainers sowie Sportphysiotherapeuten zählt die Trainings- und Wettkampfbetreuung. Diese beginnt mit der **langfristigen** Vorbereitung, Planung und Durchführung von Trainingslagern bzw. Wettkämpfen und Turnieren, die teilweise im Ausland durchzuführen sind (☞ Kap. 5.1 und Kap. 5.4).

Die **unmittelbare** Trainings- und Wettkampfbetreuung beschäftigt sich mit der Vorbereitung des Athleten auf die kommende Belastung, um eine optimale Leistung abrufen zu können sowie Leistungseinbußen und Verletzungen zu vermeiden (☞ Kap. 5.1).

Weiterhin gehören die Erstversorgung von Blessuren und Verletzungen während des Sports (☞ Kap. 7) sowie die Nachbereitung des Trainings und Wettkampfs dazu, im Sinne der schnelleren Regeneration und Vorbereitung auf die folgende Belastung (☞ Kap. 5.3).

5.1 Trainings- und Wettkampfvorbereitung

Das Training im Leistungssport ist auf eine bestmögliche Leistung ausgerichtet. Im Wettkampf lassen sich die Zielstellungen verwirklichen und die eigenen Leistungen messen. Dabei stellt das langfristige, auf Leistungssteigerung ausgerichtete Training, die Vorbereitung auf den Wettkampf dar.

Die aktive, unmittelbare Vorbereitung mit Aufwärmen, Dehnen und Stabilisieren stellt eine wichtige Verletzungsprophylaxe dar und stimmt den Sportler optimal ein. Diese Vorbereitung beginnt allgemein und endet sportartspezifisch.

5.1.1 Aufwärmen für Training und Wettkampf – „Warm up"

Alle Körpersysteme (Herz-Kreislauf-System, zentrales und peripheres Nervensystem, Psyche) müssen auf die folgende Belastung vorbereitet werden. Das Ziel des „Warm-ups" ist also die Bereitstellung der maximalen momentanen Leistungsfähigkeit und das Verhindern von Verletzungen. Dabei steigt die Muskeldurchblutung auf bis zu 85% der Ruhedurchblutung an. Die Ansprechbarkeit der Reiz-Leitungssysteme wird verbessert. Die Verformbarkeit der Gewebe nimmt zu.

Das Aufwärmen unterteilt sich in einen allgemein erwärmenden Teil ohne Sportgerät (15–20 Min.) und einen sportartspezifischen Teil (15–20 Min.): Läufer und Sprinter laufen sich warm, Schwimmer schwimmen sich warm und Radfahrer erwärmen sich auf dem Rennrad. Zwischen Aufwärmen und Wettkampf – dazu zählen auch Auswechselpausen – sollen nicht mehr als 10 Min. vergehen. Grundsätzlich sollte sich der Sportler nach jeder Unterbrechung noch einmal kurz aufwärmen.

> **!** Auf Sportanlagen, die über eine Sprinkleranlage befeuchtet werden, z. B. Kunstrasenplätze, ist darauf zu achten, dass man sich von dem feinen Sprühnebel fernhält. Das Wasser für diese Anlagen wird häufig in Zisternen gesammelt und immer wieder verwendet. Auch Leitungswasser, das beispielsweise im Ausland auf die Kunstrasenplätze gesprüht wird, ist u. U. verkeimt und gelangt mit dem feinen Sprühnebel über die Atemwege in den Organismus der Sportler. Dort kann es, besonders bei geschwächtem Abwehrsystem, zu Erkrankungen führen.

Die Schwerpunkte des Aufwärmprogramms – Aufwärmen, Dehnen, Stabilisieren – sind für alle Sportarten gleich:
- Aufwärmen: niedrige Intensität, geringe koordinative Ansprüche
- aktives Dehnen
- Rumpfstabilisation
- anschließend evtl. Sprint- und Explosivkraftelemente.

Das nachfolgend aufgeführte Programm zeigt einige Beispiele für die Aufwärmarbeit einer Ballsportart. Das Aufwärmen wird vom Physiotherapeuten oder Mannschaftsführer geleitet.

Allgemeines und koordinatives Aufwärmen

Das Aufwärmen beginnt mit einer **niedrigen Intensität,** einer Geschwindigkeit bei der man sich noch unterhalten könnte. Das entspricht einer Herzfrequenz von **ca. 65% der maximalen Herzfrequenz** (max. HF, ☞ Kap. 4.3) oder einem Atemrhythmus, bei dem auf jeweils vier Schritten ein- und ausgeatmet wird. In dieser Phase sollten noch keine allzu hohen Ansprüche an koordinative Fähigkeiten gestellt werden. Gegen Ende kann die Intensität jedoch leicht gesteigert und die einfache Laufarbeit zunehmend variiert werden.

Die wechselnden Ansprüche an Koordination und Reaktion werden z. B. durch folgende Übungen erreicht:
- Schlangenlinien laufen, dabei im Wechsel den linken und rechten Arm kreisen – jeweils vorwärts und rückwärts
- Hopserlauf, mit zunehmend höheren Hopsern und gesteigertem Armeinsatz, auch synchrones Kreisen beider Arme – jeweils vorwärts und rückwärts
- Kniehebelauf, mit zunehmend gesteigerter Frequenz und gesteigertem Armeinsatz
- Anfersen
- Side-steps, dabei Arme vor dem Körper durchschwingen, Armeinsatz auch über dem Kopf
- seitwärts laufen, dabei Beine vorne und hinten kreuzen, Arme bewegen sich gegengleich in Brusthöhe
- rückwärts laufen
- asynchrones Knie heben und Anfersen: im Wechsel rechtes Knie, linke Ferse, dann linkes Knie, rechte Ferse
- auf einer Linie geradeaus laufen und im Wechsel mit der Hand seitlich der Markierung den Boden berühren (simuliert Abwehrarbeit beim Hockey)
- diagonales vor- und zurücklaufen mit beidseitigem Armeinsatz in der Vorwärtsbewegung (Abwehrsimulation beim Handball)
- zum Abschluss leichte Steigerungsläufe.

Aktives Dehnen

Das aktive Dehnen des Muskel-Band-Apparates ist neben dem lockeren allgemeinen und koordinativen Aufwärmen eine weitere wichtige Maßnahme zur Vorbereitung auf den Wettkampf/Training.

Das Dehnen unterstützt die psychische Entspannung, vermittelt ein besseres Körpergefühl, reduziert erhöhten Muskeltonus und verringert somit die Gefahr von Muskel- und Sehnenverletzungen.

Die Muskulatur, die in der betriebenen Sportart am intensivsten gebraucht wird, sollte **kurz und aktiv** gedehnt werden – ca. **3 × 10 Sek.** Die Dehnung erfolgt **individuell** und orientiert sich an den Stärken und Schwächen des Sportlers. Dabei müssen verletzungsanfälligere Muskeln besonders berücksichtigt werden.

Das aktive Dehnen ist auch deshalb von großer Bedeutung, weil ein verkürzter Muskel meist einen abgeschwächten Gegenspieler hat (z. B. bei verkürzten Kniebeugern sind meist die Strecker abgeschwächt). Der Gegenspieler ist bei einer durch passive Dehnung gewonnenen Mehrbeweglichkeit nicht in der Lage diese aktiv zu halten. Es kommt häufig zu Verletzungen. Um dies zu vermeiden, sollte der Gegenspieler (in unserem Beispiel die Kniestrecker) gekräftigt werden und eine Dehnung verkürzter Muskulatur aktiv erfolgen.

Federnde Bewegungen setzen zwar durch die Auslösung des Eigenreflexes die Spannung herauf, sind aber nur dann sinnvoll, wenn sie bestimmte Muskeln, Bänder und Kapseln auf spezielle Belastungen vorbereiten sollen.

Rumpfstabilisation

Bei der Dehnung verliert der Muskel einen Teil seiner Spannung, die er aber zur Entwicklung von Schnell- und Explosivkraft wiederum benötigt. Dabei ist es sehr wichtig, insbesondere den Rumpf als festes **Widerlager für die Bewegungen der Extremitäten** zu stabilisieren. Diese Stabilisation bringt dem Muskel die nötige Vorspannung zurück.

Bei allen Übungen wird nicht nur der Rumpf als Basis und Körpermitte stabilisiert, sondern auch angrenzende Gelenke wie Schulter und Becken.

Übungsbeispiele ohne Partner
Ventrale Rumpfstabilisation/Bauchmuskulatur:
- ASTE: RL mit angewinkelten Beinen
- obere, gerade Bauchmuskeln: Oberkörper anheben, Kinn zieht leicht Richtung Brustbein, LWS/unterer Rücken bleibt auf der Unterlage liegen, gestreckte Arme schieben in Richtung Knie
- schräge Bauchmuskeln (☞ Abb. 5.1): Oberkörper anheben, Kinn zieht leicht Richtung Brustbein, beide Arme schieben im Wechsel neben das linke und rechte Knie (seitlich)
- untere, gerade Bauchmuskeln: Oberkörper bleibt liegen, die angewinkelten Beine abheben und die Knie Richtung Decke schieben

Abb. 5.1 Ventrale Rumpfstabilisation, schräge Bauchmuskeln. (Zur Kräftigung der geraden Bauchmuskulatur schieben beide Arme geradeaus in Richtung Knie.)

Seitliche Stabilisation:
- ASTE: Seitstütz mit übereinander gelegten Beinen
- Becken in der Frontalebene heben und halten
- Variante 1 (Abb. 5.2): Becken im Wechsel heben und senken, aber zwischendurch nicht ablegen
- Variante 2: Becken heben und halten, zusätzlich das obere Bein abduzieren

Abb. 5.2 Seitliche Rumpfstabilisation aus dem Seitstütz, hier Variante 1. (Zur Steigerung des Schwierigkeitsgrades das obere Bein leicht abduzieren.)

Dorsale Stabilisation:
- ASTE: RL mit angewinkelten Beinen
- Becken anheben und halten
- Variante 1: Becken abwechselnd heben und senken, aber zwischendurch nicht ablegen
- Variante 2 (Abb. 5.3): Becken heben und halten, im Wechsel die Füße vom Boden abheben

Abb. 5.3 Dorsale Rumpfstabilisation, hier Variante 2.

Diagonale Stabilisation:
- ASTE: aus der Bauchlage in den Unterarmstütz, Zehenspitzen aufgestellt
- Becken anheben und im Wechsel Unterarme vom Boden abheben
- Variante 1: Becken anheben und im Wechsel Fußspitzen vom Boden abheben
- Variante 2 (☞ Abb. 5.4): Becken anheben und abwechselnd diagonal einen Unterarm und eine Fußspitze minimal vom Boden abheben (rechten Unterarm mit linken Fuß und linken Unterarm mit rechten Fuß)

Abb. 5.4 Diagonale Rumpfstabilisation, hier Variante 2.

Übungsbeispiele mit Partner
Gerade Stabilisation:
- ASTE: Partner stehen im stabilen Stand mit dem Gesicht zueinander, Unterarme sind gebeugt, ein Partner hat die Hände supiniert, der andere proniert
- den gesamten Körper durchspannen und die Handinnenflächen kräftig gegeneinander drücken
- Variante 1: gleiche Übung, nur wechseln die Partner ihre Handstellung
- Variante 2 (☞ Abb. 5.5): gleiche Übung, nur wird je eine Hand in pro- die andere in supinierte Stellung gebracht

Abb. 5.5 Gerade Rumpfstabilisation aus dem Stand mit Partner, hier Variante 2 Eine Hand ist in pronierter, die andere in supinierter Stellung.

Schräge Stabilisation:
- ASTE: Partner stehen im stabilen Stand mit dem Gesicht zueinander, ein Unterarm ist gebeugt, die Hände berühren sich mit den Handinnenflächen
- den gesamten Körper durchspannen und die Hände kräftig gegeneinander drücken
- Variante 1: gleiche Übung, nur Seitenwechsel der Hand
- Variante 2 (☞ Abb. 5.6): gleiche Übung, nur in unterschiedlichen Höhen ausführen (Knie-, Hüft-, Brust- und über Kopfhöhe)

Abb. 5.6 Schräge Rumpfstabilisation aus dem Stand mit Partner, hier Variante 2 (in Kniehöhe).

Diagonale Stabilisation:
- ASTE: Partner stehen im stabilen Stand mit dem Gesicht zueinander, jeder Partner beugt das linke Knie rechtwinkelig an, die jeweils rechte Hand fasst ineinander
- den gesamten Körper durchspannen und diagonal die Hand- und Knieinnenseiten gegeneinander drücken
- Variante 1 (☞ Abb. 5.7): gleiche Übung, nur mit dem jeweils rechten Knie und der linken Hand

Abb. 5.7 Diagonale Rumpfstabilisation aus dem Stand mit Partner (Variante 1).

Sprint- und Explosivkraftelemente

Zum Aufwärmen gehören in einigen Sportarten (z. B. Sprint, Schwimmen, Gewichtheben, Ballsportarten) auch Sprint- und Explosivkraftelemente. In der Aufwärmphase kann der Sportler agieren, d. h. es liegt an ihm, die Schnelligkeit dosiert bis zum Sprint zu steigern. Im Wettkamp bzw. Spiel muss er reagieren und sofort volle Leistung erbringen. Diese maximale Belastung muss vorbereitet werden.

Übungsbeispiele ohne Partner
- aus kurzen, schnellen Kniehebeläufen mit Armeinsatz (Skippings) langsam in einen kurzen Sprint übergehen (5 × 5 Skippings mit anschl. Sprint)

- weite Explosivsprünge mit Armeinsatz (kurze Fußkontaktzeit), nach dem 5. Sprung in einen kurzen Sprint übergehen (5×5)
- Steigerungsläufe über 30 m (5×5)
- Linienläufe über 5–10 m (jeweils 1×)
- Sprint bis zur 5 m-Marke, locker zurück traben, Sprint bis zur 10 m-Marke, im lockerenTrab zurück (Variante: im Sprint zurück)
- Sprint zur 5 m-Marke und zurück, sofort Sprint zur 10 m-Marke, locker im Trab zurück
- ASTE: Bauchlage, Arme nach vorn gestreckt, auf Signal (z.B. Hände klatschen) aufspringen und in die Gegenrichtung sprinten (5×5).

Übungsbeispiele mit Partner
- Partner stehen mit Gesicht zueinander und fassen überkreuzt ihre Hände, Fußspitzen berühren sich fast, beide lehnen sich nach hinten und beschreiben mit kurzen, schnellen Schritten einen Kreis (anschließend Richtungswechsel)
- Partner stehen mit dem Rücken zueinander und verschränken ihre Ellbogen ineinander, Füße sind nach außen gestellt, beide drücken ihre Rücken aneinander und beschreiben mit kurzen, schnellen Schritten einen Kreis (anschließend Richtungswechsel, ☞ Abb. 5.8).

Abb. 5.8 Übungsbeispiel mit Partner: Sprint- und Explosivkraftelemente im „Warm up".

Abschließend, d. h. nach dem allgemeinen Aufwärmen mit aktiver Dehnung und Rumpfstabilisation sowie evtl. Sprint- und Explosivkraftelementen **sportartspezifische Weitererwärmung mit dem Sportgerät** (z. B. Ball). Dieser Teil wird vom Mannschaftskapitän, Trainer oder Co-Trainer geleitet.

5.1.2 Ernährung vor dem Training und Wettkampf

Zu Beginn einer sportlichen Tätigkeit sollte die Verdauung der vorausgegangenen Mahlzeit abgeschlossen sein (☞ Kap. 3.4). Die Verdauungsvorgänge laufen zwar während der körperlichen Belastung weiter, aber die Leistungsreserve des Herz-Kreislauf-Systems wird teilweise für die Verdauung in Anspruch genommen und kann dadurch die körperliche Leistungsfähigkeit einschränken. Außerdem wird durch einen vollen Magen das Zwerchfell nach kaudal (Richtung Thorax) verschoben und eine vertiefte Atmung behindert.

Bei körperlicher Belastung werden Wasser, Glukose und Salz im Darm resorbiert. Je höher die Glukosekonzentration in der getrunkenen Flüssigkeit ist, desto langsamer entleert sich der Magen (☞ Kap. 3.4).

Um bei Dauerbelastungen die Ermüdungsgrenze hinauszuschieben, sollte eine adäquate Flüssigkeitsmenge in sinnvoll aufgeteilten Abständen getrunken werden (☞ Kap. 3.3).

5.1.3 Spezielle Wettkampfvorbereitung

Funktionelle Verbände (☞ Kap. 12.1) sollten zirka eine halbe Stunde vor dem Training oder Wettkampf angelegt werden. Anschließend ist Zeit für Vorwettkampfmassagen.

Während der Sportler sein **sportspezifisches Aufwärmtraining** durchführt, werden die Elektrolytgetränke zubereitet.

Vorwettkampfmassagen (vorbereitende Massagen) sind kurze, schnelle Massagegriffe, für die in der Sportart am intensivsten gebrauchte Muskulatur (☞ Kap. 9.1). Sie finden letztlich auch Anwendung, um den Sportler psychisch und physisch auf den Wettkampf einzustimmen.

Eine **mentale Vorbereitung** dient dem Sportler vor Wettkampfbeginn dazu, sich gedanklich mit der Wettkampfsituation auseinanderzusetzen und sie simulieren: Rodler fahren die Strecke mit jeder Kurve gedanklich ab. Dabei folgt auch die Körperbewegung den Gedanken. Rodelasse schaffen das mentale Durchfahren der Strecke bis auf die Sekunde genau, wie sie im Training gefahren sind!

5.2 Betreuung während des Wettkampfes

Während des Wettkampfes ist die Einflussnahme durch den Sportphysiotherapeuten eingeschränkt und je nach Sport unterschiedlich. Bei Kurzzeitbelastungen (z. B. 100-m-Lauf) besteht sie durch die Kürze der Disziplin gar nicht. In Spielsportarten nur bei der Einwechselung eines Spielers, während der Verletzungsunterbrechung zur Erstversorgung und in der Halbzeitpause.

Aufgaben der Betreuung während des Wettkampfes sind:
- die ausreichende Versorgung mit Flüssigkeit, Elektrolyten und Kohlenhydraten
- Erstversorgung kleinerer Verletzungen
- Kontrolle und gegebenenfalls Ersatz von prophylaktischen Verbänden
- lockern ermüdeter Muskulatur durch Massage und Eisabreibungen
- psychische Aufmunterung, Motivation.

5.3 Trainings- und Wettkampfnachbereitung

Nach dem Training oder Wettkampf erfolgt zunächst die Behandlung von evtl. Blessuren und Verletzungen. Dann folgt eine entsprechende Nachbereitung der Belastung, die genauso wichtig ist wie die Vorbereitung. Die sog. **„Cool-down"-Phase** beginnt mit standardisierten, aktiven Maßnahmen, die anschließend durch passive Maßnahmen ergänzt werden können.

Zu den aktiven Maßnahmen gehört z. B. das Auslaufen, gefolgt von aktiven Dehnungen und Mobilisationen. Aktive und passive Maßnahmen (z. B. Entmüdungsbäder, Regenerationsmassagen oder Sauna) dienen der schnelleren Regeneration und bereiten den Körper auf den nächsten „Einsatz" vor.

5.3.1 Abwärmen – „Cool down"

Jeder Sportler beginnt das Abwärmen in der Bewegungsform, in der er sich zuvor belastet hat, d. h. Schwimmer schwimmen aus, Radfahrer radeln aus und Läufer laufen sich aus. Das „Cool down" sollte bei **niedriger Intensität** ausgeführt werden und 10–15 Min. nicht unterschreiten. Die Herzfrequenz liegt bei **ca. 70% der maximalen Herzfrequenz.** Zum Abwärmen wird trockene Kleidung angezogen. Wettkampfschuhe werden gegen bequeme Laufschuhe getauscht. Wenn es der Untergrund erlaubt, ist barfuß laufen ideal.

Die Muskulatur senkt durch langsames Abwärmen ihren hohen Arbeitstonus. Durch eine Durchblutungsregulation werden den Stoffwechsel belastende Stoffe wie Laktat (Milchsäure ☞ Kap. 3.2) schneller abgebaut.

Ausdehnen

Im direkten Anschluss an das Abwärmen (z. B. Auslaufen) setzt intermittierendes Dehnen den erhöhten Muskeltonus weiter herab. Die Dehnungen – jetzt auch passiv ausgeführt – werden zeitlich länger als beim Aufwärmen ausgeführt (3 × 30 Sek.) und können bei Sportarten mit einseitigen Körperhaltungen, wie im Hockeysport, mit kurzen, die Antagonisten ansprechenden Übungen, beendet werden.

Eigenmobilisation

Die Eigenmobilisation zielt bei Sportarten mit einseitiger Körperhaltung auf den Ausgleich der Fehlhaltung. Ein Hockeyspieler wird einen Großteil seiner Trainingszeit in kyphotischer und nach vorne gebeugter Rückenhaltung verbringen. Ziel der Mobilisation ist es, die Brustwirbelsäule in Extensionsrichtung zu mobilisieren.

Traktionen der Gelenke lösen die Spannung der Gelenkkapsel. Diese Übungen können auch als Partnerübung durchgeführt werden.

5.3.2 Entmüdende Maßnahmen

Entmüdungsbäder

Das Entmüdungsbad wird nach anstrengenden Trainingseinheiten und Wettkämpfen zur Entspannung, Lockerung sowie der Stoffwechselverbesserung eingesetzt. Es dient der schnelleren **Regeneration**.

Die Temperatur sollte nicht unter 34 °C betragen und der Aufenthalt nicht länger als 15 Min. dauern. Ideal ist ein Whirlpool, bei dem zusätzlich über Düsen Luft in das Wasser gesprudelt wird und über den taktilen Reiz der Luftblasen die Muskeln noch besser entspannen.

Auch die psychische Entmüdung nach Wettkampfstress sollte eine Rolle spielen. Ist das Entmüdungsbecken groß genug für eine ganze Mannschaft, stärkt das den Gruppenzusammenhalt.

Stehen den Sportlern solche Möglichkeiten nicht zur Verfügung, können Einzelne auch ein kurzes, entspannendes Wannenbad durchführen. Anschließend sollte kurz kalt geduscht und baldmöglichst geruht, besser noch geschlafen werden.

Regenerationsmassagen

Erst nach dem aktiven Abwärmen wird die Regenerationsmassage durchgeführt (☞ Kap. 9.1). Dabei ist die hauptsächlich beanspruchte Muskulatur einzubeziehen. Auch Ganzkörpermassagen sind möglich.
Sind viele Sportler von einem Therapeuten zu betreuen, hat sich eine Liste bewährt, in die sich die Sportler eintragen (Name und Zimmernummer). Diese Liste kann dann in der trainings- bzw. wettkampffreien Zeit abgearbeitet werden. Es sollten vorrangig die Sportler massiert werden, die die größte körperliche Belastung hatten bzw. bald einen erneuten „Einsatz" haben.
Kann ein Sportler nicht am Training teilnehmen, so ist eine Behandlung auch während des Trainings möglich. Es ist aber wichtig, den anderen Sportlern bei Bedarf (Verletzung) umgehend zur Verfügung zu stehen.

Eigenmassage

Die Eigenmassage kann und soll eine therapeutische Massage nicht ersetzen. Ist aber ein Therapeut nicht zur Stelle, kann der Sportler einfache Griffe an sich selbst anwenden. Sinnvoll sind weiche Knetungen und Ausstreichungen der Muskulatur mit einem Hautfunktionsöl. Es dürfen Öle verwendet werden, die leicht hyperämisierend wirken, z. B. Rosmarin.
Auch eine Bürstenmassage oder die Massage mit einem Sisalhandschuh fördert die Durchblutung und kann mit einer erfrischenden Abreibung, z. B. Kampfer oder Menthol, abgeschlossen werden.
Dem Sportler sollten vorher die wichtigsten Grundregeln der Massage vermittelt werden, damit diese ihm nutzt und nicht schadet.

Sauna

Die Sauna eignet sich, ähnlich wie das Entmüdungsbecken, zur schnelleren Regeneration nach intensiver körperlicher Belastung. Durch die beruhigende Wirkung der Sauna auf den Gesamtorganismus entspannt der ganze Mensch (Körper und Geist), Trainings- und Wettkampfstress werden vergessen.
Darüber hinaus wird bei regelmäßigem Saunieren langfristig das Immunsystem gestärkt und so Erkältungskrankheiten und Katarrhen der oberen Luftwege vorgebeugt. Ein Regenerationstag pro Woche mit 2–3 Saunagängen und einer Entspannungsmassage hilft dem Organismus, große Trainingsumfänge und -intensitäten besser zu verkraften. Mehr als ein Saunagang nach einem Training oder

Wettkampf sollte es jedoch nicht sein, wenn innerhalb der nächsten 2 – 3 Tage ein weiterer Wettkampf folgt.
Wichtig ist, den Flüssigkeitsverlust wieder auszugleichen.

Entspannungstechniken

Entspannungstechniken haben das Ziel, eine körperliche und geistige Ausgeglichenheit zu erreichen. Dabei nehmen die Herz- und Atemfrequenz ab, die Atmung wird tiefer und die Muskelspannung verringert sich. Die Regeneration nach körperlichen und geistigen Belastungen wird beschleunigt.

Einige Übungen sollten unter Leitung eines Therapeuten erlernt werden, die dann auch allein durchgeführt werden können. Die Atmung stellt dabei einen zentralen Punkt dar. Um gut entspannen zu können, ist eine bequeme Position und eine ruhige Umgebung wichtig.

Aber auch einfache Methoden wie ein Spaziergang, Lesen oder Musik hören, können zur Entspannung beitragen.

Entspannungsübung:
- ASTE: Rückenlage auf dem Boden, Arme liegen neben dem Körper, Füße sind entspannt (meist etwas außenrotiert)
- alle Muskeln sind locker, das Gesicht ist entspannt, die Stirn weich und glatt
- die Atmung ist ruhig und gleichmäßig: mit jeder Einatmung hebt sich der Bauch ein bisschen mehr, die Atmung wird mit jeder Ausatmung tiefer und entspannter
- der ganze Körper ist warm und schwer
- mit jeder weiteren Ausatmung fließt überschüssige Spannung aus dem Körper, die innere Ruhe nimmt mit jeder Ausatmung zu.

Jede Entspannung endet mit einem „Zurücknehmen": Dabei werden die Augen geöffnet, tief durchgeatmet und der ganze Körper gereckt und gestreckt. Die Hände werden zu Fäusten geballt und alle Muskeln des Körpers angespannt.

Progressive Muskelrelaxation:
- Über den Wechsel von Anspannung und Entspannung der Muskulatur lässt sich eine allgemeine Entspannung erreichen:
- die Muskeln werden mit langsam zunehmender Stärke über die Dauer von 5 – 10 Sek. angespannt
- die anschließende Phase der Entspannung dauert 20 – 40 Sek.
- es werden entweder lokal besonders belastete Muskelgruppen angesprochen oder der ganze Körper wird einbezogen.

Langfristiges Ziel ist es, ein Körpergefühl zu entwickeln, das uns in die Lage versetzt, den Muskel ohne vorherige Anspannung zur Entspannung zu bringen.

Schlaf

Der Schlaf ist die natürlichste Form der Erholung. Muskeln, Sehnen und Bänder können nach Belastung entspannen und regenerieren, Energiespeicher werden aufgefüllt und das Immunsystem stabilisiert.
Der individuelle Schlafbedarf ist von Mensch zu Mensch unterschiedlich und liegt zwischen 5–10 Std., wobei 5 Std. als absolutes Minimum angesehen werden. Sportler schlafen meist schneller ein als Nicht-Sportler. Es gibt aber Situationen, die Schlafstörungen provozieren. Dazu gehört Training mit hohen Belastungen in den späten Abendstunden oder ein zu belastendes Essen nach dem Training. Zwischen den Trainingseinheiten reichen 10 Min. Schlaf am Nachmittag bereits aus, um sich wieder frischer und erholter zu fühlen.

5.3.3 Ernährung nach dem Training und Wettkampf

Nach hoher körperlicher Belastung besteht oftmals kein Appetit. Trotzdem muss das energetische Defizit gedeckt und die Wasser- und Elektrolytbilanz ausgeglichen werden. Deshalb sollte nach dem Training oder Wettkampf eine leicht verdauliche, kohlenhydrat- und flüssigkeitsreiche Nahrung aufgenommen werden. Da jede intensive Belastung auch zu muskulären Zellschädigungen führt, ist eine höhere Eiweißzufuhr sinnvoll, um die Reparaturprozesse zu unterstützen (☞ Kap. 3.1 und Kap. 3.4)

5.4 Trainingslager und Wettkämpfe im Ausland

Bei Aufenthalten (Trainingslagern, Wettkämpfen, Turnieren) in fremden Ländern und Kontinenten ergeben sich besonders für den sensiblen Sportler verschiedene Schwierigkeiten und Belastungen, z. B. Verschiebung des Tag-Nacht-Rhythmus, ungewohnte klimatische Verhältnisse, veränderte Ernährungsgewohnheiten oder unbekannte Krankheitserreger. Bereits im Vorfeld einer solchen Reise sollte der medizinische Betreuerstab (Arzt, Physiotherapeut) den Sportler auf spezielles Verhalten im Gastland aufmerksam machen, um Krankheiten und Leistungseinbußen vorzubeugen.
Von therapeutischer Seite muss darauf geachtet werden, die für die Betreuung nötigen Materialien in ausreichender Menge mitzuführen. Entsprechend der Anzahl der teilnehmenden Sportler, der

Verletzungshäufigkeit der Sportart sowie der geplanten Trainingseinheiten, sollten genügend Elektrolyte, Verbandsmaterialien und Tapes mitgeführt werden. Vor Ort ist es nicht immer möglich, qualitativ gleichwertige Produkte zu bekommen.

Impfungen

Rechtzeitig vor Reiseantritt muss durch den Arzt geklärt werden, welche besonderen Impfungen für den Aufenthalt im künftigen Reiseland notwendig sind. Auskunft erteilt das Gesundheitsamt sowie das Tropeninstitut. Der Impfstatus muss überprüft und der Impfschutz ggf. aufgefrischt werden.

Zu den Standardimpfungen gehört der **Tetanusschutz** (Wundstarrkrampf). Hierfür wird im Abstand von 4–6 Wochen je 0,5 ml Tetanol® injiziert. Eine 3. Impfung sorgt nach 6–12 Monaten für den vollen Impfschutz, der nach 10 Jahren ggf. aufgefrischt werden muss.

Vor Reisen in Endemiegebiete ist eine Auffrischimpfung gegen **Kinderlähmung** (Polio) sinnvoll. Die Impfung erfolgt i. d. R. als Injektion, z. B. mit dem Präparat IPV Mérieux® oder IPV-Virelon®.

In vielen tropischen Ländern besteht die Gefahr einer infektiösen **Gelbsucht** (Hepatitis). Impfungen mit Twinrix® schützen als Kombinationsimpfstoff gegen die Hepatitis A- und Hepatitis B- Viren.

In einigen Gebieten besteht die Gefahr einer **Malariaerkrankung.** Die Wirkung von Resochin® und Paludrine® ist wegen zunehmender Resistenz nicht mehr gewährleistet, weshalb die Deutsche Gesellschaft für Tropenmedizin als Alternative die Präparate Malarone® und Lariam® empfiehlt. Malarone® kann sowohl zur Prophylaxe als auch zur Therapie angewandt werden. Eine weitere Alternative ist Riamet®. Das Präparat weist praktisch keine Resistenzen auf und hat nur geringe Nebenwirkungen.

> **Merke**
> Notwendige Impfungen müssen rechtzeitig geplant werden, da Impfreaktionen den Sportler in seiner Leistungsfähigkeit beeinträchtigen können.

Anreise/Flugreisen

Symptome wie Blässe, Schweißausbrüche, Übelkeit und Erbrechen sind Anzeichen einer Reisekrankheit und können mit Antiemetika (Mittel gegen Erbrechen, z. B. Peremesin® N, Postadoxin® N, Vomex® A) gelindert werden.

Schon während des Aufenthaltes im Flugzeug muss der Sportler angehalten werden, viel Flüssigkeit zu sich zu nehmen, 250 ml/Std.

sind das Minimum. Wasser ist dabei zu bevorzugen, alkoholische Getränke sind zu meiden.
Durch die klimatisierte Luft im Flugzeug neigen Nasen- und Rachenschleimhäute zum Austrocknen. Die Schleimhäute der Nase können z. B. mit Bepanthen® Augen- und Nasensalbe behandelt werden.
Auf Langstreckenflügen können selbst gut trainierte Sportler Thrombosen erleiden. Es ist daher sinnvoll, während des Fluges Stützstrümpfe zu tragen oder bei bekannter Veranlagung im Vorfeld Heparin zu spritzen. Sportler mit langen Beinen sollten die Plätze an den Notausstiegen wählen, da dort i. d. R. mehr Beinfreiheit gegeben ist. Generell gilt jedoch, die Sportler sollten zwischendurch immer wieder die Bein- und Fußmuskulatur anspannen und im Flugzeug auf- und abgehen.
Um eine evtl. Zeitverschiebung besser bewältigen zu können, sollte man sich, soweit das möglich ist, bereits bei Flugbeginn in seinem Verhalten dem Tagesrhythmus des Reiseziels anpassen (die eigene Uhr umstellen, „neue" Ess- und Schlafzeiten annehmen).

> **Merke**
> Bei längeren Anreisen ist auf regelmäßige Bewegungsphasen zu achten, um Thrombosen zu vermeiden!

Ernährung

In außereuropäischen Ländern, insbesondere in den Tropen oder Subtropen, sollte bei der Ernährung folgendes beachtet werden:
- nur hygienisch einwandfreie Nahrung verzehren
- rohes Gemüse, Milch, Mayonnaisen, Salate, Leitungswasser sowie Eiswürfel vermeiden
- Obst vor Verzehr schälen
- Zähneputzen mit Mineralwasser
- prophylaktische Gabe von Verdauungspräparaten wie Nutrizym® N, auch bei Durchfall
- klären, ob Einfuhr von Lebensmitteln gestattet ist
- mit fremdartigen Gewürzen vorsichtig umgehen.

Empfehlungen einer Medikamentenzusammenstellung für Trainingslager und Wettkampfreisen

Tab. 5.1 Medikamentenzusammenstellung bei Auslandsaufenthalten (Auswahl).

Indikation	Präparate
Allergie	Tavegil®, Celestamine®, Celestan®-V-Salbe
Bindehautentzündung	Otriven®-Augentropfen, Yxin®
Bronchitis, Husten	Codipront®
Desinfektion	Kodan®, Cutasept®
Durchfall	Mexaform®plus, Imodium®
fieberhafte Infekte	Gelonida®, Buscopan®, Baralgin®
Halsschmerzen	Hexoral®, Mallebrin®
Hautabschürfungen	Aristamid® Gel
infizierte Wunden	Nebacetin®-Salbe, Sofra-Tüll®
Insektenstiche, Sonnenbrand	Soventol® Gel
Kopfschmerzen, Schmerzen	Novalgin®, Aspirin®
Magenkrämpfe, Koliken	Spasmo-Cibalgin®, Baralgin®
Magenschmerzen, Sodbrennen	Gelusil®Lac, Tagemet®, Neutrilac®
Ohrenschmerzen	Otalgan®
Pilzerkrankungen	Canesten®
Reisekrankheit	Bonamine®, Peremesin®
Schlafstörungen	Atosil®, Dalmadorm®
Schluckbeschwerden	Imposit®, Frubienzym®
Schnupfen, Heuschnupfen	Otriven®, Nasivin®
Verstopfung	Dulcolax®, Mediolax®
Zahnschmerzen	Dolomo®, Arantil®

Weitere Empfehlungen

Nach einem langen Flug sollte nach der Ankunft eine kurze Erholungspause eingeplant werden (Beine hoch legen, evtl. schlafen). Bevor ein erstes Training stattfindet, kann ein ruhiger Regenerationslauf gemacht werden, der gymnastische Übungen und Kapseldehnungen einschließt.

Einschlafstörungen können mit leichten Schlafmitteln behoben werden, z. B. Atosil®, Evipan® oder Dalmadorm® (☞ Tab. 5.1).
Durch die klimatisierten Räume in warmen Ländern ist eine erhöhte Infektanfälligkeit gegeben. Es ist daher zu empfehlen, die Klimaanlage nur in Abwesenheit einzuschalten. Außerdem sollte lange Kleidung getragen und die Haare nach dem Duschen immer sofort trocken geföhnt werden.
Die medizinische Versorgung sollte zentral gelegen und somit für alle gut erreichbar sein.
Wird ein Trainingslager nicht von einem Arzt begleitet, sollte sich der Physiotherapeut die Adresse und Telefonnummer des nächstgelegenen Krankenhauses bzw. Arzt geben lassen, damit er im Notfall einen Ansprechpartner hat. Häufig ist auch der Mannschaftsarzt des gastgebenden Teams gerne hilfsbereit.
Am Trainingsplatz sollte der Aufenthaltsbereich für die Trinkpausen an einem schattigen Ort sein. Für das Zubereiten von Elektrolytgetränken kann im europäischen Ausland Leitungswasser verwendet werden, sofern der Chlorgehalt nicht zu hoch ist. In den Tropen darf jedoch nur Mineralwasser aus verschlossenen Flaschen für die Zubereitung verwendet werden (Ablaufdatum beachten). Als Zwischenmahlzeit sind Bananen ein optimaler Snack.

6 Die Ausrüstung des Sportphysiotherapeuten

Der Betreuerkoffer

Es gibt zahlreiche Koffer von verschiedenen Herstellern. Sie sind aus unterschiedlichen Materialien hergestellt und somit unterschiedlich stabil und schwer. Auch die Größen variieren. Zudem sind manche Koffer zum Tragen oder als Rucksack zu verwenden. Einige sind mit, andere ohne integrierte Eisbox lieferbar. Einige Koffer werden inklusive Füllung verkauft. Sinnvoller und preisgünstiger ist es jedoch, einen leeren Koffer zu kaufen und diesen mit eigenen Produkten aufzufüllen; Produkte, die dem jeweiligen Betreuungs- und Verletzungsbereich entsprechen.

Der Koffer sollte folgende Voraussetzungen erfüllen:
- leicht und handlich
- wasserdicht
- hygienisch auswaschbar und gut zu reinigen
- übersichtlich zu packen durch veränderbare Aufteilung mit Schlaufen und Fächern
- Inhalt muss fixierbar sein.

Für den schnellen Einsatz auf dem Spielfeld, für die Erstversorgung empfiehlt sich eine separat gepackte, **kleine Gürteltasche.** Eine weiterführende Behandlung auf dem Spielfeld ist durch den Schiedsrichter ohnehin untersagt.

Jede Sportart erfordert eine spezifische Ausstattung des Betreuerkoffers, nicht nur vom Inhalt, sondern auch von der Menge der verwendeten Materialien. Darüber hinaus gibt es Empfehlungen, die für die meisten Sportarten zutreffen. Sie können als eine Art Bestands- oder Inventurliste benutzt werden. Die Liste ist insbesondere dort sinnvoll, wo eine Mannschaft von mehreren Physiotherapeuten betreut wird, die gemeinsam einen Koffer benutzen (☞ Tab. 6.1).

6 Die Ausrüstung des Sportphysiotherapeuten

Tab. 6.1 Vorschlag für den Inhalt eines Betreuerkoffers (Bestandsliste).

Inhalt	Verwendungszweck
Material zur Wundversorgung/Verbandmittel	
Augenklappe	Abdecken eines oder beider Augen bei Augenverletzungen
Blasenpflaster (Compeed®)	antibakterielles Abkleben offener Blasen
blutstillende Watte (Clauden®)	schnelle Blutstillung bei kleineren Platz- und Risswunden und bei Nasenbluten
Dreiecktuch	z. B. zum Erstellen einer Armschlinge
elastische Binden	• Druck- oder Stützverband • Befestigung von Kältekompressen
elastische Klebebinden	Kompressions-, Stütz- und Entlastungsverbände
Fixomull® Stretch	Fixieren von Kompressen
Holzspatel	• Auftragen von Salbe • Schienen von Fingern
kaschierter Schaumstoff	• Auspolstern von Knochenvorsprüngen • Kompression • Salbenträger
Klammerpflaster	Adaptieren kleiner Riss- und Schnittwunden
kohäsive Fixierbinden	• Unterverband • Fixieren von Formteilen
Kryospray, Chloräthylspray	lokale, kurzfristige Analgesie geschlossener Traumen
Sofra® Tüll/ More skin®	antiseptische, nicht mit der Wunde verklebende Wundauflage
Sprühkleber	• Verbesserung der Klebeeigenschaft funktioneller Verbände • Haut- und Haarschutz bei funktionellen Verbänden
Sprühpflaster	schnelle und unkomplizierte Versorgung kleiner Wunden, besonders an Stellen, an denen Klebepflaster schlecht haften
Tampons	• zur Blutstillung bei Nasenbluten • als Hygieneartikel
Tape	unelastischer Klebeverband für funktionelle Verbände

Fortsetzung →

6 Die Ausrüstung des Sportphysiotherapeuten

Verbandmull	lokaler Druckverband
Verbandwatte	saugfähiger Verbandstoff zum Abpolstern bei Verletzungen
Wundbenzin	• Reinigen und Entfetten der Wundumgebung • Entfernen von Kleberesten auf der Haut
Wunddesinfektionsmittel	Wunddesinfektion
Wundpflaster	Wundabdeckung
Zellstofftaschentücher	• saufähige Auflage bei blutenden Wunden • bei Schnupfen
Instrumente	
anatomische Pinzette	Entfernen von Fremdkörpern in (offenen) Wunden
Einmalrasierer	Entfernen von Körperbehaarung
Feuerzeug	Erhitzen von Kanülen zur Trepanation von Finger- oder Fußnägeln
Fieberthermometer	Messen der Körpertemperatur
Hornhauthobel	Abhobeln von Hornhaut
Kinesio®-Tape	Erstellen kinesiologischer Verbände (☞ Kap. 12.2)
Nagelschere, Feile	Kürzen und Begradigen von Fuß- und Fingernägeln
sterile Kanüle	• Eröffnung großer, prall gefüllter Blasen • vorsichtiges Durchbohren des Finger- oder Fußnagels zur Druckentlastung bei frischen Hämatomen
Skalpell	• Abschneiden von Hautfetzen bei Blasen • Eröffnung prall gefüllter Blasen
Tape Cutter	Abnehmen funktioneller Verbände
Verbandschere	• Zuschneiden von Formteilen • Entfernen von Klebeverbänden
Hygiene- und Pflegeartikel	
Handtuch	Trocknen der Hände
Latexhandschuhe	Eigenschutz (und Hautschutz) bei blutenden Wunden
Seife	• Waschen der eigenen Hände • zum Vorbereiten der Haut bei funktionellen Verbänden beim Sportler (☞ Kap. 12)

Fortsetzung s. Seite 80

Tab. 6.1 Vorschlag für den Inhalt eines Betreuerkoffers (Bestandsliste) (Fortsetzung).

Inhalt	Verwendungszweck
Sonstiges	
Japanisches Minzöl (JHP)	• belebende und erfrischende Einreibung • Verbesserung der Nasenatmung
Massageöl (leicht wärmend)	Gleitmittel für Vor-, Zwischen- und Regenerationsmassagen
Müsliriegel und Traubenzucker	Bei plötzlichem Hunger und Unterzucker
Schnürsenkel	schneller Ersatz, wenn der Schnürsenkel im Training oder Wettkampf abreißt
Schweizer Messer	Festdrehen von Schrauben am Schutzhelm usw.
Sonnenschutzcreme (wasserfest)	mit hohem Lichtschutzfaktor bei Training und Wettkampf im Freien
Sport Fluid	erfrischende Abreibung nach einer Massage und in der Halbzeitpause
Vaseline	• Schutz gegen Wundreiben • erleichterte Verbandabnahme mit der Verbandschere
Medikamente	
Schnupfenmittel (z. B. Nasivetten®)	
Halsschmerzmittel (z. B. Dorithricin®)	
Hustenmittel (z. B. Pertussin®)	
Ohrentropfen (z. B. Otalgan®)	
Schmerzmittel (z. B. Aspirin® plus C)	
Augentropfen (z. B. Yxin®)	
Durchfallmedikamente (z. B. Imodium®)	
Soventol®-Gel	bei Insektenstichen und Sonnenbrand
Sportsalben (z. B. Dolobene®-Gel)	Akutversorgung frischer geschlossener Verletzungen
Hepathrombin®-Salbe	hyperämisierend für die Spätversorgung von Sportverletzungen
Weitere Medikamente nur nach Rücksprache mit dem Arzt und in Abstimmung mit der Dopingliste (☞ Kap. 8)!	

Die Eisbox

Zusätzlich zum Betreuerkoffer empfiehlt sich eine kleine Eisbox für Natureis, Kältekompressen und Eisschwämme. Die Größe der Eisbox wird durch die Menge der zu betreuenden Sportler sowie durch die Verletzungshäufigkeit in der Sportart bestimmt. Bewährt hat sich eine mit Eiswasser gefüllte Box, in der sich ein Schwamm, elastische Binden und vorgeschnittene Schaumgummiformteile in U- und L-Form befinden. Zusammen mit schmerzstillenden Salben und Eisspray hat man so für die Erstversorgung (z. B. bei Sprunggelenksverletzungen) alle notwendigen Materialien sofort griffbereit. Binden, Schaumgummiformteile, Salben und Eisspray können alternativ auch im Betreuerkoffer mitgeführt werden.

Der Getränkebehälter

Die Größe des Getränkebehälters ist abhängig von der Anzahl der zu versorgenden Sportler. Auch spielt die Umgebungstemperatur und die Dauer der Belastung eine Rolle. Jeder Sportler erhält zum Trinken einen unbenutzten Becher oder seine persönliche Trinkflasche. Zum hygienischen Säubern der Trinkflaschen können Zahnprothesen- oder Reinigungstaps verwendet werden.

Die tragbare Therapieliege

In der heimischen Umgebung (Praxis, Therapieraum im Stadion oder Sporthalle) kann man sich sein Arbeitsumfeld selbst gestalten. In fremden Hallen, im Trainingslager oder aber im Ausland muss mit dem vorlieb genommen werden, was das Umfeld bietet. Hier ist oft Improvisationstalent gefragt. Eine tragbare Therapieliege erleichtert das Arbeiten aber erheblich.

Eine gute Liege ist höhenverstellbar, schnell auf- und abzubauen und stabil. Sie sollte für den Transport leicht sein. Das spart nicht nur Muskelkraft, sondern bei Flugreisen auch Geld für Übergepäck. Ist der Innenraum ausreichend groß, lässt sich auch einiges an Material wie Taperollen und Klebebinden in der Liege verstauen. Die Auflagefläche darf nicht zu weich sein, damit Manualtherapeutische Techniken (Mobilisation und Manipulation) korrekt ausgeführt werden können.

Das tragbare Elektrotherapiegerät

Im Idealfall steht ein Kombinationsgerät zur Verfügung, das neben den Standardfrequenzen auch Ultraschalltherapie zulässt. Alternativ leisten auch kleine TENS-Geräte gute Dienste. Zur Elektrotherapie siehe auch ☞ Kapitel 9.4.

7 Erste Hilfe nach Verletzungen

Erste Hilfe ist die therapeutische Erstversorgung am Unfallort. Wenn unmittelbar nach dem traumatischen Geschehen kein Arzt vor Ort ist, müssen anwesende Personen als Ersthelfer fungieren, der Trainer, Physiotherapeut aber auch der Trainingspartner.
Zwar sollte jede Verletzungsmöglichkeit kurzfristig oder auf Dauer durch entsprechende Schutzmaßnahmen verhindert oder zumindest das Verletzungsrisiko gemindert werden: Schutzhelme, Handschuhe, Schienbeinschoner und Gelenkschoner schützen den Athleten in Sportarten mit entsprechenden Verletzungsrisiken. Ist es dennoch zu einer Verletzung gekommen, sollten Trainer und Therapeut mit den Grundlagen der Wundheilung und -versorgung vertraut sein, um eine optimale Erstversorgung gewährleisten zu können.

7.1 Grundlagen der Wundheilung

Jede Verletzung, ob mit oder ohne Hauteröffnung, durchläuft typische Phasen der Heilung. Unterstützt werden kann die Heilung durch bestimmte Substanzen, die für die jeweiligen Heilungsprozesse benötigt werden (☞ Kap. 8.1, Kap. 8.2 und Tab. 8.1, Tab. 8.2). Einige der Substanzen werden als Kombinationsprodukte angeboten, die zwei oder mehr Phasen des Heilungsprozess unterstützen.

Phasen der Wundheilung
1. Phase: Entzündungsphase (1. – 4. Tag)
Schmerzreduktion, Entzündungshemmung und Resorptionsverbesserung stehen im Vordergrund. Um in dieser Phase den Heilungsprozess zu unterstützen, werden Wirkstoffe benötigt, die
- analgesieren
- Gefäßwände abdichten
- eine mögliche Ödembildung hemmen (☞ Tab. 8.1, Tab. 8.2).

Bei **Hautverletzungen** wird diese erste Phase auch als **exsudative Phase** bezeichnet. Nach einer Gewebeverletzung mit Gewebetrümmern und Blut im Wundbett wehrt sich der körpereigene Regelmechanismus und leitet sofort Heilungs- und Reparationsvorgänge ein: Proliferationsfaktoren beschleunigen die Zellteilungsrate der Endothelzellen (Gefäßwundzellen) und der Thrombozythen. Beides führt zu einer gefäßabdichtenden Wirkung. Lokale Bindegewebszellen, Plasmazellen, Monozyten und Leukozyten nehmen Bruchstücke der Zelltrümmer auf und bauen sie ab. Fibrin verklebt die Wundränder. Bereits nach 24 Std. sprießen Fibroblasten und Kapillare in das Wundbett.

2. Phase: Proliferationsphase (4. – ca. 14. Tag für Muskulatur, bis ca. 21. Tag für Bindegewebe)
Zunächst werden kollagene Fasern vom Typ 3 angebaut und dann langsam in Typ-1-Fasern umgewandelt. Mit entsprechenden Wirkstoffen kann die Resorption gesteigert und die Durchblutung reguliert werden (☞ Tab. 8.1, Tab. 8.2).
Bei **Hautverletzungen** wird diese Phase auch als **Kollagenphase** bezeichnet. Mit Zunahme der kollagenen Fasern erhöht sich die Reiß- und Dehnfähigkeit der Wunde. Mit zunehmender Ausdifferenzierung der kollagenen Fasern kommt es zur Wasserabgabe, zur Kontraktion des Wundgewebes und die Wundränder ziehen sich zusammen. An der Oberfläche der Wunde wachsen Epithellzellen unter Zellneubildung zusammen und schließen die Wunde bei nahe aneinander gelegenen Wundrändern in 6–8 Tagen.
Nach abgeschlossener Deckung des Hautdefektes wird der Schorf abgestoßen. Nach etwa 14 Tagen kann jede nicht infizierte Wunde voll durch Zug und Dehnung belastet werden.

3. Phase: Remodellierungsphase/reparative Phase (14. – 21. Tag, je nach Schwere der Verletzung auch länger)
Die Wirkstoffe, die in dieser Phase eingesetzt werden, sollen die Neubildung von Bindegewebe des Kollagentyp 1 fördern.
Bei **Hautverletzungen** bilden sich in dieser dritten Phase, der **Differenzierungsphase** Kapillaren und Fibroblasten zurück, die kollagenen Bündel werden dicker und dichter und ordnen sich in Hauptspannungsrichtungen. Die vorher rötliche Narbe blasst ab und zeigt Tendenz zu fortschreitender Schrumpfung. Die Heilung und Wundversorgung ist damit abgeschlossen.

7.2 Das PECH-Schema (nach Böhmer)

Das PECH-Schema beschreibt die Akuttherapie bei einer Sportverletzung. Schmerzlinderung sowie das Mindern der Schwellung und Entzündungsreaktion stehen dabei im Vordergrund, um eine schnellere Regeneration zu ermöglichen. Bei jeder akuten Verletzung sieht die Erstversorgung in der Regel gleich aus:

P = Pause
- sofortiger Abbruch der sportlichen Tätigkeit
- Überblick über das Ausmaß der Verletzung verschaffen
- Erstversorgung vor Ort
- Zeit zwischen Unfall und Versorgung kurz halten.

Der Sportler sollte nicht unversorgt zur Auswechselbank humpeln oder hüpfen. Wichtige Zeit geht sonst verloren, in der bei Fußverletzungen das Gelenk anschwellen kann. Jede verlorene Minute bei einer solchen Verletzung bedeutet einen zusätzlichen Therapietag.

E = Eis (Eiswasser)
Durch eine sofortige Kühlung mit Eis/Eiswürfeln, Eiswasser, kaltem Wasser (im niedrigen Plusgradbereich) oder auch Quark wird ein Zusammenziehen der Gefäße und damit ein weiteres Einbluten ins Gewebe sowie eine Schmerzlinderung erreicht.

> **Merke**
> Je akuter eine Verletzung ist, desto milder muss die Kälte sein, um paradoxe Gefäßreaktionen zu vermeiden.
> Um Kälteschäden zu vermeiden, dürfen Kälteträger nie direkten Hautkontakt haben. Kältepackungen kommen vor dem Anlegen immer in einen Baumwollüberzug.

- Verletzung bis ca. 30 Min. posttraumatisch kühlen, danach nur noch sporadisch, d. h. orientiert am subjektiven Schmerzgeschehen und Überwärmungsgefühl
- während der Nacht/Schlaf kann die regelmäßige Kühlung vernachlässigt werden.

In der weiterführenden Therapie stört die Anwendung von Eis den physiologischen Wundheilungsprozess, für den ein gesteigerter Stoffwechsel sinnvoll ist. Sinnvoller und wichtiger als eine Kälteanwendung ist dann die Kompression.
Unterstützend können Salbenpräparate verwendet werden, die von ihrem Wirkspektrum für die Akutversorgung geeignet sind (☞ Tab. 8.1). Der kühlende Effekt wird unterstützt, wenn die Salbe kühl gelagert wurde.
Nach Abklingen der anfänglichen Schmerzen und Schwellung ist eine Funktionsuntersuchung möglich. Eine Diagnose wird vom Arzt gestellt und gesichert.

C = Compression

Die Kompression kann mit elastischen Kurzzugbinden erfolgen (z. B. Komprilan®, Idealflex®, Lastobind®) und sollte von distal nach proximal bis zum angrenzenden Gelenk angelegt werden. Der Druck soll ca. 20 Megapascal betragen, was der Ausdehnung der Binde entspricht.

Optional kann die Kompression mit einem Schwamm, einer Kryogelpackung oder Schaumgummiformteilen (z. B. 1 cm dicke Kompex®-Schaumgummiteile) erreicht werden.

Die Kompression soll einen zentralen Druck ausüben.

H = Hochlagerung

Der betroffene Körperabschnitt sollte hochgelagert werden, um den venösen und lymphatischen Abfluss zu erleichtern. Die Lagerung sollte dabei schmerzfrei und entspannt sein.

> **Merke**
> Auf die Anwendung blutverdünnender Medikamente wie Aspirin sowie den Genuss von Alkohol muss während der Akutphase unbedingt verzichtet werden. Die Schwellung würde sonst begünstigt.

7.3 Hautverletzungen

Offene Wunden kommen bei Sportlern sehr häufig vor, besonders in Sportarten mit viel Körperkontakt, z. B. Fußball, Eishockey etc. Auch Sportler, die auf harte Bodenbeläge stürzen können, sind hinsichtlich offener Hautverletzungen gefährdet, z. B. Radfahrer und Handballer. Dabei sind das Ausmaß und die Schwere einer Wunde von ihrem Entstehungsmechanismus abhängig. Man unterscheidet Schnitt-, Quetsch-, Riss-, Platz-, Stich-, Biss- und Schürfwunden.

7.3.1 Wundversorgung bei offenen Hautverletzungen

Die Wundversorgung, die hier angesprochen wird, bezieht sich auf die zahlreichen „kleinen" Verletzungen der Haut, Verletzungen also, bei denen keine vollständige Kontinuitätstrennung der Haut vorliegt und die nicht größer als 1–2 cm sind. Tiefere, durchdringende Verletzungen müssen von ärztlicher Seite versorgt werden, da oft auch Sehnen verletzt sein können.

Die offene Wunde ist eine örtliche Weichteilverletzung. Sie hat aber auch auf den Gesamtorganismus Rückwirkungen, die von der Lokalisation der Wunde und der Dauer der Heilung abhängig sind.

Blutstillung

Bei größeren und tieferen Schürfwunden sowie Riss- und Platzwunden steht zunächst die lokale Blutstillung im Vordergrund. Dies geschieht am besten durch eine mehrschichtig aufgelegte Vlieskompresse, die nicht mit der Wunde verklebt und unter Kompression angelegt wird, z. B. Cutisoft®. Bei nicht oder nur schwer zu stillenden Sickerblutungen kann Clauden-Gaze® aufgelegt werden.

Klaffende, glattrandige Wundränder werden mit Naht oder Klammerungen fixiert, z. B. Leukostrip®. Eine andere Möglichkeit besteht durch das Verkleben der Wunde mit z. B. Epiglu® Wundkleber. Jedoch, die Versorgung von Schnitt- und Platzwunden mit Wundkleber oder Naht bleibt dem Arzt vorbehalten!

In jedem Fall muss die Wunde zuerst, also vor einer Naht oder Klammerung, gründlich gereinigt und desinfiziert werden (siehe unten) und anschließend steril abgedeckt, z. B. mit Cutiplast steril®. Bei Wasserkontakt ist die Abdeckung mit einem wasserdichten Wundverband wichtig. Hierfür eignet sich z. B. OpSite® Flexigrid.

> **Merke**
> Bisswunden dürfen wegen ihrer hohen Infektionsgefahr nicht verschlossen werden!

Wundreinigung

Offensichtlich verunreinigte Wunden müssen gereinigt werden! Die Reinigung kann unter fließendem Wasser erfolgen (auch Mineralwasser) oder durch eine Spülung mit Ringerlösung (NaCl-Lösung). Die in der Ringerlösung enthaltenen Elektrolyte Natrium, Kalium und Kalzium tragen neben der Wundreinigung dazu bei, dass das Zellwachstum angeregt wird. Ein Aus- und Abreiben ist dabei zu vermeiden, um die Wunde nicht noch mehr zu reizen.

Kleine Fremdkörper müssen mit einer sterilen Pinzette oder mit einem in Desinfektionsmittel getränkten Mulltupfer entfernt werden. Große Fremdkörper hingegen sollten nur vom Arzt entfernt werden, z. B. beim Durchbohren der Hand mit einem Glassplitter o. Ä. Andernfalls besteht die Gefahr weiterer Verletzungen und Blutungen bzw. der Verschlimmerung. Ist kein Arzt anwesend, den Fremdkörper so mit Wundauflagen, Polstermaterial, Binden und/oder Heftpflaster fixieren, dass dieser nicht mehr bewegt wird. Den Verletzten in ein Krankenhaus oder zum Arzt bringen.

Wunddesinfektion

Nach der Wundinspektion und -reinigung werden Wundränder und Wunde desinfiziert, denn jede Wunde ist ein potentieller Infektionsherd. Als Sprühdesinfektionen bieten sich hier Kodan® und Cutisept® an, zur desinfizierenden Wundspülung Octenisept®, Lavasept® oder Rivanol®. Jod besitzt zwar eine starke bakterizide Wirkung, ist aber wegen seiner schmerzhaften Reizungen und allergischer Symptomatik bedenklich.

Bei **oberflächlichen Schürfwunden** genügt eine Desinfektion mit genannten Präparaten innerhalb der ersten Stunden. Die anschließende Lufttrocknung führt schnell zu einer stabilen Wundschorfbildung. Auch Sprühpflaster finden hier Anwendung und bieten eine atmungsaktive, wasserfeste Schutzschicht. Schürfwunden, die unter der Kleidung liegen, sind mit Wundverband abzudecken. Moderne Pflaster verfügen dabei über eine Silberbeschichtung, die nicht mit der Wunde verkleben kann. Ist eine zusätzliche Sicherung des Pflasters, z. B. an Gelenken, mit großer Bewegungsfreiheit notwendig, wird die Fixation mit Gitternetz (z. B. Elastofix® Schlauchverband) oder kohäsiven Fixierungsbinden (z. B. Gazofix®) durchgeführt.

Stark nässende Wunden können mit hydrokolloiden Verbänden abgedeckt werden, z. B. Hydrocoll®, Algoplaque® HP oder Hansaplast Aktiv Gel Pflaster. Diese lindern den Schmerz, verkleben nicht mit der Wunde, beugen Narbenbildung vor und nehmen das Wundsekret auf. Der Verband kann ggf. über mehrere Tage am Körper verweilen.

 Wird eine Wunde nicht sorgfältig gereinigt und desinfiziert, droht eine Wundinfektion, die dann mit bakteriziden Salben (z. B. Octenisept® Salbe, Lavasept® Salbe) oder Antibiotika behandelt werden muss. Mit einer infizierten Wunde sollte kein Sport getrieben werden. Durch Streuung der Erreger kann die Infektion auf andere Körperteile bzw. innere Organe übergreifen (Gefahr der Herzmuskelentzündung).

Aus Sicht des Arztes ist eine Immunisierung gegen Wundstarrkrampf mit Tetanol® anzustreben.

Verbandwechsel

Ein Verband sollte so wenig wie möglich, aber so oft wie nötig gewechselt werden. Da während sportlicher Betätigung Verbände notwendig sein können, wird erst nach dem Duschen der Verband erneuert. Bei starker mechanischer Belastung kann die Wunde mit einem Ring aus Schaumstoff, z. B. Artifoam, hohl gelegt werden.

7.3.2 Versorgung typischer Hautverletzungen

Wundscheuern

Durch längeres Aneinanderreiben von Körperteilen (Intertrigo) oder durch Reiben an Textilien, Sattel, Schuh etc. kann die Haut wund werden. Prophylaktisch können beim Laufen oder beim Radfahren entsprechend gepolsterte Radlerhosen getragen oder die Oberschenkel mit Vaseline eingerieben werden. Ebenso beim Wundreiben der Brustwarze, das ebenfalls durch Reibung an Textilien entsteht. Abhilfe schafft hier neben der Vaseline das Abkleben der Brustwarze oder das Tragen brustfreier Trainingshemden. Sportlerinnen sollten auf einen gut sitzenden Sport-BH nicht verzichten. Bei Wundsein der Haut kann eine entsprechende Wundsalbe aufgetragen werden, z. B. Bepanthen®. Am besten lässt man die Wunde aber an der Luft trocknen.
Ist die Wunde mit Textilien verklebt, dürfen diese nicht abgerissen werden. Sie sollten befeuchtet und anschließend schonend abgezogen werden.

Blasenbildung

Um Blasenbildung vorzubeugen, sollte entsprechende Kleidung getragen werden.
Entstandene Blasen können mit Compeed® Blasenpflastern abgeklebt werden. Kleine Blasen lassen sich durch Schaumgummiteile wie Artifoam® hohl legen. Große Blasen werden mit einer sterilen Kanüle aufgestochen, um eine Druckentlastung zu schaffen. Anschließend werden sie mit Wundpflaster abgedeckt. Eine Blase sollte nie mit der Schere komplett aufgeschnitten werden, da sonst leicht Entzündungen entstehen.

Blutblase durch Quetschung

Sofortiges Kühlen. Anschließend die Blase mit einer sterilen Kanüle öffnen. Zur Druckentlastung wird die Haut nach außen gestrafft und anschließend mit Wundverband abgedeckt. Blutblasen nie ausdrücken!

Hämatom unter dem Finger- und Fußnagel

Sofortiges Kühlen des betroffenen Fingers oder der Zehe reduziert die Hämatombildung.
Bei ausgeprägtem Hämatom unter dem Nagel kann es zu einer Schädigung des Nagelbettes kommen. Deshalb wird zur Druckentlastung des Nagels vorsichtig, durch langsames Drehen einer Kanüle, der Nagel durchbohrt. Das Hämatom entleert sich spontan. Die durch-

bohrte Stelle anschließend mit Cutisept® desinfizieren und mit einem speziell geformten Fingerkuppenpflaster abdecken.

Insektenstiche

Kühlen der Einstichstelle und anschließend Soventol Gel® auftragen. Bei Überreaktion kann der Arzt ein Antihistaminikum injizieren.

Sonnenbrand

Insbesondere Menschen mit heller und sommersprossiger Haut und/oder roten Haaren sind sonnenbrandgefährdet. Aber nicht nur Menschen mit diesen äußerlichen Merkmalen, sondern ganz allgemein müssen die Sportler bei Aufenthalten in der Sonne oder in Umgebungen mit dünner Ozonschicht (Australien oder in den Bergen) unbedingt ihre Haut schützen. Es sollte Sonnencreme verwendet werden, die einen hohen Lichtschutzfaktor aufweist und wasserfest ist, um auch beim Schwitzen den Schutz nicht zu verlieren. Besonders gefährdete Stellen können mit Zinkpaste abgedeckt werden. Mit freiem Oberkörper sollte nicht trainiert werden und für einen ausreichenden Kopfschutz muss gesorgt sein.
Ein Sonnenbrand bedeutet eine Verbrennung der Haut und lässt sich der Schwere nach in drei Grade einteilen:

1. Grades
Erkennbar an einer deutlichen Rötung der Haut. Der Sonnenbrand wird mit Antihistaminika abgedeckt, z. B. Soventol® Gel, Fenistil®, Systral®. Eine erste Alternative ist auch das Abdecken der betroffenen Hautareale mit feuchten, kühlenden Tüchern.

2. Grades
Es bilden sich Blasen, die sich öffnen können. Um eine Infektion zu verhindern, müssen die Stellen desinfiziert und anschließend steril abgedeckt werden. Der Sportler sollte einen Arzt hinzuziehen. Die betroffene Region ist ca. 10 cm^2 groß.

3. Grades
Größere Hautbezirke als beim Sonnenbrand 2. Grades sind beschädigt. Der Sportler gehört dringend in ärztliche Behandlung. In schweren Fällen werden folgende Medikamente gegeben:
- Steroide (Celestamine®, Celestan®, Urbasol®, Volon® A)
- lokal antihistaminhaltige- oder cortisonhaltige Salben
- Cremes und Spray (Soventol® Gel, Synpen® Salbe, Volon® A-Crème).

7.4 Knochen- und Gelenksverletzungen

Zu den typischen Verletzungen während der Ausübung einer sportlichen Tätigkeit gehören auch Knochenbrüche (offen oder geschlossen), Distorsionen und Luxationen. Ursachen sind in den meisten Fällen Stürze.

Distorsionen

Die Distorsion ist eine geschlossene Gelenkverletzung als Folge eines gewaltsamen Überschreitens der physiologischen Bewegungsgrenze. Hierbei kommt es zu einer vorübergehenden, leichtgradigen Subluxation mit sofortiger Selbstreposition. Die Gelenkkapsel und Bänder werden zwar überdehnt, bleiben jedoch in ihrer Kontinuität erhalten. Allerdings können bei schweren Distorsionen Bandrupturen auftreten (☞ Kap. 10.4.2 Bänderriss). Bei Verdrehungen im Kniegelenk kann es zu Meniskusverletzungen kommen (☞ Kap. 10.4.4).

Distorsionen zeichnen sich durch unmittelbar eintretenden, oft starken Schmerz aus. Es kommt zu Bewegungseinschränkungen oder -unfähigkeit. Durch die die Distorsion begleitende Zerreißung von Kapillar- und Lymphgefäßen treten Einblutungen und Einsickern von Lymphflüssigkeit ins Gewebe auf, wodurch eine mitunter starke Schwellung mit Druckempfindlichkeit entsteht.

Die sportliche Tätigkeit muss sofort unterbrochen und das betroffene Gelenk gekühlt und ruhig gestellt werden (PECH-Schema, ☞ Kap. 7.2). Am besten geschieht dies mittels elastischer Kurzzugbinden, mit denen z. B. ein Cool-Pack fixiert werden kann und die gleichzeitig eine Kompression geben. Die betroffene Extremität anschließend hoch lagern.

Zu den häufigsten Distorsionen zählt die des oberen Sprunggelenkes (Distorsio pedis) durch ein Umknicken über den äußeren Fußrand (☞ Kap. 10.4.1).

Luxationen

Die Luxation ist eine gewaltsame Verschiebung der gelenkbildenden Knochen aus ihrer physiologischen Stellung (Funktionsstellung). Bei der Subluxation stehen sich die Gelenkflächen noch teilweise gegenüber, wobei eine Fehlstellung mitunter erkennbar ist. Kapsel und Bänder sind überdehnt. Die vollkommene Luxation zeichnet sich aus durch eine deutliche Fehlstellung bzw. abnorme Gelenkstellung. Kapsel und Bänder sind gerissen (Bänderriss ☞ Kap. 10.4.2). In beiden Fällen treten sofort starke Schmerzen auf, Schwellung und Bewegungseinschränkung bzw. -unfähigkeit. Vorsicht bei sensiblen

Begleiterscheinungen wie Taubheit oder Kribbeln. Dies deutet auf eine Beteiligung/Schädigung der Nerven hin.

Auch hier gilt: Die sportliche Tätigkeit muss sofort unterbrochen werden und das betroffene Gelenk gekühlt und ruhig gestellt. Luxierte Gelenke dürfen nur vom Arzt eingerenkt werden. Eine weiterführende Diagnostik erfolgt im Krankenhaus.

Zu den häufigsten Luxationen zählen die des Schlüsselbeines (Luxatio acromioclavicularis), die des Schultergelenkes (Luxatio humeri als L. axillaris, L. coracoidea, L. infraglenoidalis und L. infraspinata), die des Ellenbogengelenkes (Luxatio cubiti) sowie die Luxation der Kniescheibe (Luxatio patellae) (☞ Kap. 10.4.3).

Frakturen

Frakturen können durch Gewalteinwirkung entstehen, z. B. bei Sturz oder als sog. Stress- bzw. Ermüdungsfraktur (☞ Kap. 10.5.2). Dabei kann der Knochenbruch als glatte Quer- oder Längsfraktur, als Torsionsfraktur (Spiralbruch), als Trümmer- oder Stückfraktur auftreten, je nach Art und Richtung der Gewalteinwirkung. Die Form der Fraktur ist für den Ersthelfer nicht erkennbar. Ersichtlich ist jedoch, ob es sich um eine geschlossene oder offene Fraktur handelt:

Geschlossene Fraktur: Es besteht keine äußere Wunde, die Haut ist intakt.

Offene Fraktur: Offene Frakturen entstehen häufig bei Stürzen auf Kanten oder Vorsprünge oder bei stark dislozierten Knochenbrüchen. Haut und Muskeln sind verletzt. Dabei ist die Schwere der Haut- und Weichteilverletzung abhängig von der Richtung: Bei Durchspießung der Haut von innen nach außen ist der Weichteilschaden höher als bei Verletzung der Haut von außen nach innen. In den meisten Fällen ist der Knochen in der Wunde deutlich sichtbar oder er spießt nach außen. Bei offenen Frakturen besteht erhebliche Infektionsgefahr, die zu Komplikationen und negativen Auswirkungen auf den Heilungsprozess führen kann.

Während die offene Fraktur als solche meist sofort erkennbar ist, zeichnen sich geschlossenen Frakturen durch eine Schwellung im Frakturbereich aus. Die Betroffenen werden die entsprechende Körperregion nicht oder nur sehr eingeschränkt bewegen (Functio laesa) und eine Schonhaltung einnehmen, häufig den Arm oder das Bein mit der freien Extremität/Arm fixieren.

Klinische Symptome sind neben der Schwellung Schmerz, Krepitationen, abnorme Beweglichkeit (die der Betroffene zu verhindern sucht) und oft Dislokation. Bei letzterem (aber auch bei unnötigem Bewegen) besteht die Gefahr der Verletzung von Nerven- und Blutgefäßen.

Bei Verdacht auf eine Fraktur soll der Betroffene so wenig wie möglich bewegt werden. Der Frakturbereich muss über die angrenzenden Gelenke hinaus wenn möglich mit Polstermaterialien ruhig gestellt und geschient werden. Offene Frakturen müssen mit einem sterilen Wundverband abgedeckt werden. Geschlossenen Frakturen können vorsichtig gekühlt werden, um ein Einbluten ins Gewebe zu unterbinden und den Schmerz zu nehmen.

7.5 Gefahren bei Hitze

Bei einer Umgebungstemperatur von mehr als 38 °C ist eine Wärmeabgabe nicht mehr möglich. Und bei 40 % Luftfeuchtigkeit kann der Körper nicht mehr genügend Schweiß verdunsten. Finden in solchen Umgebungen sportliche Aktivitäten statt, läuft der Körper Gefahr, Hitzeschäden zu erleiden. Es sollte deshalb früh am Morgen oder spät am Abend trainiert werden, ergo wenn es kühler ist und die Ozonbelastung niedriger. Dabei ist es wichtig, jede Trinkgelegenheit zu nutzen und sich vermehrt im Schatten aufzuhalten. Erste Reaktionen wie Übelkeit, Kopfschmerzen und Muskelkrämpfe sind bereits ernstzunehmende Symptome. Werden sie nicht beachtet, können lebensbedrohliche Situationen entstehen.

Die Gefahr des Sonnebrandes wird in ☞ Kapitel 7.3.2 thematisiert.

Hitzeschlag

Die Gefahr eines Hitzeschlages ist besonders bei Sportlern gegeben, die bei heißem Wetter mit hoher Luftfeuchtigkeit intensiven Sport betreiben. Ist eine Schutzausrüstung erforderlich, wie bei Hockeytorwarten, erhöht sich die Gefahr eines Hitzeschlages noch mehr, da es unter der Schutzkleidung zu einem Hitzestau kommen kann. Die Körperkerntemperatur steigt dann auf bis zu 42 °C. Der Körper neigt aufgrund des hohen Flüssigkeits- und Elektrolytverlustes zu Krämpfen. Zuweilen ist der Sportler unkoordiniert und desorientiert.

Der Sportler muss sofort in eine kühlere Umgebung gebracht werden. Mit Eisabreibungen oder Kältewesten lässt sich die Kerntemperatur senken. Flüssigkeitsdefizite sollten durch Trinken oder bei Bedarf durch Infusionen ausgeglichen werden.

Prophylaktisch sollte sich der Sporttreibende, wenn möglich, mehr im Schatten aufhalten, zum Schutz eine adäquate Kopfbedeckung tragen und bei jeder Gelegenheit trinken. In Wettkampfpausen können in Eiswasser getränkte Lappen helfen, die über Brust, Rücken, Kopf und/oder Extremitäten gelegt werden können.

Dehydratation

Bei intensiver Belastung kann der Körper über den Schweiß bis zu 2 Liter Flüssigkeit pro Std. verlieren. Das Blutvolumen nimmt ab und das Herz muss mehr (schneller) arbeiten, um die Muskulatur noch ausreichend zu versorgen. Im frühen Stadium kommt es deshalb zu Müdigkeit und Muskelkrämpfen. Bei zunehmender Dehydratation reduziert der Körper das Schwitzen, um Flüssigkeit zu sparen. Da der Körper ohne Schweiß jedoch nicht genügend heruntergekühlt wird, reduziert der Körper die Leistung/Leistungsfähigkeit, um nicht zu überhitzen. Bereits 1–2% Flüssigkeitsverlust im Verhältnis zum Körpergewicht genügen (bei einer 70 kg schweren Person wären das 700–1400 ml Schweiß), um die Leistungsfähigkeit deutlich zu reduzieren. Die Gefahr von Verletzungen steigt dann ebenfalls an, da die Konzentration, die Reaktion und viele Regelfunktionen im Körper gestört sind (☞ Kap. 3, Empfohlene Trinkmengen).

Sonnenblindheit (Bindehautentzündung)

Die Sonnenblindheit kann bei intensiver ultravioletter Strahlung auftreten. Die Bindehaut ist gerötet und kann sehr schmerzhaft sein. Eine Augensalbe lindert die Symptome. Der Sportler sollte auch beim Training eine gut sitzende, dunkle Sonnenbrille tragen.

7.6 Kreislaufprobleme

Bewusstlosigkeit

Ist der Sportler nicht mehr ansprechbar und reagiert nicht auf äußere Reize (z. B. Schmerzreize), liegt eine Bewusstlosigkeit vor. Eine Bewusstlosigkeit kann z. B. in Verbindung mit Kopf- oder Thoraxverletzungen einhergehen (☞ Kap. 7.7 und Kap. 7.9) oder aufgrund von Hitzschlag oder Dehydratation auftreten (☞ Kap. 7.5). Die Gefahren, die von einer Bewusstlosigkeit ausgehen, sollten nicht unterschätzt werden: Da die Schutzreflexe ausgeschaltet sind und die Muskulatur völlig erschlafft, kann die Zunge die Atemwege im Rachenraum verschließen. Dies kann zur Erstickung führen.

Es ist daher bei Bewusstlosigkeit als Erstes sicherzustellen, dass die Atemwege frei sind und der Sportler atmet. In diesem Fall darf er nicht auf dem Rücken liegen bleiben (Stichwort Gefahr der Verlegung der Atemwege). Der Sportler wird in stabiler Seitenlage gelagert, um Flüssigkeiten wie Speichel, Erbrochenes oder Blut aus dem Mund abfließen zu lassen und die Atemwege offen zu halten.

Stabile Seitenlage

Seitlich neben dem Verletzten knien. Dessen nahen Arm (zum Therapeuten/Ersthelfer zeigenden Arm) rechtwinklig nach oben legen, die Handinnenfläche zeigt dabei nach oben.

Den fernen Arm greifen und vor der Brust kreuzen. Den Handrücken an die nahe Wange führen und dort festhalten.

Das ferne Bein durch Zug am Oberschenkel anbeugen/anstellen. Den Verletzten am gebeugten Bein zu sich herüber ziehen, d. h. durch Zug am gebeugten Bein auf die Seite drehen. Das dann oben liegende gebeugte Bein so ausrichten, dass der Oberschenkel im rechten Winkel zur Hüfte liegt.

Den Hals überstrecken, den Mund des Verletzten leicht öffnen und mit seiner wangennahen Hand die Lagerung stabilisieren (☞ Abb. 7.1).

Beatmung

Ist bei der Atemkontrolle keine Atmung mehr erkennbar, muss sofort mit der Atemspende begonnen werden. Hierfür muss der Bewusstlose auf den Rücken gedreht werden. Als Erstes gilt es, die Atemwege frei zu machen und ggf. im Mund vorhandene Fremdkörper zu entfernen (z. B. Erbrochenes). Das Freimachen der Atemwege geschieht durch den „lebensrettenden Handgriff": Mit einer Hand an die Stirn fassen, mit der anderen unter den Unterkiefer und den Kopf nackenwärts beugen (Hals überstrecken). Manchmal setzt nach diesem Handgriff die Atmung spontan wieder ein.

Setzt die Atmung nicht ein, muss die Mund-zu-Nase- oder Mund-zu-Mund-Atemspende erfolgen. Einfacher ist die Mund-zu-Nase-Atemspende, weshalb diese auch zuerst versucht wird. Außerdem ist die Gefahr, Luft in den Magen zu pressen und ein Erbrechen auszulösen, geringer.

Der Helfer verschließt mit einer Hand den Mund des Verletzten (Unterkiefer zum Oberkiefer drücken). Anschließend atmet er tief ein, setzt seinen geöffneten Mund fest über die Nase des Verunfallten und bläst die Ausatemluft in dessen Nase.

Um einen direkten Kontakt zu vermeiden und das Eindringen von Flüssigkeit zu verhindern, kann ein Beatmungstuch (z. B. Söhngen BT-Dry®) verwendet werden.

Diese Beatmung sollte zunächst zweimal erfolgen. Dann müssen erneut die Lebenszeichen geprüft werden.

7.6 Kreislaufprobleme

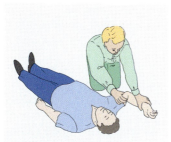

Den zugewandten Arm des Bewusstlosen rechtwinklig abspreizen. Den Arm so beugen, dass die Handfläche nach oben zeigt.

Mit einer Hand den Handrücken des Bewusstlosen an der Wange fixieren. Mit der anderen Hand das weiter entfernte Bein am Knie fassen, hochziehen (Knie gebeugt, Fuß auf dem Boden) und Betroffenen zu sich herüber drehen.

Den weiter entfernten Arm über die Brust des Betroffenen heranholen. Den Arm beugen und den Handrücken an die Wange des Bewusstlosen legen.

Hüfte und Knie des oben gelegenen Beins beugen.
Zum Freihalten der Atemwege den Kopf des Betroffenen nackenwärts beugen.
Diese Position ggf. mit der unter der Wange gelegenen Hand sichern.

Abb. 7.1 Stabile Seitenlage.

Herz-Lungen-Wiederbelebung

Setzt die Atmung nach kurzer Zeit (2× Beatmung) nicht wieder ein, ist auch ein Fehlen der Herztätigkeit wahrscheinlich und muss überprüft werden. Ist kein Puls tast- bzw. fühlbar, muss mit der Herz-Lungen-Wiederbelebung begonnen werden.

Dazu muss der Verunfallte auf einem festen Untergrund liegen. Bei freiem Brustkorb den Druckpunkt für die Herzduckmassage suchen: Mit dem Mittelfinger die Brustbeinspitze suchen, Zeigefinger daneben (kranial) legen. Mit dem Handballen der anderen Hand direkt daneben setzen, den der anderen Hand dann darüber.

Mit gestreckten Armen, aus der Schulter heraus Druck auf das Brustbein ausüben (4–5 cm in die Tiefe). Diesen Druck 30× wiederholen, danach 2× beatmen.

Ist zwar keine Atmung, aber eine Herztätigkeit erkennbar, orientiert sich die Atemspende am eigenen Atemrhythmus und erfolgt etwa 12–15 Mal pro Minute.

> **Merke**
> Die Herz-Lungen-Wiederbelebung muss solange durchgeführt werden, bis der Betroffene wieder selbst atmet, der Puls einsetzt oder bis der Notarzt anwesend ist!
> Jeder Bewusstlose muss so schnell wie möglich in ein Krankenhaus gebracht werden!

Schock

Unabhängig von den Ursachen liegt einem Schock immer ein Missverhältnis zwischen erforderlicher und tatsächlicher Blutversorgung zu Grunde. Die damit verbundene Senkung des Blutdruckes führt zu einer unzureichenden Versorgung und Entsorgung der Körperzellen vor allem mit Sauerstoff und damit zu bedrohlichen Stoffwechselstörungen.

Anzeichen eines Schocks sind Blässe, kalte Haut, kalter Schweiß im Gesicht sowie ein schneller und schwacher Puls. Häufig ist hoher Blutverlust Ursache eines Schocks. Dadurch vermindern sich das Blutvolumen und der Bluttransport im Kreislauf erheblich. Blutungen müssen deshalb sofort gestoppt werden!

In jedem Fall wird der Betroffene flach auf den Boden gelegt. Um den Blutrückstrom zu fördern, wird die sog. Schocklage eingenommen: Die Beine erhöht lagern, wenn nötig bis zur Senkrechten. Puls und Atmung werden weiterhin kontrolliert! Bei Atemstillstand muss beatmet werden (siehe oben, Beatmung).

7.7 Kopfverletzungen

Kopfverletzungen sind stets mit einer besonderen Sorgfalt zu behandeln, vor allem, wenn es sich um traumatische Verletzungen handelt. Erste äußerliche Anzeichen von Kopfverletzungen (z.B. Beule, Platzwunde, Nasenbluten) können innere Verletzungen wie Gehirnerschütterung oder Hirnprellung überdecken. Die können sich oft erst mit einer gewissen zeitlichen Verzögerung von ein paar Minuten bemerkbar machen. Der Verunfallte sollte deshalb aufmerksam beobachtet werden und beim geringsten Verdacht oder bei Verschlechterung der Beschwerden und/oder des Allgemeinzustandes in ein Krankenhaus eingeliefert werden.

Beule am Kopf

Eine Beule entsteht durch Schlag oder Zusammenprall, häufig im Stirnbereich. Eine entstandene Beule kann durch Druck mit dem Handballen einfach weggedrückt, d.h. verteilt werden. Anschließendes Kühlen und ein Kompressionssalbenverband verhindert das erneute Ausdehnen.
Der Betroffene sollte dennoch weiter beobachtet werden. Ändert sich sein Bewusstseinszustand oder treten Schwindel, starke Kopfschmerzen, Übelkeit, Erbrechen und/oder Erinnerungslücken auf, kann es sich um eine Gehirnerschütterung handeln (Commotio cerebri, siehe unten). In diesem Fall den Betroffenen mit erhöhtem Kopf hinlegen und ärztliche Weiterbehandlung organisieren bzw. in ein Krankenhaus bringen.

Platzwunde

Kleinere Platzwunden können nach kurzer Inspektion und Desinfektion mit Klammerpflaster adaptiert werden. Anschließend wird die Wunde mit einer sterilen Kompresse abgedeckt, z.B. Hansapor® steril.
Größere Wunden, oder Stellen die unter größerer Zugspannung stehen, sollten vom Arzt genäht oder verklebt werden.
Auch hier gilt: Den Verletzten weiterhin beobachten und bei Verschlechterung des Allgemeinzustandes in eine Klinik einweisen.

Nasenbluten

Nasenbluten kann entweder durch einen Schlag auf die Nase oder aber durch hohen Blutdruck und bei Pressatmung im Kraft- bzw. Gerätetraining auftreten.
Der Betroffene soll mit nach vorne gebeugtem Oberkörper sitzen und eine Kühlkompresse in den Nacken aufgelegt bekommen. Die Nase nicht zuhalten, sondern ein Taschentuch oder nassen Waschlappen locker vor die Nase halten und durch den Mund weiteratmen.
Die Nase kann auch mit Gaze oder Nasenschwämmchen (z.B. Mueller-Nasal-Sponges®) tamponiert werden. Auch ein Kneifen mit den Fingern hinter den Ohren des Betroffenen kann auf reflektorischem Wege helfen, die Blutung zu reduzieren/stillen.

Gehirnerschütterung (Commotio cerebri)

Gehirnerschütterungen entstehen vor allem in Mannschaftssportarten, die von Körperkontakt bestimmt sind. Sturz und/oder Zusammenprall sind die häufigsten Ursachen.

Entsprechend ihrer unterschiedlichen Symptome, die auch zeitlich verzögert auftreten können, lässt sich die Gehirnerschütterung in drei Grade einteilen:

Grad 1

Benommenheit, Schwindel, Übelkeit, eventuell Erbrechen und leichter Kopfschmerz stellen die Anfangssymptome dar. Puls und Blutdruck sinken. Es besteht kein Bewusstseinsverlust, aber eine retrograde Amnesie bis zu einer halben Stunde kann auftreten.

Der Sportler sollte gefragt werden, was vor, während oder nach dem Trauma passiert ist. Beim Pupillentest müssen die Pupillen dem sich bewegenden Zeigefinger folgen, bei Lichteinfall müssen sie sich seitengleich verengen. Der Sportler muss hinsichtlich dieser genannten Sachverhalte alle 5 Min., später alle 10 Min. kontrolliert werden.

Tritt Blut aus Mund oder Nase kann eine Schädelbasisfraktur vorliegen. Der Verletzte muss umgehend in ein Krankenhaus.

Grad 2

Bewusstseinsverlust von weniger als 5 Min. und/oder retrograde Amnesie von bis zu 24 Std. Den Verletzten in die stabile Seitenlage bringen, die Vitalfunktionen regelmäßig überprüfen und zur weiteren Diagnostik in ein Krankenhaus einliefern. Eine Beteiligung der Halswirbelsäule ist röntgenologisch auszuschließen. Eine Computertomografie ist erforderlich, um eine eventuelle Hirnprellung (Contusio cerebri) mit Gewebezertrümmerung und Hirnblutung auszuschließen.

Grad 3

Bewusstseinsverlust von mehr als 5 Min. und/oder retrograde Amnesie von mehr als 24 Std. Den Verletzten in die stabile Seitenlage bringen und die Vitalfunktionen regelmäßig überprüfen. Die Bild gebende Diagnostik erfolgt wie bei Grad 2 angegeben.

> **Merke**
>
> Wegen der Gefahr eines Hirnödems darf die sportliche Tätigkeit bei Verdacht auf Gehirnerschütterung nicht fortgesetzt werden!
>
> Es muss ein Trainingsverbot für eine Woche (Grad 1), für zwei Wochen (Grad 2) oder für 4 Wochen (Grad 3) ausgesprochen werden.
>
> Zum Schutz muss bei gefährdeten Sportarten ein Schutzhelm getragen werden!

7.8 Verletzungen an Gesicht und Hals

Augenverletzungen

Blaues Auge
Zu Hämatomen am bzw. um das Auge kann es durch Gegnerkontakt kommen oder durch Sportgeräte wie Hockeyschläger und Squashbälle. Dabei kann nicht nur die Augenumgebung, sondern auch das Auge selbst geschädigt werden. Kommt es zu einer Einblutung ins Auge oder sieht der Sportler nach einem Trauma Lichtblitze oder schwarze Flecken, kann eine Netzhautablösung vorliegen.
Der Sportler muss mit einer feuchten Mullkompresse vor dem Auge zu einem Augenarzt gebracht werden.
Ein geschwollenes oder blaues Auge wird gekühlt. Die Schwellung kann mit flächigem, dosiertem Ballendruck verteilt werden. Manuelle Lymphdrainagen fördern den lymphatischen Abfluss. Ein Kompressionsformteil kann unter Aussparung des Augapfels zugeschnitten und unter Kompression angelegt werden. Das Ausüben des Sports ist mit solch einem Verband nicht möglich, da dieser das räumliche Sehen behindert. Soll trotzdem weiter trainiert werden, empfiehlt sich die Anlage eines Kinesio®-Tapeverbandes (☞ Kap. 12.2). Beim Auftragen von Salben um das Auge herum besteht die Gefahr, dass Wirkstoffe durch Schweiß oder Fingerreiben ins Auge gelangen und zu Reizungen führen. Hier ist deshalb Sorgfalt geboten.

Fremdkörper im Auge
Ein Fremdkörper im Auge wird von der Außenseite des Auges zur Nase hin mit Wasser ausgespült oder mit einem Wattestäbchen entfernt. Hierzu rollt man das Oberlid um ein Wattestäbchen (z. B. Q-Tip®) und entfernt den Fremdkörper mit einem zweiten Wattestäbchen.

Verletzungen im Mund- und Rachenraum

Zahnverlust
Ein ausgeschlagener Zahn muss umgehend von einem Zahnarzt oder in einer Zahnklinik inspiziert werden. Der Zahn darf hierfür nicht trocknen! Entweder hält der Sportler den Zahn unter der Zunge im Speichel feucht oder transportiert ihn in einer speziellen Zahnaufbewahrungsbox. In ihr kann ein Zahn bis zu 24 Std. „überleben".
Zum Schutz des Kiefers sollte bei gefährdeten Sportarten ein Mundschutz getragen werden.

Durchgebissene Zunge

Risse, die nicht länger als 1 cm sind, heilen von selbst aus. Größere Risse müssen vom Arzt genäht werden.

Schlag auf den Kehlkopf

Der Kehlkopf kann nach innen gedrückt oder sogar luxiert werden. Besteht eine Luxation muss sofort ein Arzt aufgesucht werden.
Eine Schwellung führt immer zu einer Behinderung der Atmung. Die notwendige Therapie besteht in Kälteanwendungen und beruhigendem Zureden auf den meist verängstigten Sportler. Tritt nach einer Halsverletzung Heiserkeit auf, sollte ein Arzt aufgesucht werden.

7.9 Thoraxverletzungen

Rippenprellung/Rippenfraktur

Rippenprellungen und -frakturen kommen besonders in körper- und kampfbetonten Sportarten vor.
Der Sportler verspürt Schmerzen beim tiefen Einatmen, beim Husten und Niesen. Es können kleinere Blutergüsse entstehen.
Bei größerer Gewalteinwirkung kann es zu Frakturen einer oder mehrerer Rippen kommen. Hier besteht die Gefahr, dass Luft und/oder Blut in den Brustkorb, d.h. in den Pleuraspalt gelangt (Hämatothorax, Hämatopneumothorax, Pneumothorax). Zur Sicherung der Diagnose wird in zwei Ebenen geröntgt. Durch das Abhorchen mit dem Stethoskop muss ein Hämatothorax und Pneumothorax ausgeschlossen werden.
Die Therapie wird durch Kühlung eingeleitet. Um die Atmung zu erleichtern, werden schmerzstillende Medikamente wie Paracetamol® verordnet. Es wird ein lokaler Salbenverband mit analgesierenden und entzündungshemmenden Salben angelegt (☞ Tab. 8.1). Um die Atmung nicht zu behindern, wird kein zirkulärer Verband angelegt, sondern eine Schaumgummiplatte mit Fixomull® Stretch flächig und unter Zug auf die Haut geklebt.
Eine Rippenfraktur wird konservativ behandelt und heilt im Allgemeinen innerhalb von drei Wochen aus. So lange besteht Sportpause. Zum Schlafen legt sich der Sportler auf die nicht betroffene Seite, um die Belüftung der verletzten Seite zu erleichtern. Es sollte eine Atemtherapie erfolgen.

7.10 Bauch- und Unterleibsverletzungen

Bei direktem Bauchtrauma, beispielsweise nach einem Tritt in den Bauch, kann es zu Verletzungen innerer Organe kommen. Die Symptome sind meist Schmerz, Übelkeit, Druckschmerz, Abwehrspannung oder auch Schockzeichen wie schneller, schwacher Puls, Blässe, kalter Schweiß oder Bewusstseinsverlust. Beim Auftreten solcher Symptome muss der Verletzte umgehend in ein Krankenhaus gebracht werden.

Schlag auf den Solar Plexus

Nach einem Schlag auf den Solar Plexus (sog. Sonnengeflecht) bleibt dem Sportler regelrecht „die Luft weg". Er liegt gekrümmt am Boden. Um die Bauch- und Atemmuskulatur zu entspannen, kann der Sportler in dieser Position zunächst liegen gelassen werden. Nach kurzer Zeit bzw. wenn es der Betroffene zulässt, kann er auch mit nach oben gestreckten Armen auf den Rücken gelegt und dabei im Beckenbereich vorsichtig angehoben werden, um die Bauch- und Atemmuskulatur zu dehnen. Bei der Dehnung sollte der Sportler tief einatmen.

Schlag in die Genitalien

Schläge in den Unterleib sind sehr schmerzhaft und können von vegetativen Reaktionen wie Erblassen der Haut, Schweißbildung und Übelkeit begleitet werden. Es kann zu Schwellungen und Blutergüssen kommen, die die Blutversorgung der Hoden unterbrechen und zur Sterilität führen können. In gefährdeten Sportarten wie beim Handball (und hier vor allem der Torwart), eignet sich zum Schutz das Tragen von Suspensorien.
Zunächst kann der Schmerz mit kalten Umschlägen reduziert werden. Durch die Erschütterungen beim Laufen wird er jedoch häufig wieder verstärkt. Das Tragen einer engen Unterhose reduziert die Erschütterungen und damit den Schmerz.

Seitenstiche

Sie können ein- oder beidseitig im Bereich der unteren Rippen auftreten und gehen mit krampfartig stechenden Schmerzen einher. Ursachen dieser Verkrampfung sind zu starke Trainingsbelastung, Training zu kurz nach Mahlzeiten oder falsche Atemtechnik.
Zur Therapie muss das Training/die Trainingsintensität (z. B. die Laufgeschwindigkeit) reduziert oder eine Pause eingelegt werden. Während dieser drückt man mit der Hand in die schmerzhafte Seite

und lässt jeweils beim Ausatmen los. Oder man richtet bei intensiver Einatmung den Oberkörper auf und beugt sich beim Ausatmen nach vorne, um die betroffene Stelle zu entspannen.

Beim Laufen atmet man immer dann bewusst aus, wenn der Fuß der nicht schmerzhaften Seite den Boden berührt. Das Zwerchfell schwingt so mit den Bauchorganen eher im Gleichtakt. Schnelles bergab laufen vermeiden.

Langfristig sollte die Zwerchfellatmung erlernt und die Bauchmuskulatur gekräftigt werden.

8 Medikamente in der Sportphysiotherapie

Für die Behandlung von Sportlern mit Medikamenten/Wirkstoffen stehen dem Sportphysiotherapeuten homöopathische Präparate und sog. Externa zur Verfügung (Medikamente zur äußerlichen Anwendung wie Salben, Sprays, Fluids und Gels). Verschreibungspflichtige Medikamente müssen, wie die Bezeichnung schon andeutet, vom Arzt verschrieben (verordnet) werden.

8.1 Externa – Medikamente zur äußerlichen Anwendung

Alle Medikamente sollen die Heilung in ihrer jeweiligen Phase (☞ Kap. 7.1 Phasen der Wundheilung) unterstützen und die Symptome lindern.

> **Merke**
> Etwaige allergische Reaktionen auf Wirkstoffe (z. B. Diclofenac) vor der Anwendung abfragen!

8 Medikamente in der Sportphysiotherapie

Tab. 8.1 Medikamente (Externa) in der Sportphysiotherapie.

Wirkungsqualität	Wirkstoff	Präparate
1. Phase		
Analgesie	Campher Diclofenac Disethylsulfoxid Etofenamat Hydroxyethylsalicylat Ibuprofen Indometacin	Ibutop®-Creme Indomet-ratiopharm® Gel INDO®SPRAY Kytta® Gel Mobilat®, Mobilat® akut Phlogont® Roll-on-Lösung Rheumabene®-Gel Rheuma-Gel-ratiopharm® Spolera® Trauma Dolgit® Gel Traumon® Gel Vaxicum® Voltaren® Emulgel
Entzündungs- hemmung	Aescin Aesculin Arnika Cholinstearat Diclofenac Dimetholsulfoxid Flavone Heparin und Heparinoide Indometacin Rosskastaniensamen- fluidextrakt Salicylsäure	Arnica Comp® Chomelanum® Salbe Dolobene® Gel Enelbin® Paste Essaven®-Creme INDO®SPRAY Reparil®-Gel Sportupac® M Salbe Sportupac® M Liquidum Thrombareduct® Traumacyl® Salbe Traumeel® Voltaren®-Gel
2. Phase		
Resorptionsbe- schleunigung	Aescin Aesculin Arnika Flavone Heparin und Heparinoide Rosskastaniensamen- fluidextrakt	Concentrin® N Gel Concentrin® Pumpspray Essaven®-Crème Hepathrombin® Reparil®-Gel Thrombareduct®-Salbe
3. Phase		
Beschleunigung der Neubildung und Regeneration	Allantoin Arnika Calendula Dexpanthenol Echinacea	Bepanthen® Wund- und Heilsalbe Essaven® Tri-Komplex® Salbe

8.2 Die homöopathische Apotheke

Die nachfolgend aufgezählten homöopathischen Mittel ersetzen *nicht* die schulmedizinischen Maßnahmen und therapeutischen Möglichkeiten. Sie können zur Unterstützung der Wundheilung verabreicht werden.

Tab. 8.2 Die homöopathische Apotheke.

Indikation	Präparat	Dosierung
Blutung stillen	Calendula Tinktur	• mit getränkter Kompresse die Blutung zum Stillstand bringen
entzündete Wunden	Belladonna D6	• anfangs halbstündlich 5 Globuli • bei Besserung der Beschwerden auf 3× tägl. 5 Globuli reduzieren
Platzwunden	Arnica D6	• in der 1. Std. viertelstündlich 5 Globuli • nach einer Stunde stündlich 5 Globuli • nach 5 Std. auf 1× tägl. 5 Globuli reduzieren bis zur Besserung der Beschwerden
Schürfwunden	Calendula D12	• 1× tägl. 5 Globuli bis zur Besserung der Beschwerden
Schnitt- und Risswunden	Staphisagria	• in der 1. Std. viertelstündlich 5 Globuli • nach einer Std. stündlich 5 Globuli • nach 5 Std. auf 1× tägl. 5 Globuli reduzieren bis zur Besserung der Beschwerden
Nasenbluten	Arnica D6	• alle 10 Min. 5 Globuli
Schmerz bei Wunden und Verletzungen	Hypericum D12	• in der 1. Std. alle 10 Min. 5 Globuli • dann halbstündlich 5 Globuli bis zur Besserung
Insektenstiche	Ledum D6	• in der 1. Std. alle 10 Min. 5 Globuli • nimmt die Schwellung weiter zu, wird das Präparat gewechselt auf Apis D6 (siehe unten)
	Apis D6	• in der 1. Std. viertelstündlich 5 Globuli • danach halbstündlich 5 Globuli • bei Besserung der Beschwerden auf 3× tägl. 5 Globuli reduzieren
Sonnenbrand	Cantharis D6	• in der 1. Std. alle 10 Minuten 5 Globuli • nach 1 Std. halbstündlich 5 Globuli • bei Besserung der Beschwerden auf 3× tgl. 5 Globuli reduzieren

Fortsetzung s. Seite 106

Tab. 8.2 Die homöopathische Apotheke. (Fortsetzung)

Indikation	Präparat	Dosierung
Verstauchung	Arnica D6	• in der 1. Std. viertelstündlich 5 Globuli • danach stündlich 5 Globuli • nach 5 Std. auf 3× tägl. 5 Globuli reduzieren
	Rhus toxicodendron D12	• in der 1. Std. viertelstündlich 5 Globuli • nach 1 Std. stündlich 5 Globuli • nach 5 Std. auf 1× tägl. 5 Globuli reduzieren
Muskelkater	Arnica D6	• stündlich 5 Globuli bis zur Besserung • dann auf 3× tägl. 5 Globuli reduzieren
Muskelkrampf	Magnesium phosphoricum D6	• 3× tägl. 5 Globuli (alternativ Rhus toxicodendron D12, siehe unten)
	Rhus toxicodendron D12	• 1× tägl. 5 Globuli
Muskelprellung	Arnica D6	• in der 1. Std. viertelstündlich 5 Globuli • danach stündlich 5 Globuli • nach 5 Std. auf 1× tägl. 5 Globuli reduzieren
Muskelzerrung	Arnica D6	• 3× tägl. 5 Globuli
Insertionstendopathie	Arnica D6	• stündlich 5 Globuli bis zur Besserung • tritt keine Besserung ein wird das Präparat gewechselt auf Rhus toxicodendron D12 (siehe unten)
	Rhus toxicodendron D12	• stündlich 5 Globuli • bei Besserung der Beschwerden auf 1× tägl. 5 Globuli reduzieren
Sehnenscheidenentzündung	Apis D6	• stündlich 5 Globuli bis zur Besserung • dann auf 3× tägl. 5 Globuli reduzieren • tritt keine Besserung auf wird das Präparat gewechselt auf Rhus toxicodendron D12 (siehe unten)
	Rhus toxicodendron D12	• stündlich 5 Globuli • bei Besserung der Beschwerden auf 1× tägl. 5 Globuli reduzieren
Verletzungen der Zähne	Arnica D6	• in der 1. Std. viertelstündlich 5 Globuli • lässt der Schmerz innerhalb 1 Std. nicht nach, wechseln auf Nux vomica D12 (siehe unten)
	Nux vomica D12	• alle 15 Min. 5 Globuli • dann Reduzierung der Dosierung auf 1× tägl. 5 Globuli

8.3 Leistungssteigernde Medikamente/Doping

Der Versuch einer Leistungssteigerung durch die Einnahme von unerlaubten Medikamenten oder durch die Anwendung illegaler Methoden (z. B. Blutdoping) wird als Doping bezeichnet.
Doping ist verboten! Zum einen, weil es zu einer Leistungssteigerung kommt, welche mit normalen Trainingsmethoden im gleichen Zeitrahmen nicht erreicht werden kann und damit unlauterer Wettbewerb entsteht. Zum anderen können Dopingmittel aufgrund ihrer Wirkungsweise auf den Organismus zu schweren gesundheitlichen Beeinträchtigungen führen!
Nachfolgend sollen einige verbotene Medikamente und Methoden und deren gesundheitliche Risiken kurz vorgestellt werden. Für einen Sportler, Trainer und Sportphysiotherapeuten, für das ganze Team in der Sportbetreuung ist es wichtig, die Wirkstoffe und deren mögliche Nebenwirkungen zu kennen. Denn Unwissenheit schützt vor Strafe nicht. Und ein fair gewonnener Wettkampf wird immer Ehre und Anerkennung vor den sportlichen Leistungen bedeuten – ein unfair gewonnener hingegen nicht.

Verbotene Wirkstoffgruppen
Stimulanzien
Hierzu zählen Wirkstoffe, die die Aktivität des **Zentralnervensystems stimulieren**. Als Aufputschmittel werden sie kurz vor oder während des Wettkampfes eingenommen. Sie
- steigern die Leistungsbereitschaft
- erhöhen Risikobereitschaft und Aggressivität
- erhöhen die Aufmerksamkeit
- verbessern die Konzentrationsfähigkeit
- verzögern die Ermüdung.

Da diese Substanzen zu einer Abnahme der Selbstdisziplin und Selbstkontrolle führen können, ist die Gefährdung anderer Wettkampfteilnehmer nicht auszuschließen.
Amphetamine und amphetaminähnliche Verbindungen sind auch unter dem Begriff „Weckamine" bekannt. Sie sind chemisch und der pharmakologischen Wirkung nach verwandt mit dem Adrenalin.
Amphetamine dringen leicht in das ZNS ein und besitzen deutlich stimulierende Wirkung. Schon die Verabreichung „normaler" Dosen hat bei maximaler körperlicher Anstrengung zu Todesfällen geführt.

Sympathomimetische Amine wie Ephedrin, Pseudoephedrin, Norephedrin und Norpseudoephedrin können in hohen Dosen die Psyche stimulieren und kreislaufanregend wirken. Unerwünschte Nebenwirkungen können sein:
- erhöhter Blutdruck
- Kopfschmerz
- unregelmäßiger und erhöhter Puls
- Zittern
- Auslösung von Angstzuständen
- physische und psychische Abhängigkeit.

β-2-Agonisten sind pharmakologische Substanzen, die die zellulären Eigenschaften verändern. Sie spielen an dieser Stelle (unter der Überschrift Stimulanzien) eine besondere Rolle, da sie die Wirkung von Sympathikus und Parasympathikus beeinflussen können und unabhängig von der Verabreichungsmethode (oral oder parenteral) bei Einnahme eine stark stimulierende und anabole Wirkung haben. Deshalb sind sie auch als anabole Substanzen klassifiziert.
Sportartspezifisch können weitere Substanzen und Wirkstoffgruppen unter den Dopingsubstanzen geführt werden, z. B. Alkohol, Sedativa, Psychopharmaka.

Narkotika
Narkotika sind **schmerzhemmende** und **schmerzstillende** Mittel. Hierzu gehören vor allem **Morphine** und deren chemisch und pharmakologisch verwandten Substanzen. Viele dieser Schmerzmittel haben starke Nebenwirkungen auf den Kreislauf, die Reaktionsfähigkeit und die Atmung. Darüber hinaus können sie zu physischer und psychischer Abhängigkeit führen.

Anabol-androgene Steroide
Unter anabolen androgenen Steroiden versteht man chemische und pharmakologische Verbindungen, die in ihrer Wirkungsweise mit dem männlichen Hormon **Testosteron** vergleichbar sind. Anabol-androgene Steroide steigern bei vermehrter Nahrungsaufnahme **Muskelmasse und Muskelkraft** und erhöhen, selbst in kleinen Dosen verabreicht, die Wettkampfbereitschaft. Zu den anabol-androgenen Steroiden zählen auch die bereits erwähnten β-2-Agonisten (siehe oben), da sie bei systemischer Anwendung eine starke anabole Wirkung haben. Mögliche Nebenwirkungen solcher anabol-androgenen Steroide:
- Wachstumshemmung bei Jugendlichen
- Leberschäden
- Schädigungen des Herz-Kreislaufsystems und der Psyche.

Bei **Männern** kann es außerdem zu gesteigerter Aggression, Gynäkomastie (unnatürliche Brustentwicklung), Hodenatrophie und gestörter Samenproduktion kommen.

Bei **Frauen** kann es zudem zu Akne, Virilisierung (Vermännlichung) mit Bartwuchs, Dysfunktion der Eierstöcke und Menstruationsstörungen kommen.

Das von außen dem Körper zugeführte Testosteron ist von körpereigenem nicht zu unterscheiden. Ein rechtzeitiges Absetzen führt zu einem unauffälligen Harn. Da aber Anabolika zu einer langfristigen Veränderung der Steroidprofile führen, kann eine synthetische Zugabe nachgewiesen werden.

Anti-Östrogene sollen die durch langen Missbrauch von Testosteron bedingten Nebenwirkungen verhindern und die körpereigene Androgenausschüttung stimulieren. Sie hemmen die Ausschüttung von Hormonen, die auf die Hoden und Eierstöcke wirken (Gonadotropine).

Diuretika

Unter Diuretika versteht man ausschwemmende, **entwässernde Medikamente.** Sie werden in Sportarten eingesetzt, die nach Gewichtsklassen gewertet werden, um mit gezielter Entwässerung Gewicht zu verlieren.

Außerdem wird durch eine erhöhte Urinausscheidung versucht, die Konzentration von Dopingmitteln im Urin so herabzusetzen, dass sie unter der Nachweisgrenze der Analyseverfahren bleibt.

Wachstumshormone und analog wirkende Substanzen

Zu den Wachstumshormonen zählen hauptsächlich Peptid- und Glykoproteinhormone sowie analog wirkende Substanzen.

Peptidhormone sind eiweißgebundene Hormone, die im Hypothalamus, in der Nebenschilddrüse und in der Bauchspeicheldrüse gebildet werden. Glykoproteinhormone bestehen aus Aminosäuren mit Kohlenhydratanteil. Beide sind an vielen Steuerungs- und Regelprozessen des Körpers beteiligt.

Zu diesen Hormonen unterschiedlicher Wirkung gehören:
- **ACTH** (adenocorticotropes Hormon) erhöht den endogenen Kortikosteroidspiegel im Blut und führt zur Euphorie
- **HCG** (Human Chorionic Gonadotropin) führt zu einer erhöhten Produktion von endogenen androgenen Steroiden und ist demnach einer Testosterongabe gleichzusetzen
- **HGH** (Human Growth Hormon, Synonym Somatotropin) führt zu einem vermehrten Wachstum des Gesamtorganismus.

Der Missbrauch von wachstumsfördernden Hormonen (HGH) ist mit zum Teil erheblichen Nebenwirkungen verbunden:
- allergische Reaktionen
- Störungen des Zuckerstoffwechsels (Über- und/oder Unterzuckerung)
- bei hoher Dosierung und nach Abschluss der Wachstumsperiode kann es zu Akromegalie mit selektiver Größenzunahme von Händen, Füßen, Jochbein, Nase, Kinn und Ohren kommen.

> **Merke**
> Die Doping Liste des Internationalen Olympischen Komitees (IOC) wird regelmäßig aktualisiert und ist über die nationalen Verbände, den deutschen Sportbund sowie über das Internet (www.dopingliste.de) zu erfragen.

Beschränkt zugelassene Wirkstoffgruppen

Unter bestimmtem Vorraussetzungen sind einige Wirkstoffe/Wirkstoffgruppen erlaubt. Welche dies sind, soll nachfolgend kurz dargestellt werden.

Koffein

Koffein ist in Genussmitteln wie Kaffee, Tee, und Cola enthalten. Es erhöht den Puls und Blutdruck, erweitert die Bronchien und wirkt anregend auf das ZNS. Da Koffein als Stimulanz in hohen Dosen in Form von Zäpfchen, Tabletten und Injektionen verabreicht werden kann, wurde ein Höchstwert von 12 µg Koffein/ml Urin festgelegt.

> **Merke**
> Um die Grenzwerte nicht zu überschreiten, gilt folgende Empfehlung: Ein 75 kg schwerer Sportler sollte vor dem Wettkampf nicht mehr als 2 Tassen (à 150 ml) normal starken Kaffee trinken. Personen mit geringerem Gewicht trinken entsprechend weniger.

Lokalanästhetika

Diese Substanzen werden zur **lokalen Schmerzausschaltung** eingesetzt, wobei sie das ZNS nur gering beeinträchtigen (im Gegensatz zu den oben bereits angeführten Narkotika). Der Gebrauch von Lokalanästhetika ist gestattet:
- bei genauer und strenger ärztlicher Indikation
- zur lokalen und intraartikulären Injektion.

Bupivacain, Lidocain, Mepivacain, Procain etc. (kein Kokain!) gehören zu den am meisten genutzten Lokalanästhetika und dürfen verwendet werden.

Kortikosteroide

Kortikosteroide werden zur **Entzündungshemmung** und zur **Schmerzdämpfung** eingesetzt. Erlaubt sind sie bei **äußerlicher** Anwendung (Ohr, Auge und Haut).
Bei Einnahme haben viele dieser Schmerzmittel starke Nebenwirkungen:
- Entstehung von Magen- und Zwölffingerdarmgeschwüren
- Perforation bestehender Magen-, Darmgeschwüre
- Steroiddiabetes
- Entwicklung des M. Cushing Syndroms (Vollmondgesicht, Stammfettsucht, Bluthochdruck, Muskelschwäche etc.)
- psychische und physische Abhängigkeit.

> **Merke**
> Bei der Verwendung von Lokalanästhetika und Kortikosteroiden muss Diagnose, Dosis und Art der Anwendung im Protokoll aufgeführt sein und der medizinischen Kommision des Internationalen Olympischen Komitees (IOC) schriftlich mitgeteilt werden.

β-Blocker

β-Blocker senken die **Herzfrequenz.** Sie werden in einigen Sportarten gezielt eingesetzt, bei denen die körperliche Anstrengung von geringer Bedeutung ist und Konzentrationsfähigkeit und Ruhe gefragt sind (z. B. ruhige Hand beim Schießen). Entsprechende Sportarten (Schießwettbewerbe, Bogenschießen, moderner Fünfkampf, Turmspringen, Skispringen, Bob- und Schlittensport) werden auf die Einnahme von β-Blockern überprüft.
Da die Einnahme von β-Blockern die Leistungsfähigkeit senkt, ist eine Überprüfung bei Ausdauersportarten nicht nötig.

Verbotene Methoden

Blutdoping

Unter Blutdoping versteht man die intravenöse Gabe von Blutzubereitungen aus Eigenblut oder Blutkonserven, obwohl keine medizinische Indikation oder Notwendigkeit dafür vorliegt. Eigenblut oder Blutkonserven erhöhen den Anteil an Erythrozyten und Hämoglobin, so dass mehr Sauerstoff gespeichert und transportiert werden kann und somit die Sauerstoffversorgung des Organismus verbessert wird.
Häufig wird vor einem Blutdoping Blut entnommen, so dass das Training in einem Zustand relativer Blutarmut stattfindet. Bei einem solchen Training erhöht sich die Anzahl von Erythrozyten im Blut,

um den Körper ausreichend mit Sauerstoff versorgen zu können. Das Training in relativer Blutarmut kann bei zu hoher Intensität auf Grund des fehlenden Flüssigkeitsvolumens zu Kreislauf- und Stoffwechselschäden führen.

Auch die plötzliche Zugabe von entnommenem Blut kann zur Überbelastung des Herz- Kreislauf-Systems, zu allergischen Reaktionen und zum Schock führen.

Mögliche Nebenwirkungen sind:
- Fieber, Gelbsucht, Infektionskrankheiten – durch Serumunverträglichkeit, unsauberes und unsteriles Arbeiten, infizierte Blutkonserven
- Schocksymptomatik – durch mangelndes Flüssigkeitsvolumen und ungenügende Sauerstoffversorgung beim Training in relativer Blutarmut
- allergische Reaktionen bei der Gabe von Blutzubereitungen oder angereichertes Eigenblut.

Manipulation der Urinprobe (pharmakologisch, chemisch, physikalisch)

Es sind alle Maßnahmen verboten, die die Unversehrtheit und Rechtsgültigkeit von Urinproben beeinflussen:
- Verdünnen oder Austauschen von Urin
- Unterdrücken der Ausscheidung über die Nieren.

Dopingkontrolle

Um unerlaubt eingenommene Wirkstoffe nachweisen zu können, umfassen Dopingkontrollen die **Überprüfung von Urin und Blut.** Die Kontrolle erfolgt nach Aufforderung des Dopingkontrollkomitees und muss innerhalb einer Stunde nach Wettkampfende durchgeführt werden. Einmal dazu aufgefordert müssen sich die Sportler dieser Kontrolle unterziehen!

Sollte ein positiver Befund vorliegen, spielt die nachgewiesene Menge einer verbotenen Substanz absolut keine Rolle, da es ein „wenig" oder „viel" Doping nicht gibt.

> **Merke**
> Nimmt der Sportler bis zu 48 Stunden vor Durchführung einer Dopingkontrolle Medikamente zu sich, müssen sie im Protokoll angegeben werden.

9 Sportphysiotherapeutische und physikalische Maßnahmen

Zur Prävention sowie zur Unterstützung der Behandlung und Therapie von Sportverletzungen stehen dem Sportphysiotherapeuten verschiedene ergänzende physikalische Maßnahmen zur Verfügung.

9.1 Massagen

Die Massagetherapie ist eine mit der Hand ausgeführte, lokale Behandlung und wirkt sich je nach Technik auf die Muskulatur, das Bindegewebe und die Haut/Unterhaut aus. Darüber hinaus erzielt die Massagetherapie eine Allgemeinwirkung auf den Gesamtorganismus und über den Berührungsreiz nicht zuletzt auch auf die Psyche.

9.1.1 Klassische Massage

Die Klassische Massagetherapie (KMT) als eine eigenständige Behandlungsform innerhalb der (sport-) physiotherapeutischen Behandlung erfolgt nur auf ärztliche Anordnung und bei gesicherter Diagnose. Der Masseur/Physiotherapeut erstellt auf der Grundlage der ärztlichen Diagnose einen Gewebetastbefund (☞ Kap. 11.1 Palpation). Je nach Indikation und dem von ihm erstellten Befund wählt der Therapeut:
- die Art der Massagegriffe
- die Intensität der Griffe
- die Häufigkeit der Anwendung.

Wirkungen
Auf Muskulatur/Haut/oberflächliche Gewebestrukturen:
- lokale und großflächige Hyperämisierung
- Muskeltonusregulierung (Steigerung oder Senkung)
- Beeinflussung des Gewebeturgors und der Gewebetrophik durch Stoffwechselanregung (Filtration und Reabsorption)

- Resorption von Stoffwechselabbauprodukten zur Entmüdung durch beschleunigtes Ausschwemmen von Milchsäure und Harnstoffen
- Vergrößerung der Austauschfläche für anabole und katabole Stoffwechselvorgänge im Gewebe.

Auf das **Gefäßsystem:**
- Tonusregulierung (Vasodilatation)
- Rückstromförderung durch Verbesserung der Gefäßmotorik in den Venen (Verbesserung der Klappenfunktion)
- Verbesserung der Lymphgefäßmotorik und Förderung der Zellmembrandurchlässigkeit
- Mehrdurchblutung.

Auf **innere Organe:**
- nervalreflektorische Mehrdurchblutung
- Verbesserung der Funktion über den kutiviszeralen Reflexbogen.

Auf die **Psyche:** seelisches Wohlbefinden, psychische Entspannung als Sekundärwirkung.

Indikationen
- Insertionstendopathien
- Tendomyosen
- postoperative und posttraumatische Adhäsionen an Gleitlagern, Bändern, Muskel- und Faszienstrukturen
- Myogelosen, Myalgien
- Hämatomreste
- ausgeprägter Hypertonus
- psychogener muskulärer Hartspann.

Kontraindikationen
- frische Verletzungen mit Hautdefekten und/oder Hämatomen
- frische Operationen
- akute lokale Entzündungen
- Venenreizungen
- lokale Ödeme/Lymphödeme
- Thrombose, Thrombophlebitis
- fortgeschrittene Arteriosklerose
- dekompensierte Herzinsuffizienz, frischer Herzinfarkt
- Periostreizungen
- Frakturen
- Tumore.

9.1.2 Sportmassage

Im Gegensatz zur Klassischen Massagetherapie (Kap. 9.1.1) wird eine Sportmassage ohne ärztliche Diagnostik und Verordnung **im gesunden Gewebe** durchgeführt. Die Sportmassage dient nicht zu Heilzwecken, sondern ausschließlich zur Sportvor- und Sportnachbereitung. Sie hat vornehmlich im Bereich des Leistungssports einen festen Platz, da sie die Regeneration ermüdeter Muskulatur sowie die Erholung des gesamten Organismus erheblich beschleunigt. Besonders während trainingsintensiver Phasen sowie in der Wettkampfvorbereitung wird die Sportmassage als regelmäßige begleitende Maßnahme eingeplant mit dem **Ziel** der:

- Verbesserung der Leistungsfähigkeit
- Verletzungsprophylaxe
- Trainings- und Wettkampfunterstützung
- psychische und physische Regeneration nach oder vor Wettkämpfen.

Die Sportmassage wird nach dem Zeitpunkt ihrer Anwendung eingeteilt in die vorbereitende Massage, die Zwischenmassage und die nachbereitende oder Regenerationsmassage. Für alle gelten, dass die Griffstärke und Auswahl der Massagegriffe im Unterschied zur medizinisch indizierten Massage allgemeiner gehalten sind.

Vorbereitende Massage

Die vorbereitende Massage kommt ca. 1 Std. vor einem Wettkampf und/oder Training zur Anwendung und orientiert sich an den für den jeweiligen Sport/Wettkampf wichtigsten Muskelgruppen. Sie dauert maximal 15 Min.

Zur Anwendung kommen weiche, schnelle, hautreizende und relativ druckarme Massagegriffe, die anregend und tonusregulierend wirken. Die Massage steigert ergo die Durchblutung von Haut und Muskulatur und verbessert die Verschieblichkeit der Gewebeschichten.

> **Merke**
> Eine vorbereitende Massage kann das aktive Aufwärmen nicht ersetzen!

Zwischenmassage

Die Zwischenmassage kommt innerhalb eines Wettkampfes/Trainings zur Anwendung, z. B. zwischen zwei Starts, wenn mehrere zu absolvieren sind. Sie dauert maximal 10 Min.

Zur Anwendung kommen sehr weiche, lockernde Griffe auf der beanspruchten Muskulatur.

Während der Zwischenmassage können auch bereits kleine Blessuren behandelt werden.

Regenerationsmassage

Die nachbereitende oder Regenerationsmassage erfolgt direkt im Anschluss an das Abwärmen. Sie dauert zwischen 30 und 60 Min.

Zur Anwendung kommen hauptsächlich Griffe wie langsame, intensive Streichungen, stark muskelverformende Knetungen und Friktionen sowie Schüttelungen und Traktionen.

Darüber hinaus dient die Regenerationsmassage der Befunderhebung, um im Wettkampf evtl. entstandene Überlastungssymptome und/oder Mikrotraumen zu erkennen und deren Behandlung einzuleiten.

9.1.3 Stäbchenmassage

Diese Massagetherapie wurde aus Japan übernommen. Die Wirkung der Hand wird durch ein Massagestäbchen aus Hartholz unterstützt, spezifiziert und verstärkt.

Das Stäbchen ist ca. 12 cm lang. Beide Enden sind gerundet, wobei das schmale Ende eine olivenähnliche Form hat. An den Enden des Stäbchens sind Rillen eingearbeitet, um einen besseren Halt in der Hand zu ermöglichen.

Das Stäbchen wird locker zwischen Daumen und Zeigefinger gehalten. Der Mittelfinger überragt mit seinem Endglied die Spitze des Stäbchens. Der Kontakt zwischen Fingerkuppe und Stäbchenspitze muss so intensiv sein, dass jede Gewebeveränderung durch das Stäbchen gespürt werden kann.

Dosierung und Therapie

Die mechanische Beeinflussung des Gewebes muss vorsichtig und langsam durchgeführt werden, um ungewollte Nebeneffekte (z. B. Hämatome) zu vermeiden. Die Intensität der Anwendung lässt sich durch mehrere Faktoren variieren:

- durch die Druckregulation der das Stäbchen führenden Hand
- durch die gleitende oder lokale Behandlung
- durch die Flach- oder Steilstellung des Stäbchens
- durch den Zug oder Schub über bzw. durch das Gewebe
- eine längs, quer, diagonal, spiralförmig oder kreisende Strichführung.

9.1.4 Vakuummassage

Die Vakuummassage wird mit Saugglocken durchgeführt, die auf der Hautoberfläche aufgesetzt werden und durch ein mechanisch erzeugtes Vakuum die Haut/das Gewebe in die Glocke einsaugen. Zur Anwendung kommen elektrisch-hydraulisch geregelte Vakuumglocken oder Saugglocken aus Kunststoff oder Glas, die über einen Gummiball das notwendige Vakuum erzeugen (Saugglocke nach Bier, Schröpfgläser).

Während an elektrisch betriebenen Geräten das Vakuum stufenlos geregelt werden kann, ist der Vorteil der einfachen mechanischen Saugglocken der vergleichsweise günstige Preis sowie der stromfreie Betrieb. Außerdem besteht bei den Schröpfgläsern ein besseres bzw. gegenüber den elektrisch geregelten Saugglocken überhaupt eine Gefühl für das Gewebe und Gewebeveränderungen. Der Therapeut führt die Glocke mit der Hand über die Körperoberfläche, die ulnare Handkante hat Kontakt zur Haut.

Dosierung und Therapie

Große Glocken erzeugen allgemein eine größere Wirkung als kleine Saugglocken.

Bei der Therapie kommen folgende Behandlungsformen zur Anwendung:
- gleitende oder lokale Behandlung
- lokales Dehnen
- Vibrationen
- eine längs, quer, diagonal, spiralförmig oder kreisende Führung der Glocke.

9.1.5 Kombinationsmassage nach Prof. Schoberth

1978 fasste Prof. Schoberth die Therapieverfahren Klassische Massage, Stäbchenmassage, Vakuummassage und Kryotherapie (Eisabreibung) in einen Behandlungsablauf zusammen. Die Kombinationsmassage nach Prof. Schoberth wird besonders in der Sporttherapie angewendet mit dem **Ziel** der Verbesserung der Durchblutungs- und Ernährungssituation durch intensive Behandlungsreize an Faszien, Sehnen und Kapsel-Band-Apparat.

Wirkungen

Mechanische Reizwirkung in den oberflächlichen Gewebestrukturen Haut und Bindegewebe sowie in der Muskulatur.

Indikationen
- posttraumatische/postoperative Adhäsionen der Gewebeschichten
- Narbenkeloide, Narbenverklebungen
- zur Faszienlösung
- ausgeprägter Muskelhartspann, Myogelosen
- Tendopathien, Insertionstendopathien.

Kontraindikationen
- alle frischen Verletzungen (Hämatome, Muskelfaserrisse, Muskelrisse etc.)
- akute Entzündungen
- Lymphödeme
- Venenentzündungen, Varikosis, Thrombose, postthrombotisches Syndrom.

Relative und zeitlich begrenzte Kontraindikationen
- medikamentöse Versorgung mit Antikoagulantien
- im Bereich von Frakturen (bis zu 6 Wochen nach Frakturheilung)
- Hautkrankheiten (Ekzeme, Psoriasis etc.).

Eine allgemeine Überempfindlichkeit gegen Kälte ist zu beachten.

 Der Athlet sollte vorab über mögliche Reaktionen wie Hämatome aufgeklärt werden. Da eine solch intensive Reizantwort zu erwarten ist, empfiehlt sich ein 1- bis 2-tägiges therapiefreies Intervall.

9.2 Manuelle Lymphdrainage

Nach Angela Debray ist die Manuelle Lymphdrainage eine schonende manuelle Gewebsverformung überwiegend an der Körperoberfläche, die den Abtransport von Gewebsflüssigkeit fördert.
Zielstellungen der Manuellen Lymphdrainage (MLD) sind:
- Lymphtransportkapazität/Lymphzeitvolumen verbessern und damit eine entsprechende Körperregion entstauen
- Schmerzen lindern
- Eigenmotorik der glatten Muskulatur der Lymphgefäße (Lymphangiomotorik) verbessern
- Neubildung von Lymphgefäßen an Unterbrechungsstellen fördern (z. B. bei Narben)
- Vagotonisierung.

Wirkungsweise

Sanfter Druck im Gewebe (in Verbindung mit leichtem an- und abschwellendem Druck) begünstigt die Aufnahme von Gewebsflüssigkeit über die Initialgefäße in die Lymphbahnen. Die leichte Dehnung des Gewebes regt die glatte Muskulatur der Lymphgefäße zur Kontraktion an.

Die Aktivierung der Lymphgefäße wird durch eine Vagotonisierung unterstützt, die als Folge der langen Dauer (je nach Diagnose bis zu 90 Min.) und des ruhigen Verlaufs der Behandlung auftritt.

Indikationen

- sekundäre Lymphödeme nach operativer Tumorentfernung mit Ausräumung und/oder Bestrahlung der regionalen Lymphknoten, z. B. Tumoren der Brust (Armlymphödem), des kleinen Beckens (Beinlymphödem), im HNO-Bereich (Gesichtslymphödem)
- primäre Lymphödeme bei Hypo- oder Aplasie der Lymphgefäße, insbesondere an der unteren Extremität
- Schwellungen verschiedener Ursachen
  - Phlebödem mit und ohne Ulcus cruris
  - posttraumatische und postoperative Ödeme
  - Lipödem
  - Ödem bei Erkrankungen des rheumatischen Formenkreises
  - Lähmungsödeme
  - ischämische und idiopathische Ödeme
  - phlebo-lymphostatisches Ödem
- neurovegetative Syndrome
  - Sympathische Reflexdystrophie (M. Sudeck)
  - Migräne
  - Trigeminusneuralgie.

Da Schmerzen und vor allem eine starke posttraumatische Schwellung die Funktionsausübung der betroffenen Extremität bzw. des verletzten Areals behindert und damit die Anwendung einiger, für eine schnelle Rehabilitation notwendiger physiotherapeutischer Techniken verzögert (z. B. KMT, allgemeine KG, MAT), dient die MLD in der Sportphysiotherapie vor allem dem **raschen Ödemabbau** und der **Schmerzreduktion.** Sie wird ergo **so früh als möglich** nach einem Trauma eingesetzt, um die Rehabilitationszeit nicht unnötig zu verlängern.

Die abzudrainierende lymphpflichtige Last setzt sich unter anderem aus Schmerzmediatoren, Zelltrümmern und Eiweißen zusammen.

Kontraindikationen

In der Manuellen Lymphdrainage wird zwischen den allgemeinen und speziellen Kontraindikationen unterschieden. Die allgemeinen Kontraindikationen gelten für den gesamten Körper. Bei den speziellen Kontraindikationen handelt es sich um lokale Kontraindikationen für die Behandlung spezieller Lymphknoten und ihrer Tributargebiete (Einzugsgebiete).
Sämtliche Kontraindikationen können absolut oder relativ sein. Relative Kontraindikationen können nur vom Arzt in medizinisch begründeten Fällen aufgehoben werden! (Hier muss eine evtl. Palliativwirkung gegen die Diagnose abgewogen werden.)

Allgemeine absolute Kontraindikationen
- akute, durch pathogene Keime hervorgerufene Infekte (Gefahr der Streuung und Auslösen einer Sepsis!)
- dekompensierte Herzinsuffizienz (Gefahr eines Lungenödems!)
- akute Phlebothrombose (Gefahr der Lungenembolie!).

Relative Kontraindikationen
- maligne Tumoren/maligne Lymphödeme
- Asthma bronchiale (zwecks Vagotonisierung)
- akute Ekzeme im Ödemgebiet.

Spezielle absolute Kontraindikationen
Keine Halsbehandlung bei:
- Schilddrüsenüberfunktion
- Herzrhythmusstörungen
- Überempfindlichkeit des Sinus caroticus.

Keine Bauchtiefbehandlung bei:
- Schwangerschaft
- während der Menstruation
- Verwachsungen im Bauchraum
- Z. n. Darmverschluss, entzündliche Darmerkrankungen
- arteriosklerotische Veränderungen (z. B. bei Diabetes mellitus)
- Epilepsie
- Bestrahlung (oft mit Veränderungen im Bauch- oder Unterbauchraum einhergehend)
- Z. n. tiefer Beckenvenenthrombose.

Keine Beinbehandlung bei:
- akuten Beinvenenerkrankungen
- Fußpilz

Durchführung und Griffeigenschaften
- Der Patient/Sportler muss in einer entspannten und schmerzfreien Position gelagert werden.
- Langsame, großflächige und kreisförmige Gewebsverformungen mit entspannten Händen und schwachem, ein- und ausschleichendem Druck ausführen.
- In Lymphknotenregionen werden stehende Kreise durchgeführt, entlang der Lymphgefäße in Ablussrichtung fortschreitende Griffe.
- Abschnittsweises Vorgehen, d. h.:
  - Grundsätzlich eine proximale Vorbehandlung im Mündungsgebiet der Lymphgefäße, d. h. im rechten und linken Venenwinkel beginnen (Hals- und Schultergürtelbereich).
  - Vorbehandlung der proximalen zentralen Lymphknoten/Lymphgefäße im Bauchbereich sowie (je nach Diagnose) in der Leiste oder Achsel.
  - Erst dann langsam nach distal wandern zu Oberschenkel, Unterschenkel und Fuß oder Oberarm, Unterarm und Hand.
- Die Griffe 5–7× auf einer Stelle wiederholen, dann langsam nach distal weiterwandern.
- Anschließend in vorbehandelter Region nacharbeiten (jetzt von distal nach proximal).
- Bei bestehenden Unterbrechungen des Lymphabflusses, z. B. nach Entfernung von Lymphknoten oder Narben, spezielle Reihenfolge beachten, da sich die Tributargebiete nach Lymphknotendissektion geändert haben!
- Bei dauerhaft bestehendem Ödem oder Fibrose finden spezielle Griffe Anwendung (☞ Ödemgriffe nach Asdonk, Fibroselockerungsgriffe).

Basisgriffe nach Dr. Vodder
Den 4 Vodder-Basisgriffen gemeinsam ist ein Grundschema, das auf einer Schubphase und einer Entspannungsphase beruht. Während der Schubphase wird ein sanfter Dehnreiz über die Haut auf die Lymphgefäße übertragen und die Flüssigkeit in Abflussrichtung „verschoben". Während der Entspannungsphase hat der Therapeut lediglich Hautkontakt und gibt damit den Lymphgefäßen die Möglichkeit, von distal Flüssigkeit aufzunehmen (Sogwirkung!).
- **Stehende Kreise:** Vorwiegend in Lymphknotenregionen, Hände flächig auflegen, druckschwache Kreise auf der Stelle in Abflussrichtung, mehrmals wiederholen, sehr langsam arbeiten.
- **Drehgriff:** Flach aufliegender Daumen, die übrigen 4 Finger beider Hände kreisen in gleiche Richtung, fortschreitend im Verlauf von Lymphbahnen ausführen, mehrmals wiederholen.

- **Schöpfgriff:** Flach aufliegender Daumen, die übrigen 4 Finger beider Hände kreisen in entgegengesetzte Richtung (wie Drehgriff ausführen).
- **Quergriff:** Therapeut steht quer zum Verlauf der Lymphbahnen, fußwärtige Hand liegt quer über der zu behandelnden Extremität und gibt Schub in Richtung der Lymphknoten (Quergriff), die kopfwärtige Hand führt stehende Kreise in Abflussrichtung aus, fortschreitend ausführen.

Ödemgriffe nach Asdonk
- **Ultrafiltrat-Verdrängungsgriff:** Flache Hand mit fest aneinander liegenden Fingern, langsam zunehmender Druck in die Tiefe für mind. 20 Sek. bewirkt eine Reabsorption der Ödemflüssigkeit über den Blutkreislauf.
- **Ödemverschiebegriffe:** Ödemflüssigkeit langsam, langdauernd und druckstark nach proximal verschieben.
  - Rundumverschiebegriff: Extremitäten beidhändig ringförmig umgreifen (wird nur an Unterarm und Hand bzw. an Unterschenkel und Fuß ausgeführt).
  - Daumenverschiebegriff: Kräftige, langsame Kreise mit beiden flächig aufliegenden Daumen, gleichzeitig oder wechselweise (wird an der Hand ausgeführt).
  - Vollhandverschiebegriff: Beide Hände bilden mit abgespreizten Daumen ein W, Finger zeigen nach proximal.

> **Merke**
> Ödemgriffe dürfen nicht angewendet werden bei Varizen, radiogenen Fibrosen (Gewebeschäden durch Bestrahlung) und schmerzhaften Lipödemen!

Fibroselockerungsgriffe
- **Hautfaltengriff:** Mit einer Hand eine Hautfalte abheben, Daumen der 2. Hand drückt die Hautfalte gleichzeitig gegen die Finger und führt eine Abrollbewegung in die Tiefe aus, mehrmals wiederholen.
- **Scheibenwischergriff:** Flach aufliegende Hände, Drehachse der Scheibenwischerbewegung liegt etwa in den Grundgelenken der beiden Mittelfinger, mehrmals wiederholen.

> **Merke**
> Fibroselockerungsgriffe dürfen nicht bei radiogenen Fibrosen angewendet werden!

Die Manuelle Lymphdrainage wird durch **abschließendes Bandagieren** mit elastischen Kurzzugbinden bei gleichzeitigem Einarbeiten von Kompressionsformteilen vervollständigt. In Verbindung mit Bewegung verbessert und konserviert der Verband das Therapieergebnis.

Die Wirkung der MLD kann in der Sportphysiotherapie auch mit einem den Lymphabfluss fördernden Kinesio®-Tape unterstützt werden (☞ Kap. 12.2.4), sowie mit entstauend wirkenden elektrotherapeutischen Anwendungen, z. B. Diadynamische Ströme (☞ Kap. 9.4.2).

9.3 Thermotherapie

Allgemein wird unter dem Schlagwort Thermotherapie die Anwendung von Wärme verstanden. In der physikalischen Therapie wird innerhalb der Thermotherapie zwischen Wärme zuführenden (Wärmetherapie) und Wärme entziehenden Maßnahmen (Kältetherapie) unterschieden.

9.3.1 Wärmetherapie

Die Wärmetherapie ist die therapeutische Anwendung von Wärme zu Heilzwecken. Die Wärmeübertragung kann über Strahlung erfolgen (z. B. UV- oder Infrarotstrahlen) und über die direkte Wärmeleitung (z. B. Fango).

Die Wärmetherapie lässt sich in die Anwendung trockener Wärme (Heißluft/Rotlicht) und feuchter Wärme (Fango, heiße Rolle) einteilen und wird je nach Diagnose als örtliche, Teil- oder Ganzapplikation dem Patienten verabreicht. Bei der Applikation von feuchter Wärme als Ganzpackung sollten die „Vorlieben" des Patienten, d. h. dessen Neigung zu trockener oder feuchter Wärme berücksichtigt werden. Feuchte Wärme global appliziert (z. B. Bäder, große Fangopackungen) führt bei vielen Patienten zu Kreislaufproblemen und Beklemmungszuständen.

Wirkungen
- Analgesie
- Vasodilatation mit Mehrdurchblutung zur Anregung des Stoffwechsels
- Elastizitätszunahme des Bindegewebes
- Detonisierung der Muskulatur

- Spasmolyse innerer Organe auf reflektorischem Weg
- lokale Hyperämie
- Trophikverbesserung.

Indikationen
- degenerative Wirbelsäulenerkrankungen
- chronisch-entzündliche Krankheitsprozesse
- muskulärer Hartspann, Hypertonus, Myogelosen
- Narben, Fibrosen
- allgemeine Nervosität
- psychosomatische und psychische Störungen
- zur Vorbereitung anschließender Maßnahmen, z. B. KMT.

> **Merke**
> Zwar wird bei akuten Verletzungen an den Extremitäten lokal mit Kälte gearbeitet. Gleichzeitig sollte jedoch segmental immer mit Wärme behandelt werden, um dämpfend auf das Vegetativum zu wirken.

Kontraindikationen
- Hitzeunverträglichkeit
- Entzündungen, die durch pathogene Keime hervorgerufen wurden (segmental ist hier eine Wärmebehandlung möglich, z. B. bei Infektionskrankheiten der Atemwege, Nieren- oder Blasenentzündungen)
- Fieber
- Insuffizienz des Lymphgefäßsystems
- akute Herzerkrankungen, Herzinsuffizienz
- Angiosklerose
- Gravidität.

Applikationsformen
- diverse Körnerkissen (zum Erhitzen im Ofen oder in der Mikrowelle), z. B. Kirschkernkissen, Dinkelkissen
- Heublumensack
- Heißluftgeräte
- Fangopackungen
- Heiße Rolle
- Medizinische Bäder mit Zusätzen
- Wärmepflaster (ABC-Pflaster)
- Vulkan-Knackpackungen (können nach Gebrauch durch Aufkochen im Wasserbad regeneriert werden).

9.3.2 Kältetherapie

Die Kältetherapie ist die therapeutische Anwendung von Kälte zu Heilzwecken. Die verschiedenen Arten der Kältetherapie unterscheiden sich durch Applikationsform und die Dauer der Anwendung.

Wirkungen
Auf das **Nervensystem/ZNS**:
- Herabsetzung der Nervenleitgeschwindigkeit
- Hemmung von Nozizeptoren und dadurch Heraufsetzen der Schmerzgrenze
- örtliche Analgesie
- durch verminderte Freisetzung biogener Substanzen wie Bradykinin Schmerzüberdeckung auf spinaler Ebene (Gate-Control-Theorie).

Auf den **Stoffwechsel**:
- verminderte Aktivität von Entzündungsmediatoren
- herabgesetzte Permeabilität der Gefäßwände.

Auf die **Muskulatur**:
- Steigerung der Spindelaktivität und des Muskeltonus bei Kurzzeitanwendungen (☞ Durchführung)
- Senkung der Spindelaktivität und des Muskeltonus bei Langzeitanwendung (☞ Durchführung).

Auf das **Gefäßsystem/Durchblutung**:
- Vasokonstriktion mit anschließender Dilatation bei Kurzzeitanwendung dadurch:
  – örtliche Mehrdurchblutung im arteriellen System
  – Rückstromförderung im venösen System
- dauerhafte Vasokonstriktion bei Langzeitanwendung
- Steigerung der Lymphangiomotorik.

Indikationen
- frische posttraumatische und postoperative Zustände
- chronische Überlastungsbeschwerden am Bewegungsapparat
- akute und subakute entzündliche Prozesse
- Ermüdung, Konzentrationsschwäche
- Atembeschwerden (z. B. Bradypnoe).

Kontraindikationen
- Sensibilitätsstörungen
- periphere arterielle Durchblutungsstörungen
- Blasen- und Nierenleiden

- Kälteüberempfindlichkeit
- offene Verletzungen (auch keine Anwendung von Spray!)
- geschädigtes Lymphgefäßsystem.

> **Merke**
> Eis behindert ein gesundes und schädigt ein krankes Lymphgefäßsystem! Um den Lymphabfluss nach einer Manuellen Lymphdrainage nicht zu stören, sollte mind. 1 Std. vor und über 1 Std. nach der ML kein Eis appliziert werden.

Applikationsformen und Anwendungsdauer
- Fließendes Kaltwasser alternierend über die betroffene Region laufen lassen.
- Eishandtuch: Ein mit Salzwasser durchfeuchtetes Handtuch im Eisfach einfrieren und anschließend über der betroffenen Region applizieren.
- Eisbeutel: Zerstoßene Eiswürfel in einem Plastikbeutel und Tuch auf der betroffenen Region anlegen.
- Eiswasser: Mehrmaliges Eintauchen der betroffenen Region in ein mit Wasser und Eiswürfeln gefülltes Gefäß.
- Eisabreiben mittels Eislolly, alternierendes Abreiben: Ein Eislolly ist sehr leicht selbst herzustellen, indem ein mit Wasser gefüllter kleiner Joghurtbecher mit einem Holzspatel in der Mitte eingefroren wird.
- Kältepackung: Tiefgefrorene (–18 bis –20 °C) Kryo-Gelpackung/Cool-Packs auf die betroffene Region auflegen. Die Packung darf dabei keinen direkten Hautkontakt haben (in ein Tuch wickeln).
- Kaltluft: Gasförmigen Stickstoff (–160 bis –180 °C) bzw. kalte Luft (–30 bis –40 °C) unter Konvektion auf die Haut blasen.
- Eisspray: Als kürzeste Art der Kältetherapie, eignet sich das Eisspray lediglich zur Analgesie. Mit dem Eintreten eines „Schneefilms" auf der Haut muss der Sprühstoß beendet werden.
- Chloräthylenspray®: Das Spray wird auch in der Anästhesie benutzt. Die Wirkung des Chloräthylens ist wesentlich intensiver als die des einfachen Eissprays. Beide Chloräthylensprays haben den Vorteil, auch durch Kleidung und Stutzen angewandt werden zu können.
- Cryo cuff®: Aufblasbare Kältemanschetten.
- Sporty Cool®-Binden: Kältebandage aus der Dose.
- Kältepflaster, z. B. Bengay®.
- Liquid Ice®: Selbstkühlender, wieder verwendbarer Druckverband.

- Kryokinetiks: Die Kombination von Eisabreibung und Bewegung. Die Abreibung erfolgt dabei mit Eis oder mit in Wasser aufgelöstem und eingefrorenem Dolobene Gel® für die Dauer von ca. 30 Sek. Anschließend die betroffene Extremität für ca. 3 Min. bewegen. Das Procedere ungefähr 5× wiederholen. Der analgesierende Effekt sowie die perkutane Aufnahme von Wirkstoffen wird gefördert und die Funktionalität des verletzten Areals durch Kryokinetiks deutlich verbessert.

> **!** Bei der Anwendung von Eis in der Sporthalle muss darauf geachtet werden, dass während der Behandlung eventuell entstandenes Tropfwasser sofort vom Hallenboden entfernt wird. Das Tropfwasser stellt ein Verletzungsrisiko dar, da die Sportler auf der nassen Fläche ausrutschen könnten

> **Merke**
> Bei lokalen Eisanwendungen und Kältepackungen muss darauf geachtet werden, Knochenvorsprünge frei zu lassen. Hier besteht Nekrosegefahr.

In der Kältetherapie wird je nach Anlagedauer bzw. Dauer der Anwendung und Applikationsform zwischen Kurzzeit- und Langzeitapplikationen unterschieden.

Die **Kurzzeittherapie** bewegt sich in einem zeitlichen Rahmen zwischen 5 bis max. 10 Minuten. Die obere Applikationsdauer dient dabei meist der Vermeidung von posttraumatischen/postoperativen Schwellungen. Zur Linderung von Schmerzen (z. B. nach einer Übungsbehandlung) reichen 5 Min. lokale Eisanwendung aus. Auch zur Erhöhung des Muskeltonus nur jeweils sehr kurze Applikationszeiten, dafür jedoch häufiger.

Die **Langzeittherapie** bewegt sich im zeitlichen Rahmen von 10 bis max. 20 Minuten und wird vor allem zur Senkung des Muskeltonus angewendet.

Die Anwendung von Eis/Kälte zur Verhinderung einer posttraumatischen/postoperativen Schwellung ist also lediglich in der Akutphase indiziert. Zur Behandlung von bereits bestehenden Gelenkergüssen und/oder Ödemen ist die Kältetherapie nicht geeignet. Auf vorhandene Schwellungen sollte kein Eis (!) appliziert werden, da durch die reaktive Hyperämie Entzündungsparameter und somit die Schwellung verstärkt werden.

> **Merke**
> Längere Kälteanwendung setzt die Nervenleitgeschwindigkeit, die periphere Erregbarkeit, den Muskeltonus und das Schmerzempfinden herab. Der Gewebestoffwechsel wird gedämpft und damit der für eine Heilung wichtige Entzündungsprozess verzögert. Kälte und Eisanwendungen sind daher nur sinnvoll in den ersten 20–30 Min. nach einem Trauma. Danach sollte mit der Kältetherapie für 24 bis 36 Stunden ausgesetzt werden, um den Heilungsprozess nicht zu verzögern. Außerdem kann die Herabsetzung der Schmerzschwelle zu fehlerhafter Einschätzung von Verletzungen führen.

9.4 Elektrotherapie

Aus der Fülle elektrotherapeutischer Anwendungsmöglichkeiten sollen in diesem Kapitel nur die in der Sportphysiotherapie typischen behandelt werden.

Die Elektrotherapie ist keine Kausaltherapie. Behandelt werden die jeweiligen Krankheitssymptome, um den Circulus vitiosus (den Teufelskreis aus Schmerz → Tonuserhöhung → Minderdurchblutung → Schmerz) zu durchbrechen. Mit Hilfe nieder-, mittel- und hochfrequenter Ströme sollen die einzelnen Heilungsphasen in der Rehabilitation einer Verletzung oder eines Überlastungsschadens (☞ Kap. 11.2) unterstützt werden.

Die Elektrotherapie hat damit allgemein zum **Ziel**:
- Schmerzen lindern
- Durchblutung fördern
- Stoffwechsel steigern
- Resorption von Schwellungen/Ödemen und Hämatomen fördern
- Detonisierung oder Tonisierung der quer gestreiften Muskulatur (Skelett- und Gefäßmuskulatur)
- Muskelkräftigung.

Bei allen lokalen Symptomen muss stets die gesamte kinesiologische Kette berücksichtigt werden. Die versorgenden Segmente werden in die Behandlung eingebunden.

Einteilung der Stromformen
- Hochfrequenz: > 100 kHz (Kurzwelle, Mikrowelle)
- Mittelfrequenz: 1 kHz bis 100 kHz (Interferenz als Wechselstrom)

- Niederfrequenz: < 1000 Hz (TENS, Diadynamische Ströme, Ultrareizstrom, Faradischer Schwellstrom)
- Gleichstrom (Galvanisation, Iontophorese)
- Ultraschall, Phonophorese.

Allgemeine Dosierungs- und Applikationsrichtlinien

Je **akuter** ein Beschwerdebild, desto höher die Frequenz (hochfrequente Ströme), niedriger die Intensität, kürzer die Behandlungszeit und häufiger die Behandlung (möglichst täglich).

Ist nach ersten Behandlungen keine nennenswerte Besserung eingetreten, sollte auf eine andere Stromart ausgewichen werden.

Bei Besserung der Beschwerden nach den ersten Anwendungen oder bei **chronischen** Beschwerden 2-3-tägiges Behandlungsintervall wählen, höhere Intensitäten, längere Behandlungszeiten und niedrigere Frequenzen (mittel- oder niederfrequente Ströme).

> **Merke**
> Das subjektive Empfinden des Patienten ist Richtwert für die Intensität.
> Soll Elektrotherapie im Therapieverbund mit Eis zum Einsatz kommen, so muss die Elektrotherapie vor der Eistherapie stattfinden (☞ Kap. 9.3.2). Ist die Eisanwendung bereits vor einer Elektrotherapie erfolgt, wird die Intensität zuerst an der kontralateralen Seite erprobt!

- Die **Wirkelektrode** (differente Elektrode) wird grundsätzlich im betroffenen Areal angelegt. Die **Bezugselektrode** (indifferente) kann prinzipiell überall angelegt werden.
  Bei Gleichstrom ist die Anode die Wirkelektrode, bei Reizströmen ist die Kathode und bei Wechselstrom gibt es keine gesondert definierte Wirkelektrode.
- Die **Querdurchflutung** wird hauptsächlich bei der Behandlung von Gelenken gewählt. Hierbei fließt der Strom quer zur Körperlängsachse.
  Bei der **Längsdurchflutung** fließt der Strom parallel zur Körperlängsachse. Hierbei ist zu beachten, dass bei Behandlungen an der Wirbelsäule die Anode kranial und die Kathode kaudal liegen müssen (absteigende Längsdurchflutung).
  Zur **Schmerzpunktbehandlung** liegt die Wirkelektrode auf dem Schmerzpunkt, die Bezugselektrode in geringer Entfernung.
  Werden die Elektroden im Verlauf eines peripheren Nervs angelegt, handelt es sich um die Nervenstammapplikation (z. B. Ischialgie, Schmerztherapie mit TENS).

Kontraindikationen

Elektrotherapie darf bei einigen Krankheitsbildern nicht (absolute Kontraindikationen) oder nur bedingt (relative Kontraindikationen) zum Einsatz kommen.

Relative Kontraindikationen
- Sensibilitätsstörungen
- Gravidität
- Thrombose
- Ekzeme, offene Hautstellten/Wunden, Verbrennungen
- Osteosynthesen.

> **Merke**
> Über die Anwendung von Elektrotherapie bei Metall- oder Kunststoffimplantaten entscheidet der Arzt (oft in Rücksprache mit dem Therapeuten). Je nach Stromform, unter Berücksichtigung von Intensität und Eindringtiefe des Stroms sowie Art, Tiefe und Lage des Implantats ist eine Elektrotherapie in manchen Fällen jedoch möglich.

Absolute Kontraindikationen
- akute, fieberhafte Infekte/Infektionen
- nach Analgetikaeinnahme
- Herzrhythmusstörungen.

9.4.1 Ultraschall

Ultraschall ist die Anwendung mechanischer Schwingungen zu therapeutischen Zwecken. Das heißt, elektrische Energie wird zum Teil in mechanische Schwingungen (Vibrationen), zum Teil in Reibungsenergie umgewandelt. Im Weichteilgewebe kommt es damit zu zwei Primärwirkungen: zu einer **„Mikrovibrationsmassage"** (mechanische Wirkung) und zu einer **thermischen Wirkung** mit Vasodilatation.

Die max. Penetrationstiefe des Schalls liegt bei ca. 8 cm, womit der Ultraschall zu den wirksamsten Tiefenerwärmungsverfahren (Diathermieverfahren) zählt. So können auch tiefer gelegene Gelenke und deren umgebende Strukturen (Gelenkkapsel, Ligamenta und Synovia) erfolgreich therapiert werden. Am Knochen wird der Schall reflektiert.

Ein weiterer Vorteil der Ultraschalltherapie hinsichtlich seiner thermischen Wirkung beruht auf dem unterschiedlichen Absorptionskoeffizienten körpereigenen Gewebes: Bindegewebshaltige Strukturen (Sehnen, Faszien, Periost, Gelenkkapseln, Sehnenscheiden, Nervengewebe), die oftmals Sitz eines schmerzhaften und/oder entzündlichen Prozesses sind, erwärmen sich stärker als darüber oder darunter liegendes Muskelgewebe. So können benannte Strukturen gezielter und erfolgreich behandelt werden.

Wirkungen
Die geschilderten Primärwirkungen (thermische und mechanische Wirkungen) verursachen ihrerseits Sekundärwirkungen, die immer synergistisch mit den Primärwirkungen auftreten. Herbeigeführte Gewebsveränderungen bzw. biologische Prozesse sind somit nie nur als das Resultat entweder der Primär- oder der Sekundärwirkung zu betrachten:
- analgetische Wirkung durch Anhebung der Schmerzschwelle
- Steigerung der Gefäßpermeabilität durch Erhöhung des Membranpotentials
- Durchblutung verbessern durch lokale Hyperämie und vermehrte Vaskularisation
- Stoffwechselsteigerung
- Anregung der Zell- bzw. Geweberegeneration sowie Verbesserung der Trophik bei chronisch-entzündlichen Prozessen, bei Weichteilverletzungen und bei Frakturheilung
- Verbesserung der Nervenleitgeschwindigkeit
- Lösen von Adhäsionen
- Muskeldetonisierung
- Gelenksteifigkeit vermindern
- Dehnfähigkeit bindegewebshaltiger Strukturen verbessern.

Indikationen
Abgeleitet aus dem breiten Wirkungsspektrum hat der Ultraschall auch ein weites Indikationsspektrum. Er findet hauptsächlich bei Erkrankungen und Verletzungen bzw. Verletzungsfolgen am Bewegungs- und Stützapparat Anwendung:
- Insertionstendopatien
- Tendopathien
- Peritendinosen
- Myalgien, Neuralgien
- Osteochondrose
- Epikodylopathie
- Narbenkontrakturen.

Kontraindikationen
Alle Erkrankungen, bei denen Wärme kontraindiziert ist, sind auch für die Applikation von Ultraschall kontraindiziert (☞ Kap. 9.3.1):
- Gravidität
- maligne Tumoren
- Thrombophlebitis, Phlebothrombose
- akute, durch pathogene Keime hervorgerufene Infektionen.

Anwendung und Durchführung
Eine optimale Applikationstechnik entscheidet (neben optimaler ☞ Dosierung und Intensität) über Erfolg oder Misserfolg der Ultraschalltherapie. Hinsichtlich der Technik sind vier Aspekte zu beachten, über die sich der Therapeut vor Durchführung einer Ultraschalltherapie im Klaren sein sollte. Dazu zählen die Beschallungsmethode, der Ort der Beschallung, die Applikationstechnik und das Ankopplungsmedium.

Ankopplungsmedium
Um den Kontakt zwischen Schallkopf und Körperoberfläche zu gewährleisten, wird eine Kontaktsubstanz, ein sog. Ankopplungsmedium, verwendet (z.B. konventionelles Kontaktgel bei großen, ebenen Behandlungsflächen oder Wasser bei kleinen, unebenen Flächen wie Hand oder Fuß).

Applikationstechnik
- Dynamische Beschallung mit beweglichem Schallkopf: Den Schallkopf unter leichtem gleichmäßigem Druck in kreisenden Bewegungen über die zu behandelnde Region führen.
- Semistatische Beschallung als dynamische Beschallung mit kleineren, langsamen Bewegungen (z.B. bei paravertebraler Beschallung, Ganglienbeschallung oder Trigger-Point-Beschallung).

Beschallungsort
- Die direkte Beschallung ist die lokale Beschallung am Krankheitsort (nicht zu eng auf den eigentlichen Herd/Verletzung beschränken, sondern pathologische Veränderungen wie schmerzhafte Sehnenansätze oder Myogelosen in der direkten Umgebung einbeziehen).
- Die indirekte Beschallung erzielt über die Beschallung von nervalen Verbindungen sog Fernwirkungen (oft in Kombination mit direkter lokaler Beschallung).
  - Paravertebrale radikuläre Beschallung an den Austrittsstellen der das jeweilige verletzte Gebiet versorgenden Spinalnervenwurzeln.

- Die dangliotrope Beschallung beschränkt sich im Wesentlichen auf die Beschallung des Ganglion stellatum/Ganglion cervicothoracicum und führt zu Durchblutungsverbesserung im Armbereich. Sie wird oft zur Behandlung von M. Sudeck angewendet.
- Trigger-Point-Beschallung.

Beschallungsmethode
- Dauerschall (kontinuierliche Beschallung, Dauerschall)
- Impulsschall (stoß- bzw. impulsweise Abgabe von Schallwellen).

In der Regel erfolgt die Beschallung kontinuierlich, d.h. mit Dauerschall.

Dosierung
Die Dauer und Intensität einer Beschallung hängt von der Lokalisation und dem Stadium der Erkrankung ab:
- je **akuter** die Erkrankung/Verletzung oder deren Symptome, desto niedriger die Intensität, kürzer die Behandlungszeit (3 bis 7 Min.), tägliche Anwendung, Beschallung mit Impulsschall
- je **chronischer/subakuter** eine Erkrankung, desto höher Intensitäten, längere Behandlungszeiten (5 bis 15 Min.), weniger Anwendungen pro Woche (2–3×/Woche), Beschallung mit Dauerschall.

Intensitäten
- 0,05–0,2 Watt/cm^2 bei kleinen Gelenken (Finger, Zehen, Sternoklavikulargelenk)
- 0,2–0,5 Watt/cm^2 bei mittelgroßen Gelenken (Hand-, Schulter-, Knie- und Fußgelenk), bei oberflächlichen Sehnenerkrankungen (Achillodynie, Epikondylitis, Impingement)
- 0,5–3,0 Watt/cm^2 bei großen Gelenken (Hüftgelenk), bei tief liegenden Krankheitsprozessen.

> **Merke**
> Den Schallkopf während der Beschallung niemals verkanten oder mit dem Schallkopf stehen bleiben! Besonders bei höheren Dosierungen kann es hierbei zu Gewebszerstörungen kommen.

Kombinationstherapie Ultraschall – Reizstrom (Simultanverfahren)

Die Kombination aus Ultraschalltherapie und Diadynamischen Strömen oder Ultrareizstrom wird als Simultanverfahren bezeichnet.

Indikation
- Lokalisierung und Behandlung myofascialer Trigger-Points.

Anwendung und Intensität
Der Schallkopf fungiert als differente Elektrode (Wirkelektrode, Kathode). Die indifferente Plattenelektrode (Anode) wird in der unmittelbaren Umgebung des Beschallungsortes (Trigger-Point-Region) oder im versorgenden Segment angebracht.

Zunächst den Schallkopf mit einer sensibel schwelligen bis unterschwelligen Intensitätseinstellung in die Behandlungsregion einführen. Aktive myofasciale Trigger-Points reagieren bei Kontakt mit dem Schallkopf mit einer gesteigerten Durchblutung und gesteigerter Schmerzwahrnehmung.

Nach Lokalisation des Trigger-Points die Intensität nach Empfinden des Patienten einstellen und weiter behandeln.

Phonophorese

Fungiert für den Ultraschall als Ankopplungsmedium eine therapeutisch wirkende Salbe (☞ Tab. 8.1), so spricht man von Phonophorese. Die Wirkstoffe des Medikamentes werden mittels Ultraschall leichter durch die Haut transportiert und schneller aufgenommen.

9.4.2 Galvanischer Strom (Gleichstrom)

Galvanisation ist die Behandlung mit konstantem Strom gleicher Stromrichtung und gleich bleibender Intensität (Stromstärke). Die Galvanisation kann mit Plattenelektroden, als hydroelektrisches Teil- oder Vollbad oder als Iontophorese appliziert werden.

Stabile Galvanisation
Wirkungen
- Mehrdurchblutung (Hyperämisierung)
- Schmerzdämpfung
- Entzündungshemmung
- Förderung des Zellwachstums.

Indikationen
- Lumbago, Lumboischialgie
- Tendinosen
- Distorsionen
- Neuralgien, Wurzelreizsyndrome, Neuropathien
- Myalgien

- Hämatome
- Störungen des Heilungsprozesses, z. B. Raynaud-Phänomen, M. Sudeck (als hydroelektrisches Teilbad appliziert).

Kontraindikationen
- entzündliche Hautveränderungen im Behandlungsgebiet, Risse, Rhagaden, Schrunden
- Metallimplantate.

Anwendung und Durchführung
- Anwendung großflächiger Elektroden, um eine ausreichende Schmerzdämpfung zu erreichen.
- Schwammmaterial vor Anwendung sehr gut durchfeuchten, Elektroden gut fixieren.
- Quer- oder Längsdurchflutung, auf- oder absteigende Durchflutung.
- Zur Beeinflussung des Muskeltonus die Elektroden entsprechend platzieren:
  - Absteigend, d. h. Anode proximal und Kathode distal zur Detonisierung.
  - Aufsteigend, d. h. Anode distal und Kathode proximal zur Tonisierung.

Dosierung
Die Dosierung kann nach subjektivem Stromgefühl (nur bei intaktem Empfindungsvermögen!) und nach objektiven Kriterien erfolgen. Allgemein gilt, bei der Galvanisation lieber niedrigere Stromstärken (schwache Dosierung) zu applizieren, da die Gefahr von Gewebeschädigungen relativ hoch ist.

Nach subjektivem Stromgefühl
- Schwache Dosierung oder sensibel unterschwellig = kein Stromgefühl (Intensität bis zum Auftreten eines nur leichten Prickelns langsam hoch regeln und anschließend wieder zurück, bis es gerade nicht mehr spürbar ist).
- Mittlere Dosierung oder sensibel schwellig = leichtes Prickeln (kein Brennen!).

Nach objektiven Kriterien
Immer unter Voraussetzung der subjektiven Verträglichkeit gelten folgende Richtwerte:
- $0{,}3 - 0{,}5$ mA/cm² Elektrodenfläche, max. Dosierung liegt bei 1 mA/cm²

- Behandlungsfrequenz 1–3×/Woche
- Behandlungsdauer bei anfänglich 10–20 Min., Steigerung pro Behandlung um 2 Min., bei einer Behandlungsserie von 6–12 Anwendungen
- Strom langsam einschleichen, d.h. in der Intensität langsam ansteigend und am Behandlungsende langsam wieder ausschleichen.

> ! Bei der Anwendung des galvanischen Stromes besteht eine erhöhte Gefahr von Gewebeschäden durch Verbrennungen/Verätzungen, wenn die Stromdichte (Stromstärke pro Elektrodengröße) zu hoch ist oder mit zu kleinen Elektroden gearbeitet wird. Patienten mit Vorschädigungen der Haut sind besonders gefährdet. Zur Vermeidung sollte deshalb auch auf ausreichend durchnässtes Schwammmaterial und gute Fixation der Elektroden geachtet werden!

Iontophorese

Nutzung des konstanten galvanischen Gleichstroms zur transkutanen Applikation von Medikamenten.

Wirkungen

- je nach Medikament hyperämisierend, analgesierend und antiphlogistisch.

Sind Anzeichen einer Hautirritation gegeben, kann mit DF-Strom (☞ Kap. 9.4.3) eine ähnliche Wirkung erzielt werden. Die Therapiezeit muss jedoch verlängert werden.

Indikationen

Wie bei der stabilen Galvanissation und besonders bei:
- Periarthropathie
- Epikondylopathien
- Lumbago, Lumboischialgie
- Myalgien
- Tendomyosen
- posttraumatischen Zuständen
- zur Narbenerweichung.

Anwendung und Durchführung

- Aufbringen des Medikamentes je nach dessen Polung (Ladung), d.h. positiv geladene Medikamente unter die Anode, negativ geladene unter die Kathode.

Tab. 9.1 Polung einzelner Medikamente (Auswahl).	
Positiv	**Negativ**
Histamin, Bienengiftsalbe, Acetylcholin, Novocain	Voltaren-Emulgel®, Exhurid®, Mobilat®, Heparin, Salicylsäure, Kaliumjodat

- Im Wesentlichen können Medikamente angewandt werden, die zur Gruppe der Antirheumatika, der Lokalanästhetika gehören, sowie gefäßerweiternde und erweichende Medikamente.

Dosierung
Prinzipiell gelten die gleichen Richtlinien wie bei der stabilen Galvanisation. Eine exakte Dosierung der Medikamente ist sehr schwierig und verhält sich proportional zur Behandlungszeit, der Behandlungsfläche und der Stromstärke.

> **Merke**
> Die Histamin-Iontophorese ist bei Allergien und Bronchialasthma kontraindiziert!

9.4.3 Diadynamische Ströme nach Bernard

Reizströme mit sinusförmigen Impulsen in verschiedenen Stromqualitäten (DF, MF, CP, LP) werden als Diadynamische Ströme bezeichnet. Sie können einzeln oder kombiniert angewandt werden. Zusätzlich kann ein Gleichstromanteil hinzugemischt werden.

Wirkungen
- DF (Diaphasé fixe, 100 Hz): analgesierend, sympatikusdämpfend und hyperämisierend
- CP (Modules en courtes periodes, 50/100 Hz): stark analgesierend und resorptionsfördernd
- LP (Modules en longue periodes, 50/100 Hz): langanhaltend analgesierend
- MF (Monophasé fixe, 50 Hz): tonisierend auf das Bindegewebe, Verdeckungseffekt.

Indikationen
- arthrogene, myogene, neurogene und postoperative Schmerzzustände
- akute traumatische Erkrankungen
- M. Sudeck.

Dosierung
- Bei akuten Erkrankungen/Verletzungen 2× täglich behandeln.
- Behandlungszeit 3–12 Min., Steigerung um jeweils 1–2 Min/Behandlung
- Mindestens 2 Stromarten miteinander kombinieren: immer mit 1–2 Min DF beginnen. Dann je nach gewünschter Wirkung (siehe oben) 1–2 Stromarten folgen lassen. Die Behandlungsdauer der beiden auf DF folgenden Stromformen ist dabei absteigend.

Beispiel stark schmerzhaftes Ödem: 1 Min. DF, gefolgt von 3 Min. CP, abschließend 2 Min. LP.

9.4.4 Ultrareizstrom (n. Träbert)

Wirkungen
- hyperämisierend
- antiphlogistisch
- stark analgesierend.

Indikationen
- Ischialgie
- Myalgien, Myogelosen, Neuralgien
- postoperative und posttraumatische Schmerzzustände.

Dosierung
- Anwendung für 5–15 Min., Steigerung pro Behandlung um 1–2 Min.
- Intensität nach subjektivem Empfinden.

9.4.5 Interferenzstrom

Kombination aus zwei mittelfrequenten Wechselströmen. Die beiden Strömkreise überlagern sich in Form eines Stromes mit zwei „neuen" Frequenzen.

Wirkungen
- analgesierend
- hyperämisierend
- resorptionsfördernd.

Der Vorteil des Interferenzstromes liegt im Erreichen tief liegender Gewebeschichten ohne Hautreizung.

Indikationen
- Schmerzzustände am Stütz- und Bewegungsapparat
- Epikondylopathie
- Periarthropathia humeroscapularis
- trophische Störungen
- M. Sudeck
- Kontusion, Distorsion.

Dosierung
- Anlage von 4 Elektroden über Kreuz
- 5–15 Min., Steigerung pro Behandlung um 1–2 Min., Serienbehandlung von 6–12 Einzelbehandlungen
- Frequenzen: akut 100 Hz, subakut 80–100 Hz, chronisch 1–100 Hz.

9.4.6 Transkutane elektrische Nervenstimulation (TENS)

TENS zählt zu den Reizströmen monophasisch oder biphasisch konstanter oder wechselnder Frequenz, den sog. Impulsströmen.
Die transkutane elektrische Nervenstimulation kann als kontinuierlicher TENS oder als Burst-TENS mit unterbrochener Impulsfolge appliziert werden:
- **Kontinuierlicher TENS:** Konstante Rechteckimpulsfolge mit einer Impulszeit von 60–220 μs und einer Frequenz von 80–100 Hz.
- **Burst-TENS:** Unterbrochene Nadelimpulsfolgen mit einer Frequenz von je 80–100 Hz. In den Impulspausen erfolgt eine Reizung mit niedriger Frequenz von 2–4 Hz.

Indikationen
TENS wird vor allem zur langfristigen Analgesierung eingesetzt.

Wirkung und Dosierung
Da der Wirkeffekt erst nach mehreren Behandlungen eintritt, ist eine langfristige Behandlung indiziert. Hierfür gibt es kleine tragbare und batteriebetriebene Geräte. Ein Zweikanalgerät ist vorteilhaft, da gleichzeitig lokal und segmental behandelt werden kann.
Der Frequenzbereich lässt sich individuell einstellen, so dass bei akuten Schmerzen mit hohen Frequenzen (10–100 Hz) im Segment behandelt werden kann, bei chronischen Schmerzen und im betroffenen Muskel niedrige Frequenzen (1–10 Hz) gewählt werden können. Die Kathode fungiert dabei als Schmerzpunktelektrode.

Die Therapie kann mehrmals täglich für 20–60 Minuten appliziert werden.
Die Intensität ist bei akuten Schmerzen sensibel schwellig bis unterschwellig und bei chronischem Schmerzgeschehen sensibel überschwellig.

9.4.7 Elektromyostimulation (EMS)

Stimulation des neuromuskulären Systems mit geeigneten Frequenzen.
Zur Therapie stehen große 8-Kanal-Geräte (z. B. BMR®) zur gleichzeitigen Stimulation mehrerer Muskelanteile oder Muskelketten sowie kleine mobile Zweikanal-Geräte (z. B. Compex®) zur Verfügung, die mit Einstellung biphasischer Rechteckimpulse auch bei Metallimplantaten eingesetzt werden können.
Bei geschädigtem neuromuskulären System (z. B. Paresen nach Unfall oder als Operationsfolge) muss vorab eine IT-Kurve erstellt werden. Aus dieser Kurve kann der mögliche Schädigungsgrad abgeleitet und die optimalen Stimulationswerte (Impulsdauer, Pausendauer etc.) eingestellt werden. Auf diesen besonderen Part der Behandlung geschädigter Muskulatur soll an dieser Stelle jedoch nicht eingegangen werden.

Wirkung
- Reizung inaktiver neuromuskulärer Systeme
- Unterstützung des selektiven Muskelaufbaus.

Indikation
Die EMS wird zur Atrophieprophylaxe, zur Regeneration nach Verletzungen und als zusätzliches Trainingsmittel eingesetzt.

Dosierung
Die Parameter des elektrischen Stroms müssen im Interesse der Zielvorgabe modelliert werden (Steigerung der Maximalkraft, Steigerung der Kraftausdauer etc.). Die Kombination dieser Einstellungen lässt eine Vielzahl von Variationsmöglichkeiten bei der individuellen Zusammenstellung der Stimulationsprogramme zu.
Die **Impulsfrequenz (Hz)** entspricht der Anzahl der Einzelimpulse pro Sekunde. Bei einer Impulsfrequenzerhöhung wird die Zahl der Muskelzuckungen heraufgesetzt, was letztlich zu einer tetanischen Muskelkontraktion führt. Eine weitere Frequenzerhöhung führt zu einem Anstieg der von den Muskelfasern entwickelten Muskelkraft.

Es gelten folgende **Richtwerte:**
- 10 – 20 Hz aerobes Ausdauertraining
- 20 – 40 Hz Schwellentraining
- 40 – 70 Hz anaerobes Ausdauertraining
- 70 – 100 Hz allgemeines Krafttraining
- 100 – 120 Hz Schnellkrafttraining.

Die **Impulsstärke (mA)** ist das Parameter zur Regelung der Anzahl der rekrutierten Muskelfasern. Es ist eine maximale, tolerierbare Kontraktion erwünscht, die ein Herantasten bis an die Schmerzgrenze erlaubt. Der Sportler unterstützt den elektrischen Impuls durch aktive Anspannung.

Die **Kontraktionsdauer (ms)** ist die Zeit, in der ein Muskel in einem verkürzten Zustand gehalten wird. Da eine geringe Tetanisierung länger aufrecht gehalten werden kann als eine stärkere stehen Impulsfrequenz (Hz) und Kontraktionsdauer in engem Zusammenhang. Um die Kontraktionsqualität im Hinblick auf das angestrebte Trainingsziel nicht herabzusetzen (vorzeitige elektrische Ermüdung), muss die Kontraktionsdauer mit steigender Impulsfrequenz verkürzt werden.

Die **Pausendauer (ms)** bestimmt den Grad der Erholung. Sie ist Abhängig von der Impulsfrequenz (Hz) und der Kontraktionsdauer (ms). Mit zunehmender Impulsfrequenz und Kontraktionsdauer muss die Länge der Pause zunehmen.

Die **Wiederholungszahl** beschreibt die Anzahl der Kontraktionszyklen. Sie richtet sich nach dem festgelegten Trainingsziel.

Es gelten folgende **Richtwerte:**
- 5 – 12 Wiederholungen Schnellkrafttraining
- 30 – 50 allgemeines Krafttraining
- 70 – 100 anaerobes Ausdauertraining
- 200 – 400 aerobes Ausdauertraining.

Je nach Zielsetzung – Kraftausdauer, Maximalkrafttraining, Regeneration – kann 2 – 3 × täglich beübt werden.

Eine sehr sinnvolle Kombination ist die EMS mit gleichzeitigem koordinativem/propriozeptivem Training.

> **Merke**
> Ein elektrisches Muskeltraining kann ein traditionelles Training nicht ersetzen und stellt lediglich ein zusätzliches Trainingsmittel dar.

10 Typische Sportverletzungen und ihre Behandlung

Der Sportphysiotherapeut unterscheidet nach dem Wesen und der Ursache einer Verletzung die Sportverletzungen von den Sportschäden.

Sportverletzungen sind immer akute Verletzungen oder Überlastungssyndrome, die in einem direkten, kausalen Zusammenhang mit der Ausübung einer Sportart stehen. Sie können während des Trainings oder Wettkampfes oder in der jeweiligen Aufwärm- oder Cool-down-Phase hervorgerufen werden.

Sportschäden sind chronische Beschwerden, die während eines Sportlerlebens auch ohne kausale Verletzungen auftreten können, beispielsweise als Folge andauernder Überbelastung, nicht ausgeheilter früherer Verletzungen oder dauerhafter sportspezifischer, aber unfunktioneller Bewegungsabläufe.

10.1 Ursachen von Sportverletzungen und Sportschäden

Ursachen, die zu einer Verletzung führen oder eine solche begünstigen, können vielfältigen Ursprungs sein und beeinflussen sich oft gegenseitig. Vielen dieser Ursachen kann der Sportler durch adäquates Verhalten entgegenwirken, traumatischen Geschehen z. B. durch Sturz oder Fremdeinwirkung jedoch nur bedingt.

Endogene Ursachen

Nährstoffbedingte Mangelzustände
Zur Aufrechterhaltung sämtlicher Körperfunktionen und zum Abruf sportlicher Leistungen ist eine optimale Versorgung mit allen essentiellen Nährstoffen notwendig (☞ Kap. 3.1, Kap. 3.3 und Kap. 3.4). Defizite führen nicht nur zur verminderten Leistung, sondern auch und vor allem zu Konzentrations- und Koordinationsverlust. Daraus resultiert eine erhöhte Verletzungsanfälligkeit. Kurzfristig führt eine Minderversorgung zum sog. „Hungerast" mit

Kreislaufregulationsstörungen. Langfristige Defizite können auch Organschädigungen nach sich ziehen.

In unmittelbarem Zusammenhang mit der Ernährung steht auch der Elektrolythaushalt eines Sportlers. Um Mangelzustände im Elektrolythaushalt zu erkennen, ist eine Blutuntersuchung notwendig. Zeigen sich hier Auffälligkeiten, muss die Ernährung des Sportlers überdacht und gegebenenfalls geändert werden. Eine ergänzende Zufuhr von Mineralien und Vitaminen kann sinnvoll sein (☞ Kap. 3.1 und Kap. 3.3).

Der Sportler soll überdies eigenverantwortlich bei einer gesunden Ernährung mithelfen. Um diese Theorie erfolgreich in die Praxis umsetzen zu können, muss dem Sportler ein entsprechendes Backgroundwissen über die Grundprinzipien der Ernährungslehre vermittelt werden (☞ Kap. 3). Sportphysiotherapeuten, Ärzte und Sportler arbeiten zu diesem Zwecke eng mit Diätassistenten und Ernährungsberatern zusammen.

Physische und psychische Ermüdung
Um sportspezifisch motorische Fähigkeiten abrufen zu können, muss der Körper ausgeruht und belastbar sein. Doch bereits einfachste Infekte oder Infektionskrankheiten, andauernde körperliche Überbelastung oder auch seelischer negativer Stress (Distress) können den Organismus schwächen. Der Sportler ist physisch und/oder psychisch ermüdet.

Mögliche Ursachen geistiger und körperlicher Ermüdungszustände müssen (sport-) medizinisch abgeklärt werden: Die Ermittlung der Entzündungsparameter zur Abklärung von Infekten/Infektionen erfolgt mittels einer Blutuntersuchung. Daneben ist eine genaue Anamnese wichtig, denn Symptome wie nächtlicher Schweiß, unruhiger Schlaf, hoher Puls, Leistungsabfall und Gewichtsverlust können doppeldeutig sein und nicht nur auf einen grippalen Infekt hinweisen, sondern auch auf ein Übertrainingssyndroms.

In jedem Falle geistiger und körperlicher Ermüdung ist das Training zu reduzieren, bei Infekten/Infektionen, Fieber und der Einnahme von Antibiotika auszusetzen. Grundsätzlich sollte nach Schlafentzug und/oder intensivem Alkoholgenuss nie ein Training mit hoher Belastung oder hohen koordinativen Ansprüchen absolviert werden.

Nicht ausgeheilte Verletzungen
Unser Körper besitzt die Fähigkeit, muskuläre und/oder gelenkspezifische Funktionsverluste und -einschränkungen zu kompensieren. Benachbarte Strukturen und angrenzende Gelenke übernehmen dabei einen Großteil der verloren gegangenen Funktionalität.

Eine lang andauernde Kompensation, wie sie bei nicht genügend ausgeheilten Verletzungen auftritt, birgt in sich jedoch die Gefahr der Überbelastung dieser benachbarten Strukturen. Damit steigt die Verletzungsanfälligkeit eigentlich gesunden muskulären, ligamentären und/oder knöchernen Gewebes.

Es ist daher von größter Bedeutung, jede Verletzung vollständig ausheilen zu lassen! Medikamente und angepasste physikalische Therapien (☞ Kap. 8 und Kap. 9) können den Heilungsprozess unterstützen. Bei therapieresistenten Weichteilverletzungen muss an Fokalherde wie Zahnwurzelentzündungen oder vereiterte Mandeln gedacht werden. Eine Sanierung bringt oft spontane Besserung.

Nach einer vollständig ausgeheilten Verletzung muss der Sportler stufenweise an die sportspezifischen Bewegungsmuster und Anforderungen herangeführt werden. Durchzuführen ist ein Komponententraining, das gleichermaßen auf Kraft, Ausdauer, Koordination, Beweglichkeit und Schnelligkeit ausgerichtet ist und den momentanen Belastungsstatus des Sportlers berücksichtigt (☞ Kap. 11 und Kap. 4).

> **Merke**
> Die Phasen der Wundheilung dürfen nicht ignoriert, Ruhigstellungszeiten müssen eingehalten werden!

Unzureichender Trainingszustand

Durch einseitige Belastung, bei länger andauerndem fehlendem Trainingseifer, durch Ruhigstellung oder nach längeren Pausen (z. B. Verletzung, Babypause) kann die körperliche Belastbarkeit des Sportlers reduziert sein, können Defizite hinsichtlich der motorischen Fähigkeiten auftreten. Hauptsächlich verändert sich die Kraftrelation. Um dann eine Überanstrengung, eine physische Ermüdung und daraus resultierende mögliche Verletzungen zu vermeiden, müssen die sportlich-körperlichen Anforderungen der reduzierten Belastbarkeit des Sportlers angepasst werden. Der Sportler muss unter Berücksichtigung der allgemeinen Trainingsparameter (Intensität, Dauer, Dichte, Umfang) langsam auftrainiert werden. Das heißt, zur Wiederherstellung und/oder Optimierung von Kraft, Ausdauer, Schnelligkeit, Koordination und Beweglichkeit ist auf eine individuell gewichtete, dem jeweiligen Trainingsstatus des Sportlers angepasste Verteilung dieser einzelnen Trainingskomponenten zu achten (☞ Kap. 4 und Kap. 10).

Besonders im Bereich Ballsport ist auf eine gleichmäßige Gewichtung zu achten. Hier wird auf das Training von Beweglichkeit und Ausdauer oft weniger Wert gelegt. Erwiesen ist jedoch, dass die meisten schweren Verletzungen zum Ende eines Spiels passieren, also dann, wenn der Organismus ermüdet ist. Dies gilt es, durch ein optimales Training zu verhindern.

Exogene Ursachen

Keine adäquate Sportausrüstung
Die nachfolgend angeführten exogenen Ursachen von Sportverletzungen kann ein Sportler weitgehend kontrollieren. Jeder Sportler sollte daher für die Ausübung seiner Sportart einige Verhaltensmaßregeln mit auf den Weg bekommen, die der Verhinderung genannter Verletzungsrisiken dienen:
- der Witterung unangepasste Sportkleidung (☞ Kap. 2.1)
- dem individuellen Laufverhalten und der Fußstatik sowie der ausgeübten Sportart nicht angepasste Sportschuhe (☞ Kap. 2.2)
- defekte oder in ihrer Funktion eingeschränkte Sportgeräte (z. B. eine zu lasche Schlägerbespannung und Griffstärke)
- ungenügende sportspezifische Schutzkleidung (z. B. das Nichttragen von Helm, Gelenkschoner, Schienbeinschützer, Mundschutz, Unterleibschutz, ☞ Kap. 2.1)
- Training auf ungeeigneten/renovierungsbedürftigen Sportanlagen mit nicht ausreichender Beleuchtung.

Fremdeinwirkung, Sturz
Viele Sportverletzungen sind durch Stürze oder gegnerische Fremdeinwirkung (Fouls) verursacht, die sich nicht immer vermeiden lassen, jedoch oftmals antizipiert werden können. Voraussetzung dafür ist ein guter allgemeiner Trainingszustand und entsprechend hohe koordinative Fähigkeiten. In diesem Sinne ist es auch wichtig, nicht nur die Bewegungsmuster der eigenen Sportart, sondern sportartähnliche oder vollkommen andere Bewegungsabläufe zu trainieren (Ausgleichstraining, ☞ Kap. 4.1).
Ein gezieltes Krafttraining schafft zudem ein stabiles Muskelskelett, das die Gelenke besser stabilisiert.

10.2 Verletzungen der Muskulatur

10.2.1 Muskelkater

Der Muskelkater ist schmerzhafter Ausdruck einer Überlastung der Muskulatur. Er kann auch gut trainierte Sportler treffen, etwa bei der Ausübung einer ungewohnten Bewegung oder bei Wiederaufnahme der Bewegungsausführung nach einem Urlaub oder einer Verletzungspause. Der Muskel scheint sich jedoch an die gewohnten

Bewegungen zu „erinnern", denn gegenüber unbekannten Belastungen fällt der Muskelkater bei bekannten Belastungen weniger stark aus. Wechselt der Sportler das Terrain, z. B. von Aschenbahn auf Halle, wird die gleiche Belastung häufig erneut von Muskelkater begleitet. Der Muskel scheint sich erst wieder neu „eichen" zu müssen. Muskelkater kann sowohl bei statischer als auch bei dynamischer Belastung entstehen. Am häufigsten und intensivsten tritt er nach ungewohnten, exzentrischen Bewegungen auf.

Ursachen
- Starker Energiemangel (z. B. nach sehr langen Läufen, bei längerer isometrischer Anspannung der Muskulatur): Bereits eine Anspannung von 50 % der maximalen Kraft führt zu einer Kompression versorgender Gefäße und damit zu einer verminderten Zufuhr von Energie und Sauerstoff.
- Mikrotraumatisierung der bindegewebigen Strukturen der Muskelfasern: Durch feine Einrisse im Bereich der Septen kommt es zu einer vermehrten Ausschüttung von Entzündungsmediatoren mit Reizung der freien Nervenendigungen und lokaler Schwellungszunahme.

Klinik und Diagnostik
Der Muskelkater tritt mit einer Latenzzeit von 8–24 Stunden auf und betrifft die gesamte Muskelpartie:
- reagiert schmerzhaft auf Druck und Dehnung
- im Tonus erhöht und überwärmt
- aktive Bewegung ist koordinativ eingeschränkt und verlangsamt (schmerzbedingt)
- evtl. Krampf.

Eine weiterführende Diagnostik ist nicht nötig und möglich. (Evtl. vor einem Training Laktatmessung zur Bestimmung des allgemeinen Trainingszustandes, auch, um ein Überlasten von Strukturen zu vermeiden.)

Ärztliche Therapie
Nicht notwendig.

Physiotherapeutische Behandlung
- muskelentspannende und stoffwechselfördernde Therapien
  - entspannende Entmüdungsbäder (☞ Kap. 9.3.1) mit Arnika oder Heublumenzusatz
  - Whirlpool, Sauna
  - vorsichtige Regenerationsmassagen (☞ Kap. 9.1.2) zur Tonussenkung

- Substitution von Radikalenfängern wie Vitamin C und E, Zink, Selen sowie die Gabe von Magnesium und Enzympräparaten
- deutlich reduzierte Belastung: langsames joggen, Morgenspaziergang, um den Muskel auf eine erneute Belastung/Trainingseinheit vorzubereiten.

Sport- und Wettkampffähigkeit: Sofort, aber mit reduzierter Intensität!

 Muskelkater setzt die Kraftentfaltung herab und kann bei nicht reduzierten Trainingsintensitäten zu Muskelverletzungen wie Zerrungen und Faserrissen führen!

Langsames Auslaufen und Ausdehnen nach einer Belastung beugen dem Muskelkater vor. Außerdem sollten zeitnah an der Belastung die leeren Energiespeicher wieder aufgefüllt werden. Flüssigkeit und Elektrolyte sollten reichlich getrunken werden.

10.2.2 Muskelkrampf

Durch elektromyographische Untersuchungen konnte nachgewiesen werden, dass Krämpfe mit Faszikulationen in umschriebenen Muskelbereichen beginnen. Ein Krampf wird also durch eine nervöse Fehlsteuerung des Muskels hervorgerufen und ist somit keine Verletzung im eigentlichen Sinne.
Häufig betroffen sind die Wade, Oberschenkel und Unterarmmuskulatur.

Ursachen
- Flüssigkeits- und Elektrolytverlust, intensive Hitzeeinwirkung, Übermüdung begünstigen die Entstehung eines Muskelkrampfes.
- Durchblutungsstörungen: Hierbei stehen zu eng geschnürte Schuhe oder einschnürende Stutzen an erster Stelle, aber auch falsches Schuhwerk begünstigt die Entstehung. Nasse, auf der Haut klebende Bekleidung in Verbindung mit Wind kühlt den Muskel aus. Funktionsbekleidung verschafft Abhilfe (☞ Kap. 2.1).
- Häufig während oder nach extremen Belastungen: Eine endgradige, maximale Kontraktion bei allen vom Muskel ausgeführten Funktionen kann zur sog. aktiven Insuffizienz des Muskels und zum Krampf führen. Die Belastung muss der Belastbarkeit der Muskulatur angepasst, die Übungsausführung überdacht werden.
- Statische und muskuläre Dysbalancen im Bereich der Wirbelsäule und der Extremitätengelenke.

Klinik und Diagnostik

Der Muskelkrampf kündigt sich langsam an (beginnt in Ruhe zu zucken) und, wie es Sportler häufig ausdrücken, dann „macht der Muskel zu":
- anfallartig
- schmerzhaft
- Muskel in kontrahierter Stellung
- Muskel in seiner Gesamtheit verhärtet und druckdolent
- aktive Bewegung ist nicht möglich.

Tritt der Krampf auf, ist das gesamte Relief gegen die Umgebung deutlich abgegrenzt zu sehen.

Ärztliche Therapie
- Stich mit einer desinfizierten Nadel in die Mitte des Muskelbauches (Klümper)
- Injektion von Procain comp® (Klümper).

Physiotherapeutische Behandlung
- sofortige Maßnahmen der Detonisierung, Schmerzfreistellung
  - Dehnung, Querdehnung der Muskulatur (☞ Kap. 11.4.5 Stretching, Eigendehnung)
  - Thermotherapie (z. B. Eisabreibung, heiße Rolle oder die Kombination beider Anwendungen, ☞ Kap. 9.3)
  - Flüssigkeitszufuhr (Elektrolytgetränk)
  - evtl. zusätzliche Gabe von Magnesium und Kalziumpräparaten.

Nach Abklingen des Krampfes und zur Prävention weiterführende Maßnahmen:
- Versorgung mit Elektrolyten durch geeignete Getränke vor, während und nach dem Sport
- Versorgung mit Sporteinlagen
- Überprüfen des Sportschuhs durch geeignete computergestützte Verfahren (Laufbandanalyse, podologische Statikbestimmung etc.)
- Analyse des sportspezifischen Bewegungsablaufs
- Abstellen von Fehlbewegungen, die zur Überbelastung führen
- Ausgleich muskulärer Dysbalancen
- Verbesserung der inter- und intramuskulären Koordination (z. B. Übungen auf dem Posturomed, auf der Weichmatte, auf labilen Unterstützungsflächen wie Kreisel, Wobbler, Schaukelbrett etc., auch in Verbindung mit Kraftgeräten).

Sport- und Wettkampffähigkeit: Prinzipiell sofort, jedoch mit reduzierter Intensität, da ein Weitertrainieren im Moment des Krampfes nicht sinnvoll ist, meist auch nicht möglich.

> **!** Die Einnahme von Salztabletten zur Krampfvorbeugung ist grundsätzlich nicht zu empfehlen und falsch, da Salz die Diurese anregt und den Kochsalzverlust des Organismus vergrößert. Durch die vermehrte Ausscheidung von Kochsalz wiederum wird die Viskosität des Blutes erhöht und dadurch die Mikrozirkulation des Blutes und somit die Sauerstoffversorgung der Muskulatur vermindert.

10.2.3 Myofasziale Trigger-Points, Myogelosen

Trigger-Points sind schmerzhafte Punkte von gesteigerter Reizbarkeit. Sie sind ca. 1 cm groß und weisen eine rundliche bis strangförmige Form auf. Sie befinden sich häufig in einem bandartig gespannten Muskelfaserbündel. Gegen ihre Umgebung sind sie deutlich abgrenzbar. Man findet sie sowohl in verkürzter Muskulatur – die dann schmerzhaft verspannt – als auch in zur Abschwächung neigenden Muskeln, die dann schmerzhaft gehemmt sind.
Verminderte Durchblutung führt zu Sauerstoffmangel und auf längere Sicht betrachtet zur Ischämie. Durch Permeabilitätsveränderung entsteht ein interstitielles Ödem. Bleibt dieser Zustand über längere Zeit bestehen, kommt es zu einer Veränderung der Muskelproteine.

Ursachen
- Überlastung (lang anhaltend)
- Kälteeinwirkung
- Muskelverletzungen oder Gelenkfunktionsstörungen: Man muss dabei nicht nur an die angrenzenden Gelenke sondern auch die Fußstatik und insbesondere an die Wirbelsäule denken. Hier interessieren besonders die den Muskel innervierenden Segmente.

Klinik und Diagnostik
Bei Aktivierung des Trigger-Points durch genannte Ursachen verspürt der Sportler einen Schmerz mit Ausstrahlung.
Der Muskeltonus nimmt zu und kann zur mechanischen Behinderung führen.
- Trigger-Points reagieren auf Druck (länger als 10 Sek.)
  – mit einer unwillkürlichen Ausweichbewegung (Jump Sign) und
  – einem charakteristischen Übertragungsschmerz in ein zugehöriges Projektionsfeld (Referred Pain, ☞ Abb. 10.1).

- Häufig sind kurze, tastbare Kontraktionen zu fühlen (lokal twitch response).
- Typisch sind vegetative Reaktionen wie das Abblassen der Haut durch Vasokonstriktion, gesteigerte Pilomotorik (Gänsehaut), Schweißbildung und Muskelzucken.
- Auf Grund der Tonuserhöhung kann das Bewegungsausmaß geringer sein.

Bei der Anwendung des Simultanverfahrens (☞ Kap. 9.4.1) zeigen Trigger-Points eine größere Sensibilität für Strom und eine gesteigerte Rötung gegenüber der Umgebung.

Ärztliche Therapie
- Stich mit einer desinfizierten Nadel in die Mitte des Muskelbauches (Klümper) bzw. direkt in den Trigger-Point
- Injektion von Procain comp® (Klümper).

Physiotherapeutische Behandlung
Solange die Ursachen von Trigger-Points bestehen (Überlastung, einseitige Belastung, Gelenkfunktionsstörungen), wird es kaum gelingen, einen solchen zu eliminieren. Der Trigger-Point wird nur in eine latente Phase übergehen und wiederkehren. **Ziel muss es sein,** eine muskuläre Balance wieder herzustellen und den Muskel durch Aufbautraining der Belastung anzupassen (☞ Kap. 11.4.1).
- kinesiologische Verbände unterstützen den Muskel in seiner Tonusregulation (☞ Kap. 12.2, Abb. 12.28).
- Aspekte der Rückenschule sollten dem Sportler vermittelt werden, um gerade im Alltag den Muskel nicht zusätzlich zu überfordern.
- Grundsätzlich müssen funktionsgestörte Wirbelsäulensegmente mobilisiert werden. Das gleiche gilt für benachbarte Gelenke (☞ Kap. 11.4.5).
- Die Fußstatik muss aktiv verbessert oder durch Schuhe und Einlagen unterstützt werden (☞ Kap. 2.2).
- Weichteilmobilisation und Muskeldehnungen in Verbindung mit Wärmetherapie lassen den Trigger-Point verschwinden. Einige Weichteiltechniken lassen eine gleichzeitige Kombination mit der Dehnung zu (☞ Kap. 11.4.5, Abb. 10.2).
- Kurze Desensibilisierung mit Eis in Verbindung mit Dehnung (Spray and Stretch-Methode, (☞ Abb. 10.3)).
- Das Einstechen mit einer Akupunkturnadel (trockene Nadelung) in den Trigger-Point führt ebenfalls zur Abnahme seiner Aktivität.

10.2 Verletzungen der Muskulatur

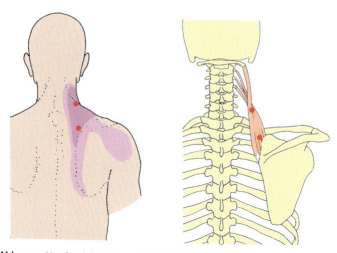

Abb. 10.1 Myofasziale Trigger-Points im M. levator scapulae mit Referred Pain-Zone.

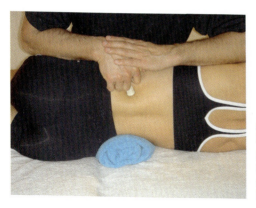

Abb. 10.2 Ischämische Kompression bei gleichzeitiger Dehnung des M. quadratus lumborum.

- Aus dem elektrotherapeutischen Bereich hat sich das Simultanverfahren zur Lokalisation und Therapie von Trigger-Points bewährt. Als Kopplungssubstanz kann Voltaren Emulgel® verwandt werden (☞ Kap. 9.4.1).

Sport- und Wettkampffähigkeit: Sofort.

10.2.4 Muskelprellung

Die Kontusion eines Muskels ist eine stumpfe Verletzung mit sichtbaren Folgen.

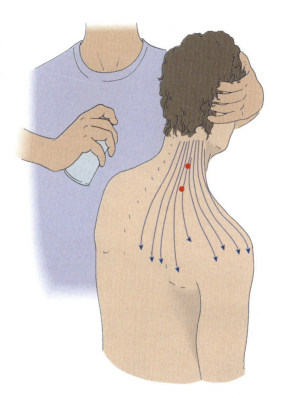

Abb. 10.3 Spray and Strech-Methode am M. levator scapulae.

Ursachen
Die Muskelprellung entsteht durch eine direkte, stumpfe Gewalteinwirkung auf die Muskulatur durch Sturz, Auflaufen auf ein Hindernis oder Zusammenprall mit einem anderen Sportler (Foulspiel).

Klinik und Diagnostik
- akuter Schmerz
- reflektorische Muskelverhärtung, erhöhter Muskeltonus, häufig begleitet von einem Lähmungsgefühl
- überwärmtes Gewebe
- schmerzhaft eingeschränkter Bewegungsablauf, Schonhaltung.

Folge dieser Verletzung ist ein druckdolentes **Hämatom**, dessen Größe und Ausprägung von der Durchblutungssituation des betroffenen Muskels bestimmt wird. Trifft die Kontusion auf einen angespannten Muskel, so können auch Muskelfasern geschädigt werden.

Entwickelt sich das Hämatom innerhalb der **geschlossenen Faszie,** so kommt es als Folge der intramuskulären Drucksteigerung zu einer Kompression der Gefäße und die Blutung stoppt. Die Schwellung kann nachträglich durch osmotische Vorgänge verstärkt werden, indem Flüssigkeit aus der Umgebung in den Bluterguss eindringt.

 Als Komplikation kann sich ein Kompartmentsyndrom entwickeln, das innerhalb weniger Stunden zu einer Nekrose führen kann (☞ Kap. 10.2.8).

Wird die **Muskelfaszie mit verletzt,** so kann sich die Blutung in das Muskelzwischengewebe ausdehnen. Der intramuskuläre Druck nimmt rasch ab und das Hämatom verteilt sich und sackt innerhalb der nächsten 24–48 Stunden nach distal ab. Geht die Schwellung rasch zurück und sackt das Hämatom ab, geht man eher von einer intermuskulären Blutung aus. Ein weiterer Hinweis hierfür ist die schnelle Verbesserung der Kontraktionsfähigkeit der Muskulatur. Die Prognose zur baldigen Wiederaufnahme der sportlichen Tätigkeit ist deutlich besser.

Die Hämatomgröße kann durch Sonographie bestimmt und der Verlauf kontrolliert werden.

Zum Ausschluss einer knöchernen Beteiligung kann eine Röntgenaufnahme in 2 Ebenen erforderlich sein.

Eine sonographische Verlaufskontrolle objektiviert den Befund.

Ärztliche Therapie

Ein großes fluktuierendes Hämatom kann direkt durch den Arzt punktiert werden. Tiefer liegende Hämatome werden sonographisch geführt punktiert. Kann ein großes Hämatom nicht abtransportiert werden oder kommt es durch eine erneute Gewalteinwirkung oder starke Muskelkontraktion zum Nachbluten, besteht die Gefahr einer Myositis ossificans (Muskelverknöcherung).

Medikamentöse Therapie für ca. 5 Tage:
- fibrinolytische Enzyme (Wobenzym®, Phlogenzym®, Enzymax®): Sie sollen die erste, entzündliche Phase abzukürzen.
- Antiphlogistika (Reparil®) für 2–3 Tage: Sie wirken antiödematös und antiphlogistisch.
- Muskelrelaxantien (Muskel Trankopal®) für 2–3 Tage: Sie senken den erhöhten Muskeltonus.
- Vitamin C, E, Selen und Zink sind als Radikalenfänger mit Zellschutzfunktion bekannt und können die Therapie unterstützen.

Physiotherapeutische Behandlung

- Umgehendes Einleiten der Erstmaßnahmen nach dem PECH Schema (☞ Kap. 7.2) mit Abbruch der sportlichen Aktivität, Kühlung, Kompression und Hochlagerung.
- Manuelle Lymphdrainage zur Anregung des lymphatischen Abtransports ab dem 1. Tag (☞ Kap. 9.2). Die Drainagegriffe werden erst außerhalb des Hämatoms durchgeführt. Allmählich kann auch randständig, später dann direkt auf dem Hämatom drainiert werden.
- Kompressionsverband mit Kompressionsformteilen (1 cm dicke Komprex®-Platten) und breiten Kurzzugbinden ab dem 1. Tag. Dabei wird der gesamte Bereich gewickelt, z. B. bei einer Oberschenkelprellung vom Knie bis zur Leiste. Der Druck nimmt von distal nach proximal ab (☞ Abb. 10.4).
- Eine Wärmetherapie (z. B. Körnerkissen, Fangopackung) im Rücken trägt zur vegetativen Dämpfung ab dem 1. Tag bei (☞ Kap. 9.3.1).
- Isometrische Anspannung der Muskulatur ohne Belastung gegen das Widerlager des Kompressionsverbandes: Dadurch soll über die Muskelpumpe der Abtransport des Hämatoms beschleunigt werden. Weiterhin werden Verklebungen des Gewebes verhindert und Muskelatrophie vorgebeugt.
- Eine Anspannung mit leichtem Krafteinsatz, vorsichtige dynamische Bewegungen im schmerzfreien Bereich, aktive Dehnungen und Alternativtraining (z. B. Schwimmen, Aqua Jogging, Ergometer) können ab dem 2. Tag erfolgen und unterstützen die Muskel- und Gelenkpumpe.
- Iontophorese mit Dolobene® Gel ab dem 2. Tag (☞ Kap. 9.4.2).
- Evtl. vorsichtige Massagen und Weichteilmobilisationen (☞ Kap. 9.1), Kryokinetiks zur Anregung des Stoffwechsels (☞ Kap. 9.3.2) ab dem 3. Tag.
- Nervenmobilisation zur Verhinderung von Verklebungen mit der Muskulatur ab dem 3. Tag (☞ Kap. 11.4.5, Abb. 10.5).
- Passive Dehnungen ab dem 3. Tag sowie dynamische Bewegungen mit gesteigertem Krafteinsatz, langsames Lauftraining zur Steigerung der Muskeldurchblutung im Stützverband.
- Kinesio®-Tape Verband ab dem 3. Tag (☞ Kap. 12.2).
- Konzentrisches und exzentrisches Training, gesteigertes Lauftraining (Tempo) und koordinatives Training ab dem 4. Tag.
- Sportspezifisches Training ab dem 5. Tag.

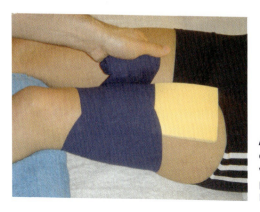

Abb. 10.4 Aufbau eines Kompressionsverbandes mit Komprex® Formteilen zur Erstversorgung.

Sport- und Wettkampffähigkeit: Befundabhängig. In Abhängigkeit von der Schwere der Verletzung kann eine Muskelprellung nach 2–3 Tagen Sportkarenz wieder belastet werden. Je nach Verbesserung der Symptome sind die nachfolgend angegebenen Steigerungen fließend. Bei ausgeprägten Hämatomen kann die Zeit bis zur aktiven Belastung auch länger dauern (3–7 Tage).

Prinzipiell gilt, wenn alle sportspezifischen Belastungen für den Sportler schmerzfrei möglich sind, kann der Sportler wieder mit der Mannschaft trainieren oder als Individualsportler sein Training wieder aufnehmen. Ein Salbenverband kann weiterhin über Nacht angelegt werden. Die Medikamente verändern sich gemäß dem Medikationsschema (☞ Kap. 8). Hartnäckige Hämatome können vorsichtig mit Massagen, Saugglocke und Stäbchen weiterbehandelt werden (☞ Kap. 9).

Abb. 10.5 Nervenmobilisation zur Verhinderung von Verklebungen mit der hinteren Oberschenkelmuskulatur nach Hämatom.

Aufbau eines Salbenverbandes in der initialen Phase der Wundheilung: Auftragen von Dolobene Gel® auf die Haut und für kurze Zeit einwirken und „abdampfen" lassen. Anschließend wird Reparil Gel® etwa 2 mm dick aufgetragen und mit einer Kompresse oder mit kaschiertem Schaumstoff abgedeckt. Dem Wirkstoff des Dolobene Gel® wird eine gute Aufnahmeeigenschaft durch die Haut nachgesagt. Der Effekt des Reparil Gel® mit seinen Wirkstoffen aus der Rosskastanie soll dadurch noch begünstigt werden.

Ab dem 3. Tag können Medikamente aufgetragen werden, die die Resorption beschleunigen und die Entzündung weiter hemmen.

10.2.5 Muskelzerrung

Eine Muskelzerrung kündigt sich beim Sportler oft an durch einen mit Belastungssteigerung zunehmenden, krampfartigen Schmerz: Langsames Laufen ist möglich. Sprints und schnelles Abbremsen mit Richtungswechseln sind unmöglich und verstärken den Schmerz derart, dass die Belastung abgebrochen werden muss. In Ruhe verschwindet der Schmerz meist wieder.

Eine Zerrung ist keine Verletzung im eigentlichen Sinn, da es zu keinem Kontinuitätsverlust der Muskelfasern kommt.

Ursachen

Eine Zerrung ist die Folge einer Störung der muskeleigenen Tonusregulation. Die Auslöser können exogener und endogener Herkunft sein (☞ Kap. 10.1):
- statische und muskuläre Dysbalancen im Bereich der Wirbelsäule und/oder der Extremitätengelenke
- ungenügendes Aufwärmen
- Überlastung der Muskulatur
- Witterungseinflüsse (Kälte und Regen) bei nicht ausreichender Bekleidung
- Schnellkrafttraining auf hartem Untergrund.

Klinik und Diagnostik
- langsame Schmerzzunahme unter Belastung
- isometrische Muskelanspannung ist schmerzhaft
- veränderter Bewegungsablauf, Schonhaltung
- strangförmige, druckdolente Tonuserhöhung
- Muskeldehnung wird toleriert oder reduziert sogar den Schmerz.

Bildgebende Verfahren wie Sonografie, Computertomografie oder Magnetresonanztomografie zeigen keinen Befund.

Ärztliche Therapie
- gegebenenfalls Infiltration mit Traumeel® und Actovegil®
- trockene Nadelung mit Akupunkturnadeln.

Physiotherapeutische Behandlung
- Erstmaßnahmen nach dem PECH-Schema (☞ Kap. 7.2) mit Abbruch der sportlichen Tätigkeit, Kältetherapie, Kompression und Hochlagerung.
- Da es sich nicht um eine strukturelle Verletzung handelt, besteht die physiotherapeutische Behandlung zuerst einmal in der Schmerzreduktion und Tonussenkung der Muskulatur:
  - lokale Wärme auf der betroffenen Muskulatur (☞ Kap. 9.3.1)
  - aktive Dehnungen (☞ Kap. 11.4.5)
  - weiche Massagetechniken (☞ Kap. 9.1)
  - Ultraschall örtlich und segmental (0,2 W/cm² für 5 Min., ☞ Kap. 9.4.1)
  - Diadynamische Ströme (DF 2 Min., CP 5 Min. sensibel schwellig bis sensibel überschwellig, ☞ Kap. 9.4.3)
  - Substitution von Magnesium
  - Kinesio®-Tape (detonisierende Anlage, ☞ Kap. 12.2)
  - Funktioneller Verband zur Muskelentlastung (☞ Kap. 12.1).
- Die „Akutphase" kann nach 1–2 Tagen durch aktive Bewegungsformen ergänzt werden. Bereits ab dem 2. Tag tägl. Steigerung der Belastung/des aktiven Trainings (Intensität im Wesentlichen durch das subjektive Empfinden des Sportlers bestimmt):
  - langsame Ausdauerläufe zur Tonusregulation, nach Verträglichkeit steigern sich die Läufe über kürzere Läufe im schnelleren Tempo bis zum Sprint
  - erst konzentrisches, dann exzentrisches Muskeltraining am Gerät
  - koordinatives, reaktives Training in verschiedenen Winkelpositionen auf labilen Unterlagen (Posturomed®, Weichmatte, Kreisel, Wobbler, Schaukelbrett, auch in Verbindung mit Kraftgeräten, Rolltraben mit MBT®-Schuhen)
  - „Kurz-Fuß" nach Janda zur Erhöhung der Propriozeptionsleistung der Fußsohle und zur Einleitung der Muskelkettenkoordination (☞ Kap. 11.4.4).
- Um eine sinnvolle, erfolgreiche Behandlung aufzubauen, ist es zwingend notwendig die auslösenden Faktoren zu erkennen und zu behandeln. Eine ausschließliche Therapie des verletzten Muskels führt zwangsläufig zu Rezidiven. Generell muss eine Behandlung von Muskelverletzungen immer die gesamte Muskelkette, die angrenzenden Gelenke und die Wirbelsäule mit einbeziehen:

- Überprüfen des Sportschuhs durch geeignete computergestützte Verfahren (Laufbandanalyse, podologische Statikbestimmung etc., ☞ Kap. 2.2)
- Analyse des sportspezifischen Bewegungsablaufs
- Abstellen von Fehlbewegungen die zur Überbelastung führen
- Trainingsalternativen erarbeiten.

> **Merke**
> Zu Beginn des Trainings kann es nötig sein, die verletzte Struktur mit einem externen Stabilisationsverband zu schützen (☞ Kap. 12).

Sport- und Wettkampffähigkeit: Die Zeit bis zur Wettkampfaufnahme ist individuell, liegt aber in der Regel zwischen 7 – 14 Tagen. Erst wenn der Sportler völlig beschwerdefrei die sportspezifischen Belastungen ausüben kann ist ein Wettkampf oder das Training mit der Mannschaft möglich. Die konditionellen und koordinativen Fähigkeiten sind unter Umständen noch nicht bei einem Turnier mit mehreren belastenden Spielen und wenig Regenerationszeit abrufbar. Der Spieler sollte dann nur eine Halbzeit spielen oder nur jedes zweite Spiel eingesetzt werden.

10.2.6 Muskelfaserriss

Bei einem Muskelfaserriss kommt es zu einem Kontinuitätsverlust der Muskelfasern, wobei es quantitative Unterschiede gibt: Es können nur wenige Fasern gerissen sein oder aber ganze Faserbündel.

Ursachen
Die Ursachen sind die gleichen wie bei einer Muskelzerrung (☞ Kap. 10.2.5), wobei der Übergang von einer Zerrung zu einem Faserriss oft fließend ist.

Klinik und Diagnostik
- spontaner, stechenden Schmerz (wie bei einem Messerstich) führt zu sofortigem Abbruch der sportlichen Aktivität
- schmerzhaft eingeschränkter Bewegungsablauf, Schonhaltung, Hinken
- strangförmige, druckdolente Tonuserhöhung
- isometrische Muskelanspannung schmerzhaft
- Muskeldehnung verstärkt den Schmerz
- Hämatom.

Bei oberflächlichen Faserrissen ist eine Delle zu sehen und zu tasten. Befindet sich die Verletzung in tiefer gelegenen Muskelschichten ist die Palpation schwierig und wenig aussagekräftig.

Bildgebende Verfahren zeigen einen deutlichen Befund. Im Blut kommt es zu einem Anstieg der Kreatinkinase (Enzym). Verlaufskontrolle durch Ultraschall.

Ärztliche Therapie
- gegebenenfalls Punktion des Hämatom
- Infiltrationen in den hypertonen Muskelstrang und lokal in die verletzte Stelle mit Actovegil® und Traumeel®

Medikamentöse Therapie für ca. 5 Tage:
- fibrinolytische Enzyme (Wobenzym®, Phlogenzym®, Enzymax®): Sie sollen die erste, entzündliche Phase abkürzen.
- Antiphlogistika (Reparil®): Sie wirken antiödematös und antiphlogistisch.
- Muskelrelaxantien (Muskel Trankopal®): Sie senken den erhöhten Muskeltonus.
- Vitamin C, E, Selen und Zink sind als Radikalenfänger mit Zellschutzfunktion bekannt und können – wie Magnesium – die Therapie unterstützen. Bei der Ernährung kann der Verzehr von Eiweiß gesteigert werden, da Proteine am Aufbau von Muskelzellen beteiligt sind.

Physiotherapeutische Behandlung
- Erstversorgung nach dem PECH-Schema (☞ Kap. 7.2) mit Abbruch der sportlichen Tätigkeit, Kältetherapie, Kompression und Hochlagern des betroffenen Gebietes.

Wie lange die Therapie des Muskelfaserrisses dauert hängt von einigen Faktoren ab:
- Zu welchem Zeitpunkt der Belastung ist die Verletzung entstanden. Am Anfang einer aeroben oder am Ende einer längeren anaeroben Belastung, d. h. in welchem Stoffwechselmilieu befindet sich der Faserriss?
- Sind nur einige Fasern oder mehrere Faserbündel gerissen?
- Handelt es sich um einen ein- oder zweigelenkigen Muskel? Zweigelenkige Muskeln, wie die ischiokrurale Muskulatur, unterliegen einer komplizierten neuromuskulären Steuerung. Sie sind Beuger im Knie und Strecker in der Hüfte. Im Lauf muss dieser Muskel die Hüfte strecken und gleichzeitig (entgegen seiner eigentlichen Funktion) das Knie strecken und stabilisieren. Beim Laufen in vorgebeugter Stellung, wie beim Hockey, muss der Muskel sogar aus vorgedehnter Stellung arbeiten.

Wie schon bei der Behandlung der Muskelzerrung (☞ Kap. 10.2.5) erwähnt, ist es auf lange Sicht unerlässlich, die auslösenden Faktoren zu behandeln. Andererseits wird die Therapie nicht erfolgreich und von Rezidiven geprägt sein.

Die Therapie orientiert sich, wie bei jeder Verletzung, an den Phasen der Wundheilung (☞ Kap. 7.1).

- Salbenverbände (☞ Kap. 8)
- Manuelle Lymphdrainage zur Anregung des lymphatischen Abtransports (☞ Kap. 9.2).
- Kompression mit Schaumgummiformteilen und Kurzzugbinden.
- Salbenverbände mit analgetischen und entzündungshemmenden Medikamenten (☞ Kap. 8).
- Wärmetherapie im Segment zur vegetativen Dämpfung (☞ Kap. 9.3.1).
- Antagonistisch, exzentrische Dekontraktion zur Tonussenkung. Andere Dehntechniken für den betroffenen Muskel sind anfangs noch kontraindiziert. Dehnungen der dazugehörigen Muskelketten sind erwünscht (☞ Kap. 11.4.5).
- Analgetische Stromformen (☞ Kap. 9.4).
- Isometrische Anspannung der Muskulatur ohne Krafteinsatz gegen das Widerlager des Kompressionsverbandes ab dem 1. Tag. Dadurch soll über die Muskelpumpe ein schnellerer Abtransport eines Hämatoms unterstützt werden. Weiterhin werden Verklebungen des Gewebes verhindert und Muskelatrophie vorgebeugt.
- Kinesio®-Tape (☞ Kap. 12)
- Funktioneller Verband zur Muskelentlastung (☞ Kap. 12.1)
- Manualtherapeutische Behandlung der Wirbelsäule und angrenzender Gelenke (☞ Kap. 11.4.5)
- Isometrische Belastung mit leichtem Krafteinsatz sowie vorsichtige dynamische Bewegungen im schmerzfreien Bereich ab dem 2. Tag zur Unterstützung der Muskel- und Gelenkpumpe möglich.
- Training der angrenzenden Körperregionen zur Anregung des Stoffwechsels.
- Stufenweise Steigerung der aktiven Therapiemöglichkeiten ab dem 4. Tag. Die Steigerung orientiert sich am subjektiven Empfinden des Sportlers:
  – aktive Muskeldehnung (☞ Kap. 11.4.5 Eigendehnung, Stretching)
  – Alternativtraining, z. B. Schwimmen, Aqua Jogging, Ergometer
  – langsame Ausdauerläufe zur Tonusregulierung, nach Verträglichkeit steigern (Tempo)
  – erst konzentrisches, dann exzentrisches Muskeltraining

- Massagen und Weichteilmobilisationen auch der betroffenen Muskulatur ab dem 4. Tag (☞ Kap. 9.1 und Kap. 11.4.5)
- Ab dem 14. Tag weitere stufenweise Steigerung der Intensitäten:
  - aktive und passive Dehnungen in verschiedenen Ausgangsstellungen (☞ Kap. 11.4.5)
  - konzentrisches und insbesondere exzentrisches Muskeltraining (z. B. mit dem Deuserband, ☞ Abb. 10.6)
  - koordinatives, reaktives Training auf labilen Unterlagen und in verschiedenen Winkelstellungen (☞ Kap. 11.4.4)
  - explosives Training, Sprints mit Abbremsen und schnellen Richtungswechseln
  - sportspezifisches Training ohne und mit Sportgerät (☞ Abb. 10.7).

Sport- und Wettkampffähigkeit: Nach 3–6 Wochen.
Die Eingliederung in das Mannschaftstraining hängt, wie eingangs bereits beschrieben, von vielen Faktoren ab. Die Spanne reicht dabei von 3–10 Wochen. Der Druck auf den Spieler durch Presse, Vereinsvorstand, Sponsoren, Angst vor dem Verlust des Stammplatzes oder Abstiegssorgen kann zumindest im bezahlten Sport den Sport-

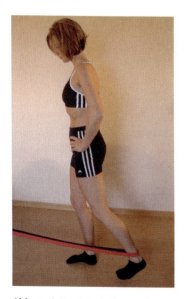

Abb. 10.6 Konzentrisches und exzentrisches Training mit dem Deuserband im Stand.

Abb. 10.7 Simulation des Kopfballtrainings auf dem Weichboden mit reaktiver Stabilisation während der Absprung- und Landephase.

ler zum vorzeitigen Wiedereinstieg verleiten. Der Sportler selbst, aber auch der Trainer und der medizinische Betreuerstab, haben hierbei eine große Verantwortung. Leistungsdiagnostische Messungen (Cybex®, Fastex®) sollten erfasst und dokumentiert werden. Sie stellen ein objektives Kriterium für die Integration des Sportlers ins Wettkampfgeschehen dar. Jeder Muskelfaserriss stellt eine Defektheilung mit Vernarbung dar. Um weiteren Verletzungen vorzubeugen, muss der Sportler ein individuelles Kräftigungs- und Eigendehnprogramm durchführen.

10.2.7 Muskelriss

Ein Muskelriss geht mit einer Unterbrechung der Muskelkontinuität einher.

Ursachen
Er entsteht häufig an vorgeschädigter Muskulatur bei intensiver, meist explosiver Muskelarbeit und/oder durch Foulspiel oder Unfall.

Klinik und Diagnostik
- spontaner, scharfer Schmerz führt zum sofortigen Abbruch der sportlichen Tätigkeit
- schmerzhaft eingeschränkter Bewegungsablauf, Schonhaltung
- ausgeprägtes Hämatom
- Muskeldehnung verstärkt den Schmerz
- bei Teilabrissen deutliche längliche Vertiefung
- bei kompletter Ruptur deutlich tastbare Lücke.

Beim kompletten Riss kann der Muskel zur Sehne hin „zusammenschnurren" und wird an Ursprung oder Ansatz als deutliche Beule oder Auftreibung sichtbar.
Bei einem Teilabriss ist der Schmerz bei isometrischer Anspannung groß, fehlt aber zuweilen bei kompletten Rissen. Dann findet sich ein erheblicher Funktionsverlust.
Bildgebende Verfahren zeigen eine deutliche Lücke. Im Blutbild ist der Wert der Kreatinkinase (CK) deutlich erhöht.

Ärztliche Therapie
Konservativ:
- Ruhigstellung in leichter Dehnstellung des Muskels für 48 Std. (M. gastrocnemius mit 90° Dorsalextension des Fußes, M. rectus femoris/M. quadriceps in 90° Knieflexion auch beim Schlafen, ischiokrurale Muskulatur in Streckstellung des Knies)

- Punktieren des Hämatoms
- orale Gabe von Antiphlogistika (Diclofenac®), fibrinolytischen Nahrungsergänzungsmitteln (Wobenzym®) und Muskelrelaxantien

Operativ:
- Ausräumen des Hämatoms
- Adaption der gerissenen Muskelenden (resorbierbare Naht) mit anschließender Ruhigstellung für ca. 4 Wochen
- dann Teilbelastung mit wöchentlicher Belastungssteigerung bis zur Vollbelastung 12. Woche postop.

Die Indikation zur operativen Versorgung liegt vor, wenn mehr als ein Drittel des Muskelquerschnittes gerissen ist, bei erheblicher Diskontinuität, bei ausgedehnten, nicht resorbierbaren Hämatomen und bei Vorliegen eines Kompartmentsyndroms (☞ Kap. 10.2.8).

Physiotherapeutische Behandlung
- Einleiten der Erstmaßnahmen nach dem PECH-Schema (☞ Kap. 7.2) mit Abbruch der sportlichen Tätigkeit, Kältetherapie, Kompression und Hochlagerung.
- Manuelle Lymphdrainage zur Anregung des lymphatischen Abtransports (☞ Kap. 9.2)
- Kompression mit Schaumgummiformteilen und Kurzzugbinden
- Salbenverbände mit analgetischen und entzündungshemmenden Medikamenten (☞ Kap. 8)
- Wärmetherapie im Segment zur vegetativen Dämpfung (☞ Kap. 9.3.1)
- Analgetische Stromformen (☞ Kap. 9.4)
- Kinesio®-Tape (☞ Kap. 12)
- evtl. manualtherapeutische Behandlung der Wirbelsäule und angrenzender Gelenke (☞ Kap. 11.4.5)
- Training der angrenzenden Körperregionen zur Anregung des Stoffwechsels

Die Weiterbehandlung (bis ca. 2 Wochen postop.) zeichnet sich zusätzlich aus durch:
- aktive Dehnung des verletzten Muskels, passive Dehnung angrenzender Muskulatur in verschiedenen Ausgangsstellungen (☞ Kap. 11.4.5)
- isometrische Muskelarbeit
- Alternativtraining zum Erhalt der Ausdauer und Anregung des Stoffwechsels, z. B. Schwimmen, Aqua Jogging, Ergometer.

> **Merke**
> Keine passive Dehnung oder Massage der verletzten Muskulatur in den ersten 3 Wochen (Gefahr der Myositis ossificans)!

Die Steigerung der Therapieschritte nach operativer Versorgung erfolgt stufenweise nach den Vorgaben des Operateurs. Sie orientiert sich zudem am subjektiven Empfinden des Sportlers während und nach der Therapie und Belastung und kann objektiv beurteilt werden durch die Palpation der Muskulatur, die Qualität der Übungsausführung, das Dehnverhalten des Muskels und die sonografische Verlaufkontrolle durch den Arzt. Eine konkrete Zeitangabe zum Einsatz aktiver Therapiemittel ist nicht möglich.

Zur Möglichkeiten der Steigerung in der Weiterbehandlung ☞ Kap. 10.2.6 Muskelzerrung.

Sport- und Wettkampffähigkeit: Nach ca. 6–8 Wochen. Bei operativer Versorgung nach ca. 12 Wochen.

10.2.8 Kompartmentsyndrom

Es handelt sich um eine Schwellung eines gesamten Muskels in seiner Loge. Durch die Volumenzunahme in der rigiden Loge kommt es zu einer Störung der arteriellen und venösen Durchblutung. Dieser ischämische Prozess fördert die Schwellungszunahme, was letztendlich in einer Muskelnekrose endet. Grundsätzlich wird zwischen einem traumatischen und einem funktionellen Kompartmentsyndrom unterschieden.

Ursachen
Traumatisches Kompartment infolge von:
- Frakturen
- Weichteilkontusionen
- Gefäßverletzungen
- arteriellen und venösen Thrombosen
- akuter arterieller Embolie.

Das akute primär traumatische Kompartmentsyndrom ist die Folge einer Sportverletzung. Der im Sport am häufigsten betroffene Bereich ist der Unterschenkel. Vor allem Kontaktsportarten wie Handball, Fußball, Rugby, American Football, Karate, Taekwondo führen durch auf den Unterschenkel ausgeübte Tritte, Stöße und Rempeleien in den Muskellogen des Unterschenkels (Extensorenloge, oberflächliche und tiefe Flexorenloge, Fibularisloge, siehe Lokalisationen) zu starken Hämatomen. Auch Stürze können zu Kompartmentsyndromen führen.

Funktionelles Kompartment infolge von:
- akuter oder chronisch starker muskulärer Überbelastung (häufig bei Langstreckenläufern)

Das funktionelle Kompartment ist wesentlich häufiger als das akute Kompartmentsyndrom und tritt meist beidseitig auf. Es entsteht durch ein Missverhältnis zwischen der belastungsbedingten Mehrdurchblutung und der damit verbundenen Volumenzunahme der Muskulatur (teilweise > 20 % des Ausgangsvolumens) und dem vorhandenen Raum der Faszienloge.

Lokalisationen am Unterschenkel sind:
- **Vorderes Kompartment** (M. tibialis anterior): Betrifft überwiegend Langstreckenläufer, die mit schlecht gedämpften Schuhen große Umfänge auf hartem Untergrund trainieren. Auch eine unflexible Sohle im Vorfußbereich begünstigt die Entstehung. Die Druckspitze nimmt in den ersten 10 Minuten der Laufbelastung zu und fällt dann wieder ab. Betontes Fersenlaufen und forciertes Gehen wirken sich eher ungünstig aus, da ein hoher Fersenaufsatzwinkel biomechanisch zu einer Überbelastung des M. tibialis anterior führt.
- **Fibulares Kompartment** (Mm. peronaei): Die Mm. peronaei werden überlastet, wenn nach fibularem Bandschaden eine Instabilität bestehen bleibt. Die Muskeln versuchen dann, die ligamentäre Instabilität durch erhöhte Muskelarbeit auszugleichen.
- **Hinteres, oberflächliches Kompartment** (M. triceps surae): Der M. triceps surae kann infolge eines überzogenen Muskeltrainings dekompensieren, wenn z. B. Tiefsprünge trainiert werden, wobei der Muskel in der Landephase exzentrisch abbremst um danach sofort explosiv konzentrisch zu arbeiten. Zu statischer Überlastung kommt es, wenn z. B. ein „Free Climber" längere Zeit auf den Zehenspitzen in der Wand steht.
- **Hinteres, tiefes Kompartment** (M. tibialis posterior): Betrifft überwiegend Überpronierer, wobei der M. tibialis posterior in der Standbeinphase exzentrisch gedehnt wird und aus dieser Position während der Abdruckphase konzentrisch arbeiten muss.

Klinik und Diagnostik
- pralle, druckschmerzhafte Schwellung, der Muskel fühlt sich „teigig" an
- akut einsetzende, starke bohrende oder brennende Schmerzen, die in der Intensität ständig zunehmen und sich bei Druck und Dehnung verstärken
- bei Zunahme des intramuskulären Druckes Abschwächung oder Ausfall des peripheren Pulses

- nach kurzer Zeit Sensibilitätsausfälle, Parästhesien und/oder Hypästhesien
- nach 2 bis 4 Stunden ist die Motorik gestört und eingeschränkt.

Stündliche Kontrolle der Motorik, der Sensibilität und des peripheren Pulses, Gewebedruckmessungen. Der Sportler muss bei zunehmendem Muskeldehnschmerz umgehend in eine Klinik gebracht werden.

Ärztliche Therapie
Konservativ:
- orale Gabe von Antiphlogistika und Enzympräparaten
- stündliche Kontrolle der Motorik, der Sensibilität und des peripheren Pulses, Gewebedruckmessungen

Operativ:
Liegt der intramuskuläre Gewebedruck länger als 4 Stunden über 30 mm/Hg, muss eine Faszienspaltung durchgeführt werden, um eine Muskelnekrose zu verhindern:
- Faszienspaltung mit anschließender offener Wundbehandlung
- Sekundärnaht oder Wundverschluss durch Hauttransplantat am 5. bis 8. Tag postop.

Physiotherapeutische Behandlung
- Manuelle Lymphdrainage (☞ Kap. 9.2)
- analgetische und entzündungshemmende Salbenverbände (☞ Kap. 8)
- Iontophorese mit Voltaren® Emulgel (☞ Kap. 9.4.2)
- Ultraschalltherapie örtlich (0,05 bis 0,1 W/cm² für ca. 5 Min.) und segmental (0,1 W/cm² für ca. 5 Min., ☞ Kap. 9.4.1)
- Phonophorese mit Voltaren® Emulgel (☞ Kap. 9.4.1)
- Diadynamische Ströme (DF 2 Min., CP 5 Min. sensibel schwellig bis sensibel überschwellig, ☞ Kap. 9.4.3)
- Kaltpackungen (Plusgrade) oder Quarkwickel zur Analgesie, zum Abschwellen und zum Wärmeentzug (☞ Kap. 9.3.2)
- vorsichtige Weichteilmobilisationen (☞ Kap. 11.4.5), da eine Durchblutungssteigerung nicht erwünscht ist
- Muskeldehntechniken der Fuß-, Unterschenkel- und Oberschenkelmuskulatur mit intermittierenden Amplituden (☞ Kap. 11.4.5).

Nach Abklingen der akuten Beschwerden:
- Weiterführen der muskelpflegenden Maßnahmen wie Weichteiltechniken, Muskeldehnungen und Elektrotherapie bis zur Symptomfreiheit

- aktive Stabilisation zur Koordinationsverbesserung der geschädigten Strukturen:
  - „Kurzer Fuß" nach Janda zur Erhöhung der Propriozeptionsleistung der Fußsohle und zur Einleitung der Muskelkettenkoordination (☞ Kap. 11.4.4)
  - Übungen auf dem Posturomed, Weichmatte, auf labilen Unterstützungsflächen wie Kreisel, Wobbler, Schaukelbrett (auch in Verbindung mit Kraftgeräten)
  - Koordinationstraining und Ausdauertraining auf Stepper, Laufband, Crosstrainer.

> **Merke**
> Zu Beginn des Trainings kann es nötig sein, die verletzte Struktur mit einem externen Stabilisationsverband zu schützen (☞ Kap. 12).

Sport- und Wettkampffähigkeit: Bei konservativer Versorgung nach ca. 3–4 Wochen, bei operativer Versorgung nach ca. 6–9 Wochen.
Zur Vermeidung von Rezidiven sind folgende Maßnahmen durchzuführen:
- Tragen von Spielerschutzkleidung (Schienbeinschoner)
- Kontrolle und gegebenenfalls Korrektur des Laufstils (Laufbandanalyse), computergestützte Fußanalyse, optimale Schuhversorgung und gegebenenfalls Verordnung einer Einlage (☞ Kap. 2.2)
- Analyse des sportspezifischen Bewegungsablaufs, Abstellen von Fehlbewegungen die zur Überbelastung führen
- Trainingsanalyse auf Intensität, Umfang und Laufuntergrund (☞ Kap. 2.2)
- Eisabreibungen nach jeder sportlichen Belastung (☞ Kap. 9.3.2)
- Sportkarenz oder Alternativtraining.

10.3 Verletzungen der Sehnen und Sehnenscheiden

10.3.1 Tendopathie, Insertionstendopathie

Entzündliche Reaktionen der Sehnen und Sehnenansätze gehören zu den häufigsten Überlastungssyndromen im Sport.
Häufige Lokalisationen sind
- Schulter: Supraspinatussehne, Bizepssehne
- Leiste: Sehne des M. gracilis, M. adductor longus

- Knie: Quadrizepssehne
- Achillessehne
- Ellenbogen: meist die Insertion der am lateralen Epicondylus humeri ansetzenden Extensorensehnen der Handmuskeln Mm. extensor carpi radialis longus und breve (= Epicondylitis humeri radialis, „Tennisellenbogen")
  ulnar die Flexorensehnen der Handmuskeln („Golferellenbogen").

Ursachen
- akute oder chronische Überlastung mit Einrissen und degenerativen Veränderungen im Sehnengewebe
- häufig nach extremen, ungewohnten Belastungen (Wechsel des Terrains, Trainingsgerätes)
- ungenügendes Aufwärmen
- muskuläre Dysbalancen (in Verbindung mit Überlastung).

Klinik und Diagnostik
- Schmerzen im Insertionsgebiet nach Belastung, später auch Belastungs- und Ruheschmerz
- Schmerzzunahme bei Dehnung
- lokaler Druckschmerz
- örtliche Schwellung
- oft myofasziale Trigger-Points
- oft fühlbare Krepitationen.

Die Schmerzen können durch isometrische Widerstandtests in Funktionsrichtung provoziert werden.
Beispiel Epicondylitis humeri radialis: Dehnschmerz und Schmerz bei isometrischer Anspannung (besonders aus vorgedehnter Stellung) des M. extensor carpi radialis longus (Streckung des zweiten Fingers) und des M. extensor carpi radialis breve (Streckung des Mittelfingers).

Ärztliche Therapie
- Sportkarenz bis zur Symptomfreiheit
- Ruhigstellung
- Orale Gabe von Antiphlogistika und exsudative Medikation (Diclofenac)
- Infiltration mit Kortikoiden und Lokalanästhetika
- Stoßwellentherapie.

Ist nach 6 Monaten konservativer Therapie keine Besserung eingetreten, kann eine operative Einkerbung der Sehne und Denervierung erfolgreich sein.

10.3 Verletzungen der Sehnen und Sehnenscheiden

Physiotherapeutische Behandlung

Die Therapie einer Insertionstendopathie darf nicht nur lokal erfolgen, sondern muss den gesamten funktionellen Bereich mit einbeziehen.

Nachfolgend ist die physiotherapeutische Behandlung am Beispiel einer **Epicondylistis humeri radialis** beschrieben. Die therapeutischen Anwendungen/Techniken können auf andere Tendopathien adäquat übertragen werden.

In der Akutphase (3–4 Tage) stehen Therapien im Vordergrund, die analgetisch und entzündungshemmend wirken:

- Ruhigstellung im funktionellen Verband (☞ Kap. 12.1)
- antiphlogistische und exsudative Salbenverbände (Voltaren®, Dolobene®, ☞ Kap. 8)
- Manuelle Lymphdrainage (☞ Kap. 9.2)
- Iontophorese mit Voltaren® Emulgel (☞ Kap. 9.4.2)
- Ultraschalltherapie örtlich (0,05 bis 0,1 W/cm² für ca. 5 Min.) und segmental (0,1 W/cm² für ca. 5 Min., ☞ Kap. 9.4.1)
- Diadynamische Ströme (DF 2 Min., CP 5 Min. sensibel schwellig bis sensibel überschwellig, ☞ Kap. 9.4.3)
- Interferenzstrombehandlung unter Einbeziehung der HWS (☞ Kap. 9.4.5)
- vorsichtige Muskeldehnungen der Hand-, Unterarm- und Oberarm- sowie Schultermuskulatur (☞ Kap. 11.4.5)
- vorsichtige Querfriktionen (☞ Kap. 11.4.5)
- lokale Kältetherapie (☞ Kap. 9.3.2)
- segmentale Wärmetherapie zur vegetativen Umstimmung (☞ Kap. 9.3.1)
- funktionelle, entlastende Klebeverbände (Kinesio®-Tapes ☞ Kap. 12.2)
- Mobilisation möglicher Gelenkblockaden (☞ Kap. 11.4.5).

Nach Abklingen der akuten Symptome kann zunehmend mit der aktiven Mobilisation und Stabilisation begonnen werden. Die Kraftverhältnisse der Beuger und Strecker werden ermittelt und dokumentiert.

- Weichteilmobilisationen (besonders tiefe Querfriktionen, Stripping und Funktionsmassagen, ☞ Kap. 11.4.5) der Extensoren und Flexoren
- Stäbchen und Saugglockenmassage (☞ Kap. 9.1)
- Kryokinetiks (☞ Kap. 9.3.2)
- Manuelle Therapie der cervicothorakalen Segmente (C6–Th 3, ☞ Kap. 11.4.5)
- Nervenmobilisation des N. radialis (☞ Kap. 11.4.5)

- Muskeldehnungen der Extensoren und besonders auch der Flexoren
- Simultanverfahren mit der Anode im Cervicalbereich (☞ Kap. 9.41) zur Analgesierung, lokalen Durchblutungsförderung und Mobilisation von Adhäsionen mit Dauerschall (entzündungshemmende Salbe als Koppelungssubstanz)
- Salbenverbände (☞ Kap. 8)
- Kinesio®-Tape-Verbände zur Tonusregulierung der Beuger und Strecker sowie Elimenierung von Trigger-Points (☞ Kap. 12)
- Ausgleich muskulärer Dysbalancen (meist Kräftigung der Extensoren)
    - zuerst die aerobe Muskelausdauer fördern
    - dann die Kraft, wobei die Steigerung von der Isometrie über konzentrisches, konzentrisches Training aus vorgedehnter Stellung hin zum exzentrischen Training erfolgt
    - immer die gesamte kinetische Kette beüben (☞ Abb. 10.8)
    - stabiler Rumpf ist Voraussetzung
    - koordinatives, reaktives Training (☞ Abb. 10.9)
    - sportspezifisches Training (☞ Abb. 10.10).

Sport- und Wettkampffähigkeit: Bei konservativer Therapie nach ca. 5–7 Wochen, bei operativer Behandlung nach ca. 8–12 Wochen. Erst bei völliger Beschwerdefreiheit kann der Sportler sein Training wieder aufnehmen. Ein zu früherer Einstieg führt erfahrungsgemäß zum Rezidiv.

Um Rezidive zu verhindern, muss der Trainer die Technik/Übungsausführung und das Sportgerät kontrollieren und gegebenenfalls verändern.

Abb. 10.8 Reaktive Stabilisation der gesamten kinetischen Kette bei Epicondylitis humeri radialis (dorsale Stabilisation mit Deuserband und Reifen).

10.3 Verletzungen der Sehnen und Sehnenscheiden

Abb. 10.9 Koordinatives Krafttraining des Handgelenks und der Unterarmmuskulatur bei Epicondylitis humeri radialis mit dem Handkreisel (Gyrotwister).

Abb. 10.10 Sportspezifisches Training nach Epicondylitis humeri radialis eines Fechters mit dem Fiberglasstab.

Beim Tennis gilt, besonders Rückhandschläge, die mit einer Handgelenksbewegung einhergehen, führen zu einer Überlastung der Extensoren. Oft kommt es zu einer ulnaren Auslenkung, wenn die Kraft aus dem Handgelenk oder Ellenbogen kommt.

Schlägergröße und -gewicht haben ebenfalls Einfluss auf die Krafteinwirkung der Insertionen. Schläger mit guten Dämpfungseigenschaften und großer Schlagfläche reduzieren die Vibrationskräfte, die auf den Ellenbogen wirken. Dies ist besonders wichtig, wenn bei schlechter Technik häufig nicht der sog. „Sweet Spot" getroffen wird. Auch Griffbänder können die Vibrationskräfte reduzieren helfen. Die Griffstärke muss der Hand angepasst sein. Bei zu klein gewählter Griffstärke ist zur Stabilisierung des Handgelenks ein zu großer Kraftaufwand nötig. Ein zu großer Handgriff setzt die Schlägerkontrolle herab. Den richtigen Griffumfang ermittelt man, indem nach Umfassen des Griffs eine Fingerbreite Abstand zwischen Finger und Handballen verbleibt.

Da harte Schlägerbespannungen größere Kräfte übertragen, sollte die Bespannung auf mittlere Härte reduziert werden. Darmseiten sind dabei weicher als Nylonseiten.

Auf langsamen Böden, wie Sandplätzen, ist die Ballgeschwindigkeit niedriger. Daraus resultieren geringere Kräfte und Drehmomente beim Auftreffen des Balls. Schwere, schlappe oder nasse Bälle sollten nicht gespielt werden.

Der Trainer trägt durch eine adäquate Dosierung und Steigerung der Trainingsbelastung (Umfang, Intensität und Dichte mit ausreichenden Regenerationsphasen) dazu bei, Rezidive zu verhindern.

Ein erhaltendes Basistraining mit Kräftigung und Dehnung muss vom Sportler weiterhin durchgeführt werden.

Nach dem Training kann der zu einer Tendopathie neigende Bereich gekühlt werden.

Ortthesen (Epicondylitisspangen) sollen den erhöhten Zug an der Insertion reduzieren, behindern aber durch Kompression die Durchblutung. Sie sollten nicht dauerhaft getragen werden.

10.3.2 Peritendinitis, Tendovaginitis

Entzündliche Veränderung der Sehnengleitlager und der Sehnenscheiden.

Ursachen
- stumpfe Traumen (z. B. Tritt), die zu einer Einblutung und damit zu einer Behinderung der Gleitfähigkeit der Sehne führen
- Kompression und Reibung (z. B. zu weit hochgezogene Fersenkappe im Schuh)
- Veränderungen der Fußstatik (Hohlfuß, Spreiz-, Plattfuß sowie kompensatorisch nach fibularen Bandrupturen am oberen Sprunggelenk) können eine Fehlbelastung der Achillessehne provozieren
- unzureichendes Schuhwerk, zu häufiger Wechsel des Schuhwerks
- Überlastung (z. B. bei nicht ausgeheilten Verletzungen, Kompensation bestehender Verletzungen, bei abruptem Wechsel des Terrains, deutliche Erhöhung des Trainingspensums, trainingsmethodische Fehler wie unzureichende Pausen)

Klinik und Diagnostik
- Rötung
- Überwärmung
- Schwellung und Verdickung der Sehne (meist an der dünnsten Stelle)

- lokaler Druckschmerz
- erhöhter Muskeltonus
- Anfangsschmerz nach Belastungspausen, der sich mit der Bewegung verbessert
- „Schneeballknirschen" (Krepitation) bei Bewegung durch Fibrineinlagerung
- eingeschränkte Beweglichkeit.

Veränderungen im Gleitlager lassen sich sonografisch darstellen.

Ärztliche Therapie
Konservativ:
- orale antiphlogistische und exsudative Medikation
- Stoßwellentherapie
- Infiltration (Injektionsgemisch nach Prof. Klümper),
- bei Therapieresistenz Kortikosteroide (maximal 3–5 Anwendungen)

Operativ:
- Entfernung degenerativem Gewebes.

Physiotherapeutische Behandlung
Die Therapie darf nicht nur lokal erfolgen, sondern muss den gesamten funktionellen Bereich mit einbeziehen sowie der segmentale Bezug in der Befunderhebung und Therapie berücksichtigt werden.
Nachfolgend ist die physiotherapeutische Behandlung am Beispiel einer **Achillodynie** beschrieben. Die therapeutischen Anwendungen/Techniken können auf andere Tendovaginitiden adäquat übertragen werden.
Primäres Behandlungsziel in der Akutphase ist die Analgesie, Entzündungshemmung, Schwellungsreduktion und das Lösen von Adhäsionen. Wie bei den möglichen Ursachen zu sehen ist, handelt es sich um ein sehr komplexes Geschehen, wobei selten eine Ursache allein für die Beschwerden zuständig ist.
- antiphlogistische und exsudative Salbenverbände (☞ Kap. 8)
- vorsichtige Querfriktionen (☞ Kap. 11.4.5)
- vorsichtige aktive Muskeldehnungen (☞ Kap. 11.4.5)
- Iontophoresen mit Voltaren® Emulgel (☞ Kap. 9.4.2)
- Interferenzstrom unter Berücksichtigung der lumbalen Segmente (☞ Kap. 9.4.5)
- Wärmetherapie im Segment zur vegetativen Dämpfung (☞ Kap. 9.3.1)

- lokale Kryokinetiks zur Anregung des Stoffwechsels (☞ Kap. 9.3.2)
- entlastende Klebeverbände, Kinesio®-Tapes (☞ Kap. 12.2).

Nach Abklingen der Beschwerden/Entzündung können aktive Mobilisationen und Stabilisationen erfolgen. Die physikalischen Therapien werden fortgeführt:
- Simultanverfahren (Anode im Segment S1, Kathode mobilisiert mit Dauerschall und Wärmebildung die Adhäsionen, myofasziale Trigger-Points können lokalisiert und therapiert werden, ☞ Kap. 9.4.1)
- Stäbchen und Saugglockenmassage (☞ Kap. 9.1)
- Weichteilmobilisation (besonders tiefe Querfriktionen, Stripping und Funktionsmassagen des Sehnengleitlagers und der Unterschenkelmuskulatur)
- Muskeldehnungen der Unterschenkel- und Fußmuskulatur jetzt auch passiv möglich (☞ Kap. 11.4.5)
- Manuelle Therapie nach Befund (Fuß, Knie, Hüfte, ISG, Wirbelsäule, ☞ Kap. 11.4.5)
- Alternativtraining zum Erhalt von Kraft und Ausdauer (Aqua Jogging, Ergometer, ☞ Kap. 11.4.1, Kap. 11.4.2)
- Koordinationstraining/Propriozeption auf labilen Unterlagen (☞ Kap. 11.4.4)
- Isokinetische Krafttests, ergebnisorientiertes konzentrisches, später exzentrisches Training (☞ Kap. 11.4.1)
- Rolltraben mit dem MBT®-Schuh
- Laufschulung
- computergestützte Analyse der Fußstatik, Laufbandanalyse, Laufschuhberatung, ggf. Einlagenversorgung (☞ Kap. 2.2)
- Analyse der Technik/Übungsausführung und des Trainings (Terrain, Umfang, Intensität, Dichte, Regeneration).

Sport- und Wettkampffähigkeit: Sportkarenz bis zur völligen Symptomfreiheit. Bei konservativer Therapie nach ca. 2–3 Wochen, bei operativer Therapie nach ca. 10–14 Wochen.
Verletzungen der Sehnen und Gleitlager sind rezidivanfällig. Ignoranz führt zu Degeneration und kann zu Sehnenein- und Abrissen führen.

10.3.3 Sehnenriss

Sehnenrisse treten als partielle oder komplette Ruptur sowie als Ruptur mit knöchernem Ausriss auf.

Ursachen
- direkte oder indirekte Gewalteinwirkung
- abrupte, unkontrollierte Kraftanstrengung
- als Folge häufiger Mikrotraumen, die zu einer Degeneration der Sehne führen
- Sehnenentzündungen
- bei Kraftsportlern, wo der Muskel im Verhältnis zur Sehne zu schnell aufgebaut wird
- Einnahme anaboler Steroide.

Klinik und Diagnostik
- spontaner Schmerz, bei Dehnung Schmerzzunahme
- veränderter Bewegungsablauf, Schonhaltung
- ausgeprägtes Hämatom
- deutliche längliche Vertiefung bei Teilrupturen
- deutlich tastbare Lücke bei kompletter Ruptur.

Beim kompletten Riss kann der Muskel zur Sehne hin „zusammenschnurren" und wird an dieser Stelle als deutliche Beule oder Auftreibung sichtbar. Es findet sich ein erheblicher Funktionsverlust. Bei einem Teilabriss ist der Schmerz bei isometrischer Anspannung groß, fehlt aber zuweilen bei kompletten Rissen.
Zum Ausschluss einer knöchernen Beteiligung wird ein Röntgenbild in zwei Ebenen erstellt. Die Sonografie dient der Diagnosesicherung, im postoperativen Verlauf kontrolliert sie das Gleitverhalten der Sehne.

Ärztliche Therapie
Konservativ:
- Ruhigstellung in angenäherter Stellung für insgesamt ca. 8 Wochen (z. B. bei Achillessehnenruptur ca. 2 Wochen Oberschenkelgips in Spitzfußstellung, für weitere ca. 4 Wochen Unterschenkelgehgips mit abnehmender Spitzfußstellung/Plantaflexion, schrittweiser Übergang zur Nullstellung und Vollbelastung)

Operativ:
- Sehnennaht (End-zu-End-Naht) mit Augmentationsplastik (Verstärkung durch Fremdmaterial) und anschließender Ruhigstellung für insgesamt ca. 6 Wochen (z. B. bei Achillessehnenruptur ca. 3 Wochen Oberschenkelgips in leichter Plantarflexionsstellung, weitere 3 Wochen Unterschenkelgehgips)
- Sehnennaht und anschließende Orthesenversorgung (z. B. bei Achillessehnenruptur Vacoped-/Achillopedorthese) in Dorsalextension/Plantarflexion 0/30/30 mit minimaler Teilbelastung

nach Wundheilung langsamer, stufenweiser Abbau der Spitzfußstellung auf 0/15/15 für ca. 3 Wochen, dann auf 0/0/0 und langsame Belastungssteigerung, nach 6 Wochen Vollbelastung und Abnahme der Orthese.

Bei älteren Patienten wird auch bei einem kompletten Riss, z. B. bei einer Bizepssehnenruptur auf eine Operation verzichtet. Die Sehne heilt dann narbig aus. Im genannten Beispiel kann der M. brachialis die verminderte Kraft kompensieren. Handelt es sich um einen partiellen Riss, kann eine narbige Heilung ausreichend sein.

Bei Leistungssportlern sollte bei einer kompletten Ruptur eine Operation durchgeführt werden.

Physiotherapeutische Behandlung
Die Therapie darf nicht nur lokal erfolgen, sondern muss den gesamten funktionellen Bereich mit einbeziehen.

Nachfolgend ist die physiotherapeutische Behandlung am Beispiel einer **Achillessehnenruptur** beschrieben. Die therapeutischen Anwendungen/Techniken können auf andere Rupturen adäquat übertragen werden.

Unmittelbar nach der Verletzung/Ruptur:
- Einleiten der Erstversorgung nach dem PECH-Schema (☞ Kap. 7.2) mit Unterbrechung der sportlichen Aktivität, Kälteanwendung, Kompression und Hochlagerung.
  Der Verletzte muss umgehend in ein Krankenhaus eingewiesen werden. Dort wird die Art der Weiterbehandlung festgelegt (konservativ oder operativ).

In der **bewegungsstabilen** Phase stehen Maßnahmen der Resorptions- und Abflussverbesserung sowie Erhaltung der Leistungsfähigkeit nicht betroffener Extremitäten im Vordergrund:
- Manuelle Lymphdrainage (☞ Kap. 9.2)
- Elektrotherapie zur Analgesie und Abbau des Hämatoms und der Schwellung
- tägliches Kraft- und Ausdauertraining sowie bewegungserhaltendes Training der nicht betroffenen Extremitäten (60% – 80% der Maximalkraft)
  – Herz-Kreislauf-Training am Oberkörperergometer (in Intensität und Dauer der Sportart angepasst)
- bei Umstellung auf Unterschenkelgehgips (bei operativer Versorgung nach 3 Wochen) Übungen zur Erhaltung der Muskulatur des betroffenen Beines:
  – gegen das Gewicht des Gipses
  – Theraband

- evtl. an Kraftgeräten (Geräte mit proximalen Widerstandsmöglichkeiten, z. B. Beinbeuger, Beinstrecker, Abduktoren- und Adduktorentrainer, Zuggeräte, isokinetische Trainingsgeräte für die Beugung und Streckung des Kniegelenkes).

In der **belastungsstabilen** Phase werden Maßnahmen der Resorptions- und Abflussverbesserung weiterhin durchgeführt. Maßnahmen der Mobilisation, Kräftigung und Koordinationsverbesserung der geschädigten Struktur kommen zur Anwendung:
- Manuelle Lymphdrainage
- Anlage eines abflussunterstützenden Kinesio®-Tape-Verbandes (☞ Kap. 12.2)
- Diadynamische Ströme 2× täglich (DF 1 Min., CP 3 Min., LP 2 Min., ☞ Kap. 9.4.3)
- Iontophorese mit Aphachymocutan® (☞ Kap. 9.4.2)
- Manuelle Therapie (☞ Kap. 11.4.5)
- Weichteilmobilisation im Narbenbereich zur Adhäsionsprophylaxe (☞ Kap. 11.4.5)
- aktives Training der Fuß- und Unterschenkelmuskulatur mit und ohne Gerät (z. B. Leg press)
- Gangschulung
- Rolltraben mit dem MBT®-Schuh (☞ Kap. 2.2)
- Alternativtraining (z. B. Aquajogging, Ergometer etc.)
- Koordinations- und Propriozeptionstraining
  - „Kurzer Fuß" nach Janda zur Erhöhung der Propriozeptionsleistung der Fußsohle und zur Einleitung der Muskelkettenkoordination (☞ Kap. 11.4.4)
  - Übungen auf dem Posturomed, Weichmatte, auf labilen Unterstützungsflächen wie Kreisel, Wobbler, Schaukelbrett auch in Verbindung mit Kraftgeräten.

> **Merke**
> Zu Anfang des Trainings kann es nötig sein, die verletzte Struktur mit einem externen Stabilisationsverband zu schützen: Je nach Ausgangssituation wird man eine Orthese, einen funktionellen Verband zur Entlastung der Achillessehne (☞ Kap. 12.1) oder einen die Muskulatur aktivierenden Kinesio®-Tape-Verband anlegen (☞ Kap. 12.2).
> Häufig besteht die Notwendigkeit, den Sportschuh entsprechend zu verändern: keilförmiges Fersenkissen zur Entlastung der Achillessehne oder Sporteinlagen.

Zum Erreichen der Sport- und Wettkampffähigkeit wird ein sportspezifisches Training durchgeführt:
- Analyse sportspezifischer und Einschleifen sporttypischer Bewegungsabläufe
- Abstellen von Fehlbewegungen die zur Überbelastung führen
- Trainingsalternativen erarbeiten
- Wiedereingliederung in den normalen Trainingsbetrieb zunächst unter Kontrolle und Anleitung des Physiotherapeuten und des betreuenden Arztes
- Überprüfen des Laufverhaltens und des Sportschuhs durch geeignete computergestützte Verfahren (Laufbandanalyse, podologische Statikbestimmung etc.).

Sport- und Wettkampffähigkeit: Postoperativ nach ca. 12–14 Wochen.

10.4 Verletzungen der Bänder und Gelenke

10.4.1 Distorsion

Bei einer Distorsion (Verdrehung, Verzerrung) handelt es sich um eine unphysiologische Beanspruchung eines Gelenkes über den aktiv erreichbaren Bewegungsausschlag hinaus. Die Distorsion ist gekennzeichnet durch eine Dehnung der Bänder, Kapsel, Sehnen und der Muskulatur. Es kann zur Zerreißung von Gefäßen und Kapselanteilen führen, die Bandstruktur bleibt jedoch erhalten. Da der Übergang zum Bänderriss jedoch fließend ist, muss die Gelenkstabilität geprüft werden.

Am häufigsten betroffen sind das Sprunggelenk (fibulare Bänder), das Kniegelenk (vorderes Kreuzband und Innenband), der Ellenbogen (ulnares Band) und das Akromioklavikulargelenk (☞ Kap. 7.4).

Ursachen
Indirekt wirkende Kräfte mit Abknick-, Scher- und Stauchbewegung des Gelenkes.

Klinik und Diagnostik
- veränderter Bewegungsablauf, Schonhaltung
- Hämatom, Schwellung
- druckschmerzhafte Tonuserhöhung
- typische Band- und Kapseluntersuchung (seitlicher Aufklapptest, Schubladentest, aktive und passive Bewegungsüberprüfung, ☞ Kap. 11.1).

Bildgebende Verfahren wie Sonografie, Computertomografie, Magnetresonanztomografie zeigen keinen Befund im Sinne eines Bänderrisses.

Ärztliche Therapie
Keine spezifische Therapie. Ggf. symptomatische Medikation zur Abschwellung.

Physiotherapeutische Behandlung
Nach gesicherter Diagnose kann der Sportler meist mit einem funktionellen Verband weitertrainieren.
Nach der Belastung sollte ein Kompressionsverband mit Schaumgummiformteilen und Salbe angelegt werden, um die Schwellung abzubauen.
Neigt der Sportler durch einen laxen Bandapparat zu rezidivierenden Distorsionen, muss ein propriozeptives Training durchgeführt werden (☞ Kap. 11.4.4).
Spezielle stabilisierende Schuhe und Orthesen (Braces) können für einige Wochen das Gelenk sichern, führen auf Dauer aber zu einer Gewöhnung und reduzieren die Wirkung der aktiven Stabilisatoren (Muskeln).
Sport- und Wettkampffähigkeit: Sofort, wenn keine Schwellung vorliegt. Bei Schwellung und Bänderdehnschmerz ca. 2–4 Wochen.

10.4.2 Bänderriss

Bänderrisse treten als Teilruptur (Elongation) oder komplette Ruptur auf.
Ihre Lokalisation kann nah dem Ursprung oder dem Ansatz sein, interligamentär und/oder mit knöchernem Ausriss.
Die häufigste Bandverletzung betrifft den fibularen Bandapparat des **oberen Sprunggelenkes** nach Inversions-/Supinationstrauma.
In der Reihenfolge ihrer Häufigkeit Reißen das Lig. talofibulare anterior, das Lig. calcaneofibulare und das Lig. talofibulare posterior. Weitere, mögliche Begleitverletzungen sind die Luxation der Peronaeussehne nach Ruptur des Retinaculums (Schnappphänomen) und die Ruptur der Syndesmose (Kompressionsschmerz). Sie tritt meist in Verbindung mit einer Ruptur des Lig. deltoideum auf. Bei einer Bandruptur ist meist die Kapsel mit betroffen.

Ursachen

Direkte und indirekt wirkende Kräfte auf den meist gespannten Kapsel-Bandapparat (Geschwindigkeit der einwirkenden Kraft und die Winkelstellung im Gelenk sind für das Verletzungsausmaß ausschlaggebend), z. B. Umknicken.

Klinik und Diagnostik

- akuter, stechender Schmerz, der häufig von einem hör- und fühlbaren Krachen begleitet wird
- Schwellung mit Hämatom
- lokaler Druckschmerz.

Für die Erstdiagnose haben sich Stabilitätstests bewährt (z. B. Schubladentest oberes Sprunggelenk, Talusvorschub mehr als 7 mm Differenz im Seitenvergleich sprechen für eine Ruptur). Liegt der Verdacht auf eine Instabilität vor, müssen weitere diagnostische Verfahren wie Computertomografie eingeleitet werden.

Da knöcherne Ausrisse nicht auszuschließen sind, sollte eine Röntgenaufnahme in zwei Ebenen erfolgen. Auf gehaltene Aufnahmen wird in der Regel verzichtet.

Ärztliche Therapie

Konservativ:

- Ruhigstellung (z. B. bei Innenbandruptur Kniegelenk in einer Orthese Genu Loc® oder Genu Train® für insgesamt ca. 6 Wochen, davon absolute Bewegungssperre für ca. 2–3 Wochen, vermindertes Bewegungsausmaß für weitere ca. 4–5 Wochen, bei Außenbandruptur oberes Sprunggelenk in einer Aircast®-Schiene oder Caligamed®-Schiene in leichter Pronationsstellung)
- medikamentöse Therapie:
  - fibrinolytische Enzyme (Wobenzym®, Phlogenzym®, Enzymax®): Sie sollen die erste, entzündliche Phase abkürzen.
  - Antiphlogistika (Reparil®) für 2–3 Tage: Sie wirken antiödematös und antiphlogistisch.
  - Muskelrelaxantien (Muskel Trankopal®) für 2–3 Tage: Sie senken den erhöhten Muskeltonus.
  - Vitamin C, E, Selen und Zink sind als Radikalenfänger mit Zellschutzfunktion bekannt und können die Therapie unterstützen.

Operativ:

- Bandnaht, Refixation oder Rekonstruktion bei Ruptur aller Bänder oder bei wiederholter Ruptur

- bei vorderer Kreuzbandruptur im Kniegelenk Kreuzbandplastik nach frühestens 3 Monaten, dann begünstigt die Stoffwechsellage im Gelenk das Einheilen der Plastik (vor allem bei Sportlern)
- bei knöchernen Ausrissen (mit Fragmentdislokation) Refixation mit Kirschnerdraht oder Kleinfragmentschraube
- anschließende Ruhigstellung, Dauer nach Vorgaben des Arztes (z. B. in Gipsschiene oder Dynacastverband), anschließend Teilbelastung und stufenweise Vollbelastung (in der Regel nach 6 Wochen wieder voll belastbar).

Die Therapie hängt davon ab, ob es sich um eine inkomplette (stabile) oder komplette (instabile) Ruptur handelt bzw. ob eine Indikation zur Operation besteht: Hierbei finden der Grad der Instabilität, das Alter und die Belastbarkeit des Sportlers als Kriterien Berücksichtigung, ebenso wie Wiederholungsverletzungen und (Vor-) Schäden im Gelenk. Liegt keine Operationsindikation vor, wird eine konservative Behandlung mit narbiger Bandheilung durchgeführt.

Physiotherapeutische Behandlung
Die physiotherapeutische Behandlung hängt von der ärztlichen Versorgung ab (konservativ oder operativ). Unabhängig davon wird eine weitgehend frühfunktionelle Physiotherapie durchgeführt, wobei ein allgemeines Nachbehandlungsschema nicht existiert. Der Therapeut richtet sich nach den Maßgaben des Arztes bzw. des Operateurs.
Nachfolgend ist die physiotherapeutische Behandlung am Beispiel einer konservativ versorgten **Außenbandruptur des oberen Sprunggelenkes** beschrieben (Supinations-/Inversionstrauma). Die therapeutischen Anwendungen/Techniken können auf andere Bandrupturen adäquat übertragen werden.
Unmittelbar nach der Verletzung:
- Erstmaßnahmen nach dem PECH-Schema (☞ Kap. 7.2) mit Abbruch der sportlichen Tätigkeit, Kältetherapie, Kompression und Hochlagerung.

Je nach Verbesserung der Symptome (Schmerz und insbesondere Schwellung) sind die nachfolgend angegebenen Steigerungen fließend. Bei ausgeprägten Hämatomen kann die Zeit bis zur aktiven Belastung auch länger dauern.
Eine optimale Belastungsfähigkeit der Bänder ist erst nach ca. einem Jahr erreicht. Allerdings kann durch spezielle Belastungen und propriozeptives Training die Adaptation so gut erreicht werden, dass eine vollständige Belastung früher möglich ist.

In den ersten ca. 7 Tagen sind Maßnahmen, die die Resorption fördern, den Schmerz lindern, Verklebungen vorbeugen indiziert:
- Manuelle Lymphdrainage zur Anregung des lymphatischen Abtransports (auch Ödemverschiebegriffe, ☞ Kap. 9.2)
- Salbenverband (☞ zum Aufbau eines Salbenverbandes siehe auch Kap. 10.2.4)
- Kompression mit Kompressionsformteilen und breiten Kurzzugbinden (außen in U-Form, innen Bumerangförmig, nach proximal abnehmender Druck, vom Fuß bis zum Kniegelenk wickeln
- segmentale Wärmetherapie zur vegetativen Dämpfung (z. B. Körnerkissen, Fangopackung, ☞ Kap. 9.3.1)
- isometrische Anspannung zunächst ohne, dann mit leichtem Krafteinsatz gegen das Widerlager des Kompressionsverbandes (Muskelpumpe unterstützt den schnelleren Abtransport des Hämatoms, Gewebeadhäsionen werden verhindert, Muskelatrophie vorgebeugt
- Iontophorese mit Dolobene® Gel (☞ Kap. 9.4.2)
- passive Bewegungen und/oder evtl. vorsichtige aktive Dehnungen (☞ Kap. 11.4.5) und dynamische Bewegungen im schmerzfreien Bereich (angrenzende Gelenke einbeziehen)
- vorsichtige Manuelle Therapie mit Traktion in Stufe 1 zum Verhindern oder Lösen von Adhäsionen (dabei ist auch das distale und proximale Tibiofibulargelenk zu prüfen und gegebenenfalls zu mobilisieren, da es nach Inversionstraumen dort häufig zu Funktionsstörungen kommt)
- vorsichtige Querfriktionen zum Ausrichten zugfester Fasern (☞ Abb. 10.11)

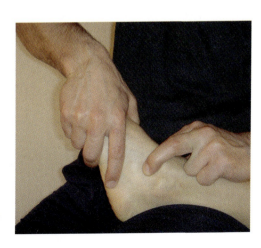

Abb. 10.11
Querfriktionen auf dem Lig. talofibulare anterior.

- lokale Kryokinetiks zur Anregung des Stoffwechsels (☞ Kap. 9.3.2), auch in Verbindung mit aktiven, dynamische Bewegungen (Zehen/Fuß hoch und Zehen/Fuß runter)
- Anbahnen der gesamten kinetischen Kette von den Mm. peronaei bis zu den Hüftabduktoren (z.B. „Kurzer Fuß" nach Janda, ☞ Kap. 11.4.4)
- alternatives Ausdauertraining im Kompressionsverband unter Abnahme der Eigenschwere (z.B. Schwimmen, Aqua Jogging, Ergometer, ☞ Kap. 11.4.2).

Nach ca. 1 Woche können die bisher genannten Maßnahmen ergänzt bzw. gesteigert werden.
Mit dem Abklingen der Schwellung kann der Kompressionsverband durch einen funktionellen Klebeverband ersetzt werden (☞ Kap. 12), der das Gelenk bei zunehmender Belastung sichert. Eine Aircast®-Schiene sorgt ebenfalls für eine Sicherung des Gelenks bei gleichzeitiger Kompression. Sie wird in der Regel für 6 Wochen getragen.
- tiefe Querfriktionen (☞ Kap. 11.4.5)
- Muskel- und Gelenkdehntechniken (☞ Kap. 11.4.5)
- Phonophorese zur Mobilisation der Vernarbung (☞ Kap. 9.4.1)
- rhythmische, neuromuskuläre Elektrostimulation (☞ Kap. 9.4.7).

Mit der Vertikalisierung kann eine **progressive propriozeptive Koordinationsschulung** begonnen werden unter Beachtung der Grundprinzipien des Koordinationstrainings (☞ Kap. 11.4.4). Ziel ist die Wiedererlangung der sensomotorischen Wahrnehmung und der Umsetzung bekannter Bewegungsabläufe, wie sie vor dem Trauma oder vor der Verletzung beherrscht wurden. Neue Bewegungsabläufe werden geschult werden, um zur Verletzungsprophylaxe beizutragen:
- konzentrisches, exzentrisches Krafttraining (z.B. Leg press)
- Sprunggelenktraining durch Laufschulung.

Ab ca. der 3. Woche kann eine weitere Steigerung erfolgen (z.B. Manuelle Therapie in Traktionsstufe 2 zum Spannen der Kapsel). Externe Stabilisatoren wie die Aircast®-Schiene und entlastende Tapeverbände werden zunehmend abgebaut oder durch einen Kinesio®-Tape ersetzt. Die nun durchgeführten Übungen simulieren die sportspezifische Belastung so weit wie möglich. Das Barfußtraining wird durch ein Training im Sportschuh ersetzt. Der Sportler setzt sein eigenes Sportgerät ein oder es wird nachgestellt (☞ Abb. 10.12).

Abb. 10.12 Simulation des Hockeyschlages mit reaktiver Stabilisation des Standbeins auf dem Posturomed®.

Ab der 5. Woche wird das sportspezifische Training in Intensität und Umfang gesteigert:
- Reaktions- und Schnellkrafttraining für die untere Extremität
- sportspezifisches Koordinationstraining auf dem Sportplatz oder in der Sporthalle mit dem Sportgerät
- Ganzkörperstabilisation.

Sport- und Wettkampffähigkeit : Bei konservativer Therapie nach ca. 6 Wochen, bei operativer Versorgung nach ca. 8 – 12 Wochen.
Die Eingliederung in das Mannschaftstraining hängt, wie bei der Behandlung des Muskelfaserrisses, von vielen Faktoren ab. Leistungsdiagnostische Messungen (isokinetischer Krafttest am Cybex®), Bodenreaktionsplatten (Fastex®), sollten erfasst und dokumentiert werden. Sie stellen ein objektives Kriterium für die Integration des Sportlers in das Wettkampfgeschehen dar.
Jeder Bänderriss stellt eine Defektheilung mit Vernarbung dar. Um weiteren Verletzungen vorzubeugen, muss der Sportler ein individuelles Programm zur Erhaltung der Propriozeption durchführen.

10.4.3 Luxation

Die Luxation (Verrenkung) zeichnet sich aus durch eine vollständige oder unvollständige (Subluxation) Verschiebung zweier gelenkbildender Knochenenden gegeneinander (☞ Kap. 7.4): Bei einer vollständigen Luxation sind die Gelenkflächen voneinander entfernt, bei einer unvollständigen bleibt ein Teil der Gelenkfläche noch in Kontakt.

An häufigsten betroffen sind Schlüsselbein, Schulter, Ellenbogen, Kniescheibe und Finger.
Ist ein Gelenk einmal luxiert gewesen oder liegen Anomalien vor, besteht die Gefahr der habituellen Luxation.

Ursachen
- direktes Trauma durch Sturz oder Zusammenprall
- vorbestehende Kapselausweitung (Gefahr der habituellen Luxation).

Klinik und Diagnostik
Bei einer Luxation nehmen meist Bänder, Kapsel und Knorpel Schaden. Die Ausprägung der Strukturschädigungen ist abhängig vom Grad der Luxation: Bei einer Subluxation kommt es meist „nur" zur Kapselüberdehnung und Bänderzerrung. Bei einer Luxation hingegen kommt es zum Bänder- und Kapseleinriss. Hier besteht auch die Gefahr, dass Nerven und Gefäße reißen oder zumindest geschädigt werden. Möglich ist ebenfalls die Luxation einer Sehne, beispielsweise bei einem Supinationstrauma im oberen Sprunggelenk, wenn das Retinaculum peroneorum reißt (Kap. 10.4.2).
- schmerzhafte Gelenkschwellung, Hämatom
- abnorme Stellung des Gelenkes, verschobene Gelenkkontur
- Palpation der leeren Gelenkpfanne bei Luxation
- aktive Bewegung teilweise (Subluxation) oder völlig (Luxation) aufgehoben
- hypertone Umgebungsmuskulatur.

Röntgenbild in zwei Ebenen, auch zum Ausschluss einer knöchernen Beteiligung (Luxationsfraktur).

Ärztliche Therapie
Konservativ:
- sofortige Reposition (verschiedene Repositionsmanöver, die nur vom Arzt durchgeführt werden sollten), gegebenenfalls unter Narkose
- antiphlogistische, exsudative Medikation

Operativ:
- offene Reposition, wenn geschlossene Repositionsmanöver erfolglos oder wenn längere Zeit vergangen ist (durch Gewebeveränderungen ist eine spätere Reposition meist nicht mehr ohne OP möglich)
- Versorgung von Begleiterscheinungen: ggf. Osteosynthese, Refixation der Kapsel, Bandnaht

- anschließende Ruhigstellung für 3–6 Wochen (je nach betroffenem Gelenk, OP-Verfahren, Grad der Schädigung/Begleiterscheinungen)
- limitierte Bewegungsausschläge.

Physiotherapeutische Behandlung
Sofortige Ruhigstellung und Kühlung des betroffenen Gelenkes (PECH-Schema ☞ Kap. 7.2). Transport zum Arzt oder ins Krankenhaus zur weiterführenden Diagnostik und Reposition.
Die physiotherapeutischen Maßnahmen sind zunächst auf eine Schmerzlinderung und Förderung der Resorption ausgerichtet:

- lokale Kälteanwendung (☞ Kap. 9.3.2)
- Ultraschall, Phonophorese (☞ Kap. 9.4.1)
- Ultrareizstrom (☞ Kap. 9.4.4)
- segmentale Wärmeanwendung, später auch lokal, um Verklebungen zu lösen, verkürzte Muskulatur zu lockern (z. B. Heiße Rolle, ☞ Kap. 9.3.1)
- Massagetherapie, vorsichtige Längs- und Querdehnung zur Detonisierung der Umgebungsmuskulatur
- dynamische Bewegungen angrenzender Gelenke.

Nach Abklingen der akuten Beschwerden sind gezielte Maßnahmen zur Bewegungserhaltung und -verbesserung, zur Muskelkräftigung und Funktionsschulung möglich. Stets unter Beachtung vorgegebener Bewegungsausmaße!

- stabilisierender Verband (☞ Kap. 12)
- isometrische Spannung aus verschiedenen Ausgangsstellungen
- langsam zu steigerndes und gezieltes Krafttraining (konzentrisch, exzentrisch, ☞ Kap. 11.4.1)
- Koordinations- und Propriozeptionstraining (☞ Kap. 11.4.5)
- Alternativtraining zum Erhalt der Ausdauer.

Sport- und Wettkampffähigkeit: Je nach Gelenk, Finger 6–8 Wochen, Schulter 3–4 Monate.

> **Merke**
> Zu Anfang des Trainings kann es nötig sein, die verletzte Struktur mit einem externen Stabilisationsverband zu schützen (☞ Kap. 12.1).

10.4.4 Bursitis

Schleimbeutel übernehmen Polsterfunktion, indem sie Reibungen verhindern und Druckspitzen verteilen. Man findet sie zwischen

Sehne und Knochen, zwischen zwei Sehnen, an Sehnenansätzen – also überall dort, wo die Druckverhältnisse es erforderlich machen. Bei Bedarf verschafft sich der Organismus an solchen Stellen eine individuelle Bursa.

Ursachen
- mechanische Überlastung, häufig in Verbindung mit einer Kompression (z. B. von außen durch Druck der Fersenkappe an der Bursa subachillea, von innen beim Heben des Armes Druck auf die Bursa subdeltoidea)
- direkte Gewalteinwirkung (z. B. Sturz auf das Knie)
- infektiöse Bursitiden können sich nach Hautschäden durch Abschürfung bilden.

Klinik und Diagnostik
- schmerzhafte Schwellung, gelegentlich Fluktuation
- gelegentlich Krepitationen
- überwärmtes Gewebe
- verschwommene Sehnen-, Gelenkkontur.

Ärztliche Therapie
Konservativ:
- Ruhigstellung
- Orale Gabe von Antiphlogistika
- Punktion
- lokale Injektion, Infiltration mit einem Lokalanästhetikum und/oder Kortikoiden

Operativ:
- Bei Therapieresistenz chirurgische Entfernung der Bursa.

Physiotherapeutische Behandlung
- lokale Kälteanwendung (☞ Kap. 9.3.2)
- analgetische, entzündungshemmende Salbenverbände (☞ Kap. 8, zur Anlage eines Salbenverbandes siehe auch Kap. 10.2.4)
- Ultraschalltherapie (0,1 – 0,5 W/cm² für 5 Min.), Iontophorese mit Voltaren® Emulgel (☞ Kap. 9.4.1)
- Diadynamische Ströme (DF 2 Min., CP 5 Min. sensibel schwellig bis sensibel überschwellig, ☞ Kap. 9.4.3)
- Muskeldehnungen (☞ Kap. 11.4.5)
- mechanische Entlastung des Schleimbeutels durch einen funktionellen Verband oder einen Kinesio®-Tape-Verband (☞ Kap. 12)
- Gelenkfunktionsstörungen als Ursache können mittels manueller Therapie beseitigt werden (z. B. Mobilisation der Quadrizepssehne und Patella).

Bei Rückgang der Beschwerden und zur Prophylaxe von Rezidiven:
- Abstellen muskulärer Dysbalancen
- Propriozeptionstraining/Koordinationstraining
- Rolltraben mit MBT®-Schuhen (☞ Kap. 2.2)
- Ausdauertraining auf dem Laufband, Stepper, Crosstrainer
- Überprüfen des Laufstils und Sportschuhs durch geeignete computergestützte Verfahren (Laufbandanalyse, podologische Statikbestimmung etc.)
- Analyse des sportspezifischen Bewegungsablaufs
- Abstellen von Fehlbewegungen, die zur Überbelastung führen
- Trainingsalternativen erarbeiten
- prophylaktisch sollte jede Hautabschürfung mit Desinfektionsmittel versorgt werden (☞ Kap. 7.3.1)
- an Stellen mit hoher mechanischer Reibung kann ein Hohllegen mit ausgeschnittenem Schaumgummi die Bursa entlasten
- traumatische Bursitiden kann man durch konsequentes Tragen von Protektoren verhindern (Ellenbogenschoner, Knieschoner).

Sport- und Wettkampffähigkeit: Bei konservativer Versorgung ca. 1 Woche, bei operativer Versorgung ca. 6–8 Wochen.

10.4.5 Meniskusverletzungen

Verletzungen der Menisken des Kniegelenkes sind im Sport häufig. Der Innenmeniskus ist durch seine Befestigung am Innenband häufiger betroffen.
Die Schwere der Verletzung reicht vom leichten Druckschaden über Anrisse bis hin zum vollständigen Abriss des gesamten Meniskus.

Ursachen
Auslösendes Moment sind Oberschenkelrotationsbewegungen über dem fixierten Unterschenkel (meist bei gebeugtem Knie), die zu einer Quetschung oder einem (An-)Riss führen können.

Klinik und Diagnostik
- sofortiger Schmerz am entsprechenden Kniegelenkspalt, deutlicher Palpationsschmerz
- schmerzhafte Streckhemmung bei Meniskuseinklemmung
- Beugebehinderung, Überstreckungsschmerz bei Hinterhornriss
- evtl. tastbare Vorwölbung
- Schwellung des Knies, evtl. Hämatom.

Durchführen typischer Knietests (Test nach Payr oder Apley). Röntgen in zwei Ebenen. Kernspintomografie. Punktion eines möglichen

Ergusses. Ist das Punktat blutig, weist dies auf einen schweren Schaden im Gelenk hin. Sicherung der Diagnose und gleichzeitige Sanierung durch Arthroskopie.

Ärztliche Therapie
Konservativ:
- Punktion der Schwellung
- ggf. Injektion eines Lokalanästhetikums

Operativ:
- Arthroskopische Entfernung von Meniskusteilen oder des gesamten Meniskus
- Refixation von Meniskusteilen bei Längsrissen
- anschließende Ruhigstellung je nach Vorgabe des Operateurs (nach arthroskopischem Eingriff bei Meniskusteilresektion für ca. 4–5 Tage, dann langsame Belastungssteigerung bis Vollbelastung, bei totaler Meniskusentfernung nach ca. 2 Wochen, bei Meniskusrefixation 2 Wochen Teilbelastung, dann zügig steigern oder alternativ bei nicht verlässlichen Patienten Ruhigstellung für 4–6 Wochen).

Physiotherapeutische Behandlung
Unmittelbar nach der Verletzung bzw. bei Verdacht auf Meniskusläsion:
- Einleitung der Erstmaßnahmen nach dem PECH Schema (☞ Kap. 7.2) mit Abbruch der sportlichen Aktivität, Kühlung, Kompression und Hochlagerung

Den Sportler so schnell wie möglich zwecks weiterführender Diagnostik in ein Krankenhaus bringen.
Die anfängliche physiotherapeutische Behandlung zielt auf eine Schmerzlinderung, die Resorption eines Hämatoms und der Schwellung, Erhalten der Kraft und Beweglichkeit angrenzender Gelenke und Muskulatur:
- lokale Kälteanwendungen (☞ Kap. 9.3.2)
- Manuelle Lymphdrainage (☞ Kap. 9.2)
- Anlage eines den Lymphabfluss unterstützenden Kinesio®-Tape-Verbandes (☞ Kap. 12.2)
- Diadynamische Ströme 2× täglich (DF 1 Min., CP 3 Min., LP 2 Min., ☞ Kap. 9.4.3)
- Iontophorese, z. B. mit Voltaren® Emulgel®
- tägliches Training aller nicht betroffenen Extremitäten (60 %–80 % der Maximalkraft)
- Herz-Kreislauf-Training am Oberkörperergometer

- Einsatz von Bewegungsschienen (vorgegebene Bewegungsausmaße!).

Nach Ruhigstellung und zum Erreichen der vollen Beweglichkeit (normale, reizfreie Funktion):
- Abstellen muskulärer Dysbalancen
- Funktionsmassage und Querdehnungen der hypertonen Muskulatur (Mm. ischiocrurales, M. tensor fasciae latae, M. gastrocnemius)
- aktive Bewegungsübungen
- leichtes Gerätetraining mit 30% der Maximalkraft bei möglichst proximalem Widerstand
- mit Zunahme der Belastungsfähigkeit steigern auf 60% – 80% der Maximalkraft bei zunehmend distalem Widerstand
- Fahrradergometer
- Aqua Jogging ohne und mit Bodenkontakt, Aquafitness.

Zur aktiven Stabilisation, bestmöglichen Koordination der geschädigten Strukturen:
- „Kurzer Fuß" nach Janda zur Erhöhung der Propriozeptionsleistung der Fußsohle und zur Einleitung der Muskelkettenkoordination (☞ Kap. 11.4.4)
- Übungen auf dem Posturomed®, Weichmatte, Minitrampolin, labilen Unterstützungsflächen wie Kreisel, Wobbler, Schaukelbrett (auch in Verbindung mit Kraftgeräten)
- sportspezifisches Training am Gerät
- Rolltraben mit MBT®-Schuhen (☞ Kap. 2.2)
- Ausdauertraining auf dem Laufband, Stepper, Crosstrainer
- Überprüfen des Laufstils und Sportschuhs durch geeignete computergestützte Verfahren (Laufbandanalyse, podologische Statikbestimmung etc.)
- Analyse des sportspezifischen Bewegungsablaufs
- Abstellen von Fehlbewegungen die zur Überbelastung führen.

Merke
Zu Anfang des Trainings kann es nötig sein, die verletzte Struktur mit einem externen Stabilisationsverband zu schützen. Je nach Ausgangssituation wird man einen funktionellen Verband (☞ Kap. 12.1) oder einen die Muskulatur aktivierenden Kinesio®-Tape-Verband wählen (☞ Kap. 12.2).

Sport- und Wettkampffähigkeit: Bei konservativer Versorgung nach ca. 2 – 4 Wochen, bei operativer Versorgung ca. 6 – 8 Wochen.

Wiedereingliederung in den normalen Trainingsbetrieb zunächst unter Kontrolle und Anleitung des Physiotherapeuten und des betreuenden Arztes.

10.5 Verletzungen der Knochen

10.5.1 Periostitis

Funktionell entstehen Entzündungen der Knochenhaut nach intensiven, langen oder ungewohnten Belastungen.
Knochenhautreizungen betreffen vorwiegend den Unterschenkel. Sie kommen oft in Verbindung mit Kompartmentsyndromen vor oder sind Vorbote einer Stressfraktur.

Ursachen
- direktes Foulspiel (z. B. Tritt gegen das Schienbein)
- Fehlbelastungen aufgrund statischer Veränderungen am Fuß, insbesondere Überpronation oder Führungsinstabilitäten des Kalkaneus (z. B. nach Inversionstrauma)
- Training auf hartem Untergrund oder mit ungedämpften Schuhen (Spikes)
- Wechsel des Bodenbelags (z. B. Wechsel von Hallen- auf Bahntraining)
- Wechsel der Technik oder Veränderung des Sportgeräts.

Klinik und Diagnostik
- lokale Schwellung
- Druckschmerzhaftigkeit
- Belastungsschmerz.

Ärztliche Therapie
Orale Gabe von Antiphlogistika.

Physiotherapeutische Behandlung
- analgesierende, entzündungshemmende Salbenverbände (☞ Kap. 8, zur Anlage siehe auch Kap. 10.2.4)
- analgetische, entzündungshemmende Stromformen (☞ Kap. 9.4)
- lokale Kälteanwendungen (z. B. Eislolly nach jedem Training, ☞ Kap. 9.3.2)
- Reduktion der Belastung oder Sportkarenz
- evtl. auf alternative Sportarten ausweichen (z. B. Aqua Jogging, Radfahren)

- tonusregulierende Dehnungen (☞ Kap. 11.4.5)
- Kräftigung der Fußmuskulatur („Kurzer Fuß" nach Janda, ☞ Kap. 11.4.4)
- tonusreduzierende, entlastende kinesiologische Verbände (☞ Kap. 12.2)
- Trainingsanalyse auf Umfang, Intensität, Belastungsdichte und Terrain
- computergestützte Laufbandanalyse und ggf. Korrektur des Laufschuhs (☞ Kap. 2.2)
- computergestützte Fußanalyse, ggf. Einlagenversorgung (☞ Kap. 2.2)
- langsames Heranführen an wechselnde Untergründe, neue Sportgeräte oder Technikmodifikationen
- konsequentes Tragen der persönlichen Schutzausrüstung (Schienbeinschoner) beim Training und im Wettkampf.

Bestehen die Beschwerden über 6 Wochen hinaus, sollte differenzialdiagnostisch ein Ermüdungsbruch/Stressfraktur ausgeschlossen werden (☞ Kap. 10.5.2).

10.5.2 Stressfraktur

In Folge einer „Materialermüdung" von Knochengewebe. Anfangs oft nur kleine Fissuren, die sich ausdehnen und/oder zur Dauerfissur bzw. zum spontanen Bruch führen.

Bevorzugt treten Stressfrakturen an der Tibia und Fibula auf, am Os naviculare, den Ossa metatarsalia II und III, seltener am Schenkelhals und an den Rippen. Häufig geht ihnen eine Knochenhautentzündung/Periostitis voraus (☞ Kap. 10.5.1).

Ursachen

Mehrmalige außergewöhnlich hohe oder dauerhafte Überlastung der Muskulatur (z. B. beim Marathonlauf, Bergsprints mit Bleiweste).

Klinik und Diagnostik
- Schmerz, der sich im Laufe von Wochen verstärkt, seltener akute Beschwerden (kein Hinweis auf eine vorausgegangene Verletzung)
- Schwellung, Hämatom
- abnorme Stellung
- Schmerzzunahme bei Palpation
- Krepitation beim Bewegen.

Bildgebende Verfahren: Ein Röntgenbild ist am Beginn einer Stressfraktur häufig ohne Befund. Wird 2–3 Wochen später nachgeröntgt, hat sich eine sichtbare Kallusansammlung gebildet.

Ärztliche Therapie
Konservativ:
- Ruhigstellung für 4–6 Wochen, je nach Lokalisation

Operativ:
- Fixation der Knochenfragmente mit Kirschnerdraht, Schrauben und Platten.

Physiotherapeutische Behandlung
- Sportkarenz
- Alternativtraining zum Erhalt der Kondition und Kraft (z. B. Aqua Jogging, Ergometer)
- Aufbautraining unter besonderer Berücksichtigung der Fußstatik („Kurzer Fuß" nach Janda, ☞ Kap. 11.4.4)
- computergestützte Fußanalyse und gegebenenfalls Einlagenversorgung (☞ Kap. 2.2)
- computergestützte Laufbandanalyse und gegebenenfalls Laufschuhkorrektur (☞ Kap. 2.2)
- Trainingsanalyse auf Umfang, Intensität, Dichte, Regenerationszeiten
- Analyse von Technik und Sportgerät.

Sport- und Wettkampffähigkeit: Nach ca. 12–16 Wochen. Langsamer Wiedereinstieg in die sportliche Aktivität, je nach Lokalisation der Stressfraktur nach 10–12 Wochen. Zuerst wird der Umfang, dann die Intensität und letztlich die Dichte gesteigert. Die Vollbelastung ist nach 12–16 Wochen möglich.

10.5.3 Fraktur

Kontinuitätsverlust des Knochens (☞ Kap. 7.4). Man unterscheidet Querbrüche, Schrägbrüche, Spiralbrüche, Kompressionsfrakturen und Trümmerbrüche. Ist ein Gelenk beteiligt spricht man von einer Gelenkfraktur. Abrissfrakturen findet man an Sehnen und Bändern.
Bei Frakturen wird ferner unterschieden zwischen offenen Frakturen, bei denen die Haut verletzt ist (durchspießt) und ein erhöhtes Infektionsrisiko vorliegt (Gefahr einer Osteomyelitis) und geschlossenen Frakturen ohne Hautverletzung.

Ursachen
- direkte oder indirekte Gewalteinwirkung
- bei Ermüdungsfrakturen liegt eine dauernde örtliche Überbelastung vor (☞ Kap. 10.5.2).

Klinik und Diagnostik
Unsichere Frakturzeichen:
- Schmerz
- Schwellung
- Hämatom
- eingeschränkte Funktion

Sichere Frakturzeichen:
- abnorme Stellung
- Krepitationen
- Tasten der Fraktur, Schmerzzunahme bei Palpation.

Bildgebende Verfahren: Röntgenbild

Ärztliche Therapie
Konservativ:
- Ruhigstellung im Gips- oder Kunststoffverband (je nach Lokalisation und Schwere der Verletzung werden Unterarmbrüche für 4–6 Wochen, Unterschenkelbrüche für 12 Wochen immobilisiert)

Operativ:
- je nach Form und Lokalisation der Fraktur Fixation mit Kirschnerdraht, Schrauben, Platten oder Fixateur extern.

Physiotherapeutische Behandlung
- Alternativtraining der nicht betroffenen Extremitäten zum Erhalt der Kondition und Kraft
- isometrische Übungen im Gipsverband zur Atrophieprophylaxe
- Elektromyostimulation der Muskulatur im Gipsverband über Gipsfensterung möglich (☞ Kap. 9.4.7).

Nach Freigabe der Bewegung erfolgt ein langsamer Wiedereinstieg in das Aufbautraining nach den Grundlagen der Trainingstherapie (☞ Kap. 11)
Sport- und Wettkampffähigkeit: Nach 8–16 Wochen.

11 Medizinisches Aufbautraining nach Verletzungen

> Die in diesem Kapitel vorgestellten Inhalte richten sich in erster Linie an Sportphysiotherpeuten! Aber auch Trainer, der Sportler selbst und Betreuer finden wissenswerte Informationen, die ihnen in ihrer täglichen Berufspraxis begegnen können. Es muss jedoch beachtet werden, dass die Anwendung der nachfolgend beschriebenen speziellen Techniken ausschließlich den darin Geschulten und Fachkundigen vorbehalten bleibt!

Das Medizinische Aufbautraining (MAT) in der Rehabilitation von Verletzungen befasst sich – anders als in der Prävention – mit der **Wiederherstellung** der körperlichen Leistungsfähigkeit und der motorischen Fähigkeiten (☞ Kap. 4). Der Ansatzpunkt für die Therapie bzw. die Rehabilitation ist demzufolge ein anderer: Während bei der Prävention von einem normalen, d.h. physiologischen Belastungsniveau ausgegangen werden kann, ist das Belastungsniveau in der Rehabilitation herabgesetzt. Ursachen dafür liegen in Strukturschädigungen der Muskulatur, Bänder oder Menisken und vorausgegangenen Verletzungen der Knochen und/oder Gelenke (☞ Kap. 10), die zu sekundären Atrophien der Muskulatur führen.

Das MAT als Form der Medizinischen Trainingstherapie (MTT) schließt sich an die postoperative physiotherapeutische Behandlung an (☞ Kap. 10) und verläuft angelehnt an die **vier Phasen** der Rehabilitation (☞ Kap. 11.2). Es beinhaltet ein **individuell** gestaltetes, an den jeweiligen Belastungs- und Trainingszustand des Verletzten angepasstes **Krafttraining** (Maximalkraft, Kraftausdauer, Schnellkraft, ☞ Kap. 11.4.1), ein **Ausdauertraining** (☞ Kap. 11.4.2) ein **Schnelligkeits- und Koordinationstraining** (☞ Kap. 11.4.3 und 11.4.4) sowie Maßnahmen zur Verbesserung der **Beweglichkeit** (☞ Kap. 11.4.5).

Die Dosierung dieses individuellen Aufbautrainings wird bestimmt durch adäquate Therapie- und Trainingsreize. Bei diesen **Trainingsparametern** handelt es sich um:

- **Reizqualität:** die Art eines Reizes, z.B. Bewegung gegen Widerstand

- **Reizintensität:** die Stärke eines Reizes, z. B. die Größe eines Gewichtes in kg, die Intensität eines Widerstandes (groß, klein, mittel)
- **Reizdauer:** die Dauer eines Einzelreizes oder einer Reizserie, d. h. die Anzahl der Wiederholungen pro Serie und Anzahl der Serie selbst, z. B. 15 Wiederholungen mit einem Gewicht von 20 kg, diese Serie wird 5× wiederholt
- **Reizdichte:** Zeit bzw. Verhältnis zwischen Belastung und Pause
- **Reizumfang:** Dauer und Anzahl der gesetzten Reize während einer Therapieeinheit
- **Reizfrequenz:** Anzahl der Therapieeinheiten pro Tag und Woche.

Ziel eines MAT ist immer eine **Adaptation** (Anpassung) von Gewebe- und Organsystemen. Die MAT innerhalb der Sportphysiotherapie (wie auch der allgemeinen Physiotherapie) zielt auf zwei Organsysteme: das neuromuskulär-arthrogene System und das kardiozirkulatorisch-respiratorische System. Grundlegend für eine Adaptation eines und/oder beider Organsysteme ist das Prinzip der **Superkompensation:** Die erste Reaktion eines Gewebes/Systems auf einen Reiz ist eine Abnahme der Belastbarkeit, gefolgt von der Rückkehr auf das Ausgangsniveau und schließlich kommt es zu einem Anstieg der Belastbarkeit. Vereinfacht gesagt, ein Leistungszuwachs kommt aus der Erholung. Für das MAT (wie auch das sportliche Training an sich) bedeutet dies:

- Folgt einem Trainingsreiz kein weiterer, kehrt die Belastbarkeit auf das Ausgangsniveau zurück. Von Bedeutung sind adäquate Reizdauer, Reizumfang und Reizfrequenz.
- Zu lange Pausen/Ruhephasen zwischen den Reizen steigern nicht die körperliche Leistungsfähigkeit. Das Ausgangsniveau bleibt erhalten. Von Bedeutung sind die Reizdichte, die Reizdauer und die Reizfrequenz.
- Zu kurze Pausen mindern die Leistungsfähigkeit. Das Gewebe hat sich noch nicht ausreichend erholt. Von Bedeutung sind Reizdichte, Reizdauer und Reizfrequenz.
- Unterschwellige Reize lösen keine Adaptation aus, d. h. die Anwendung immer gleicher Reize verbessert nicht die Leistungsfähigkeit. Eine Leistungssteigerung ist nur durch Veränderungen der Reizintensität erzielbar. Von Bedeutung sind vor allem Reizintensität, Reizdauer und Reizqualität.

Vor der Gestaltung bzw. der Durchführung eines Medizinischen Aufbautrainings und damit dieses individuell erfolgen kann, muss ein Befund aufgenommen werden.

11.1 Befunderhebung

Der Therapeut kann zwar anhand der ärztlichen Diagnose typische Symptome einer Verletzung/Krankheit ableiten, doch die aus dieser Verletzung resultierenden *individuellen* Beschwerden und Funktionseinschränkungen sind nicht ablesbar. Für den Therapeuten ist es daher von besonderer Bedeutung, eine „eigene" Befunderhebung vorzunehmen. Nur so kann er das tatsächliche individuelle Ausmaß der Verletzung einschätzen und den Behandlungsplan adäquat aufstellen sowie entsprechend geeignete Rehabilitationsmaßnahmen durchführen. Ein nur auf der Diagnose beruhender Behandlungsplan wird den individuellen Beschwerden und Funktionseinschränkungen des verletzten Sportlers nicht gerecht. Mit einer befundgerechten Behandlung können außerdem eventuelle Folgeschäden rechtzeitig erkannt und behandelt werden.

Ziele der Befunderhebung bei Sportverletzungen:
- aktuellen Belastungsstatus hinsichtlich Kraft, Ausdauer und Koordination erkennen
- schmerzhafte Strukturen erkennen und einordnen
- Gelenkeinschränkungen (Beweglichkeit, Beweglichkeitsminderungen) und muskuläre Defizite erkennen
- momentane psychische Verfassung des Patienten feststellen, die Einstellung gegenüber der Verletzung/Erkrankung.

Die allgemeine Befunderhebung in der Sportphysiotherapie respektive in der Rehabilitation von (Sport-) Verletzungen unterscheidet sich kaum von der Befunderhebung in der Physiotherapie und beinhaltet verschiedene, aber in jedem Falle einander ergänzende Untersuchungsvorgänge: Anamnese, Inspektion, Palpation, Umfangsmessungen, Funktionsbefund.

Demgegenüber stehen die Befunderhebung im Akutfall (☞ Kap. 11.1.1), die für einen Sportphysiotherapeuten ebenso bedeutsam ist, sowie Möglichkeiten der Befundung bei rezidivierenden Beschwerden (☞ Kap. 11.1.2).

Unabhängig davon, ob akute Sportverletzungen oder rezidivierende und chronische Sportschäden vorliegen, sollte der Sportphysiotherapeut in der Rehabilitation von Verletzungen alle nachfolgend beschriebenen Untersuchungsgänge vornehmen. Es ist empfohlen, nachfolgendes Schema einzuhalten, da die Befundergebnisse auch aufeinander aufbauen.

Anamnese

Die Anamnese gliedert sich in eine allgemeine Anamnese und eine spezielle, d. h. auf das jeweilige Krankheitsbild bzw. die momentane Verletzung gerichtete Anamnese.

Eine ausführliche Anamnese gibt dem Therapeuten nicht nur Auskunft über das Beschwerdebild, sondern vermittelt interpretativ auch Eindrücke und Erkenntnisse, wie der Patient mit seiner Verletzung umgeht.

Die innerhalb der Anamnese gewonnenen Informationen/Daten sollten in einem Anamnesebogen, einem entsprechenden Befundbogen oder einer Spielerkartei dokumentiert werden (☞ Kap. 11.1.3).

Allgemeine Anamnese

Im Rahmen der allgemeinen Anamnese nach Sportverletzungen sollte sich der Therapeut so umfassend wie möglich über den Patienten/Verletzten informieren. Dazu zählen:
- Persönliche Daten
  - Angaben zur Person, Familienstand/soziales Umfeld
  - Größe, Gewicht, Alter
  - Behandelnder Arzt, Diagnose, Begleitdiagnosen
- Patientenangaben/Eigenanamnese
  - eventuelle relevante Grunderkrankungen wie Haut- oder Stoffwechselerkrankungen, Allergien (z. B. Medikamente, Kontaktgel)
  - frühere Verletzungen, Traumen, Operationen, Geburten
  - genaue Angaben über Unfallmechanismus, Unfallort, Unfalldatum und Unfallursache der momentanen Verletzung
  - bisher erfolgte Therapien und deren Erfolg aus der Sicht des Patienten.

Spezielle Anamnese

Die spezielle Anamnese orientiert sich an der durch den Arzt gestellten Diagnose und beinhaltet vor allem eine ausführliche Schmerzanamnese. Erfragt werden sollen:
- Schmerzlokalisation, Schmerzausstrahlung
- Hauptbeschwerden, Nebenbeschwerden
- Schmerzqualität (Brennen, Stechen, Ziehen, dumpfer Schmerz, elektrisierender Schmerz oder Taubheitsgefühl?)
- Schmerzverhalten (Dauerschmerz, bei Belastung oder in Ruhe, morgens, abends, nachts?)
- Schmerzbeeinflussung, intensivierende oder abschwächende Faktoren (Beeinflussung durch Haltung?).

Für die spezielle Anamnese zudem wichtig sind ärztliche Zusatzangaben wie:
- Untersuchungsergebnisse (Röntgen, CT, MRT, Labor etc.)
- OP-Bericht
- Hilfsmittelversorgung (Bewegungsschiene, Orthesen, Gehstützen)
- therapeutische Vorgaben
    - vorgegebenes Bewegungsausmaß (Einschränkung in eine/mehrere Bewegungsrichtungen?)
    - erlaubte Belastung, Gangbelastung (Voll- oder Teilbelastung?).

Der Therapeut sollte innerhalb des Gespräches eine Vertrauensbasis schaffen. Von prognostischen Aussagen über Verletzungs- und Therapieverlauf, die der Patient häufig vom Therapeuten erwartet, sollte dieser jedoch Abstand nehmen. Denn eine aus solchen Aussagen hervorgehende zu hohe Erwartungshaltung des Patienten dem Therapeuten gegenüber kann häufig nicht erfüllt werden. Der Therapeut muss einer Erwartungshaltung auch nicht gerecht werden, denn der Verlauf einer Therapie liegt vielmehr und zum großen Teil in der Verantwortlichkeit des Patienten. Diesem gegenüber sollte also die Individualität der Verletzung sowie des Therapieverlaufes klar und deutlich geäußert werden. So wird der Patient eher bereit sein, eigenverantwortlich bei der Therapie mitzuarbeiten.

Inspektion

Im Rahmen der Inspektion wird das gesamte äußere Erscheinungsbild mit allen Veränderungen der Körperoberfläche sowie der Haltungsstatus erfasst. Die Inspektion liefert zu den bereits gewonnenen Angaben aus der Anamnese wichtige und weiterführende Informationen. Zwar ist beim Sichtbefund die Diagnose des Arztes richtungsgebend, die Inspektion beschränkt sich jedoch nicht auf ein Gelenk oder das jeweilige Verletzungsareal. Beurteilt werden immer auch angrenzende Gebiete bzw. der gesamte Körper.
Beurteilt werden:
- Haut (Farbe, Durchblutung)
- Wunden, Narben
- Schwellungen, Quellungen, Einziehungen
- Faltenbildung in bestimmten Segmenten und Ekzeme können Hinweise auf eine vorliegende Störung geben (☞ Kap. 11.1.2)
- Muskulatur (Muskelrelief, Hyper- oder Hypotrophie)
- Gelenke (Gelenkstellung, Asymmetrien, Schon- oder Fehlhaltungen, Deformitäten)
- Haltungsstatus: Die Beurteilung des Haltungsstatus richtet sich

nach dem verletzten Areal (obere oder untere Extremität, Rumpf) und umfasst jeweils auch die angrenzenden Gebiete bzw. Gelenke. Das momentane Haltungsbild des Sportlers kann Hinweise auf mögliche muskuläre Dysbalancen und vorliegende Schädigungen am Bewegungsapparat geben. Je nach Zustand des Patienten wird der Haltungsstatus im Liegen, im Stand, im Gang oder im Sitz beurteilt. Besichtigt wird von ventral, dorsal und von lateral (beide Seiten).
– Körperlot
– Fußstellung, Fußbelastung, Quer- und Längsgewölbe (jeweils im Seitenvergleich)
– Kniestellung/Kniekehle
– Gesäßfalte, Hüftgelenke
– Beckenstellung, Beckenkämme, ISG
– Taillendreieck, Bauchmuskulatur
– Wirbelsäulenstellung: LWS-Lordose, BWS-Kyphose, HWS-Lordose
– Schulterblätter, Schulterhöhe, Schulternackendreieck.

Bei Verletzungen der unteren Extremität muss der Haltungsstatus des gesamten Körpers ermittelt werden. Da sich die Körperstatik von kaudal her aufbaut, kommt es gerade bei Verletzungen im Fuß- und Beinbereich aufgrund von Bewegungs- und Belastungseinschränkungen zu Verschiebungen in der Körperstatik und zu Fehlbelastungen, die sich nach kranial hin fortsetzen. Daraus resultierende eventuelle Folgeschäden (z. B. muskuläre Verspannungen im LWS- oder HWS-Bereich) muss der Therapeut immer im Auge haben und vorbeugen bzw. den Patienten entsprechend anleiten.

Bei Verletzungen der oberen Extremität muss ebenso der Oberkörper/die Wirbelsäule beurteilt werden, da Schonhaltungen und verminderte Belastungen des Armes Auswirkungen auch auf die Rumpfbeweglichkeit haben können.

Palpation

Der Tastbefund erfolgt während oder im Anschluss an die Inspektion und liefert weiterführende (oftmals bestätigende) Informationen über die innerhalb der Inspektion gewonnenen Auffälligkeiten.

Eine gute und genaue Palpation beginnt mit geringem Druck, etwa so groß wie der Druck, der beim Palpieren des Augapfels durch das geschlossene Lid hindurch ausgeübt wird. Mit einschleichender Zunahme des Druckes werden dann die tiefer liegenden Strukturen erfasst (Muskeln, Sehnen, Bänder, Knochen und Gelenke). Dabei

geben Schmerzen, die durch eine Palpation bewusst oder unbewusst ausgelöst werden, Hinweise auf gestörte Strukturen.
Voraussetzung für eine aussagekräftige Palpation ist die genaue Kenntnis anatomischer Strukturen.
Palpiert werden:
- Haut/Unterhaut, Binde- und Stützgewebe (Temperatur, Elastizität, Verschieblichkeit, Turgor)
- Narben (Verschieblichkeit, Verklebungen)
- Muskulatur, Sehnen (Hyper- oder Hypotonus, muskulärer Hartspann, Myogelosen, Verhärtungen, Trigger-Points)
- Gelenke (Gelenkstellung, Gelenkspalt, Gelenkkapselansätze, Bänder, Krepitationen)
- Nerven (Schmerz).

Die Palpation peripherer Nerven ist an sich nicht schmerzhaft. Nerven haben die Fähigkeit, einer Kompression von außen auszuweichen und sind zudem von schützendem Bindegewebe umgeben. Normalerweise empfinden die Patienten ein tiefes, dumpfes Gefühl bei der Palpation. Wird allerdings ein Nerv an einer Stelle mit wenig Bindegewebe und hohem Anteil an sensorischen Fasern palpiert, können Reaktionen wie Kribbeln oder Parästhesien ausgelöst werden, die jedoch nicht zwangsläufig auf eine Störung des Nervs hindeuten müssen. Um beurteilen zu können, ob eine sensible/nervale Reaktion auf eine Läsion der Nerven zurückzuführen ist, sollte der Therapeut für eine Palpation peripherer Nerven deren Anatomie gut kennen!

Längen- und Umfangsmessungen

Je nach Diagnose sollten im Rahmen einer genauen Befundaufnahme Längen- und/oder Umfangsmessungen erfolgen. Die Messungen werden zur besseren Beurteilung von Defiziten immer im Seitenvergleich durchgeführt.

Die aus den Messungen gewonnenen Daten ergänzen den Befund und dienen bei wiederholter Durchführung außerdem der Kontrolle des Behandlungsverlaufes. So können der Erfolg eines Behandlungskonzeptes oder eventuelle Therapiestillstände erkannt werden. Bei letzterem müssten entsprechend weiterführende Maßnahmen ergriffen oder das Therapiekonzept umgestellt werden.

Die durch die Messung festgestellten Defizite müssen in die nachfolgenden Untersuchungen (Funktionsbefund) einbezogen und in der Therapie berücksichtigt werden.

Längenmessungen

Von Bedeutung ist hier vor allem die Beinlänge: Bei Verletzungen der unteren Extremität, z. B. Frakturen, Operationen oder Gelenkblockierungen, können Längendefizite auftreten, die Auswirkungen auf die Beckenstellung und Wirbelsäule nehmen und somit unsere gesamte Körperstatik und das Gangbild (☞ siehe unten, Ganganalyse) beeinflussen können. So sind beispielsweise Schulter-Nackenschmerzen/Verspannungen oftmals eine Folge lang andauernder falscher bzw. einseitiger Beinbelastung.

Beinlängendifferenzen können Auskunft geben über:
- muskuläre Dysbalancen
- Gelenkblockierungen
- Hyper- oder Hypomobilität
- Kontrakturen.

Die Längenmessungen der unteren Extremität werden anhand bestimmter, genau definierter Markierungspunkte durchgeführt. Dabei werden unterschieden:
- anatomische Beinlänge (☞ Abb. 11.1): Abstand zwischen Trochanter major und Malleolus lateralis
- funktionelle Beinlänge: Abstand zwischen SIAS und Malleolus medialis
- physiologische Beinlänge: Abstand zwischen SIAS und Malleolus lat.
- Oberschenkel: Trochanter major und lat. Kniegelenkspalt
- Unterschenkel: lat. Kniegelenkspalt und Malleolus lat.

Umfangmessungen

Umfangmessungen können Aufschluss geben über:
- muskuläre Atrophien
- Gelenkergüsse
- Gewebeschwellungen/Quellungen.

> **!** Bei Schwellungen (meist in Verbindung mit Rötung und Überwärmung) muss auch an entzündliche Prozesse gedacht werden!

Umfangmessungen werden anhand bestimmter, vorher genau definierter Markierungspunkte durchgeführt. Bei wiederholten Messungen muss darauf geachtet werden, dass von den gleichen Anhaltspunkten wie bei der ersten Messungen ausgegangen wird.
- Oberschenkel: 20 oder 25 cm oberhalb des Kniegelenkspaltes
- Kniegelenksumfang: Höhe Gelenkspalt

11.1 Befunderhebung

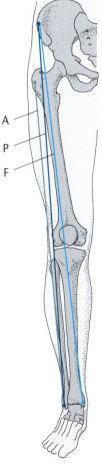

A = anatomische,
F = funktionelle,
P = physiologische
     Beinlängenmessung

Abb. 11.1 Anatomische, funktionelle und physiologische Beinlänge.

- Unterschenkel: 10 oder 15 cm unterhalb des Kniegelenkspaltes
- Oberarm: 10 oder 15 cm oberhalb der Humeruskondylen
- Ellenbogengelenk: Höhe Olekranon
- Unterarm: 10 oder 15 cm unterhalb der Humeruskondylen.

Funktionsbefund

Der Funktionsbefund ist für die Rehabilitation von Sportverletzungen besonders wertvoll. Er erfolgt erst nach allen bisher dargestellten Untersuchungsgängen und beinhaltet die aktive und passive **Bewegungsüberprüfung** (☞ Kap. 4.6), die **Ganganalyse** (je nach Diagnose) sowie die Beurteilung des Muskelstatus mit muskelspezifischen **Krafttests** (☞ Kap. 4.2). **Ausdauer-, Koordinations- und Schnelligkeitstests** (☞ Kap. 4.3 bis 4.5) komplettieren die Befundaufnahme.

Getestet wird zur besseren Beurteilung der Funktionalität immer im Seitenvergleich: zuerst die gesunde, anschließend die betroffene Seite!

Aktive und passive Bewegungsüberprüfung (☞ Kap. 4.6)

Die aktive Bewegungsüberprüfung erfolgt grundsätzlich vor der passiven. Die Bewegungsausmaße werden nach der Neutral-Null-Methode (☞ Tab. 4.3) gemessen und müssen zur Verlaufsbeobachtung wiederholt und sorgfältig dokumentiert werden.

Für die **aktive** Bewegungsüberprüfung führt der Patient nach verbaler Anleitung durch den Therapeuten eine Bewegung selbständig und bis zum Bewegungsende aus.

Im Rahmen der passiven Bewegungsüberprüfung obliegt die Durchführung der jeweiligen Bewegungen dem Therapeuten. Getestet wird hierbei das arthrogene Bewegungsausmaß ohne die Führungsfunktion der für die Bewegung zuständigen Muskulatur.

Beurteilt werden je:
- Bewegungsausmaß, Bewegungsausführung (achsengerecht, fließend oder verzögert), Bewegungskoordination, Bewegungsgeräusche (Krepitationen), Ausweichbewegungen, unphysiologische Bewegungen
- Schmerzen (Qualität und Lokalisation).

Die Qualität und das zeitliche Auftreten von Schmerzen während der aktiven und passiven Bewegungsüberprüfung können Hinweise auf die gestörte Struktur geben (☞ Tab. 11.1):
- Schmerzen zu Beginn einer Bewegung, z. B. bei Kapsel-Band-Läsionen oder muskulären Verspannungen
- Schmerzen während der Bewegung, z. B. bei Gelenkentzündungen, bei Myogelosen, muskulärem Hartspann oder Arthrose

Tab. 11.1 Schmerzqualität und mögliche Ursachen.

Wie?	Warum?
Dumpf	z. B. Verspannung
Ziehend	z. B. Nervenreizung, Kapsel-Band-Verletzungen
Stechend	z. B. bei Nerven- oder Nervenwurzelirritationen, Knorpelschäden
Bohrend	z. B. lokale Weichteil- oder Nervenreizung
Reißen, Krampfen	z. B. akuter Muskelhartspann, Verspannungen
Pochend	z. B. bei entzündlichen Prozessen

- Schmerzen am Bewegungsende, z. B. bei Kapselschrumpfungen oder Arthrose.

Während der passiven Bewegungsprüfung werden zusätzlich beurteilt:
- Gelenkspiel (hypo-/hypermobil, spezifische Gelenkspielrichtungen)
- gelenktypische Kapselmuster
- Endgefühl
  - gelenkspezifisch: weich-elastisch bei Muskelstopp, fest-elastisch bei ligamentärem/kapsulärem Stopp, hart-elastisch bei Knorpel-, Knochenstopp
  - pathologisch: hart und unelastisch, schmerzhaft, vorzeitiges Bewegungsende bei Kapselmuster, verzögert bei Hypermobilität, Instabilität.

Für das Überprüfen der **passiven** Beweglichkeit gibt es gelenkspezifische Tests. Nachfolgend sind die typischsten Testungen für das Kniegelenk angeführt:
- Schubladentest: Prüfung der Stabilität des Kapsel-Band-Apparates, im speziellen der Kreuzbänder
  - vordere Schublade zur isolierten Überprüfung des vorderen Kreuzbandes in 90° Knieflexion, Zug am Unterschenkel nach vorn
  - hintere Schublade zur isolierten Überprüfung des hinteren Kreuzbandes in 90° Knieflexion, Schub am Unterschenkel nach hinten
- mediale und/oder laterale Aufklappbarkeit: Überprüfung der Seitenbänder (Valgus- und/oder Varusstress) in Streckstellung bzw. 20° Knieflexion

- Meniskustest nach Payr zur Überprüfung von Innenmeniskusläsionen im Schneidersitz Druck auf inneren Gelenkspalt (Schmerz ist ein typisches Zeichen für eine Läsion)
- Apley-Grinding-Test zur Überprüfung von Innen- oder Außenmeniskusläsionen in Bauchlage, 90° Knieflexion, fixierter Oberschenkel, achsengerechter Druck vom Fuß her auf das Knie bei gleichzeitiger Rotation des Unterschenkels:
  - Schmerz bei Außenrotation deutet auf Innenmeniskusläsion
  - Schmerz bei Innenrotation deutet auf Außenmeniskusläsion.

Ganganalyse

Vor allem nach Verletzungen der unteren Extremität können sich sehr schnell Hinkmechanismen (Schmerz- oder Entlastungshinken) einschleichen, die mitunter nur schwer zu beheben sind. Auch muskuläre Dysbalancen (z. B. Schwäche der kleinen Glutäen) können ein Hinken verursachen. Deshalb ist es sehr wichtig, auf ein physiologisches Gangbild zu achten bzw. ein solches zu trainieren.

Für eine genaue Ganganalyse ist die Kenntnis des physiologischen Gangbildes Voraussetzung (☞ Abb. 11.2).

Muskelstatus (☞ Kap. 4.2, Kap. 4.4–4.6)

Die Befundung des Muskelstatus beinhaltet die Beurteilung des Muskeltonus (Hypo-/Hypertonus, Hartspann, Myogelosen, Trigger-Points), der Muskeldehnfähigkeit (☞ Kap. 4.6 und Kap. 11.4.5) sowie verschiedene muskelspezifische Krafttests (☞ Kap. 4.2 und Kap. 4.4).

Besonders die Muskelkraft spielt in der Rehabilitation von Sportverletzungen eine große Rolle und wird unter verschiedenen Aspekten getestet:

- Maximalkraft: statisch oder dynamisch, einmalige Muskelaktivität mit einem individuellen größtmöglichen Widerstand (z. B. mit Cybex, Dynamometer)
- Schnellkraft: Verhältnis zwischen dynamischer Kraft (Bewegung) und Zeit, d. h. wie schnell kann eine bestimmte Bewegung/Bewegungsserien ausgeführt werden
- Kraftausdauer: Widerstandsfähigkeit gegenüber lang andauerndem Krafteinsatz mit mehr als 30 % der individuellen max. Leistungsfähigkeit (z. B. Klimmzüge)
  Die Möglichkeiten der Testung sind in ☞ Kapitel 4.2 und 4.4 bis 4.6 beschrieben.
- isometrische Muskelarbeit aus verschiedenen Gelenkstellungen
- konzentrische Muskelarbeit
- exzentrische Muskelarbeit.

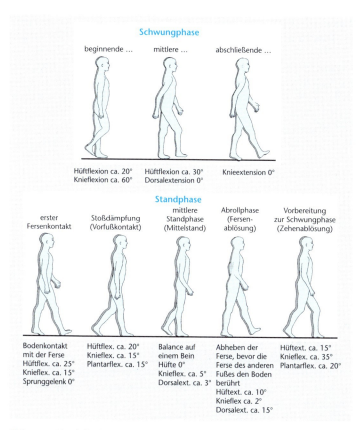

Abb. 11.2 Physiologisches Gangbild.

Tab. 11.2 Bewertung der konzentrischen Muskelarbeit in 5 Stufen.	
Stufe	**Bewegungsausmaß, Widerstand**
Spur von Kraft (Stufe 1)	kein volles Bewegungsausmaß, sicht- und tastbare Aktivität, kein Widerstand möglich
sehr schwach (Stufe 2)	volles Bewegungsausmaß bei Bewegungen ohne Einwirkung der Schwerkraft
schwach (Stufe 3)	volles Bewegungsausmaß bei Bewegungen gegen die Schwerkraft
gut (Stufe 4)	volles Bewegungsausmaß bei leichtem Widerstand
normal (Stufe 5)	volles Bewegungsausmaß bei starkem Widerstand

Sind keine isokinetischen Testgeräte verfügbar, lässt sich die konzentrische Muskelkraft vereinfacht in 5 Stufen testen (☞ Tab. 11.2).

Messung der Grundlagenausdauer (☞ Kap. 4.3)

In der Rehabilitation von Verletzungen und zum Wiedereinstieg in den Sport muss das Ausdauertraining dem aktuellen Leistungsstand angepasst werden.

Mit Hilfe von Belastungstests kann man nicht nur die aktuelle Leistungsfähigkeit ermitteln, sondern es besteht die Möglichkeit, konkrete Hinweise zur Trainingsplanung und -steuerung zu erhalten.

Messmöglichkeiten der allgemeinen aeroben Ausdauer:
- Spirometer gibt Auskunft über Kreislaufregulation und -reaktion sowie die Leistungsfähigkeit des respiratorischen Systems
- Laktatunteruchungen
- Blutgasanalyse.

Messmöglichkeiten der allgemeinen anaeroben Ausdauer:
- Laktatuntersuchung
- Muskelbiobsien zur Messung der Phosphatenergie.

Die Leistungsfähigkeit lässt sich auch anhand der Herzfrequenz, des Blutdruckes und der Atmung messen.

Messung Herzfrequenz und Blutdruck

Die Herzfrequenz ist veränderlich, je nach Alter, Ruhe oder Belastung, Fieber/Infekte, Training: Bei Erwachsenen beträgt die Frequenz in Ruhe ca. 60–80 Schläge pro Minute. Unter Belastung kann sie sich beim jungen Erwachsenen (20-jährig) auf bis über 200 Schlägen/Min. steigern. Zur Ermittlung der max. Herzfrequenz gilt die Sicherheitsformel: max. HF = 220 – Lebensalter (max. Herzfrequenz, ☞ Kap. 4.3).

Bewertung Ruhepuls: unter 50 Schläge/Min. Leistungssportler oder gut trainierter Sportler, 50–60 Schläge/Min. sind sehr gut, 60–80 Schläge/Min. normal/gut, 90 Schläge/Min und mehr sind abklärungsbedürftig.

In der Sportphysiotherapie ist neben der max. Herzfrequenz und der Trainingsfrequenz (☞ Kap. 11.4.2) auch der **Erholungspuls** von Bedeutung. Es soll die Grundlagenausdauer und die Erholungsfähigkeit beurteilt werden. Der Erholungspuls wird in der Regel eine Minute nach Belastungsende gemessen: Das Absinken des Pulses um bis zu 50 Schläge/Min. ist ausgezeichnet, ein Absinken zwischen 40–30 Schläge/Min. nach Belastung ist sehr gut bis gut, das Absinken zwischen 20–25 Schläge/Min. ist befriedigend bis mäßig.

Eine andere Möglichkeit ist die Messung der Zeitdauer vom Belastungsende bis zum Erreichen einer Herzfrequenz von 100 Schlägen/Min. Dabei wird unterschieden zwischen kurzen maximalen Belastungen und längeren Belastungen. Bei letzterem sollte nach ca. 3 Min. und weniger die Herzfrequenz auf 100 Schläge/Min. gesunken sein.
Der Puls kann direkt am Herz, am distalen Radius, in der Leiste und im Bereich der Halsschlagader gemessen werden.
Der Blutdruck ist ebenso veränderlich: In Ruhe (sitzen oder liegen) beträgt der systolische Wert normalerweise ca. 120 mm/HG und der diastolische ca. 80 mm/HG. Der Blutdruck wird mit einem Blutdruckmessgerät meist am linken Oberarm ermittelt.
Das Herzschlagvolumen beträgt beim untrainierten Mann ca. 800 ml und kann beim Ausdauertrainierten auf 900–1200, im Extremfall sogar auf 1700 ml steigen wobei das Gesamtblutvolumen ca. 6–8 % des Körpergewichts (4,5–5,5 Liter) beträgt.
Daraus resultiert, dass Ausdauertraining das kardiozirkulatorisch-pulmonale System in Ruhe ökonomischer arbeiten lässt und unter Belastung deutlich leistungsfähiger ist.

Messung Atemfrequenz
Die Atemfrequenz beträgt in Ruhe ca. 12–16 Atemzüge/Min. mit einem Atemzugvolumen von je ca. 0,5 Liter. In Ruhe werden somit pro Minute ca. 8 Liter Luft ein- und ausgeatmet.
Unter Belastung steigt die Atemfrequenz auf 40–50 Atemzüge/Min., das Atemzugvolumen steigert sich auf ca. 2,5 Liter. Dadurch steigert sich das Atemminutenvolumen auf ca. 100–125 Liter/Min.
Das Volumen von der max. Ausatmung bis zur max. Einatmung wird als Vitalkapazität bezeichnet und kann mit einem Spirometer gemessen werden. Die Normwerte sind von Gewicht und Größe abhängig. Ein ca. 180 cm großer Mann hat eine durchschnittliche Vitalkapazität von 4,5–5,7 Liter.

11.1.1 Befunderhebung im Akutfall

Während die allgemeine Befunderhebung in der Rehabilitation von Verletzungen und zur Vorbereitung bzw. Durchführung eines MAT auch angrenzende Gelenke und Strukturen einbezieht, beschränkt sich die Befunderhebung im akuten Verletzungsfall in erster Linie auf die verletzte Struktur. Der Therapeut erhält bereits aus der Beobachtung des Verletzungsmechanismus Hinweise auf eine mögliche vorliegende Verletzung/Schädigung. Zur weiteren und sicheren Diagnosestellung muss sich der Sportler jedoch in ärztliche Obhut begeben.

11 Medizinisches Aufbautraining nach Verletzungen

Die Befundung im Akutfall muss zwar sehr genau erfolgen, beschränkt sich jedoch – unter Auslassung der Anamnese – auf die Beurteilung folgender Aspekte:

- **Schmerz:** Lokalisation (nach Angabe des Sportlers), Schmerzzu- oder Schmerzabnahme bei Ruhe, Palpation, Bewegung und Bewegungsrichtung
- **Schwellungen/Hämatome:** Lokalisation, Volumen, Geschwindigkeit, mit der eine Schwellung auftritt, Hämatome und deren Größe, Ausdehnung und Lokalisation
- **Haut/Unterhaut:** Veränderungen, Dellen, Beulen, offene Wunden
- **Gelenkstellung/Fehlstellungen:** Veränderungen der Gelenkkontur und/oder Gelenkstellung
- **Funktionalität/Beweglichkeit:** Veränderungen der aktiven und passiven Beweglichkeit (eingeschränkt, abnorm beweglich, schmerzhaft in bestimmten Richtungen, Bewegungsgeräusche/Krepitationen.

Gerade im Akutfall ist eine schnelle und genaue Befundung und Erstversorgung wichtig. Jedoch kommt es hier oftmals zu fehlerhaften oder ungenügenden Befunden. Gründe dafür sind:
- Hektik
- Schmerzhemmung durch körpereigene Endorphine
- muskuläre Schutzspannungen.

Adäquate Sofortmaßnahmen (☞ Kap. 7) zielen auf die Verhinderung der Zunahme einer Schwellung, der Volumenzunahme eines Hämatoms und der Zunahme des allgemeinen Verletzungsausmaßes.

> **Merke**
> Die Erstbefundung im Akutfall muss schnell und sicher erfolgen, damit gezielte Sofortmassnahmen eingeleitet werden können (PECH-Schema ☞ Kap. 7.2). Diese wiederum können den weiteren Verlauf einer Verletzung positiv beeinflussen und eine schnelle Rehabilitation gewährleisten.

Bei bestimmten Verletzungen muss sehr rasch über die weitere Spiel- oder Wettkampffähigkeit des Sportlers entschieden werden. Zu diesen Verletzungen zählen:
- Schädelprellungen, Gehirnerschütterungen (☞ Kap. 7.7)
- Platzwunden im Gesicht und an den Extremitäten (☞ Kap. 7.3 und 7.7)
- großflächige Hautabschürfungen (☞ Kap. 7.3)

- Prellungen und Stauchungen der Finger und Zehen
- Kapselverletzungen der Finger
- Kapsel- und Bandüberdehnungen
- Fissuren, Teilfrakturen und Frakturen (☞ Kap. 7.4).

Obwohl Arzt und Physiotherapeut wissen, dass mit derartigen Verletzungen kein Sport betrieben werden darf, werden medizinische und ethische Grundsätze bei bedeutenden Wettkämpfen häufig bei Seite gedrängt (Qualifikationen für/oder Deutsche Meisterschaften, Europa-, Weltmeisterschaften und Olympiaden). Einerseits ist der Sportler gewillt, seine Leistung zu demonstrieren. Andererseits kann bei Teamsportarten der Trainer auf den einzelnen Sportler nicht verzichten. Dieser muss den Wettkampf zu Ende bringen, um eine Mannschaftsleistung nicht zu gefährden.

Der Sportler muss in solchen Fällen auf die Konsequenzen hingewiesen werden, die eine weitere sportliche Betätigung nach sich ziehen kann: Arzt und Physiotherapeut müssen sämtliche Komplikationen und Folgeschäden darlegen und sollten sich dieses Beratungsgespräch schriftlich bestätigen lassen, um späteren eventuellen Vorwürfen des Sportlers vorzubeugen.

11.1.2 Befundaufnahme bei subakuten und rezidivierenden Beschwerden

Die Befundaufnahme bei subakuten und rezidivierenden Beschwerden ist wesentlich umfassender als die Befundung im akuten Verletzungsfall. Der Physiotherapeut muss – unabhängig von der ärztlichen Diagnose – nicht nur einen allgemeinen Momentanbefund erheben (☞ Kap. 11 Anamnese, Inspektion, Palpation, Funktionsbefund), er muss auch Ursachenforschung betreiben. Dazu darf sich die Befundung nicht nur auf das Verletzungsareal/Schmerzgebiet beschränken. Der Körper muss als funktionierender Gesamtorganismus gesehen und beurteilt werden: Arthrogene, myogene, muskulär-reflektorische, neurologisch-reflektorische und psychogen bedingte Störungen sowie ihre Beziehungen zueinander müssen erkannt und richtig beurteilt werden. Erst dann kann der Therapeut die eigentliche Ursache der Beschwerden finden.

Mit der segmentalen Gliederung der Gewebestrukturen und Organe unseres Körpers erhält der Therapeut bei der Ursachenforschung eine Hilfestellung.

Tab. 11.3 Segmentale Zuordnung.

Segment	Kennmuskel	Reflexstörung	Spondylogene Reflexsymptomatik (Myotendinosen)	Gestörte Organgebiete und eventuelle Folgen
S1	Mm. peronaei M. triceps surae Mm. glutaei	Achillessehnen-Reflex	M. longissimus thoracis M. longissimus lumborum M. glutaeus maximus M. obliquus capitis inferior	Hüftgelenk, Gesäß mit mgl. Beschwerden im Kreuzbeinbereich und Becken, Hämorrhoiden, Steißbeinschmerz
L5	M. extensor hallucis longus M. extensor digitorum brevis	Tibialis-posterior-Reflex (nur dann aussagekräftig, wenn er auf der Gegenseite eindeutig ausgelöst werden kann)	M. glutaeus maximus M. longissimus thoracis M. multifidus Mm. Rotatores M. trapezius, Pars ascendens M. iliocostalis cervicis Mm. Interspinales M. intertransversarius posterior cervicis M. rectus capitis posterior minor	Unterschenkel, Fuß mit mgl. Wadenkrämpfen, Minderdurchblutung

11.1 Befunderhebung

L4	M. tibialis anterior M. quadriceps femoris	Patellarsehnen-Reflex (Differentialdiagnose: periphere Schädigung des N. femoralis)		Prostata, N. ischiadicus mit mgl. Prostatabeschwerden, Ischiasreizungen
L3	M. quadriceps femoris	Patellarsehnen-Reflex	M. glutaeus maximus M. glutaeus medius M. longissimus thoracis M. spinalis thoracis M. multifidus Mm. Rotatores M. trapezius, Pars ascendens M. semispinalis capitis Mm. Interspinales M. intertransversarius posterior cervicis M. rectus capitis lateralis	Eierstöcke, Gebärmutter, Hoden, Blase, Knie mit mgl. Menstruationsbeschwerden, Impotenz
L2	Mm. adductores	Adduktorenreflex		Blinddarm, Oberschenkel, Bauchorgane mit mgl. Blinddarmreizung, Krampfadern
L1	M. cremaster	Kremasterreflex		Dickdarm, Leiste mit mgl. Verstopfung, Darmentzündung, Verdauungsstörungen

Fortsetzung s. Seite 214

Tab. 11.3 Segmentale Zuordnung. (Fortsetzung)

Segment	Kennmuskel	Reflexstörung	Spondylogene Reflexsymptomatik (Myotendinosen)	Gestörte Organgebiete und eventuelle Folgen
Th12 – Th6	Abdominalmuskulatur	Bauchdeckenreflex	Angaben für Th10: M. glutaeus minimus M. quadratus lumborum M. longissimus thoracis M. multifidus Mm. rotatores M. trapezius, Pars descendens M. semispinalis capitis Lig. Supraspinale M. interspinalis Lig. Interspinale M. obliquus capitis superior M. intertransversarius posterior cervicis	Dünndarm, Eileiter, Lymphsystem mit mgl. rheumatischen Beschwerden, Sterilität, Blähungen (Th12), Harnweg mit mgl. Ekzemen, Akne (Th11), Nieren mit mgl. Beschwerden und Arteriosklerose (Th10), Nebennieren mit mgl. Allergien, Ekzemen (Th9), Milz mit mgl. Immunschwäche (Th8), Bauchspeicheldrüse, Zwölffingerdarm mit mgl. Diabetes, Magenreizungen (Th7), Magen mit mgl. Beschwerden, Sodbrennen (Th6)
C8	kleine Handmuskeln (Kleinfingerballen)	Trömnerreflex (Knipsreflex, Fingerbeugereflex) Trizepssehnenreflex abgeschwächt (Differentialdiagnose: bei Schädigung des N. ulnaris bleibt der Trizepssehnenreflex erhalten		Arme, Unterarme, Hände, Speiseröhre, Luftröhre mit mgl. Atembeschwerden, Schluckbeschwerden, Epicondylopathien

11.1 Befunderhebung

C7	M. triceps brachii M. pronator teres M. pectoralis major Fingerbeugemuskulatur Daumenballen	Abschwächung/Ausfall des Trizepssehnenreflexes	Schilddrüse, Arme mit mgl. Schilddrüsendysfunktionen, Epicondylopathien
C6	M. biceps brachii M. brachioradiolis	Abschwächung/Ausfall des Bizepsreflexes (BSR), Meyer'scher Fingergrundgelenkreflex	Mandeln, Schulter, Nacken mit mgl. Mandelentzündungen, Schulter- Nackenbeschwerden
C5	M. deltoideus M. biceps brachii	Abschwächung des BSR und des Supinatorreflex	Stimmbänder, Rachen mit mgl. Stimmbandentzündungen, Heiserkeit
C3/C4	Diaphragma M. trapezius M. levator scapulae		Ohr, Zähne, N. trigeminus, Gesicht, Nasennebenhöhlen, Zunge mit mgl. Allergien, Trigeminusneuralgien, Sinusitiden, Augen- und Ohrenbeschwerden
C2	M. sternocleidomastoideus		
C1	suboccipitale Muskulatur		mgl. Folgen sind Kopfschmerzen, Blutdruckschwankungen, psychische Störungen, Schlaflosigkeit, Schwindel

Segmentale Organisation

Ein Segment ist das von einem Spinalnerven versorgte Gebiet und erstreckt sich jeweils auf verschiedene, aber einer Funktionseinheit angehörende Strukturen: Dermatom (Haut), Myotom (Muskel), Arthrotom (Gelenk), Sklerotom (Skelettanteile), Viszerotom (innere Organe) und Angiotom (Gefäße). Die neurologischen Segmente werden nach den Nervenaustrittstellen benannt und haben eine wichtige klinische Bedeutung: Gewebsveränderungen im entsprechenden Segment lassen Rückschlüsse auf Ursachen von Funktionsstörungen zu. Via Reflexzonentherapie können derartige Beeinträchtigungen behoben werden.

11.1.3 Die Spielerkartei

Die Datenerfassung in einer Spielerkartei ist bei der genauen Dokumentation und Betreuung der Sportler in jedem Falle hilfreich, vor allem, wenn diese über einen längeren Zeitraum begleitet werden. Auch bei Vereinswechsel oder Therapeutenwechsel ist die Kartei von Vorteil: Sie liefert detaillierte Informationen über Erkrankungen/Verletzungen und durchgeführte Therapien.

Die Kartei kann bei Vereinswechsel allerdings nur mit Zustimmung des Sportlers dem nächsten Therapeuten zur Verfügung gestellt werden.

Die Spielerkartei sollte folgende Informationen beinhalten (☞ Tab. 11.4):

Am genannten Beispiel ist gut erkennbar, dass Verletzungen oft eine Folge von Kompensationen sind und nach dem Schema von Kettenreaktionen auftreten können: Die angeführten Verletzungen bauen aufeinander auf. Das Inversionstrauma stand als primäre Verletzung. Die traumatisch bedingte Instabilität des Kalkaneus führte zur Reizung der Achillessehne. Die Kniebeschwerden rührten von dem Inversionstrauma. Als Folge der großen Kräfte kommt es häufig zu einer Funktionsstörung im proximalen und distalen Fibulargelenk. Versäumt man die Mobilisation bleibt die Funktion gestört. Da hier auch der M. biceps femoris seine Insertion hat, kann es zu einer Tonusregulationsstörung kommen. Die Folgen sind Zerrungen und Faserrisse.

Informationen aus der Spielerkartei können auch für den Trainer von Bedeutung sein: Registrierte Veränderungen wie hoher Ruhepuls, schlechter Erholungspuls, Gewichtsabnahme, Leistungsverlust, Schlafstörungen und nächtliche Schweißausbrüche können Zeichen eines Übertrainingssyndroms sein. Diese Information ist für den Trainer wichtig, um das Training für diesen Sportler umzustellen.

Tab. 11.4 Die Spielerkartei (Beispiel).	
Angaben zur Person (Name, Anschrift, Telefonnummer)	Hannes Weltmeister, Auf dem Olymp 420, 12 345 Sydney Tel.: 0 12 34/5 67 89
Geburtstag	06. 01. 1961
Größe	188 cm
Gewicht	80 kg
Impfungen	Tetanus, Hepatitis A und B, Diphtherie
Medikamente	Pollenallergikum
Unverträglichkeiten und Allergien	Pflasterallergie, Diclofenac Pollenallergie
Laufschuhe	Stabilitätsschuhe Größe 45
Angaben zum Trainingszustand/ Grundlagenausdauer	Maximalpuls 185 Ruhepuls 45 Erholungspuls nach Ausbelastung in 5 Minuten zurück auf 120
durchgemachte Infekte	Grippaler Infekt 10/2001, 01/2002
durchgemachte Verletzungen	Inversionstrauma linkes OSG am 15. 12. 2001 Achillessehnenreizung linker Fuß 01/2002 Kniebeschwerden am linken Fibulaköpfchen 02/2002 Muskelfaserriss linker M. biceps femoris 03/2002
physiotherapeutischer Status	Angaben zu Beweglichkeit der Gelenke, Kraft, Dehnbarkeit usw. (☞ Kap. 4)

11.2 Die Phasen der Rehabilitation

Die vier aufeinander folgenden Phasen der Rehabilitation – Mobilisation, Stabilisation, Muskelaufbautraining, Muskelbelastungstraining – sind zeitlich nicht genau definierbar. Sie gehen fließend ineinander über und werden bestimmt durch:
- die Art einer Verletzung
- deren ärztliche Versorgung (operativ, konservativ)
- dem angewendeten Operationsverfahren
- dem (postoperativen) Heilungsverlauf
- den Nachbehandlungsrichtlinien durch den Operateur und/oder behandelnden Arzt

- den internen Nachbehandlungsrichtlinien einer Reha-Einrichtung (z. B. Olympiastützpunkt)
- und der Kondition des Patienten (allgemeiner Trainingszustand).

Die angestrebten Behandlungseffekte hängen ergo von den individuellen Voraussetzungen des Patienten ab. Prinzipiell ist jedoch nach entsprechenden Eingangstests (☞ Kap. 4.2 bis 4.6) der Einstieg in die jeweilige Phase individuell möglich.

11.2.1 Phase 1 – Frühfunktionelle Therapie

Im Mittelpunkt dieser Phase stehen:
- Schmerzlinderung
- Ödemresorption
- Atrophieprophylaxe
- Normalisierung der Gelenktrophik
- Adhäsionsvermeidung
- Verbesserung der kardiopulmonalen und allgemeinen Leistungsfähigkeit.

Maßnahmen
Physiotherapie
- passives, assistives, resistives und aktives Bewegen
- isometrische, gelenkzentrierende Übungen
- Manuelle Therapie, PNF und weitere indizierte physiotherapeutische Techniken zur Aktivierung und Bahnung.

Balneo- und physikalische Therapie
- Komplexe physikalische Entstauungstherapie (Manuelle Lymphdrainage, Kompression)
- analgetische und abschwellende Stromformen
- Wärme- und Kältebehandlungen.

Sporttherapie
- Isokinetik
- Aqua Jogging
- Trainingstherapie der nicht betroffenen Körperregionen.

Trainingsmittel
Je nach Verletzung oder Erkrankung: Fahrradergometer, Oberkörperergometer, Stepper, Sequenztrainingsgeräte, isokinetische Trainingsgeräte, Trainingsgeräte für die nicht betroffenen Körperregionen.

Trainingsdosierung
- Intensität: ≤ 30% der Maximalkraft
- Wiederholungen: bis zu einer Minute
- Serien: 1–4
- Serienpause: $1/2$–1 Minute
- Einheiten: 3–5× wöchentlich
- Dauer der Trainingseinheit: ca. 60 Minuten
- Zeitraum: 1–3 Wochen.

Steigerung
Wenn dynamische Übungsformen möglich sind, zielt das Training auf die Steigerung der lokalen Muskelausdauer. Die Übungen werden zunächst konzentrisch ausgeführt.
Die Trainingsdosierung wird entsprechend angepasst:
- Intensität: 30–40% der Maximalkraft
- Wiederholungen: 15–30
- Serien: 3–6
- Serienpause: $1/2$–1 Minute.

Die Einteilung in dieser Phase hängt sehr von den individuellen Voraussetzungen des Sportlers ab. Ein Leistungssportler wird aufgrund seiner verbesserten Anpassungsfähigkeiten diese Phase unter Umständen schneller durchlaufen als ein Untrainierter.

11.2.2 Phase 2 – Stabilisation, funktionelles Muskelkrafttraining

Im Mittelpunkt dieser Phase stehen:
- Muskelaufbau der gelenkumgebenden Muskulatur durch konzentrisches Muskeltraining im offenen und geschlossenen System
- Ausgleich muskulärer Dysbalancen
- Verbesserung der Ausdauer und Koordination.

Maßnahmen
Physiotherapie
☞ Kap. 11.2.1

Trainingsmittel
☞ Kap. 11.2.1
Zusätzlich Sequenz- und Zuggeräte für die betroffene Körperregion. Geräte zur Koordinationsverbesserung.

Trainingsdosierung
- Intensität: zur Verbesserung der Ausdauer und Koordination: 30–40 %
  zur Vergrößerung des Muskelquerschnitts: 40–60 % der Maximalkraft
- Wiederholungen: zur Verbesserung der Ausdauer und Koordination: 15–30
  zur Vergrößerung des Muskelquerschnitts: 10–20
- Serien: 3–6
- Serienpause: zur Verbesserung der Ausdauer und Koordination: 1–2 Minuten
  zur Vergrößerung des Muskelquerschnitts: 2–5 Minuten
- Einheiten: 4–5× wöchentlich
- Dauer der Trainingseinheit: ca. 60–90 Minuten
- Zeitraum: 1–6 Wochen.

Bei täglichem Training sollten die Trainingsschwerpunkte wechseln, z. B. Ausdauertraining an einem Tag und Krafttraining am folgenden Tag. Leistungssportler können zwei Trainingseinheiten am Tag absolvieren. Die Trainingsinhalte sind in jeder Trainingseinheit schwerpunktbezogen (Ausdauer- oder Krafttraining).

11.2.3 Phase 3 – Funktionelles Muskelaufbautraining

Im Mittelpunkt dieser Phase stehen:
- Steigerung der intra- und intermuskulären Koordination durch konzentrisches und exzentrisches Muskeltraining
- Bahnung funktioneller Bewegungsmuster
- Aufbau reaktiver Kraftqualitäten durch konzentrische Beschleunigungsübungen und exzentrisches Abbremstraining.

Maßnahmen
Wenn nötig, kann die physiotherapeutische Behandlung das Training unterstützen.

Trainingsmittel
Alle Geräte der Medizinischen Trainingstherapie sind indiziert. Das Komplextraining wird vermehrt an Zugapparaten durchgeführt. Es werden zunehmend labile Unterstützungsflächen eingesetzt.

Trainingsdosierung
- Intensität: zur Verbesserung der Maximalkraft: 40–60% der Maximalkraft
zur Verbesserung der neuromuskulären Adaption: 80–100%
- Wiederholungen: zur Verbesserung der Maximalkraft: 10–20
zur Verbesserung der neuromuskulären Adaption: 1–6
- Serien: 3–5
- Serienpause: 2–5 Minuten
- Einheiten: täglich
- Trainingsdauer pro Einheit: 60–90 Minuten
- Zeitraum: 2–6 Wochen.

11.2.4 Phase 4 – Sportspezifisches Training, Muskelbelastungstraining

Im Mittelpunkt stehen:
- Umsetzung der erarbeiteten Kraft, Ausdauer, Koordination und Schnelligkeit auf sportspezifische Ansprüche
- Schnellkraft- und Explosivkrafttraining in variablen Übungspositionen
- Ökonomisierung von Haltung und Bewegung (Ganzkörperstabilisation)
- Erhalt der konditionellen Basis.

Trainingsmittel
Das reine Gerätetraining wird reduziert bzw. mit dem Sportgerät durchgeführt. Sportspezifische Bewegungsabläufe werden möglichst präzise nachempfunden und unbekannte Bewegungsabläufe mit zusätzlichen Aufgaben durchgeführt.

Trainingsdosierung
Die Trainingsparameter können in der letzten Phase sehr variabel gestaltet werden:
- Intensität: 30–100% der Maximalkraft
- Wiederholungen: variabel
- Serien: variabel
- Serienpause: 2–5 Minuten
- Einheiten: täglich
- Trainingsdauer pro Einheit: 60–90 Minuten
- Zeitraum: 2–6 Wochen.

11.3 Sport- und Wettkampffähigkeit – biomechanische Überlegungen

Bewegungen im Sport sind mit Alltagsbewegungen nicht vergleichbar. Besonders im Leistungssport treten, je nach Sportart und Disziplin, teilweise extrem hohe Belastungen auf. Daraus resultiert, dass eine Sport- bzw. Wettkampffähigkeit erst dann gegeben ist, wenn nach dem Durchlaufen der 4 Phasen des Aufbautrainings (☞ Kap. 11.2) auch extreme sportliche Belastungen schmerzfrei, ohne Ausweichbewegungen und ohne nachfolgende Reizzustände möglich sind. Des Weiteren darf keine Angst mehr vor Bewegungen und Belastungen bestehen, die Auslöser des vorangegangenen Traumas waren.

Biomechanische Überlegungen

In der Rehabilitation von posttraumatischen und postoperativen Verletzungen spielen biomechanische Überlegungen eine große Rolle: Dynamische Bewegungen wie sie im Sport üblich sind, lassen an den Gelenken der Extremitäten und an der Wirbelsäule unterschiedlichste Kräfte wirken. Hier sind Kompressionskräfte, Muskelkräfte, Scher- und Schubkräfte sowie Zugkräfte zu nennen. Die jeweiligen Kräfte sind abhängig von der einwirkenden Kraft, Masse und Geschwindigkeit sowie dem Hebel. Diese Komponenten sind maßgeblich bzw. verantwortlich für die Be- bzw. Überlastung des aktiven und passiven Bewegungsapparates:

- Verletzungen und Überlastungsschäden des Muskel-Sehnen-Apparates treten insbesondere bei hohen Muskelkräften sowie wiederholter Krafteinwirkung auf. Insbesondere exzentrische Bewegungen führen zu Verletzungen der Muskulatur.
- Extreme Gelenkbewegungen führen zu einer erhöhten Zugspannung der Bänder und Gelenkkapseln. Auch Scher- und Schubkräfte können diese Strukturen verletzen und an der Wirbelsäule zu Überlastungen der Wirbelbögen und Facettengelenke führen.
- Flexion und/oder Torsion des Rumpfes tragen zu einer Vergrößerung der Zugspannung an den hinteren Strukturen der Wirbelsäule bei (Bänder und Bandscheiben) und können diese schädigen.

Die auf die Wirbelsäule und Extremitätengelenke wirkenden Kräfte (Kompressions-, Muskel-, Scher-, Schub- und Zugkräfte) sind außerdem ein wichtiger Punkt bei der Beurteilung des Einstiegzeitpunkts in die individuelle sportliche Belastung und Belastungssteigerung innerhalb einer Sportart, denn die Höhe der Belastung setzt eine physiologisch angepasste Struktur voraus. Die entsprechenden Anpassungsprozesse benötigen dazu eine ausreichende Adaptationszeit. Kurzfristige Belastungssteigerungen und zu kurze Regenerationszeiten lassen keine ausreichende morphologische Anpassung zu, insbesondere der Bänder und Sehnen. Der Zeitpunkt, der eine Sport- bzw. Wettkampffähigkeit angibt, ist sehr individuell. Ausschlaggebend sind das Ausmaß der Verletzung, die gewählte Operationsmethode, der Heilungsprozess, die betriebene Sportart u. v. m.

- Beim Gehen wirken Bodenreaktionskräfte vom 1,1 – 1,2-fachen des Körpergewichts auf die untere Extremität. Beim Laufen wirkt, geschwindigkeitsabhängig, bereits die 3-fache Kraft. Beim Hochsprung wirkt die 7-fache Kraft und beim Dreisprung können Höchstwerte vom vierundzwanzigsten des Körpergewichts gemessen werden.
- Bei einer Landung im Kunstturnen werden vertikale Kräfte vom 15-fachen und in der Horizontalen ergeben sich Werte vom 4-fachen des Körpergewichts.
- Beim Handstandgehen wirken Kräfte vom 1,1 – 1,2-fachen des Körpergewichts auf die obere Extremität. Bei Fall in den Liegestütz wirkt das 2,5-fache und bei einer Riesenfelge an der Reckstange das 8-fache des Körpergewichts.

Aus diesen Beispielen wird ersichtlich, dass eine Sport- bzw. Wettkampffähigkeit nicht nur von der Sportart sondern auch von der speziell ausgeübten Disziplin abhängig ist. Während ein Radrennfahrer nach einem Bänderriss im Fuß bereits wieder Wettkämpfe bestreitet, muss sich ein Dreispringer noch in Geduld üben.

11.4 Beispiele für die praktische Durchführung des MAT

Der Aufbau einer Therapieeinheit gewichtet die Inhalte Krafttraining, Schnelligkeits- und Koordinationstraining sowie Ausdauertraining jeweils individuell und unterschiedlich. Die zeitliche Anordnung und die Abfolge sind jedoch immer gleich:

- **Aufwärmen** 15 – 20 Min.
- **Schnelligkeits- und Koordinationstraining:** Dauer je nach Trainingszustand des Athleten und Zielsetzung der Trainingseinheit, Beendigung, sobald die Übungsausführung qualitativ unsauber wird

- **Krafttraining:** selektives Training eines Muskels für etwa 15 Min., komplexes Training an mehreren Geräten etwa 60–90 Min.
- **Ausdauertraining:** 30–180 Min., z. B. als Grundlagenausdauertraining in der Marathonvorbereitung
- **Abwärmen** 15–20 Min.

11.4.1 Krafttraining

Aus den in diesen Kapiteln und in Kapitel 4 (Prävention) gegebenen Informationen sind die **Ziele** eines muskulären Aufbau- bzw. Krafttrainings:
- Herstellen und/oder Erhalten des optimalen Muskelgleichgewichts zwischen Agonist und Antagonist
- Verbesserung der statischen und dynamischen Kraftentwicklung
- ausreichende Stabilisierung des Rumpfes und der Extremitätengelenke
- Anforderungen an die Muskulatur im alltäglichen Bewegungsverhalten, bei der Arbeit und im Sport besser bewältigen.

Durchführung

Sowohl zur Prävention von Verletzungen als auch in der Therapie respektive Rehabilitation von Sport- und Unfallverletzungen hat sich das apparative Gerätetraining durchgesetzt. Hierbei steht eine große Auswahl von Geräten zur Verfügung, die indikationsspezifisch eingesetzt werden.

Einem Extremitätentraining vorgeschaltet sollte die Erarbeitung der Rumpfstabilität sein.

Prophylaktisches und therapeutisches Basistraining

Die Stabilität des Rumpfes stellt die zentrale Basis dar, auf der ein Extremitätentraining aufgebaut wird. Ohne diesen stabilen Fixpunkt kommt es unweigerlich zu Kompensationen, die Leistungsverlust und Fehlbelastung bedeuten. In einer Bewegungskette muss also das jeweils proximale Gelenk stabil sein, bevor über das distale Gelenk sinnvoll trainiert werden kann.

Beispiel: Bei einem Sprung wird bei instabilem Rumpf ein Teil der kinetischen Energie aufgewendet, um den Rumpf zu stabilisieren.

Eine Möglichkeit zur Objektivierung der rumpfstabilisierenden Muskelkraft ist die computergestützte Funktionsanalyse. Mit ihr wird ein muskuläres Profil der Wirbelsäule erstellt. Orientiert an diesen Werten wird dann ein Trainingsprogramm erarbeitet (FPZ-Konzept).

Stehen solche Möglichkeiten nicht zur Verfügung, kann die Rumpfmuskulatur isometrisch (wie lange kann die eingenommene Position gehalten werden) oder auch dynamisch (Wiederholungen zählen) getestet werden.

Sportlich aktive Menschen sollten dynamisch 30 Wiederholungen oder Haltezeiten von etwa 30 Sek. in unveränderter Position realisieren können.

Das Training der Rumpfmuskulatur sollte zuerst isometrisch erfolgen. Wenn dies gut bewältigt wird, kann ein dynamisches Training folgen. Hierbei findet zuerst eine konzentrische Bewegungsform statt, die später durch exzentrische Bewegungsausführung ergänzt wird. Exzentrische Muskelaktivität stellt die höchste Qualität der Muskelarbeit dar und ist vorwiegend an der Steuerung der rumpfstabilisierenden Muskeln beteiligt. Wichtig ist weiterhin, die Bewegungen dreidimensional, also mit Rotationskomponenten, stattfinden zu lassen. Gerade die kurzen M. rotatores der Wirbelsäule werden so angesprochen.

Trainingsgeräte

Die sog. Sequenztrainingsgeräte sind durch die vorgegebenen Bewegungsbahnen einfach in der Handhabung. Auch daraus resultiert eine verminderte Verletzungsgefahr.

Durch die geführten Bewegungen ist ein selektives Training einzelner Muskeln möglich. Beispiele solcher Geräte sind:
- Leg-press: Beinpresse sitzend
- Dips: Stützstemme, Schulterblattstabilisation
- Pull-Down: Schulterblattstabilisation
- Hacklift: Hüft- und Kniestrecker
- Rotator
- Abdominaltrainer, Crunchbank: vorderer Rumpfheber
- Hyperextension: hinterer Rumpfheber
- Abduktoren/Adduktoren-Station
- Butterfly: Haltungsstabilisator
- Seilzuggeräte: Sie erlauben dreidimensionale Bewegungen im freien Raum und eignen sich besonders zur Nachahmung sportlicher Bewegungsabläufe.
- Hanteln
- Isokinetikgeräte: Zum isokinetischen Training der oberen und unteren Extremität sowohl im offenen als auch im geschlossenen System.
- Galileo™: Stufenlos einstellbare oszillierende Therapiegeräte zum Muskelaufbau. Empfohlene Frequenz ca. 25 Schwingungen/Min.

Ein Beispiel für ein Training im **offenen System** stellt das Gerät „Kniestrecker" dar: Aus sitzender Position wird bei hängendem Unterschenkel das Knie gegen einen distalen Widerstand gestreckt.
Im **geschlossenen System,** z. B. Leg-press, haben die Füße Bodenkontakt, während das Knie gestreckt wird.
Mit isokinetischen Geräten sind überdies noch Testung und Dokumentation möglich.

11.4.2 Ausdauertraining

Ausdauertraining zur Prävention wie auch zur Rehabilitation von Verletzungen hat positiven Einfluss im Sinne von Anpassungsmechanismen auf die Muskeln und das Herz-Kreislauf-System. So liegen die **Ziele** des Ausdauertrainings in:
- Verbesserung der Leistungsfähigkeit von Muskulatur (Energiebereitstellung) und Herz-Kreislauf-System, morphologische Anpassung (Superkompensation) des kardiozirkulatorisch-respiratorischen und des neuromuskulär-arthrogenen Systems
  - Pulsfrequenzverringerung in Ruhe
  - Vergrößerung des Schlagvolumens in Ruhe
  - Steigerung des Herzminutenvolumens unter Belastung
  - Vermehrung des Blutvolumens
  - Abnahme des peripheren Gefäßwiderstandes
  - Vergrößerung des Atemvolumens, Zunahme des Atemminutenvolumens
  - Vergrößerung der max. Sauerstoffaufnahme
- Sicherung einer ausreichend lange durchführbaren Kraftentfaltung, um den Anforderungen des alltäglichen und sportspezifischen Bewegungsverhaltens zu genügen
- Aufbau von Kraftreserven für unerwartete Beanspruchungen (Schutz vor Überlastung und Verletzung)
- Verbesserung der Durchblutung des Muskels (vermehrte Kapillarisierung), um Sauerstoffzufuhr und Transportkapazität für Nährstoffe zu steigern.

Durchführung

Die Inhalte eines Ausdauertrainings orientieren sich an den individuellen Fähigkeiten und Voraussetzungen des Sportlers. Nach einer längeren Verletzungspause sind ein langsamer Einstieg und der Aufbau der Ausdauer wichtig. Das Herz-Kreislauf-System passt sich dabei sehr schnell an Trainingsreize an. Muskeln, Sehnen, Bänder, Knorpel und Knochen benötigen zur Anpassung jedoch viel länger. Für die Entwicklung bestimmter Fähigkeiten, wie Grundlagen- und

Wettkampfausdauerfähigkeit, muss mit der richtigen Trainingsbelastung (Dauer, Häufigkeit, Intensität) trainiert werden. Hierfür werden unterschiedliche Trainingsbereiche gebildet, die durch die obere und untere Herzfrequenz bzw. Laktatgrenze sowie die Dauer der Belastung definiert werden. Um eine Überlastung zu vermeiden, sollte zunächst der Umfang (Dauer), dann die Dichte (Häufigkeit der Trainingseinheit) und zuletzt die Intensität (Geschwindigkeit) der Ausdauerbelastung gesteigert werden. Dabei müssen, je nach Trainingsmethode, die Regenerationszeiten beachtet werden.

Training nach Herzfrequenz (☞ Kap. 4.3)
Ein Ausdauertraining lässt sich über den Puls steuern. Dafür werden ein Brustsender und eine Uhr für die Pulsabnahme benötigt. In der Uhr können die gewünschte Ober- und Untergrenzen des Pulses eingegeben werden. Bei Über- oder Unterschreiten der voreingestellten Werte gibt die Uhr ein Warnsignal ab. Die Dokumentation einer gesamten Trainingseinheit ist bei einigen Fabrikaten über eine Schnittstelle zu einem Computer möglich, z. B. bei Polar® ab Modell 610.

Nachdem der individuelle Maximalpuls ermittelt wurde (☞ Kap. 4.3), kann der **Trainingspuls** in Prozent des Maximalpulses errechnet werden:

Grundlagenausdauer 1
Dieses Training zielt auf eine bessere lokale Kraftausdauer, bessere Durchblutung und eine bessere aerobe Energiegewinnung. Es zeichnet sich durch eine im Verhältnis zur maximalen Leistung niedrigere Intensität aus und ist rein aerob. Das Training ist sinnvoll als Grundlagentraining für Anfänger zum Einstieg sowie als Basistraining für intensives Training (☞ Kap. 4.3).

- ≤ 65% der max. HF → **Kompensationstraining:** Dauer bis ca. 45 Min., Laktatkonzentration bis ca. 1,5 mmol/l
  Da bei dieser geringen Belastung die Standzeiten der Füße beim Laufen sehr lang sind, wird dieser Bereich von Läufern eher als unangenehm empfunden. Als Alternative bietet sich daher das Training im Wasser oder auf dem Fahrrad an.
- 65–68% der max. HF → **Regenerationstraining** zur Unterstützung von Regenerationsprozessen: Dauer bis ca. 45 Min., Laktatkonzentration bis ca. 1,5 mmol/l.
- 68–72% der max. HF → extensive Dauerbelastung: Dauer 90–180 Min., Laktatkonzentration ca. 1,5 mmol/l zur Entwicklung und Stabilisation der Grundlagenausdauer 1
- 72–76% der max. HF → mittelintensive Dauerbelastung: Dauer

75–90 Min., Laktatkonzentration ca. 2 mmol/l zur Entwicklung und Stabilisation der Grundlagenausdauer 1
- 76–80% der max. HF → intensive Dauerbelastung: Dauer 60–75 Min., Laktatkonzentration ca. 2,5 mmol/l zur Entwicklung und Stabilisation der Grundlagenausdauer 1.

Beispiel: Maximalpuls = 180 Schläge/Min. Eine regenerative Trainingseinheit wird bei 65%–68% der max. HF stattfinden, also bei einem Puls von 117–122 Schlägen/Min.

Grundlagenausdauer 2
Dieses Training (aerob/anaerober Übergangsbereich) zielt auf eine bessere aerobe Energiegewinnung und auf ein allgemeines Motoriktraining durch höhere Geschwindigkeiten. Es wird eingesetzt, um längere Strecken in höherer Geschwindigkeit absolvieren zu können und sich an wettkampfspezifische Belastungen zu gewöhnen. Es zeichnet sich durch eine mittlere Intensität aus.
- 80–84% der max. HF → Tempodauerbelastung, auch mit Tempowechsel (Fahrtspiel): Dauer 45–70 Min., Laktatkonzentration 2,5–3 mmol/l
- 84–88% der max. HF → Tempodauerbelastung und Intervalltraining: Dauer 30–60 Min., Laktatkonzentration 3–3,5 mmol/l
- ≥ 90% der max. HF → intensive Tempobelastung und Intervallbelastungen: Dauer 15–30 Min., Laktatkonzentration 3,5–4,5 mmol/l.

Zur Ausprägung von wettkampfspezifischer Ausdauer und Schnelligkeitsausdauer werden Intensitäten erreicht, die bis zur maximalen Ausbelastung reichen. Die Anhäufung von Laktat geht von 4–9 mmol/l. Die Dauer der Belastung ist dadurch auf wenige Min. begrenzt.

Verbesserung der verschiedenen Ausdauerformen
Lokale aerobe Ausdauer: Training mit einer Intensität von 10–30% der max. Haltekraft der beteiligten Muskulatur.
Lokale anaerobe Ausdauer: Bewegungsausführung unter Beteiligung von weniger als $1/6 – 1/7$ der Gesamtmuskulatur. Die Trainingsintensität sollte 50–70% der max. Haltekraft der beteiligten Muskulatur betragen.
Allgemeine aerobe Ausdauer: Intensitäten von 60–80% der max. Leistungsfähigkeit von Skelettmuskulatur und Herz-Kreislauf-System (Puls 140–170 Schläge/Min).
Allgemeine anaerobe Ausdauer: Training mit 80–90% der max. Leistungsfähigkeit (Puls 150–180 Schläge/Min).

Regenerationszeiten

Regenerative und extensive Belastungen können in jeder Anzahl pro Woche absolviert werden. Belastungen im aerob/anaeroben Übergangsbereich sollten nur 1–2× wöchentlich stattfinden. Belastungen mit über 90% nur 1× pro Woche. Wichtig ist, dass nach einer anstrengenden Trainingseinheit eine regenerative Einheit folgt.

Setzt der Sportler einen erneuten, intensiven Reiz zu früh, d.h. bevor der Organismus erholt ist, so führt dies unweigerlich zu Überlastungsproblemen am Bewegungsapparat und zu einer Leistungsabnahme. Man spricht vom „Übertrainingssyndrom". Die Regenerationszeiten verschiedener Trainingsbelastungen können wie folgt angenommen werden:

Nach Belastung mit **aerober** Energiebereitstellung:
- bei 60–70% der max. Herzfrequenz findet eine laufende Regeneration statt
- bei 75–90% hat nach ca. 12 Std. eine 90–95%ige Regeneration mit guter Leistungsfähigkeit stattgefunden
- bei 75–90% ist die vollständige Regeneration mit erhöhter Leistungsfähigkeit nach ca. 24–36 Std. abgeschlossen.

Nach Belastung mit gemischter **aerob-anaerober** Energiebereitstellung:
- bei niedriger Belastung findet laufend eine niedrige Regeneration statt
- nach ca. 1,5 Std. hat eine sehr unvollständige Regeneration stattgefunden
- nach ca. 12 Std. hat eine 90–95%ige Regeneration mit guter Leistungsfähigkeit stattgefunden
- nach ca. 24–48 Std. ist die vollständige Regeneration mit erhöhter Leistungsfähigkeit abgeschlossen.

Nach **aerob-alaktaziter** und **laktaziter** Energiebereitstellung:
- während der Belastung finden unbedeutende regenerative Prozesse statt
- nach 2–3 Std. hat eine sehr unvollständige Regeneration stattgefunden
- nach 12–18 Std. hat eine 90–95%ige Regeneration mit guter Leistungsfähigkeit stattgefunden
- nach 48–72 Std. ist die Regeneration vollständig, mit erhöhter Leistungsfähigkeit.

Nach Belastung mit **anaboler** Wirkung (Krafttraining):
- bei kurzen Belastungen mit langen Pausen findet laufend eine Regeneration statt

- nach 2–3 Std. hat eine sehr unvollständige Schnellregeneration stattgefunden
- nach ca. 18 Std. ist eine 90–95%ige Regeneration mit guter Leistungsfähigkeit vollzogen
- nach 72–84 Std. ist die Regeneration vollständig und die Leistungsfähigkeit erhöht.

Nach Belastung des **neuromuskulären** Systems (Koordinationstraining):
- bei kurzen Belastungen mit großen Pausen findet eine laufende Regeneration statt
- nach 2–3 Std. ist die Regeneration noch sehr unvollständig
- nach ca. 18 Std. hat eine 90–95%ige Regeneration mit guter Leistungsfähigkeit stattgefunden
- nach ca. 72 Std. ist die Regeneration vollständig und die Leistungsfähigkeit erhöht.

Alternativtraining bei Sportverletzungen

Zum Erhalt der Ausdauer während des Zeitraums einer Verletzung ist es notwendig, alternative Ausdauertrainingsmöglichkeiten zu nutzen. Diese sind abhängig von der erlaubten Belastung und können während der Rehabilitationsphase gesteigert werden, z. B. vom Aqua Jogging zum Fahrradergometer, weiter zum Cross Trainer bis zum Laufband.

Alternative Ausdauergeräte sind auch bei nicht verletzten Sportlern sinnvoll, da nicht einseitig belastet wird und dadurch Überlastungsschäden wie Achillodynien vermieden werden. Alle aufgeführten Geräte machen ein wetterunabhängiges Training möglich. Sie lassen Trainingseinheiten zu, z. B. Tempoläufe auf dem Laufband, wenn draußen die Verletzungsgefahr durch Eis- und Schneeglätte zu groß ist.

- Schwimmen
  - Ausdauertraining unter Lastabnahme möglich
  - Scherbewegung der Beine (beim Brustschwimmen) belastet Kniebinnenstrukturen, daher ist der Paddelschlag zu bevorzugen
  - Vorsicht, wenn mit Schwimmflossen gearbeitet wird, um den Kraftaufwand zu verstärken: ein langer Hebel und die große Widerstandsfläche können die Gelenke und Unterschenkelmuskulatur überlasten
  - in der Rehabilitation von Sprunggelenkverletzungen, insbesondere mit Beteiligung der Syndesmose, ist eine verstärkte Plantarflexion zu vermeiden

- Aqua Jogging
  - lauftypische Bewegungsmuster werden unter Lastabnahme simuliert
  - durch Hand- und Fußpaddel kann der Wasserwiderstand und somit die Kraft- und Ausdauerleistung verstärkt werden
- Fahrradergometer
  - durch Lastübernahme auf den Fahrradsattel wird die untere Extremität entlastet
  - bei geringer Wattbelastung ist ein gelenkschonendes Training möglich
- Oberkörperergometer
  - unter Entlastung der unteren Extremität wird die allgemeine Ausdauer trainiert und die Oberkörpermuskulatur gekräftigt
  - die Bewegungsrichtung kann sowohl vorwärts als auch rückwärts erfolgen
  - beim Rückwärtsdrehen werden besonders die dorsalen Muskelketten angesprochen
- Laufband
  - Geh- und Lauftraining können auf gedämpftem, geradem Untergrund durchgeführt werden
  - eine gleichmäßige Bewegungsgeschwindigkeit kann vorgegeben und Steigungen können simuliert werden
- Ellipsentrainer
  - die Gelenke und Wirbelsäule schonendes Ausdauertrainingsgerät für die obere und untere Extremität
  - ähnelt in seiner Ausführung dem Skilanglauf
- Cross Trainer
  - ähnlich dem Ellipsentrainer, aber die Bewegungsrichtung ist mehr in horizontaler Richtung
- Stepper
  - vertikales Trainingsgerät für die untere Extremität
  - Entlastung durch Festhalten an den Handgriffen möglich
  - ein größerer koordinativer Anspruch besteht jedoch bei freihändigem Training mit Armeinsatz
- Climber
  - vertikales Trainingsgerät für die obere und untere Extremität
  - Kletterbewegungen werden simuliert
- Rudergerät
  - Ganzkörpertrainingsgerät, das eine gute Technik voraussetzt
  - bei schlechter Technik wird die Wirbelsäule fehl belastet.

11.4.3 Schnelligkeitstraining

Die **Ziele** des Schnelligkeitstrainings (in der Rehabilitation und Prävention von Verletzungen) liegen in der:
- Schulung propriozeptiver Fähigkeiten
- Entwicklung eines dynamischen Bewegungsablaufs
- Verkürzung der Reaktionszeit neuromyogener Strukturen
- Förderung der Fähigkeit zur schnellen Bewegungsänderung.

Durchführung

Nachfolgend sind Möglichkeiten eines Schnelligkeitstrainings für die **Sprunggelenksarbeit** beschrieben.
- ASTE: Stand/Gang: kurzes, schnelles wechselseitiges Abheben der Fersen auf der Stelle, mit Armeinsatz
  - kurzes, schnelles Abheben eines Fußes (Fersen und Zehen) in der Vorwärtsbewegung, mit Armeinsatz (wenig Raumgewinn)
  - gleiche Übungsausführung, gegen den Widerstand eines um die Taille gelegten Deuser-Gummibandes
  - beim Überqueren eines auf dem Boden liegenden Gymnastikstabes (Abstand ca. 1 m) ein Knie schnell zur Brust heben
  - gleiche Übung, nur mit Anfersen beim Überqueren des Stabes
  - gleiche Übung, nur wird der Stab ca. 20 cm hochgelegt
- Skippings (Kniehebeläufe in schneller Frequenz)
  - aus kurzen, schnellen Kniehebeläufen mit Armeinsatz langsam in einen kurzen Sprint übergehen (5×5)
- Anfersen in schneller Frequenz
- weite Explosivsprünge mit Armeinsatz (kurze Fußkontaktzeit), nach dem 5. Sprung in einen kurzen Sprint übergehen (5×5)
- Steigerungsläufe über 30 m (5×5)
- Linienläufe über 5–10 m (jeweils 1×)
  - Sprint bis zur 5 m Marke, locker zurück traben
  - zur 10 m Marke sprinten, im Trab zurück (Variante für beide: im Sprint zurück)
- Sprint zur 5 m Marke und zurück, sofort Sprint zur 10 m Marke, locker im Trab zurück
- ASTE: Bauchlage, Arme nach vorn gestreckt, auf Signal (z. B. Hände klatschen) aufspringen und in die Gegenrichtung sprinten (5×5).

11.4.4 Propriozeptions- und Koordinationstraining

Ziel des Koordinationstrainings ist:
- Erlernen eines Bewegungsvorgangs
- Herabsetzen des muskulären Ermüdungsgrades
- durch Senken des Sauerstoffbedarfs Energie einsparen
- Anpassen der Synapsen und des Gleichgewichtorgans an die Anforderungen des Bewegungsvorgangs
- Verletzungsrisiken vermindern.

Durchführung

Das propriozeptive Training ist in jeder Trainingseinheit obligatorisch, da ein alleiniges Krafttraining der gelenkstabilisierenden/gelenksichernden Muskulatur Untersuchungen zufolge uneffektiv ist. Auch eine kräftige Muskulatur ist bei einer schnellen, unvorhergesehenen Bewegung zu langsam, um das Gelenk gegen ein Trauma zu sichern.

Neben der Prävention und der Nachbehandlung akuter Traumen findet das propriozeptive Training seinen Platz auch bei der Behandlung chronischer Überlastungen mit Instabilitäten. Diese treten als Folge chronisch rezidivierender Mikrotraumen an Kapseln, Bändern oder Sehnen auf, meist durch extreme Ausholbewegungen bzw. Beschleunigungsvorgänge (Werferschulter, Werferellenbogen).

Für ein Training der koordinativen Fähigkeiten ist ein methodischer Aufbau notwendig, wobei der Aufbau in jeder Trainingseinheit modifiziert und gesteigert werden soll.

> **Merke**
>
> Grundprinzipien des Koordinationstrainings:
> - Anfangs Hilfen nutzen, diese langsam abbauen!
> - Bewegungen immer erst erklären und vorstellen lassen!
> - Auf korrekte, d. h. physiologische Körperhaltung achten!
> - Vom Leichten zum Schweren trainieren, d. h. von einfachen Einzelübungen zu komplexen Bewegungsabläufen, von unterstützten Bewegungen in freie Bewegungen, von stabilem und/oder hartem Untergrund zu labilem und/oder weichem, von der gesicherten in die ungesicherte Bewegungsbahn!
> - Erst statische Übungen, dann dynamische!
> - Zuerst Qualität, dann Quantität!
> - Erst ausgeruht trainieren (zu Beginn einer Trainingseinheit), dann nach vorheriger Ermüdung.

Um die Bewegungsaufgabe verbal und visuell zu verdeutlichen, müssen prinzipiell alle Möglichkeiten der Darstellung genutzt werden. Der Sportler geht die Übung in Gedanken durch und erhält die Möglichkeit, diese einmal auszuprobieren.

Bei allen einleitenden Übungen ist darauf zu achten, dass die Körperhaltung physiologisch ist (z. B. Blickrichtung geradeaus auf einen Bezugspunkt).

Janda entwickelte ein Aktivierungsprogramm der Extremitäten und der Rumpfmuskulatur durch den Einsatz der Fußmuskulatur. Die Muskeln und Weichteile des Fußes sind besonders reich an Propriozeptionsfeldern. Jandas Konzept nutzt und intensiviert phylogenetisch vorgegebene Bewegungsketten und erreicht auch Muskeln, die nicht gezielt willkürlich angespannt werden können. Diese Kurzfußtechnik („Kurzer Fuß", siehe unten) wird in jeder Behandlungsphase eingesetzt, um einen stabilen Stand zu gewährleisten, Bewegung zu bahnen und propriozeptive Fähigkeiten zu schulen und zu trainieren.

Trainingsgeräte
- Fastex-Matte: Als Testgerät messen die Bodenreaktionsplatten die Einstabilisierungszeit im Stand. Als Trainingsgerät gibt ein Monitor Sprungmuster vor.
- Podoskop: Es dient der visuellen Kontrolle der Fußstatik (über Spiegel). Auf dem Podoskop kann die Kurzfußtechnik nach Janda besser kontrolliert beübt werden.
- Propriomed oder Bodyblade: Der flexible Stab dient zur Verbesserung der Autostabilität durch schwingende Bewegungen.
- Proprio-Swing-System, Posturomed als Trainingsgeräte zur posturalen Haltungsstabilisation.
- Balancetrainingsgeräte sind Kreisel, Schaukel- und Kippbrett, Wobbler (Fußlabyrinthspiel), Balance Board, Arti – Ax proprioceptive board, multiaxiales Balancetrainingsgerät.
- Gymnastikbälle, Pezibälle.
- Devil-stick, Boing Autostabilisationsgeräte für die obere Extremität.
- Therabee-Handkreisel, Spin-Ball, Gyrotwister sind Geräte zur Koordinationsschulung und Autostabilisation der Hand-, Unterarm- und Schultermuskulatur. Bei koordinierten Unterarmbewegungen können bis zu 10 000 Umdrehungen erreicht werden.
- Minitrampolin.
- Hara-med zur Autostabilisation des gesamten Körpers auf unterschiedlich straff gespannten Seilen.
- Airex Balance Pad, Weichboden.

Behandlungsbeispiel untere Extremität

Übung „**Kurzer Fuß**": Der Patient bekommt den Auftrag, barfuß die Zehen auf den Boden zu drücken und die Fußgewölbe hochzuziehen. Die Zehen dürfen dabei nicht in den Boden gekrallt werden, sondern müssen lang bleiben. Über die Anspannung wird eine Muskelkette aufgebaut, die bis in den Lumbalbereich wirkt. Becken und Hüfte werden muskulär gesichert und gleichzeitig wird die Trainingsbewegung gebahnt.

Statische Übung aus dem Sitz: ASTE ist der aufrechte Sitz auf dem Hocker, Füße stehen parallel und sind leicht außenrotiert. Einstellen des „Kurzen Fußes" bei rechtwinklig gebeugten Hüft- und Kniegelenken. Der Therapeut umfasst eine oder beide Fersen im Gabelgriff und gibt achsgerechten Widerstand auf das Knie in Richtung Fuß. Alternativ kann der Druck von außen auf die Kniegelenke ausgeübt werden.

- Die Übung kann auch aus anderen Ausgangsstellungen ausgeführt werden, z. B. im Stand.
- Über diese Übung ist es auch möglich, vom Sitz zum Stand zu kommen, vom einbeinigen Kniestand zum beidbeinigen Stand, von der Schrittstellung über den Ausfallschritt zum Einbeinstand.

Statische Übungen aus dem Stand: ASTE ist der Stand bei leicht gebeugten Kniegelenken. Bei vollem Bodenkontakt der Füße Gewichtsverlagerung nach vorne und hinten sowie seitwärts (nach rechts und links). Becken und/oder Oberkörper kreisförmig schwingen. Beide Übungen werden ohne das Setzen von Widerstand durch den Therapeuten begonnen und mit Widerständen fortgeführt. Der Patient muss diese Widerstände aktiv widerlagern:

- Langsam ansteigender isometrischer Widerstand am Becken nach ventral, dorsal, lateral oder im Sinne einer Rotation.
- Langsam ansteigender isometrischer Widerstand an den Schultern durch den Therapeuten nach ventral, dorsal, lateral oder diagonal.
- Harte, kurze Widerstände auf Becken und Schultern, d. h. der Therapeut drückt ruckartig am Becken des Patienten. Der Patient muss diesen schnellen Reiz aktiv widerlagern.
- Zuerst werden die Übungen beidbeinig, später auch einbeinig ausgeführt.
- Einbeinstand mit verstärkter Kniebeugung, mit stoßweisem Widerstand an Becken und Schultern
- Variationsmöglichkeiten durch Innen- und Außenrotation der Füße.

Die Übung wird koordinativ gesteigert, indem statt einer harten eine weiche Unterlage benutzt wird (z. B. Balance Pad).

Am Anfang kann ein Tape die Propriozeption erleichtern. Diese Hilfe wird nach und nach, d.h. von einem kompletten Tape über einzelne propriozeptive Streifen oder Kinesio®-Tape-Streifen reduziert (☞ Kap. 12), bis keine externe Stimuli mehr gegeben werden.

Den Bewegungen auf der Stelle respektive Übungen aus dem Stand können dann **Übungen in der Fortbewegung** folgen, z. B.:

- Ausfallschritt mit dem betroffenen Bein nach vorn und auf das nicht betroffene Bein zurückspringen.
- Sprünge zur betroffenen Seite und zurück in die Ausgangsposition.
- Sprünge nach hinten, mit Landung auf der betroffenen Seite und zurück in die Ausgangsstellung.
- Sprünge in Rotationsrichtung mit Landung auf der betroffenen Seite und zurück zur Ausgangsstellung.

Diese Übungen werden zunächst mit Armeinsatz (als Balancierungshilfe) ausgeführt. Später werden die gleichen Übungen mit vor der Brust verschränkten Armen durchgeführt.

Wenn Übungen qualitativ richtig ausgeführt werden, muss im Sinne einer Belastungssteigerung ein neuer Reiz gesetzt oder vorher geübte Einzelbewegungen zu einer komplexen Bewegungsform zusammengesetzt werden. Aus statischen Übungen werden dynamische, aus hartem Untergrund wird ein weicher, aus stabiler Unterlage wird eine labile Unterlage. Jede beherrschte Übungsform kann durch die Einschränkung von Hilfen wieder zu einer schweren Übung werden, indem z. B. die Übung mit geschlossenen Augen ausgeführt wird (siehe Grundprinzipien des Propriozeptionstrainings):

- Einbeinstand auf dem Therapiekreisel mit geschlossenen Augen.
- Einbeinstand auf dem Therapiekreisel. Die diagonale Hand wird zur Zehenspitze und von dort diagonal zurück über Kopf geführt. Später auch mit geschlossenen Augen. Eine weitere Irritation kann von der oberen Extremität eingeleitet werden (Propriomed, ☞ Abb. 11.3)

Um die Übung im Niveau bzw. Schwierigkeitsgrad weiter zu erhöhen, kann dem Sportler eine Konzentrationsaufgabe gestellt werden, die er bei der Übungsausführung lösen muss, z. B. „Buchstabiere deine Adresse rückwärts!" oder „Wie viel ist 48×13?"

- Sprünge mit dem betroffenen Bein auf einen Kasten und auf das nicht betroffene Bein zurück.
- Sprünge vom Kasten auf das betroffene Bein nach unten und (wenn möglich) zurück.

11.4 Beispiele für die praktische Durchführung des MAT

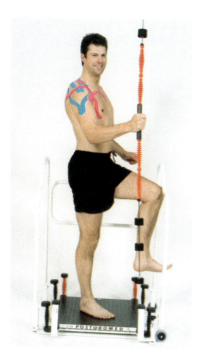

Abb. 11.3 Einbeinstand auf dem Posturomed mit gleichzeitiger Irritation über die obere Extremität durch das Propriomed.

- Die Übungen im Sinne der Belastungssteigerung miteinander kombinieren.
- Als Koordinationsparcours aufbauen, wo nacheinander die verschiedenen Inhalte geübt werden.

Werden die Aufgaben sicher bewältigt, können die Übungen nach einer vorherigen Ermüdung des neuromuskulären Systems ausgeführt werden, z. B. 50× in schneller Frequenz die Füße vom Weichboden abheben, anschließend Einbeinstand auf dem Minitrampolin.

Unter Hilfenahme eines Deuserbandes kann das Sprunggelenk auf dem Weichboden mit konzentrischer (Laufen gegen den Widerstand nach vorne) und exzentrischer Muskelarbeit (gebremster Laufbewegung zurück) trainiert werden.

Wurde bisher ein gesteigerter Wert auf die qualitative Bewegungsausführung gelegt, so wird jetzt auch die quantitative Übungsausführung berücksichtigt, z. B. Laufen auf der Stelle auf dem Weichboden. Der Therapeut wirft einen Ball, den der Sportler im Sprung zurückköpfen muss. Wie viel Kopfbälle schafft der Sportler innerhalb einer Minute (☞ Abb. 10.7)?

Behandlungsbeispiel obere Extremität

Auch der Behandlungsaufbau des Koordinationstrainings für die obere Extremität folgt den Grundprinzipien des Koordinationstrainings.

Unterarmstütz auf dem Fußboden: Diese Position schafft einen großen Approximationsreiz, d. h. sie gibt dem Gelenk viel Stabilität. Ein Kinesio®-Tape oder eine gleichzeitig angelegte Elektromyostimulation kann diese Stabilität noch verbessern.

- Aus dieser Position wird der Oberkörper zunächst nach vorne und hinten, dann nach links und rechts und zuletzt in Rotationsrichtung verschoben.

Seitstütz: Eine Steigerung des Unterarmstützes ist der Seitstütz auf der betroffenen Seite. Auch hier wird der Körper nach vorgegebenem Muster in der Gewichtsbelastung verlagert.

- Die Übung wird erschwert, indem nun der Arm auf einer weichen Unterlage gelagert wird, z. B. dem Airex-Balance-Pad.

Werden diese Übungen sicher beherrscht, ist eine weitere Steigerung der beidarmige **Unterarmstütz auf dem Pezziball** (Labilität). Hierbei muss der Patient in alle Richtungen widerlagern.
Ein **Liegestütz** auf dem Arti – Ax-proprioceptive board bei gleichzeitiger Bauchlage auf dem Pezziball schafft maximale propriozeptive Stimuli.
Auf einem **Minitrampolin** können aus dem Liegestütz die gestreckten Arme im schnellen Wechsel be- und entlastet werden. Auf das Kommando des Therapeuten stoppt der Athlet sofort in seiner Bewegung. Auch Hüpfbewegungen (Training der unteren Extremität) sind hier möglich.
Aus dem **Tricepsstütz** auf dem Pezziball kann als Steigerung der Widerlagerung zusätzlich ein Bein gestreckt angehoben werden bzw. kann zusätzlich mit dem Fuß ein Gymnastikball hin- und her bewegt werden.
Das Training mit dem **Bodyblade** oder **Propriomed** schafft ein schnelles Wechselspiel von konzentrischer und exzentrischer Muskelarbeit der gesamten oberen Extremität. Gleichzeitig muss als vorgeschaltetes Gelenk das Schulterblatt und nicht zuletzt der gesamte Körper diese Bewegung stabilisieren.

- Dabei kann erst mit kurzem Hebel in einer gesicherten, körpernahen Bahn bewegt werden (z. B. mit gebeugten Ellenbogen). Später wird die Bewegung zunehmend in eine ungesicherte, körperferne Bahn verlagert, d. h. es wird mit langem Hebel gearbeitet (Ellenbogen sind gestreckt).
- In einer solchen „ungesicherten" Position kann der Arm gegen

den Zug eines Thera- oder Deuserbandes aktiv in eine vorgegebene Richtung stabilisiert werden. Auf diese Stabilitätsübung kann mit Hilfe eines Therapie-Handkreisels die Reaktivität und Kraft geschult werden.

Plyometrisches (reaktives) Training: Training in Wurfposition am Seilzug. Das Zugseil wird durch den Therapeuten entlastet, der Therapeut gibt plötzlich und für den Sportler unerwartet das Gewicht frei. Der Sportler muss das beschleunigte Gewicht abfangen und in eine Wurfbewegung umkehren.

11.4.5 Beweglichkeitstraining

Eine Beweglichkeitsverbesserung, Beweglichkeitstraining hat zum **Ziel:**
- Optimierung der qualitativen und quantitativen Bewegungsausführung
- Elastizität der nicht kontraktilen Gelenkstrukturen steigern
- Dehnfähigkeit verbessern
- höhere Gesamtbeweglichkeit im Rahmen der für die Sportart oder Position notwendigen Belastung.

Durchführung

Für die Verbesserung der Beweglichkeit stehen dem Sportler und dem geschulten Therapeuten verschiedene aktive und passive Möglichkeiten bzw. Techniken zur Verfügung. Es handelt sich hierbei um Muskeldehntechniken und Techniken der Manuellen Therapie, die nach entsprechender Einweisung auch vom Patienten selbst ausgeführt werden können (Eigenmobilisation), sowie Mobilisation des Nervensystems und Weichteiltechniken.

Muskeldehnung, Muskeldehntechniken

Zur Elastizitätsverbesserung der kollagenen Fasern ist es notwendig, vor einer Dehnung die Muskulatur aktiv aufzuwärmen. Dies kann durch langsames Laufen, Training an der Rudermaschine, dem Oberkörper- oder Fahrradergometer, dem Stepper oder durch Step-Aerobic mit niedrigster Intensität geschehen. Beim Aufwärmen durch Laufen oder mit dem Ergometer werden unterschiedlich große Anteile der Gesamtkörpermuskulatur beansprucht.
Sportler, die ihren Laktatwert kennen, sollten in einem Laktatbereich von +/-2 mmol aufwärmen. Diesen Wert erreicht man beim Laufen annähernd, wenn man auf 4 Laufschritte einatmet und bei weiteren 4 Laufschritten ausatmet. Generell sollte man bei dieser Intensität jederzeit sprechen können.

Als Pulsempfehlung für kardial unauffällige Patienten gelten als Höchstgrenze der Herzfrequenz beim **Aufwärmen** vor einer Dehnung:
- beim Laufen bzw. am Rudergerät: 220 minus Lebensalter minus 40
- beim Oberkörperergometer, Fahrradergometer, Stepper: 200 minus Lebensalter minus 40
- beim Schwimmen: 190 minus Lebensalter minus 40.

Dehnungen können **aktiv und passiv** und in **dynamischer und statischer** Form durchgeführt werden (Kap. 4.6):
- Aktive statische Dehnübungen: Der Sportler/Patient führt die Bewegung langsam und kontrolliert in die Endstellung. Dort wird die Dehnung 10–30 Sek. aktiv gehalten.
- Anspannen – Entspannen – Dehnen (AED/PIR/CHRS): Der Sportler/Patient spannt unmittelbar vor dem Dehnen den zu dehnenden Muskel für ca. 10 Sek. bei mittlerer Intensität isometrisch an. Nach 2–3 Sek. völliger Entspannung führt er den Muskel in die Endstellung. Diese Position wird für 10–30 Sek. gehalten.
- Passives statisches Dehnen: Der Partner/Therapeut führt die Dehnung langsam und kontrolliert in die Endstellung, hier wird die Dehnung 10–30 Sek. passiv gehalten. Bei Dehnzeiten > 60 Sek. wird eine besondere Wirkung auf die Verformbarkeit des Bindegewebes erreicht.
- Aktives dynamisches Dehnen: Der Sportler/Patient führt mehrfach intermittierende rhythmische Bewegungen in Dehnrichtung aus. Die Bewegungen werden mit geringer Geschwindigkeit im schmerzfreien Bereich ausgeführt.
- Passiv dynamisches Dehnen: Der Sportler/Patient tastet sich durch intermittierendes Federn an die Bewegungsgrenze heran. Die Bewegung wird durch Partner oder Gerät unterstützt.

> Schnelle und kräftige dynamische Bewegungen verbessern die Dehnfähigkeit eines Muskels nicht, sondern führen im Gegenteil durch Auslösen eines Dehnreflexes zu einer sofortigen Kontraktion. Trotzdem kann es sinnvoll sein, nach dem Aufwärmprogramm bestimmte Muskelgruppen dynamisch zu dehnen. Solche Dehnübungen bereiten den Bewegungsapparat auf Wettkampfsituationen vor, in denen ein plötzlicher Dehnreiz eine sofortige Reaktion der betroffenen Muskulatur erfordert (z. B. Foulspiel des Gegners).

Dehnungen können zur **Vorbereitung und Nachbereitung** einer Therapie bzw. eines Trainings durchgeführt werden:
- Dehnen vor und nach Training/Therapie: Voraussetzung für die Auswahl der Methode und Dauer des Dehnens ist die zu erwartende bzw. vollzogene Belastung. Die Auswahl der zu dehnenden Muskeln orientiert sich an der leistungsbestimmenden Muskulatur (z. B. Läufer-Beine). Trainingsvorbereitend werden aktive Dehnungen bevorzugt.
- Dehnen vor und nach Ausdauerbeanspruchung: Vor bzw. nach Ausdauerbelastungen sind Dehnungen nicht erforderlich. Wird dennoch gedehnt, wird vorbereitend jede Muskelgruppe ca. 3× für ca. 10 Sek. gedehnt. Nachbereitend sollte bei eventueller Laktatanhäufung (Ausdauerläufe im anaeroben Bereich) im Muskel die Dehnung langsam intermittierend aber länger durchgeführt werden. Im dehnungsfreien Intervall kann so der erhöhte Bedarf an Nährstoff und Sauerstoff sichergestellt werden.
- Dehnen vor bzw. nach schnell- und maximalkräftigenden Belastungen: Aktive Dehnungen sind im vorbereitenden Teil zu bevorzugen. Die Zeit sollte 10 Sek., die Anzahl der Wiederholungen 3–4 nicht überschreiten. Vorbereitendem Dehnen sollten tonisierende Übungen folgen.
- Dehnen vor bzw. nach Kraftausdauertraining: Vorbereitendes Dehnen wird ebenfalls kurz bzw. aktiv durchgeführt. Nachbereitendes Dehnen sollte wegen des erhöhten Nähr- und Sauerstoffbedarfs wieder intermittierend durchgeführt werden. Passive Dehnungen werden von Sportlern/Patienten an dieser Stelle bevorzugt.
- Dehnen nach Verletzungen: Nach schmerz- bzw. operationsbedingter Immobilisation lagert ein Muskel vermehrt Bindegewebe ein. Die Neuordnung der Matrix vollzieht sich ungeordnet. Immobilisationsbedingte Muskeldehnungen sollten besonders langsam ausgeführt werden und mehr als 60 Sek. andauern. Postoperativ hilft Durchbewegen im schmerzfreien Bereich, das Bindegewebe zu organisieren bzw. Einlagerung zu minimieren. Dehnungen der proximal und distal der Verletzung gelegenen Muskulatur gehören von vornherein dazu. Ebenso das Dehnen der gesamten Muskulatur der nicht betroffenen Seite. In den Serien- bzw. Übungspausen kann die zuvor beübte Muskelgruppe kurz und intermittierend nachbereitet werden. Auf intensives Dehnen muss in den Pausen verzichtet werden.

Ziel von Muskeldehnungen ist die kurz- mittel- oder langfristige Erweiterung der Beweglichkeit und die Senkung des Muskeltonus.

Dazu stehen verschiedenste **Dehntechniken** zur Verfügung:
Postisometrische Relaxation (PIR): Den zu dehnenden Muskel am möglichen Bewegungsende min. für 12 bis max. 30 Sek. anspannen. Anschließend Entspannung, den betroffenen Teil mit der Eigenschwere sinken lassen.
Beispiel eingeschränkte Knieflexion: Das Knie befindet sich in max. Flexion. Der M. quadriceps femoris wird statisch min. angespannt.
Betontes Arbeiten an der Bewegungsgrenze: Der Patient geht aktiv gegen leichten Widerstand ans mögliche Bewegungsende, vorsichtig exzentrisch etwas aus dem Bewegungsende heraus und anschließend aktiv weiter in die gewünschte Bewegungsrichtung. Einige Male wiederholen.
Beispiel eingeschränkte Knieflexion: Der Patient bewegt das Knie gegen leichten Widerstand des Therapeuten konzentrisch in die max. Flexion, bewegt exzentrisch wieder etwas in die Extension, anschließend konzentrisch in die Flexion usw.
Ermüden der Antagonisten: Der Patient spannt den antagonistischen Muskel am möglichen Bewegungsende max. 10 Sek. an. Anschließend Entspannung, dann weitergehen in die gewünschte Bewegungsrichtung, aktiv (gleichzeitig reziproke Hemmung) oder passiv.
Beispiel eingeschränkte Knieflexion: Das Knie befindet sich in max. Flexion, der M. quadriceps wird max. angespannt.
Antagonistisch-exzentrische Dekontraktion nach Brügger: Der Patient geht aktiv ans mögliche Bewegungsende. Anschließend das betroffene Gelenk gegen einen leichten Widerstand exzentrisch vom Bewegungsende wegbewegen (Kommando: „bremsen"). Anschließend den entsprechenden Körperabschnitt in die gewünschte Richtung bewegen. Wiederholungen so oft wie nötig, abhängig von der Kraft des Patienten.
Beispiel eingeschränkte Knieflexion: In max. Knieflexion werden die Kniebeuger exzentrisch angespannt.
„Längsdehnen": Manuelles Dehnen über ein oder mehrere Gelenke. Das betroffene Gelenk einstellen und über das Nachbargelenk dehnen.
Beispiel verkürzter M. rectus femoris: Kniegelenk in max. Flexion bringen, dann das Hüftgelenk in max. Extension einstellen und Längsdehnen.
Muscle-Energy-Technik: Dabei wird die Kraft eines Muskels genutzt, der an dem zu mobilisierenden Gelenk ansetzt. Es wird über den Muskel gearbeitet, der in die zu mobilisierende Richtung zieht (☞ Abb. 11.4 und Abb. 11.5). Dabei werden Punktum fixum und Punktum mobile oft vertauscht. Diese Therapieform kann thera-

11.4 Beispiele für die praktische Durchführung des MAT

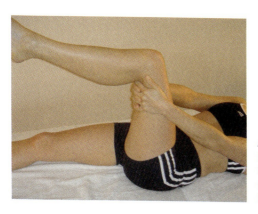

Abb. 11.4
Mobilisation des Sakroiliakalgelenkes über die Aktivität der Hüftextensoren.

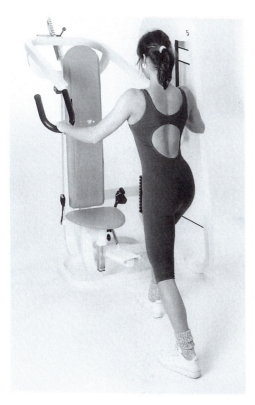

Abb. 11.5
Mobilisation des Humeruskopfes in kaudale Richtung durch Aktivität des M. latissimus dorsi am Latissimustrainer.

peutisch angewandt werden. Wenn das Gelenkspiel vorhanden ist, kann die Technik auch mehrmals täglich als Hausaufgabe durch den Sportler selbst ausgeführt werden.

Stretching, Eigendehnung

Unterarmflexoren: Hand in Dorsalextension fixieren. Zur Dehnung den Ellenbogen strecken, dabei die Ellenbeuge nach vorne zeigen lassen (☞ Abb. 11.6).

Unterarmextensoren: Wie Dehnung Unterarmflexoren, die Hand jedoch in Palmarflexion fixieren.

M. biceps brachii: Arm in Nullstellung hängen lassen. Zur Dehnung den Unterarm in Pronation bringen, Ellenbogen strecken, Arm im Schultergelenk abduzieren und extendieren (☞ Abb. 11.7).

M. triceps brachii: Arm in Nullstellung hängen lassen. Zur Dehnung den Ellenbogen beugen, Schultergelenk in Flexionsstellung bringen (☞ Abb. 11.8).

Abb. 11.6 Dehnung der Unterarmflexoren. (Zur Dehnung der Unterarmextensoren die Hand in Palmarflexion fixieren).

Abb. 11.7 Dehnung des M. biceps brachii.

M. supraspinatus: Arm in Nullstellung. Zur Dehnung den Arm im Schultergelenk in Innenrotation bringen und horizontal vor der Brust adduzieren (☞ Abb. 11.9).

M. pectoralis major: Arm in Nullstellung. Zur Dehnung den Arm im Schultergelenk nach außen rotieren, abduzieren und in Extension bringen (☞ Abb. 11.10).

M. trapezius: Aufrechter Sitz oder Stand, Kopf in Nullstellung. Zur Dehnung den Kopf zur gleichen Seite drehen und zur Gegenseite neigen. Der Arm der zu dehnenden Seite wird in Richtung Boden geschoben, die andere Hand fixiert den Kopf (☞ Abb. 11.11).

M. levator scapulae: Wie bei Dehnung des M. trapezius (aufrechter Sitz oder Stand). Allerdings den Kopf aus der Nullstellung zur Gegenseite drehen und neigen.

Rückenstrecker: Rückenlage. Zur Dehnung die Beine anbeugen, Knie mit den Armen zur Brust ziehen („Päckchenstellung", ☞ Abb. 11.12).

Abb. 11.8 Dehnung des M. triceps brachii.

Abb. 11.9 Dehnung des M. supraspinatus.

Bauchmuskulatur: Bauchlage. Zur Dehnung die Arme in Höhe der Schultern aufstützen, langsam hochstemmen (☞ Abb. 11.13).

> ❗ Keine Bauchmuskeldehnung bei Facetten-Syndrom!

Abb. 11.10 Dehnung des M. pectoralis major.

Abb. 11.11 Dehnung des M. trapezius. (Zur Dehnung des M. levator scapulae den Kopf zur Gegenseite drehen und neigen.)

Abb. 11.12 Dehnung der Rückenstrecker.

M. quadratus lumborum: Stand, rechtes Bein steht überkreuzt neben dem linken, rechter Arm in Ellenbogen und Schultergelenk gestreckt. Zur Dehnung eine Lateralflexion nach links durchführen (☞ Abb. 11.14).

M. gracilis: Stand, Kniegelenke gestreckt, zu dehnendes Bein im Hüftgelenk abduziert. Zur Dehnung das Bein der Gegenseite in Knie- und Hüftgelenk beugen (seitlicher Ausfallschritt, ☞ Abb. 11.15).

Abb. 11.13 Dehnung der Bauchmuskulatur.

Abb. 11.14 Dehnung des M. quadratus lumborum.

Abb. 11.15 Dehnung des M. gracilis.

Eingelenkige Adduktoren: Tiefer Vierfüßlerstand. Zur Dehnung das gebeugte Bein im Hüftgelenk abduzieren und strecken (☞ Abb. 11.16).

M. iliopsoas: Einbeiniger Kniestand auf dem rechten Knie, linkes Bein in Knie- und Hüftgelenk flektiert (aufgestellt), rechtes Hüftgelenk extendiert und innenrotiert, Becken aufgerichtet. Zur Dehnung die Symphyse in Richtung linke Ferse vorwärts und abwärts verlagern, Beckenaufrichtung beibehalten.

Um den Muskel auch in seiner Funktion als seitneigender Muskel der Lendenwirbelsäule zu dehnen, wird gleichzeitig der rechte Arm nach oben gestreckt und eine Seitneigung des Rumpfes nach links durchgeführt (☞ Abb. 11.17).

M. piriformis: Rückenlage, das Knie beugen und Hüfte in Außenrotation fixieren. Zur Dehnung die Hüfte zunehmend flektieren (☞ Abb. 11.18).

Abb. 11.16 Dehnung der eingelenkigen Adduktoren.

Abb. 11.17 Dehnung des M. iliopsoas.

M. rectus femoris: Einbeinstand. Zur Dehnung bei gestrecktem Hüftgelenk das Spielbein (zu dehnendes Bein) im Kniegelenk beugen, Ferse zum Gesäß führen (☞ Abb. 11.19).
M. tensor fascia latae: Stand, das zu dehnende Bein hinter dem anderen Bein überkreuzen. Zur Dehnung die Hüfte zur zu dehnenden Seite verlagern (Extension und Adduktion des zu dehnenden Beins, ☞ Abb. 11.20).
Mm. ischiocrurales: Rückenlage, Hüftgelenk maximal gebeugt, Knie gebeugt. Zur Dehnung die Knie strecken (☞ Abb. 11.21).

Abb. 11.18 Dehnung des M. piriformis.

Abb. 11.19 Dehnung des M. rectus femoris.

Durch unterschiedliche Rotationsstellungen im Knie kann verstärkt auf den M. biceps femoris oder den M. semitendinosus und M. semimembranosus eingegangen werden.

Mm. glutaei: Langsitz, zu dehnendes Bein in Hüfte und Knie flektiert, Fuß steht außen neben dem anderen Knie. Zur Dehnung das Bein langsam im Hüftgelenk adduzieren (☞ Abb. 11.22).

Abb. 11.20 Dehnung des M. tensor fascia latae.

Abb. 11.21 Dehnung der Ischiokruralen.

11.4 Beispiele für die praktische Durchführung des MAT

Abb. 11.22 Dehnung der Gluträen.

Unterschenkelextensoren: Fersensitz, Fuß in Plantarflexion, Fußrücken liegt auf dem Boden auf. Zur Dehnung den Oberkörper zurückverlagern (☞ Abb. 11.23).
Eingelenkige Unterschenkelflexoren: Stand. Zur Dehnung ein Bein mit gestrecktem Kniegelenk nach vorne führen, Knie des Standbeins beugen, ohne die Ferse vom Boden zu lösen (☞ Abb. 11.24).
M. gastrocnemius: Stand, ein Bein in Knie- und Hüftgelenk leicht gebeugt nach vorn gestellt, Knie- und Hüftgelenk des zu dehnenden Beines gestreckt, Ferse berührt den Boden nicht. Zur Dehnung langsam den Oberkörper nach vorne bewegen und die Ferse zum Boden drücken. Das Körpergewicht ruht auf dem vorderen Bein (☞ Abb. 11.25).

Abb. 11.23 Dehnung der Unterschenkelextensoren.

251

Abb. 11.24 Dehnung der eingelenkigen Unterschenkelflexoren.

Abb. 11.25 Dehnung des M. gastrocnemius.

> **Merke**
> Grundregeln für die Muskeldehnung:
> - Jeder Patient sollte ein individuelles Dehnprogramm erhalten, welches sich an der Sportart und den Stärken und Schwächen des Sportlers orientiert.
> - Das Dehnprogramm sollte regelmäßig durchgeführt werden.
> - Die Dehnung erfolgt über das größte Gelenk bzw. über die Hauptfunktion des zu dehnenden Muskels.
> - Jeder Patient dehnt in seiner individuellen Dehnposition und kann diese durch geringfügige Änderungen der Ausgangsstellung variieren.
> - Jede Dehnung sollte möglichst schonend durchgeführt werden, um keine Struktur unnötig zu belasten.
> - Außer einem leichten Ziehen darf beim Dehnen kein zusätzlicher Schmerz entstehen.
> - Während der Übungen sollte der Patient entspannt weiteratmen.
> - Dynamische Dehnübungen sollten erst nach dem statischen Dehnen durchgeführt werden.

- Nach dem Training ist es nicht sinnvoll, die Eigendehnung mehrerer Muskeln, z. B. M. iliopsoas und M. quadriceps, miteinander zu verbinden, da zu hohe Anforderungen an die Koordination gestellt werden.
- Dehnen Sie im Wechsel Agonist und Antagonisten (M. quadriceps und ischiokrurale Muskulatur) oder in Bewegungsketten (Wade, vordere Oberschenkelmuskulatur, Glutäen, Schienenbeinmuskulatur, hintere Oberschenkelmuskulatur, Hüftbeuger).
- Es genügt nicht, einen verkürzten Muskel zu dehnen. Sein meist geschwächter Antagonist muss zusätzlich gekräftigt werden. Unterbleibt die Kräftigung der schwachen Muskelgruppe, werden falsche Bewegungsmuster geschaffen, die das Gelenk dezentrieren und die Gelenkstrukturen unphysiologisch belasten. Dies kann wiederum zur verstärkten Aktion der Nozizeptoren und damit zu einer Bewegungshemmung führen.
- Bei Dehnungen mit distalem Punktum fixum (z. B. beim Dehnen des M. biceps brachii wird die Hand als Festpunkt häufig an einen festen Gegenstand/Wand gelegt) wird bei übermäßigem Druck auf die Hand nicht der Muskel gedehnt, sondern eine exzentrische Muskelarbeit gefördert.
- Einige Muskeln erfahren bei veränderter Ausgangsposition eine Funktionsumkehr. Der M. piriformis ist anatomisch ein Außenrotator. Ab 60° Hüftbeugung wird er funktionell zum Innenrotator. Er muss dann in Außenrotation gedehnt werden.

Weichteiltechniken

Ziele dieser Weichteiltechniken sind die Steigerung der lokalen Durchblutung, die Senkung des Muskeltonus, das Lösen von Verklebungen, die Schmerzlinderung und die Stimulation der Ausrichtung zugfester Fasern bei Heilungsprozessen.

„Querreiben": Den zu mobilisierenden Muskel in den schmerzfrei erreichbaren Dehnungszustand bringen. Extremität in dieser Stellung unterstützen. Quer zum Faserverlauf mit dem Handballen bei gleich bleibendem Druck flächig und langsam reiben. Bei sicht- und spürbarer Tonussenkung weiter in die Dehnstellung geben und wiederholen.

Beispiel eingeschränkte Knieflexion: Das Knie befindet sich in maximal möglicher Flexion; auf dem M. quadrizeps wird quer gerieben.

„Manuelles Querdehnen": ASTE so wählen, dass der Therapeut mit der Schwerkraft dehnen kann. Gelenk in mögliche oder erlaubte

Stellung bringen (Vordehnung). Den Muskelbauch mit einer Hand großflächig fassen, andere Hand hält die Gelenkstellung. Muskel quer zum Faserverlauf verschieben. Patient spannt den Muskel einige Sekunden gegen Widerstand an. Anschließend erst entspannen, dann weiterdehnen.

Beispiel verkürzte Hüftadduktoren: Das Bein in Abduktion einstellen, die Adduktoren großflächig umfassen und Querdehnen.

„Funktionsmassage" (nach EVIJENTH): Vor Beginn das Gelenk einige Male passiv bewegen, um das schmerzfreie Bewegungsausmaß zu testen. In Annäherung des Muskels den Handballen der einen Hand proximal aufsetzen, den Muskel gegen seine knöcherne Unterlage drücken und nach proximal schieben (Hautreserve geben). Gleichzeitig mit der anderen Hand den Muskel über die Extremität in Dehnung bewegen, dann den Muskel wieder annähern. So den ganzen Muskelbauch durcharbeiten.

Beispiel eingeschränkte Knieflexion: Das Knie befindet sich in Extension, die Funktionsmassage wird auf dem M. quadriceps während passiver Flexion durchgeführt.

„Querfriktionen" (Deep frictions) nach Cyriax: Vorbehandlung mit Hitze (Fango, heiße Rolle) oder Ultraschall. Gelenk je nach Reizzustand der betroffenen Struktur einstellen. Muskeln/Sehnen mit direktem Ansatz am Knochen entspannt einstellen, bei indirektem Ansatz gespannt. Je gereizter die Struktur, desto mehr den Muskel in Annäherung bringen; dann auch nur jeden 2. Tag behandeln. Friktionen 3–5 Minuten im akuten Zustand, 10–15 Minuten bei chronischen Insertionstendopathien quer zum Faserverlauf (mit Druck in nur eine Richtung), bis Tonusreduzierung oder Schmerzlinderung erreicht ist. Dosierung so, dass der Schmerz gut erträglich ist.

„Ischämische Kompression": Die Kompression wird mit dem Finger auf einem tonuserhöhten Muskel und/oder auf einem myofaszialen Triggerpukt für ca.10–60 Sekunden gehalten. Bei nachlassendem Tonus bzw. bei abnehmender Empfindlichkeit wird der Druck wieder gesteigert. Da die Behandlung von Trigger Points in der autochtonen Rückenmuskulatur sehr hohe Drücke verlangt, ist es zur Entlastung der Fingergelenke möglich, mit einem Massagestäbchen oder „Therapieknochen" zu arbeiten (☞ Abb. 10.2).

„Stripping": Oberflächliches Einölen der Behandlungsregion. Die Daumen und Finger schieben von distal, mit langsamster Bewegung am Muskelrand entlang. Der Druck wird bei darauf folgenden Durchgängen erhöht, bis der Tonus reduziert bzw. der Trigger-Point nicht mehr schmerzhaft ist.

Manuelle Therapie

An dieser Stelle muss noch einmal darauf hingewiesen werden, dass Techniken der Manuellen Therapie nur von geschulten Fachkräften durchgeführt werden dürfen, die über entsprechende Kenntnisse und Fähigkeiten verfügen (unter anderem Gelenkmechanik/Arthrokinematik)!

Bewegungsstörungen im Sinne funktioneller und/oder schmerzbedingter Hypomobilität und Gelenkblockierungen, z. B. nach postoperativer Ruhigstellung, Entzündungen oder Traumen, können die Ausübung einer Sportart unmöglich machen. Neben den physiologischen Bewegungsausmaßen (☞ Tab. 4.3) ist das physiologische Endgefühl ausschlaggebend bzw. richtungweisend, ob eine endgradige Bewegungseinschränkung/Hypomobilität vorliegt: weich-elastisches Endgefühl bei physiologisch muskulärem Stopp, fest-elastisch bei ligamentärem Stopp, hart-elastisch bei physiologisch knöchernem Stopp. Das Endgefühl muss jeweils im Seitenvergleich getestet werden, um Veränderungen beurteilen zu können.

Mit Techniken der Manuellen Therapie sollen solche Bewegungsstörungen effektiv behandelt werden, um die vollständige Funktion eines Gelenkes wiederherzustellen und einen schmerzfreien und ökonomischen Bewegungsablauf zu gewährleisten. Techniken der Mobilisation von Gelenken sind:

- **Traktion:** Entfernung der Gelenkflächen voneinander zur Entlastung, Schmerzlinderung, Lösen von Blockierungen, Kapseldehnung
- **Gleitmobilisation:** paralleles Verschieben der Gelenkflächen gegeneinander zur Mobilisation in die gesperrte Richtung.

Entscheidend hierbei ist die **Konvex-Konkav-Regel:** Ist der distale Gelenkpartner konkav (z. B. Tibia), entspricht die Gleitrichtung der Funktionsrichtung. Ist der distale Gelenkpartner konvex (z. B. Humerus) sind Gleit- und Funktionsrichtung gegensinnig. Die Weichteile sollten immer mitbehandelt werden (☞ Weichteiltechniken in diesem Kapitel).

> **Merke**
> Techniken der Manuellen Therapie dürfen nicht angewendet werden bei akuten Bandscheibenvorfällen, bei frischen Weichteilverletzungen der HWS (bis ca. 8 Wochen, z. B. HWS-Distorsion), bei posttraumatischer Hypermobilität bzw. Instabilität sowie bei bekannten degenerativen Wirbelsäulenveränderungen (z. B. Spondylose) und Anomalien oder pathologischen Gefäßveränderungen.

Aus der Fülle der Behandlungsmöglichkeiten (und Testungen) sind nachfolgend die häufigsten, gebräuchlichsten, einfachsten und gleichermaßen erfolgsträchtigsten Mobilisationstechniken geschildert. Die Testungen und Mobilisationen erfolgen meist aus der jeweils gleichen Ausgangsstellung und gehen mitunter fließend ineinander über (siehe Iliosakralgelenke):

Iliosakralgelenk (ISG)

Bewusste und aktive Bewegungen sind in den Iliosakralgelenken (ISG) nicht möglich. Hier finden vielmehr geringe Mitbewegungen statt, wenn die kranial und kaudal angrenzenden Gelenke (LWS und Hüfte) bewegt werden.

Abweichungen vom physiologischen Gangbild, Schmerzen während der Standbeinphase sowie beim Aufstehen aus dem Sitz, Beinlängenunterschiede oder eine rotierte Beinstellung (im Seitenvergleich) können auf eventuelle Bewegungsstörungen im ISG hinweisen. Zur Testung einer Hypomobilität im ISG gibt es verschiedene Palpations- und Bewegungstests, wobei ein einzelner Test allein noch keine Auskunft über eine eventuelle Bewegungseinschränkung gibt. Es müssen immer mehrere Tests durchgeführt werden, die positiv im Sinne einer ISG-Problematik zu bewerten sind, wenn ein Schmerz beim Patienten ausgelöst wird:

Vorlaufphänomen: Aufrechter Stand, Beine hüftbreit auseinander. Therapeut hat seine Daumen auf beiden SIPS. Der Patient beugt sich vornüber. Der Therapeut beurteilt die Bewegung beider SIPS (zeitgleich oder zeitversetzt). Ein physiologischer Bewegungsablauf bewirkt eine gleichzeitige Nutation (Ilium-posteriore-Bewegung) in beiden ISG. Bei weniger Beweglichkeit in einem der beiden ISG zieht das Sakrum die gleichseitige SIPS früher nach ventral (Vorlaufphänomen).

Rücklaufphänomen (Gillet-Test): Gleiche Ausgangsstellung wie beim Vorlaufphänomen. Therapeut fasst mit einer Hand auf eine SIPS, mit der anderen auf das Sakrum in Höhe S2. Der Patient flektiert das gleichseitige Bein in der Hüfte. Der Behandler beurteilt die Bewegung der SIPS. Bei einer Hypomobilität des ISG bewegen sich Sakrum und SIPS zeitgleich nach dorsal.

Translatorische Bewegungsüberprüfung (Hebetest) und Mobilisation bei kapsoligamentärer Hypomobilität: Der Patient befindet sich in Bauchlage, ein Lordosekissen verhindert ein Mitbewegen der LWS in die Dorsalflexion. Der Therapeut steht seitlich am Patienten, die kaudale Hand greift um die kontralaterale SIAS und hebt das Ilium nach dorsal. Die mittleren Finger der kranialen Therapeutenhand liegen auf der SIPS, die Handfläche auf der Crista sacralis mediana. So kann der Therapeut die Bewegung im ISG anhand der Bewegung der SIPS gegenüber dem Sakrum beurteilen.

Nutationstest (Ilium-posteriore-Bewegung) und Mobilisation: Patient befindet sich in Bauchlage, Lordosekissen von ventral, Sandsack unter der SIAS der zu testenden Seite. Der Therapeut steht seitlich am Patienten (auf der beschwerdefreien Seite), der Daumen der kaudalen Hand liegt auf der Basis des Sakrums, die Ulnarkante der kranialen Hand liegt über dem Daumen der kaudalen Hand. Druck der kranialen Hand nach ventral und kaudal.

Kontranutationstest (Ilium-anteriore-Bewegung) und Mobilisation: Gleiche Ausgangsstellung wie bei Nutationstest, Sandsack weglassen. Die ulnare Kante der kaudalen Hand des Therapeuten fixiert die Spitze des Sakrums auf der gleichen Seite (Therapeutenseite). Die Ulnarkante der kranialen Hand liegt auf der Crista iliaca der kontralateralen Seite. Druck der kranialen Hand nach ventral.

Federungsmobilisation aus der Seitlage (oberer ISG-Pol): Der Sportler liegt auf der rechten Seite, die Hüft- und Kniegelenke sind in leichter Beugestellung. Der Therapeut sitzt hinter dem Sportler in Höhe des Kniegelenks, Blickrichtung zum Kopf des Patienten. Die rechte Hand fixiert den oberen Bereich des Kreuzbeins neben dem Iliosakralgelenk. Die linke Hand liegt von ventral auf dem vorderen oberen Darmbeinstachel. Beide Unterarme des Therapeuten stehen in einer Linie und bilden einen rechten Winkel zum Patientenkörper. Von beiden Armen wird langsam und rhythmisch ein mäßiger Druck aufgebaut, der jeweils ca. 3 Sek. gehalten und dann plötzlich gelöst wird. Durch das plötzliche Nachlassen des Behandlungsdrucks tritt eine Federbewegung im Gelenk auf, welche die Mobilisation unterstützt (☞ Abb. 11.26).

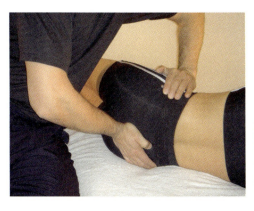

Abb. 11.26 Federungsmobilisation aus der Seitlage (hier Mobilisation linker oberer ISG-Pol).

Zur Mobilisation des unteren ISG-Pols hat der Patient dieselbe ASTE, der Therapeut schaut jedoch fußwärts und fixiert mit der linken Hand die Kreuzbeinspitze neben dem ISG. Die rechte Hand liegt von ventral auf dem vorderen oberen Darmbeinstachel. Die Mobilisation erfolgt in demselben Sinne wie bei der Mobilisation des oberen ISG-Pols (rhythmisch federnd).

Den Behandlungsmöglichkeiten durch den Therapeuten steht eine **Eigenmobilisation** des ISG gegenüber, hier am Beispiel des linken ISG (☞ Abb. 11.27): ASTE ist der Vierfüßlerstand auf einer erhöhten Fläche (z. B. Reservebank, Sportkasten, Behandlungstisch etc.). Der rechte Fuß des Sportlers liegt über der linken Ferse. Der rechte Oberschenkel wird im Wechsel nach oben gezogen und anschließend unter das Bankniveau gesenkt. Durch die Traktionswirkung des rechten Oberschenkels erfolgt eine Mobilisation des linken ISG.

LWS und lumbosakraler Übergang

Drehdehnlage: Der Sportler liegt auf der nicht betroffenen (hier rechten) Seite, das untere rechte Bein liegt gestreckt, das oben liegende linke Bein ist in Hüfte und Knie 90° gebeugt. Das zu mobilisierende LWS-Gelenk (Segment) ist zusätzlich unterlagert (zusammengerolltes Handtuch, Sandsäckchen, Rolle etc.). Der Therapeut steht vor dem Sportler und bringt den Oberkörper des Sportlers mit der linken Hand soweit in Extension und Linksrotation bis die Bewegung ins benachbarte Segment gelaufen ist. Er fixiert diese Stellung mit seinem linken Unterarm. Die gleichseitige Hand des Therapeuten liegt oberhalb des zu mobilisierenden Gelenkes. Die rechte Hand liegt unterhalb des zu mobilisierenden Segmentes, der Unterarm liegt parallel auf dem Oberschenkel des Patienten. Mit

Abb. 11.27 Eigenmobilisation ISG.

dem linken Unterarm und Hand verstärkt der Therapeut die Linksrotation. Gleichzeitig wird mit der rechten Hand und dem rechten Unterarm ein Zug in die Richtung des Oberschenkels ausgeübt. Es kommt zur Öffnung des Wirbelbogengelenkes (☞ Abb. 11.28).

Zur **Eigenmobilisation** aus dieser ASTE (☞ Abb. 11.29) versucht der Sportler/Patient mit jeder Ausatmung die Drehung des Oberkörpers in die Gegenrichtung zu verstärken.

Drehmobilisation durch Fixation des M. iliopsoas: Gleiche ASTE wie bei der Drehdehnlage. Der Oberkörper wird soweit wie möglich zur Gegenseite gedreht, der Kopf blickt in Drehrichtung. Der Therapeut steht in Beckenhöhe vor dem Patienten. Der Sportler bekommt den Auftrag, mit dem Oberschenkel kontinuierlich einen Druck gegen das Bein des Therapeuten auszuüben. Der Sportler atmet

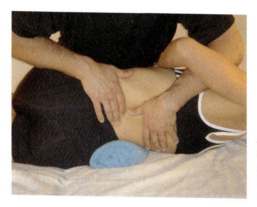

Abb. 11.28
Mobilisation LWS und lumbosakraler Übergang (Drehdehnlage).

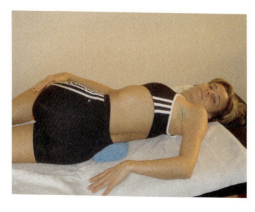

Abb. 11.29
Eigenmobilisation LWS und lumbosakraler Übergang (Drehdehnlage).

bewusst langsam ein und aus und versucht bei erhaltenem Beugedruck den Oberkörper weiter nach hinten zu legen (Abb. 11.30).
Flexionsmobilisation aus der Rückenlage: Der Sportler beugt beide Beine in Hüfte und Knie maximal an. Der Therapeut steht neben dem Sportler und fixiert beide Knie mit den Armen und dem Oberkörper. Der Sportler erhält den Auftrag, bei jeder Einatmung Druck in Richtung Extension zu geben. Während der Ausatmung führt der Therapeut die Knie weiter zur Brust. Mit jeder Ausatmung versucht er die Knie weiter an den Körper zu drücken (Abb. 11.31).
Bei der **Eigenmobilisation** aus dieser ASTE zieht der Sportler selbst die Knie mit jeder Ausatmung weiter in die Flexion bzw. an den Oberkörper heran.

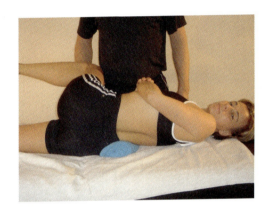

Abb. 11.30
Drehmobilisation durch Fixation des M. iliopsoas.

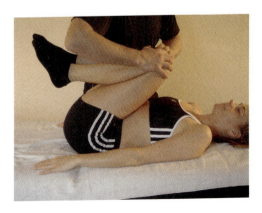

Abb. 11.31
Flexionsmobilisation LWS und lumbosakraler Übergang aus der Rückenlage.

Extensionsmobilisation aus der Bauchlage: Das Becken ist mit einem Gurt fixiert. Der Sportler stützt die Handflächen neben dem Oberkörper. Der Therapeut steht neben dem Sportler und übt mit übereinander gelegten Händen Druck auf das zu mobilisierende Segment aus. Der Oberkörper wird über den Unterarmstütz langsam abgehoben, das Becken bleibt liegen (Fixation). In der erreichten Endstellung gibt der Therapeut eine federnde Mobilisation in die Extension (☞ Abb. 11.32).

Zur **Eigenmobilisation** der LWS in dieser ASTE kann das zu mobilisierende Segment mit einem Gurt fixiert werden. Der Sportler versucht, sich mit jeder Ausatmung weiter nach oben zu drücken. Es kommt zu einer Hyperlordosierung und damit zu einer segmentalen Mobilisation in Richtung Extension.

Eigenmobilisation in Richtung Extension aus der Rückenlage: Ein Behandlungskeil, eine harte Rolle, ein zusammengerolltes Handtuch, ein zusammengerolltes Kleidungsstück o. Ä. wird quer auf die Behandlungsbank (den Untergrund) gelegt. Der Sportler sitzt mit angehockten Beinen mit dem Rücken zu der harten Rolle und positioniert sich so in Rückenlage, dass die harte Rolle in Höhe des zu mobilisierenden Gelenkes liegt. Mit jeder Ausatmung versucht der Sportler sich weiter über die als Hypomochlion dienende Rolle zu legen. Es kommt zu einer Hyperlordosierung und damit zu einer segmentalen Mobilisation in Richtung Extension.

Eigenmobilisation in Lateralflexion aus der Rückenlage: Der Sportler liegt auf dem Rücken, beide Beine sind gestreckt. Die Beine werden gestreckt im Wechsel aus der Hüfte nach unten geschoben.

Abb. 11.32 Extensionsmobilisation LWS und lumbosakraler Übergang aus der Bauchlage.

BWS und thorakolumbaler Übergang

Rotationsmobilisation TH12/L1: Der Sportler liegt auf der nicht betroffenen Seite, das untere Bein liegt gestreckt in der Achslinie, das oben liegende Bein ist in Hüfte und Knie 90° gebeugt. Das zu mobilisierende Segment ist zusätzlich unterlagert (zusammengerolltes Handtuch, Sandsäckchen, Rolle etc.). Der Therapeut steht vor dem Sportler. Die kaudal liegende Hand stellt die Seitneigung und über die Hüftflexion die Kyphosierung der Lendenwirbelsäule soweit ein, dass die Beugebewegung im Segment L1 angekommen ist. Durch diese Einstellung wird eine unerwünschte Mitbewegung bei der Mobilisation verhindert. Die kranial liegende Hand und der rechte Unterarm stellen den Oberkörper des zu behandelnden Sportlers in Rotation (nach hinten) und Extension ein. Am Ende der Bewegungsbahn in Rotation und Extension setzt der Therapeut einen mobilisierenden Impuls mit Unterarm und Hand.

Flexionsmobilisation der mittleren BWS: Der Sportler liegt mit angestellten Beinen auf dem Rücken, die Hände sind im Nacken gefaltet, die Ellenbogen zeigen zur Decke. Das zu mobilisierende Segment ist unterlagert (zusammengerolltes Handtuch, Sandsäckchen, Rolle etc.). Der Therapeut steht seitlich zum Sportler, die kaudale Hand umfasst die Ellenbogen, die kraniale Hand unterstützt die Flexion und palpiert gleichzeitig das zu mobilisierende Segment. Der Sportler bekommt den Auftrag, bei der Einatmung in Gegenrichtung (also Extension) anzuspannen. In der Ausatmung gibt der Therapeut einen Behandlungsimpuls in Richtung Flexion und gleichzeitig einen transversalen Behandlungsimpuls über die Ellenbogen (☞ Abb. 11.33).

Bei der **Eigenmobilisation** in dieser ASTE fällt der Behandlungsimpuls durch den Therapeuten weg. Der Sportler spannt selbstständig bei der Einatmung in Extensionsrichtung an und versucht, während der Ausatmung weiter in die Beugung zu kommen.

Extensionsmobilisation der mittleren BWS: Der Sportler liegt mit angestellten Beinen auf dem Rücken, die Hände sind im Nacken gefaltet, die Ellenbogen zeigen zur Decke. Das zu mobilisierende Segment ist unterlagert (zusammengerolltes Handtuch, Sandsäckchen, Rolle etc.). Der Therapeut steht seitlich zum Sportler, die kaudale Hand umfasst die Ellenbogen, die kraniale Hand unterstützt die Extension und palpiert gleichzeitig das zu mobilisierende Segment. Der Sportler bekommt den Auftrag bei der Einatmung in Gegenrichtung (also Flexion) anzuspannen. Mit der Ausatmung gibt der Therapeut einen Behandlungsimpuls in Richtung Extension und gleichzeitig einen transversalen Behandlungsimpuls über die Ellenbogen.

11.4 Beispiele für die praktische Durchführung des MAT

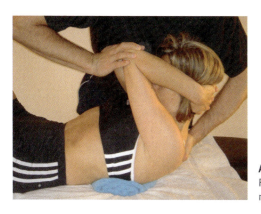

Abb. 11.33
Flexionsmobilisation
mittlere BWS.

Bei der **Eigenmobilisation** in dieser ASTE (☞ Abb. 11.34) fällt der Behandlungsimpuls durch den Therapeuten weg. Der Sportler spannt selbstständig bei der Einatmung in Flexionsrichtung an und versucht, während der Ausatmung weiter in die Streckung zu kommen.

HWS und zervikothorakaler Übergang
Mobilisation des zervikothorakalen Überganges durch Anspannung der Schulter-Arm-Adduktoren (erfolgreich vor allem im Bereich TH2 – TH5): Der Sportler sitzt aufrecht auf einem Hocker, Stuhl, Behandlungsbank etc. Der Therapeut steht auf der nicht betroffenen Seite neben dem Sportler. Der kopfwärtige Arm des Therapeuten greift unter dem Arm des Sportlers hindurch und fixiert von der gegenüberliegenden Seite mit Zeige- und Mittelfinger den oberen Dornfortsatz des zu mobilisierenden Segmentes. Der

Abb. 11.34
Eigenmobilisation
mittlere BWS in
Extensionsrichtung.

Arm des Sportlers ruht auf dem Oberarm des Therapeuten und ist mit seiner Längsachse auf das zu mobilisierende Gelenk ausgerichtet. Der Daumen der anderen Hand des Therapeuten liegt am unteren Dornfortsatz des zu mobilisierenden Segmentes auf der gleichen Seite. Der Sportler bekommt den Auftrag, seinen Arm nach unten gegen den Therapeutenarm zu drücken und für ca. 3 Sek. zu halten. In der Lösungsphase (Lösen der Spannung) gibt der Therapeut mit seinen Fingern einen Impuls am Dornfortsatz des zu mobilisierenden Wirbelkörpers in Mobilisationsrichtung. Das ganze rhythmisch wiederholen. Durch die Anspannung der Muskulatur wird der Wirbelkörper in die physiologisch normale Stellung gezogen, der Mobilisationsimpuls in entspannter Haltung unterstützt die Wirkung (☞ Abb. 11.35).

Für die **Eigenmobilisation** setzt oder stellt sich der Sportler so hin, dass er die Möglichkeit hat, den Arm der nicht betroffenen Seite gegen einen feststehenden, schulterhohen Widerstand zu drücken in Richtung Adduktion. Der Sportler sucht sich eine Ausgangsposition, in welcher die Armachse auf das zu mobilisierende Gelenk zeigt. Der Arm der nicht betroffenen Seite wird fest auf diese Unterlage gedrückt und die Spannung für ca. 3 Sek. gehalten, bevor sie plötzlich gelöst wird. Dieser Vorgang wird rhythmisch ca. 20× wiederholt, um über den Muskelzug die Blockierung zu lösen.

Mobilisation im Segment C2–C7 mit Blickwendetechnik: Der Sportler sitzt aufrecht auf einem Hocker, Stuhl, Behandlungsbank etc. Der Therapeut steht seitlich hinter ihm und umfasst mit Daumen und Zeigefinger einer Hand den unteren Dornfortsatz des zu mobilisierenden Segmentes. Die Finger der anderen Hand liegen am Kinn des Sportlers auf der Gegenseite. Der Sportler dreht den Kopf soweit wie möglich in die eingeschränkte Richtung. Während der

Abb. 11.35 Mobilisation zervikothorakaler Übergang durch Anspannung der Schulter-Arm-Adduktoren.

Einatmung blickt der Sportler bei erhaltener Rotation in die Gegenrichtung. Die auf dem Kinn liegenden Finger des Therapeuten verhindern ein Mitdrehen des Kopfes. In der Ausatmungsphase erfolgt die Blickwendung zur zu mobilisierenden Seite und der Therapeut unterstützt die Bewegung in die eingeschränkte Richtung, bis eine Zugspannung dorsal spürbar wird. Dieser Mobilisationsvorgang wird wiederholt, bis die Rotationsbewegung frei ist (ca. 5 Wiederholungen, ☞ Abb. 11.36).

Für die **Eigenmobilisation** legt der Sportler selbst zwei Finger an die Gegenseite seines Kinns. Während der Einatmung blickt er bei erhaltener Rotation in die Gegenrichtung. In der Ausatmungsphase erfolgt die Blickwendung zur zu mobilisierenden Seite und der Sportler unterstützt die Bewegung in die eingeschränkte Richtung, bis eine Zugspannung dorsal spürbar wird. Mobilisationsvorgang wiederholen, bis die Rotationsbewegung frei ist (ca. 5 Wiederholungen).

Handgelenk

Blockierungen im proximalen Handgelenk (gelenkige Verbindung zwischen Os lunatum, Os scaphoideum, Os triquetrum und dem Radius) liegen meist zwischen dem Os lunatum und dem Radius und behindern die Funktion der Hand (eingeschränktes Volargleiten und/oder Dorsalgleiten). Ein fester Faustschluss ist kaum oder nur unter Schmerzen möglich.

Mobilisation bei eingeschränkter Dorsalextension (behindertes Volargleiten): Der Therapeut steht vor dem sitzenden oder stehenden Sportler und fasst dessen Handgelenk mit beiden Händen von vorn. Der Radius liegt unter den übereinander gelegten Zeigefingern des Therapeuten von volar. Die übereinander gelegten Daumen

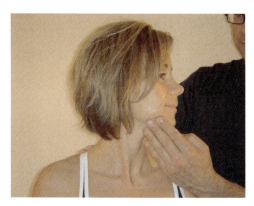

Abb. 11.36
Mobilisation C2–C7 mit Blickwendetechnik.

des Therapeuten liegen über dem Os lunatum. Zunächst Kreisbewegungen im Handgelenk durchführen. Anschließend mit einer raschen Traktionsbewegung und gleichzeitigem Impuls auf das Os lunatum die Mobilisation ausführen (☞ Abb. 11.37).

Mobilisation bei eingeschränkter Palmarflexion (behindertes Dorsalgleiten): Der Therapeut umfasst von vorn die Hand des Patienten so, dass die übereinander gelegten Mittel- und Zeigefinger der Hände die proximale Handwurzelreihe von volar fixieren. Auf der dorsalen Seite wird über die übereinander gelegten Daumen ein Druck auf den Radius proximal des Gelenkspalts ausgeübt. Mit einer raschen Traktionsbewegung und gleichzeitigem Druckimpuls auf den Radius die Mobilisation ausführen.

Distales Tibiofibulargelenk

Fehlstellungen und Blockierungen des distalen Tibiofibulargelenkes können bei allen Laufsportarten vorkommen und führen zur schmerzhaften Bewegungseinschränkung im Sprunggelenkbereich. Ursache für diese Blockierung können Ausweichbewegungen durch Bodenunebenheiten und Gegnereinwirkung sein, ebenso wie plötzliche Maximalbelastungen aus unphysiologischen Gelenkstellungen.

Mobilisation nach ventral: Der Sportler steht im Vierfüßlerstand, der Fußrücken ist auf einem Sandsack oder einem zusammengerolltem Handtuch, Lagerungskissen etc. gelagert. Der Fuß hängt möglichst frei im Überhang. Der Therapeut steht neben dem Sportler und fixiert mit einer Hand die Tibia zusätzlich auf der Unterlage. Der Außenknöchel liegt zwischen Thenar und Hypothenar der Mobilisationshand. Der Therapeut stellt sich so ein, dass er aus der Schulter einen Mobilisationsimpuls auf den Außenknöchel geben kann (☞ Abb. 11.38).

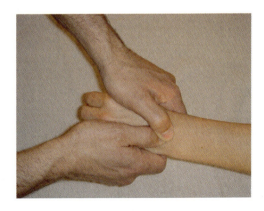

Abb. 11.37
Mobilisation im Handgelenk bei eingeschränkter Dorsalextension.

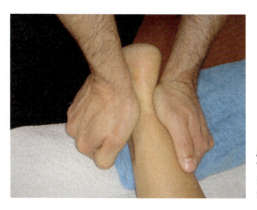

Abb. 11.38
Ventrale Mobilisation im distalen Tibiofibulargelenk.

Mobilisation nach dorsal: Der Sportler liegt in Rückenlage, die Achillessehne liegt auf einem Sandsack o. Ä. Der Therapeut steht neben dem Sportler. Mit der einen Hand fixiert der Therapeut die Tibia zusätzlich auf der Unterlage. Der Außenknöchel liegt zwischen Thenar und Hypothenar der Manipulationshand. Der Therapeut stellt sich so ein, dass er aus der Schulter heraus einen raschen Mobilisationsimpuls auf den Außenknöchel nach dorsal geben kann (☞ Abb. 11.39).

Mobilisation nach ventral und dorsal: Der Sportler steht im Vierfüßlerstand, der Fußrücken ist auf einem Sandsack o. Ä. gelagert. Der Fuß hängt möglichst frei im Überhang. Der Therapeut steht am Fußende hinter dem Sportler und fixiert mit einer Hand die Tibia zusätzlich auf der Unterlage. Die Mobilisationshand umfasst den Außenknöchel weich mit Thenar und Hypothenar. Die Fibula wird in dieser Stellung sanft nach ventral oder dorsal mobilisiert.

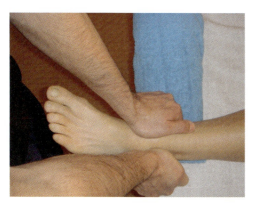

Abb. 11.39
Dorsale Mobilisation im distalen Tibiofibulargelenk.

Erste Rippe

Blockierungen der ersten Rippe können immer dann vorkommen, wenn im Sport oder durch den Sport Halswirbelsäule und Schultern großen Belastungen ausgesetzt sind. Sportarten wie Reiten, Judo, Gewichtheben, Speerwerfen, Kugelstoßen, Diskuswerfen, Tennis, Handball, Golf, Hockey, Windsurfen, Ringen etc. setzen allein durch den sporttypischen Bewegungsablauf oder durch die mit dem Sport verbundene Gegnereinwirkung außerordentliche Kräfte auf die Halswirbelsäule und die Schultern frei. Besonders ruckartige und einseitige Belastung kann über die Muskulatur (M. sternocleidomastoideus, Mm. scaleni etc.) zu Blockierungen führen, welche die Thoraxbewegung und die Schulterbewegung stark einschränken können.

Mobilisation: Der Patient sitzt aufrecht auf einem Hocker. Der Therapeut steht hinter ihm und verschiebt mit der Zeigefingerkante der Palpationshand den M. trapezius der betroffenen Seite nach hinten. Die andere Hand dreht und neigt den Kopf des Patienten zur betroffenen Seite. Mit der Schwimmhaut nimmt der Therapeut lateral des Kostotransversalgelenkes Kontakt zur 1. Rippe auf. Weich und rhythmisch federnd nach kaudal mobilisieren (☞ Abb. 11.40).

Mobilisation über die Mm. scaleni: Der Sportler sitzt aufrecht auf einem Hocker, Stuhl, Behandlungsbank, Physiokoffer etc. Der Therapeut steht hinter dem Sportler und fixiert die Schulter und den Kopf der betroffenen Seite, indem er den Ellenbogen des Fixationsarms auf die Schulter des Sportlers legt und mit der Hand seitlich den Kopf des Sportlers fixiert. Die andere Hand liegt auf der nicht betroffenen Schulter und fixiert diese nach unten, so dass beide Therapeutenarme gegeneinander zeigen. Der Therapeut baut jetzt einen langsamen, weichen Druck gegen den Kopf des Sportlers auf,

Abb. 11.40
Mobilisation der
1. Rippe.

den dieser mit gleicher Kraft beantworten soll. Der Druck wird rhythmisch auf- und abgebaut. Die Mm. scaleni üben bei dieser isometrischen Anspannung einen Zug auf die erste Rippe aus. Diese rhythmische Zugspannung führt die erste Rippe in die funktionelle Gelenkstellung zurück (☞ Abb. 11.41).

Für die **Eigenmobilisation** greift der Sportler selbst mit dem Arm der nicht betroffenen Seite über den Kopf zur Gegenseite und fixiert ihn in Nullstellung. Die Hand des anderen Armes wird unter den gleichseitigen Oberschenkel gelegt (Schulterfixation). Der Sportler baut mit dem Kopf einen langsamen, weichen Druck gegen die Fixationshand auf. Der Druck wird rhythmisch auf- und abgebaut. Auch hier üben die Mm. scaleni einen Zug auf die erste Rippe aus.

Mobilisation der Nerven
(nach Maitland/Elvey/Butler/Gifford)

Zum peripheren Nervensystem gehören nicht nur die peripheren Nerven an sich, sondern ebenso Rezeptoren für thermische Reize (Thermorezeptoren), für mechanische Reize (Mechanorezeptoren), für die Reizstärke (Nozizeptoren) sowie Rezeptoren für die Lage des Körpers im Raum, die Stellung der Gelenke und den Spannungszustand der Muskulatur (Propriozeptoren, Propriozeptions- und Koordinationstraining ☞ Kap. 11.4.4). Liegen z. B. aufgrund von Traumen, Narben, Muskelkrämpfen/Hypertonien, Entzündungen oder Infektionen Störungen im peripheren Nervensystem vor, kann es zu Nervenfaserveränderungen, lokaler Ischämie, Gewebeadhäsionen und damit zum Verlust der Gleitfähigkeit des Nervengewebes kommen. Das Gewebe folgt der Bewegung eines oder mehrerer Körperteile nicht oder nur verzögert. Es ergeben sich **Spannungspunkte** des Nervensystems: C6, TH6, L4, Kniekehle, Ellenbeuge.

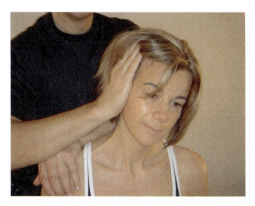

Abb. 11.41
Mobilisation 1. Rippe über die Mm. scaleni.

Diese Spannungspunkte sind als Fixpunkte des Nervensystems zu betrachten und müssen bei der Mobilisation der Spannungspunkte beachtet werden.

Ein Verdacht auf die Beteiligung einer neuralen Struktur besteht bei ausstrahlenden Schmerzen, Parästhesien, Sensibilitätsstörungen und motorischen Ausfällen. Spannungen im Nervensystem müssen dann getestet und ggf. behandelt werden.

Getestet wird stets zuerst an der gesunden Seite. Für die betroffene Seite ist ein Spannungstest als positiv zu werten, wenn:
- Symptome reproduziert werden
- Testreaktionen durch Bewegungen entfernter Körperteile/-abschnitte verändert werden
- Unterschied im Seitenvergleich, der sich in der Symptomantwort oder auch in der Gegenspannung zeigen kann.

Beide, Test und Mobilisation/Gleitmobilisation, erfolgen in den jeweils gleichen Ausgangsstellungen. Die Mobilisation erfolgt über Bewegungen:
- in einem oder mehreren Gelenken
- von proximal oder distal bei Mobilisation im Verlauf eines Nerven (Länge)
- von proximal und von distal bei Gleitmobilisation (konstante Länge).

Für den **Rumpf** und die **untere Extremität** ergeben sich folgende Testungen bzw. Mobilisationen:

Passive Nackenflexion: Beugung des Kopfes zum Sternum. Überprüfung/Mobilisation bei Kopfschmerzsymptomen, spinalen Störungen.

„Straight Leg Raise" (vgl. Lasegue): Abheben des Beines in der Rückenlage, d.h. Hüftflexion und -innenrotation mit Knieextension und Dorsalextension des Fußes. Überprüfung/Mobilisation des N. ischiadicus, N. tibialis, N. suralis, N. peronaeus. Die Differenzierung erfolgt über die bis in den Fuß ausstrahlenden Schmerzen:
- Schmerz bei Plantarflexion und Inversion deutet auf eine Beteiligung des N. peronaeus
- Schmerz bei Dorsalextension und Eversion deutet auf eine Beteiligung des N. tibialis
- Schmerz bei Dorsalextension und Inversion deutet auf eine Beteiligung des N. suralis.

„SLUMP-Test": Kombination von passiver Nackenflexion und Anheben des gestreckten Beines. Intensiver Test mit guter Aussage über die Mobilität der neuralen Strukturen.

"**Pro-Knee-Bend" (PKB):** In der Seitlage werden die maximale Wirbelsäulenflexion und die maximale Knieflexion ausgeführt. Geprüft werden N. femoralis, N. ilioinguinalis, N. iliohypogastricus, N. saphenus.

Eine weitere Differenzierung kann über die zusätzlich passiv ausgeführte Nachenflexion erfolgen.

Für die **obere Extremität** ergeben sich folgende Testungen bzw. Mobilisationen:

Upper-Limb-Tension-Test 1, N. medianus: Die Schulter wird in Depression eingestellt und 90° abduziert, der Ellenbogen bis 90° gebeugt, der Unterarm in Supination und die Hand in Dorsalextension geführt. Dann wird die Schulter um 90° nach außen rotiert und der Ellbogen gestreckt.

Upper-Limb-Tension-Test 2, N. radialis: Die Schulter wird in Depression eingestellt, der Ellenbogen wird gestreckt, die Schulter nach innen rotiert, der Unterarm in die Pronation geführt und die Hand in Volarflexion und ulnarer Duktion eingestellt und die Finger zur Faust geschlossen. In dieser Einstellung wird die Schulter abduziert.

Upper-Limb-Tension-Test 3, N. ulnaris: Der Ellenbogen wird maximal gebeugt, der Unterarm in Supination geführt, die Schulter steht in Depression, die Finger werden gestreckt und dann wird die Schulter horizontal abduziert (nach Butler wird der Unterarm in Pronation eingestellt!).

Bei diesen Tests (ULT-Test 1 – 3) kann eine weitere Differenzierung über eine zusätzliche Lateralflexion der Halswirbelsäule erfolgen.

12 Verbände und Orthesen

In der Sportphysiotherapie haben Verbände eine hohe Bedeutung. Sie werden prophylaktisch zur Unterstützung und Stabilisation verletzungsgefährdeter Gelenke und Strukturen (Muskulatur, Bänder) angelegt, aber auch zur Therapie und Rehabilitation.

Verbände in der Sportphysiotherapie unterscheiden sich von normalen Wund- oder Stützverbänden durch ihre Funktionalität und dienen gegenüber Extensions-, Rucksack-, Schienen- oder Gipsverbänden nicht zur Immobilisation.

Der große Vorteil von funktionellen Tape- und Klebeverbänden in der Sportphysiotherapie ist deren individuelle und passgenaue Einsetzbarkeit. Auch ein schnelles Reagieren bei Veränderungen im Heilungsprozess ist möglich (z. B. Abschwellen eines Gelenkes).

12.1 Funktionelle Verbände (Taping)

Der Begriff Taping leitet sich ab von dem amerikanischen *tape* (= Klebeverband bzw. selbstklebendes Verbandpflaster).

Taping ist in Amerika allgemein gebräuchlich und gehört als fester Bestandteil zur Ausübung einer Sportart: Aus prophylaktischen Gründen erfolgt es auch ohne jegliche medizinische Indikation. Das Tapematerial wird dabei ohne feste Regeln als stützender Verband angelegt. Der Schutz der Gelenke und der gelenkumgebenden Strukturen ist im amerikanischen Profisport von den Versicherungsgesellschaften sogar gefordert.

In Deutschland beschrieb der Sportphysiotherapeut Hans Jürgen Montag in den 60er Jahren eine spezielle funktionelle Verbandtechnik, die eine Erweiterung der bis dato bekannten Leukoplastverbände darstellte und mit einem neu entwickelten Tapematerial durchgeführt wurde. Die von Montag beschriebene Verbandtechnik orientierte sich an der **funktionellen Anatomie.** Die einzelnen Verbandstreifen wurden zu einem kompletten Verband zusammengesetzt. Zur gleichen Zeit wurde in Europa mehr Wert auf die Steigerung der **propriozeptiven Wirkung** der Tapeverbände gelegt, indem einzelne Streifen auf die Haut aufgeklebt wurden.

Heute ist ein Verschmelzen beider therapeutischer Ansätze (funktionell-anatomisch und propriozeptiv) zu beobachten.

> **Merke**
> Ein funktioneller Tapeverband stabilisiert und schützt ein Gelenk, ohne schmerzfreie Bewegungen einzuschränken.

12.1.1 Klassifizierung funktioneller Verbände

Der **therapeutische Nutzen,** der Zweck eines Tapeverbandes ist abhängig von der Art einer Verletzung, dem Zeitpunkt der Anwendung des Verbandes und dem verwendeten Verbandmaterial. Die Verbände werden je nach ihrem Nutzen unterteilt in prophylaktische, erstversorgende, therapeutische oder rehabilitative Verbände.

Prophylaktischer Verband

Tapeverbände können zur Prophylaxe von Sportverletzungen angelegt werden, um einem erhöhten Verletzungsrisiko von vornherein entgegenzuwirken (z. B. bei Bänderschwäche) oder eine Retraumatisierung ausgeheilter Verletzungen zu verhindern.

Der so eingesetzte Verband gibt verletzungsgefährdeten Strukturen und Gelenken über einen gewissen Zeitraum, also während des Tragens, Sicherheit und Stabilität. Prophylaktische Tapeverbände sollten allerdings nur während der sportlichen Belastung getragen werden (Training oder Wettkampf), da sie bei regelmäßiger Anwendung zur Gewöhnung führen.

 Nach 20 Minuten Belastung verliert ein Tapeverband bereits ca. 40 % seiner mechanischen Wirkung.

Erstversorgender Verband

Ein erstversorgender Verband wird so zeitnah wie möglich an eine Verletzung angelegt. Nach einer kurzen Orientierung über Ausmaß und Schwere der Verletzung soll mittels des Verbandes eine Zunahme der Schädigung verhindert werden.

Dieser Verband wird in Kombination mit Kompressionsformteilen und Kälteträgern angelegt. So verbunden kann der Sportler einer weiterführenden Diagnostik durch den Arzt übergeben werden. Die Diagnosestellung (durch den Arzt) bestimmt schließlich über die weiterführende Therapie, z. B. operativ oder konservativ. Allerdings sollte der Verband nach gesicherter Diagnose möglichst schnell erneuert werden, um eine Nachschwellen zu verhindern.

Anlagetechnik
An den Extremitäten wird grundsätzlich mit elastischen Kurzzugbinden von distal nach proximal gewickelt. Der Druck nimmt dabei nach proximal hin ab.
Bei konischen Extremitäten (z. B. Unterschenkel) wird in Umschlagtouren gewickelt, der sog. Kornährenverband. Gelenke werden in Achtertouren jeweils von distal nach proximal verbunden, um Faltenbildung zu verhindern, der sog. Schildkrötenverband.
Grundsätzlich wird mit kohäsiven Binden (selbsthaftend) gearbeitet, um ein Verrutschen zu verhindern. Diese Binden können, im Gegensatz zu selbstklebenden Binden, gewaschen und wieder verwendet werden.

Therapeutischer Verband
Während der erstversorgende Verband durch zeitnahes Anlegen die Zunahme (oder das Entstehen) einer Schwellung verhindern soll, unterstützen therapeutische Verbände physikalische Therapien, um den Heilungsverlauf der Verletzung zu beschleunigen. Durch den Erhalt der Muskelpumpe wird der lymphatische und venöse Abfluss gefördert und damit der Schwellungsabbau begünstigt. Außerdem wird das Ausmaß von Muskelatrophien geringer gehalten. Die verbleibende Gelenkbeweglichkeit erhält den Gelenkstoffwechsel.
Physikalische und physiotherapeutische Anwendungen erfolgen jedoch immer unter Abnahme des Verbandes, der nach einer Behandlung wieder angelegt werden muss. Erfolgt keine Therapie, den Verband nach max. 1 Woche wechseln.

Rehabilitativer Verband
Dieser Verband unterstützt das koordinative Geräte- und sportspezifische Aufbautraining nach einer Verletzung. Durch das Verkleben mit der Haut werden bei Bewegung verschiedene Mechanorezeptoren angesprochen. Der Muskel reagiert mit einer Tonussteigerung, verbunden mit einer aktiven Stabilisation der Gelenke.
Er wird nur während der Belastung, während der Therapie angelegt. Nach einer Behandlung kann ein therapeutischer Verband angelegt werden.

12.1.2 Indikationen und Kontraindikationen
Indikationen
Das Spektrum der Anwendung erstreckt sich von posttraumatischen über postoperative bis hin zu degenerativen Einsatzgebieten bzw. Erkrankungen. Funktionelle Tapeverbände werden angelegt bei:

- Kontusionen und Distorsionen des gesamten Bewegungsapparates
- habituelle Luxationen
- Nachbehandlung einfacher Frakturen ohne Gelenkbeteiligung kleiner Knochenstrukturen (z. B. Zehen)
- Muskelzerrungen
- Tendopathien.

> **Merke**
> Bei unklarer Diagnose darf kein Tapeverband angelegt werden! Ausnahme sind erstversorgende und prophylaktische Verbände. Die Indikation zum therapeutischen Tapeverband stellt in der Regel der Arzt.

Kontraindikationen
Haut
- großflächige Hautverletzungen
- allergische Hautreaktionen
- offene Wunden mit Infektionsgefahr.

Muskulatur
- kompletter Muskelriss
- massive Muskelquetschung
- ausgedehnte Faszienrisse
- große Muskelhämatome
- Kompartmentsyndrom
- ausgedehnte Muskelentzündung
- Weichteilrheumatismus.

Sehnen, Kapseln und Bänder
- Sehnenrupturen und -ausrisse
- nicht reponierte Luxationen und Subluxationen
- knöcherne Bandausrisse
- komplette Kapsel-Band-Rupturen
- Gicht.

Knochen, Knorpel
- Frakturen
- Knochenfissuren
- Ermüdungsfrakturen
- Knochenentzündungen
- ausgeprägte Knorpeldefekte.

12.1.3 Verbandsmaterialien

Unelastischer Pflasterverband (Tape)

Tapes bestehen aus Baumwollgewebe, welches mit einer perforierten Klebemasse aus Zinkoxid-Kautschuk versehen ist. Tapes sind nicht dehnbar, sehr kräftig, zugfest sowie längs und quer reißbar. Je nach Hersteller variieren Qualität und Klebefähigkeit erheblich. Einige Produkte entwickeln ihre Klebeeigenschaften erst unter Körperwärme. Die angebotenen Rollen sind meist 10–12 m lang und werden in unterschiedlichen Breiten angeboten: 2 cm, 3,5 cm und 5 cm Breite.

Üblicherweise sind die Tapes weiß, neuerdings gibt es auch farbige. Bei kühler und trockener Lagerung ist das Tape mehrere Jahre haltbar. Zu kalte Lagerung verringert zwar die Klebekraft, dies ist aber bei Erwärmung reversibel. Bei zu hohen Temperaturen und/oder direkter Sonnenbestrahlung dringt der Kleber in die Leinenstruktur des Tapes und verklebt es vollkommen. Dann ist es unbrauchbar. Dies trifft auf alle Verbandmaterialien zu, die mit Klebeflächen versehen sind.

 Das Kühlen der Haut mit Eisspray ist durch den Tapeverband hindurch möglich. Jedoch werden die Klebstoffe aufgelöst und der Verband verliert seine Funktion!

Handhabung

Zunächst muss geprüft werden, ob das Tapematerial in ausreichender Qualität vorhanden ist, d.h. die Klebeeigenschaft muss gewährleistet sein (Stichpunkt sachgemäße Lagerung des Verbandsmaterials, siehe oben).

Da das Tape durch einen gezahnten Rand in Längs- und Querrichtung gut reißbar ist, ist eine individuelle Anpassung des Materials möglich und vor allem dort sinnvoll, wo man mit den Standardmaßen nicht gut zu Recht kommt. Um das Tape reißen zu können, fassen die eng beieinander liegenden Daumen und Zeigefinger beider Hände das Tape und bringen es auf Spannung. Mit einem kurzen Ruck wird das Tape in spitzem Winkel abgerissen.

Das Tape darf nicht direkt von der Rolle auf die Haut geklebt werden, da sonst ein zu großer Zug auf das zu tapende Areal (Muskulatur, Gelenke) ausgeübt wird. Die genaue Länge des Streifens wird abgemessen und das Tape entsprechend abgerissen.

Der Streifen wird seiner Funktion entsprechend angeklebt. Die Form des Körperteiles bestimmt dabei die Laufrichtung des unelastischen Tapematerials. Tapestreifen dürfen nur locker und ohne Zug zirkulär angelegt werden. Bei geschwollenem oder zu Schwellung neigendem Gewebe wird nur semizirkulär verbunden. Lange Zügel werden unter gleichmäßigem Zug zu beiden Enden angelegt. Ausnahme sind Verbände, die eine Fehlstellung korrigieren sollen. Hier kann der Zug in eine Richtung verstärkt werden.

Das Tape wird abschließend faltenfrei anmodelliert, um Blasenbildung bei Bewegung zu vermeiden. Jedoch sollte das Tapematerial auf der Haut nicht in die gewünschte Richtung gezogen/geschoben werden, da hierbei Falten entstehen können, die bei Belastung des Tapes die Haut beschädigen.

Elastischer Klebeverband

Elastische Klebeverbände bestehen zu 100% aus Baumwolle und sind mit einer Klebemasse aus Zinkoxid-Kautschuk oder Polyacrylat versehen. Sie sind auf bis zu 60% ihrer ursprünglichen Länge dehnbar. Einige Binden sind zusätzlich querelastisch und nach dem Einschneiden mit einer Schere in Längsrichtung auch reißbar. Durch ihre Dehnfähigkeit haben sie eine kräftige Kompressionswirkung.

Die hautfarbenen Klebebinden sind 2,5 m lang und 6,8 cm oder 10 cm breit.

Binden mit Zinkoxid-Kautschuk Klebemasse sind sehr stark haftend und eignen sich gut für den Einsatz bei kürzeren, intensiven sportlichen Belastungen. Binden mit Polyacrylatkleber haften weniger stark, sind hypoallergen und deshalb für hautempfindliche Sportler geeignet. Diese Verbände werden bei längerer Anlagezeit bevorzugt.

 Elastische Verbände bestehen aus Baumwollfäden, die bei Nässe einlaufen. Unter der Dusche sollten sie daher mit einer Plastiktüte geschützt werden. Nasse Verbände dürfen nicht trocken geföhnt werden, sondern werden durch Überwickeln mit einer nicht klebenden Binde getrocknet.

Handhabung

Elastische Klebeverbände werden mit ca. 50% ihrer max. Dehnfähigkeit angelegt. Dabei wird die Binde nicht direkt von der Rolle auf die Haut geklebt, sondern abschnittsweise abgezogen.

Unterverband

Der Unterverband dient zum Fixieren von Formteilen und schützt bei empfindlichen Patienten/Sportlern die Haut. Unterverbände sind sehr dünn und bis zu 100% dehnbar.

Unterverbände haften auf sich selbst, nicht jedoch auf Haut und Haaren. Es gibt sie in Längen von 4–10 m. Die längeren Binden sollten bevorzugt werden, da sie preisgünstiger sind und weniger „Verschnitt" liefern.

> **!** Ein Unterverband aus Polyurethanschaum ist weniger gut geeignet. Er kann sich aufrollen und verzeiht beim Tapen keine Fehler. Das Tape verklebt auf dem Schaum und kann nicht wieder gelöst werden, ohne die Binde zu zerstören.

> **Merke**
> Grundsätzlich sollte im Sport auf selbstklebende oder -haftende Materialien zurückgegriffen werden. Sie verrutschen auch bei intensivem Bewegen nicht.

Polstermaterialien
Schaumstoff oder Schaumgummi haben sich zur Unterpolsterung von Verbänden am besten bewährt. Schaumstoffteile gleichen die Inkongruenz von Knochen- und Gelenkvorsprüngen aus und dienen zum Hohllegen gefährdeter Gelenk- und Gewebestrukturen. Formteile können aus Platten individuell zugeschnitten werden und verfügen teilweise über eine textilkaschierte Seite. Die Schaumgummiplatten sind 0,5–1 cm dick.
Zur lokalen Druckerhöhung bei der Erstversorgung akuter Verletzungen ist dickerer Schaumgummi zu bevorzugen. Als Träger für Salbenverbände und zum Abpolstern von Gelenkstrukturen ist ein dünnerer Schaumgummi ausreichend.

Hilfsmaterialien
Haftvermittler
Geeignet ist die Anwendung von hypoallergenen Sprühklebern. Sie wirken zudem als Haut- und Haarschutz bei empfindlichen Patienten, da sie den direkten Hautkontakt mit der Klebemasse verhindern und das Ausreißen der Haare reduzieren. Hierfür sollten jedoch die Haare nach dem Einsprühen in Wuchsrichtung angestrichen und der Verband in gleiche Richtung abgezogen werden.
Sprühkleber verbessern die Hafteigenschaften zwischen Haut und Verbandmaterial, so dass auch bei starker Transpiration während sportlicher Aktivitäten der korrekte Sitz des Verbandes gewährleistet ist.

Reinigungsbenzin, Tape-Remover

Empfohlen sind alkoholfreie Reiniger, da sie die Haut weniger austrocknen.

Zum Entfetten der Haut vor der Anlage eines Verbandes und zum Entfernen von Klebemittelrückständen nach Abnahme wird das Reinigungsbenzin oder der Tape-Remover auf einen Wattebausch oder eine Mullkompresse gegeben.

Vaseline, Cremes

Fetthaltige Cremes und Vaseline verhelfen zu einem besseren Gleiten der Verbandsschere bei der Verbandabnahme.

Zum Entfernen von Sprühkleber eignen sich fetthaltige Cremes und Öle.

Verbandschere, Tape-Cutter

Die Abnahme von Verbänden erfolgt meist mittels einer Lister-Schere. Die Schere hat eine abgeflachte und abgewinkelte Spitze, die unter dem Verband über der Haut gleitet und diese vor Verletzungen schützt.

Tape-Cutter sind mit einer Skalpellklinge versehene Kunststoffinstrumente. Sie dienen der schnellen und schonenden Abnahme vor allem großer Tapeverbände. Kleine Tapeverbände an Fingern und Zehen können mit einem Tape-Cutter nicht entfernt werden. Durch prominente Knochenstrukturen an den Gelenken und den geringen Weichteilanteil kann der Tape-Cutter nicht gut gleiten. Der Verband muss einzeln, vom letzten bis zum ersten Streifen abgenommen werden.

Da eine Lister-Schere obligat zur Ausrüstung des betreuenden Sportphysiotherapeuten gehört, kann auf einen Tape-Cutter verzichtet werden. Wer nicht darauf verzichten möchte, sollte jedoch sehr kleine Tape-Cutter mitführen, um im Betreuungskoffer/Notfallkoffer nicht unnötig Platz zu verbrauchen.

Langhaarschneider, Einwegrasierer

Langhaarschneider und Einwegrasierer dienen zur Entfernung starker Körperbehaarung. In ihrer Anwendung sind Langhaarschneider den Einwegrasierern jedoch vorzuziehen, da nur geringe Verletzungsgefahr besteht.

Um mit dem Tapeverband eine optimale Reizgebung über die Haut zu erreichen, empfiehlt es sich, die Haare so kurz wie möglich abzuschneiden/abzuscheren. Ein Verkleben mit den Haarstoppeln erhöht die rezeptorische Wirkung des Tapes.

12.1.4 Anlegen und Aufbau funktioneller Verbände

Grundsätze für das Anlegen funktioneller Verbände

Diagnose
Bevor ein funktioneller Verband angelegt werden kann, muss die Funktionsstörung durch den Arzt genau diagnostiziert sein. Die Diagnose gibt Aufschluss darüber, ob ein funktioneller Verband möglich ist oder inwiefern Modifikationen notwendig sind.

Behandlungsziel und Materialauswahl
Das Behandlungsziel bzw. der therapeutische Nutzen (Kap. 12.1.1) bestimmt die Auswahl des Materials und den Aufbau des Verbandes.
Die Körperregion legt die Materialbreite fest. Die verschiedenen Materialien und Hilfsmittel (Kap. 12.1.3) werden in entsprechendem Umfang bereitgelegt.

Hautbehandlung, Hautvor- und -nachbereitung
Vor Anlage eines Verbandes muss die entsprechende Hautpartie gründlich gereinigt und ggf. rasiert werden, denn der direkte Kontakt zwischen Klebematerial und Haut ist Voraussetzung für einen gut sitzenden und optimal wirkenden Verband. Dieser Kontakt ist nur gegeben, wenn die Haut frei von Fett, Cremes, Salben, Ölen und Hautschweiß ist. Eine gründliche Reinigung mit Wasser und Seife, ggf. auch ein Entfetten der Haut mit Reinigungsbenzin ist deshalb obligat.
Kleinere Hautdefekte werden vor Anlage des Verbandes mit sterilem Wundverband versorgt. Auch die Finger des Therapeuten müssen sauber, trocken und fettfrei sein, weil sie beim Anlegen von funktionellen Verbänden mit den Klebeschichten des Materials in Kontakt kommen.
Eine Rasur der Haare ist nur bei starker Körperbehaarung nötig, da die Haare erhalten bleiben, wenn der Verband in Wuchsrichtung der Haare wieder abgezogen wird. Bei Sportlern, die mehrmals am Tag einen neuen Verband bekommen (z. B. im Trainingslager zu jeder Trainingseinheit), empfiehlt sich jedoch die Entfernung der Haare.
Einen ausreichenden Hautschutz erreicht man auch durch das Aufbringen eines hypoallergenen Sprühklebers. Sportler mit sehr empfindlicher Haut erhalten einen zusätzlichen kohäsiven Unterverband oder einen elastischen Klebeverband mit hypoallergener Klebemasse, besonders bei Dauerverbänden.

> **!** Besonders empfindlich reagieren hellhäutige, rotblonde Personen mit Sommersprossen. Um einen ersten Aufschluss über die Gewebereaktion zu erhalten, klebt man einen kurzen Tape-Teststreifen auf das zu versorgende Gebiet. Reagiert die Haut allergisch, muss mit einem Unterverband gearbeitet werden.

Jede Verbandabnahme schädigt die Hautoberfläche und muss deshalb mit großer Vorsicht erfolgen. Patienten mit schwachem Bindegewebe bekommen durch schnelles Abziehen des Verbandes häufig Einblutungen in das Gewebe.

Der Tapeverband wird an einer günstigen Stelle etwas angehoben. Mit der eingefetteten Schere gleitet der Therapeut an den Weichteilen entlang und meidet Knochenvorsprünge. Ist der Verband geöffnet, kann er in Wuchsrichtung der Haare abgezogen werden.

Nach vollständiger Entfernung der Kleberückstände (z. B. mit Reinigungsbenzin oder Tape-Remover) wird die Haut mit unparfümierten Cremes gepflegt. Sie sollen den Fett- und Feuchtigkeitsgehalt der Haut erhalten und den Säuremantel schützen.

Soll ein Folgeverband angelegt werden, muss die Haut wieder entsprechend vorbereitet werden.

Bestimmen und Fixieren der Gelenkposition

Die Position, in der ein Gelenk getaped werden soll, orientiert sich an der Funktionsstellung oder der aktuellen Ruhestellung. Soll ein Gelenk im schmerzfreien Bereich getaped werden, muss die jeweilige Position so lange aktiv gehalten werden, ggf. mit passiver Unterstützung.

Anlegen des Verbandes

Der Verband sollte unter dosiertem Zug faltenfrei angelegt werden. Die Anlage sollte zügig erfolgen, damit die Gelenkposition über die gesamte Zeit aktiv und ohne sich zu verändern, gehalten werden kann.

> **Merke**
> Die eingestellte Gelenkposition darf während des Anlegens nicht mehr verändert werden! Lediglich bei Verschalungen wird der Verband unter Belastung geschlossen.
> Mit möglichst wenig Material soll soviel Stabilität wie nötig und soviel Mobilität wie möglich erreicht werden!

Funktionsprüfung

Nach dem Fertigstellen muss der Verband unter Belastung geprüft werden. Er verliert dabei einen Teil seiner mechanischen Eigenschaften. Ein Nachbessern oder Erneuern des Verbandes ist deshalb erst nach einigen Minuten sportspezifischer Belastung sinnvoll.

> **Merke**
> Treten trotz korrekter Anlage Komplikationen wie Schwellung, Parästhesien, weiße oder blaue Verfärbung der Finger oder Zehen auf, muss der Verband umgehend entfernt werden!

Aufklärung des Sportlers

Jeder Verband erfüllt eine spezielle Aufgabe (Kap. 12.1.1). Der Sportler muss über Zweck und Belastbarkeit des Verbandes informiert werden.
Bei länger anliegenden Verbänden müssen dem Sportler Hinweise zur Pflege des Verbandes und Verhalten bei Komplikationen gegeben werden.
Nach spätestens 3 Tagen muss eine Kontrolle des Verbandes erfolgen.

Verbandabnahme

Die Abnahme erfolgt durch vorsichtiges Aufschneiden des Verbandes mit der Lister-Schere oder dem Tape-Cutter. Knochenvorsprünge und Knochenkanten sind dabei auszusparen. Der Verband wird in Wuchsrichtung der Haare abgezogen (12.1.3).
Anschließend werden Klebstoffreste mit Reinigungsbenzin oder Tape-Remover entfernt.
Bis zur nächsten Verbandsanlage wird die Haut mit unparfümierten Cremes versorgt, die den Fett- und Feuchtigkeitsgehalt der Haut wieder herstellen und den Säureschutzmantel erhalten (siehe oben).

Allgemeiner Aufbau eines funktionellen Verbandes

Ein Tapeverband baut sich aus verschiedenen Elementen und nach bestimmten Regeln auf. Auch bei gleicher Indikation kann ein Verband jedoch bei den Patienten/Sportlern unterschiedlich aussehen. Ob er für den Sportler funktionell ist, hängt vor allem von der betriebenen Sportart ab. Ein Daumenverband mit großer Daumenadduktion kann für einen Skifahrer hochfunktionell sein, für einen Handballspieler aber völlig unbrauchbar.

Hauptsegmente
Ankerstreifen
Jeder Verband beginnt mit einem Ankerstreifen, der das verletzte Gebiet überspringt und an einem Anker endet. Anker sind die tragenden Elemente eines Verbandes. Sie werden aus unelastischem Tape und ohne Zug angelegt. Die Anlage erfolgt je nach Situation zirkulär oder semizirkulär, besonders bei wenig Erfahrung.

Basistouren
Für die Basistouren werden Binden mit hypoallergenen Acrylatklebstoffen verwendet. Sie werden als Hautschutzverband bei zu Allergien neigenden Patienten angelegt. Weiterhin werden Basistouren mit dosiertem Zug als Grundverband angelegt, um eine zusätzliche Kompression zu erreichen.

Zügelstreifen
Die Zügel bestimmen die Funktion des Verbandes, indem sie Strukturen selektiv entlasten und Bewegungen führen. Ihre Zugrichtung orientiert sich an der Anatomie und Indikation (☞ Kap. 12.12). Der Zügel folgt der Körperform. Je nach Aufgabe (Entlastung oder Bewegungsführung) und Gelenkfunktion werden Zügel aus unelastischem Tape oder elastischen Klebebinden angefertigt, wobei sich einzelne Zügel zur Hälfte überlappen dürfen.

Fixierstreifen
Fixierstreifen bestehen aus unelastischem Tape und halten die Zügel am Anker fest. Sie werden meist semizirkulär und quer zum Zügel angelegt.

Verschalungsstreifen
Kleine Lücken im Tapeverband bergen die Gefahr von Fensterödemen. Verschalungsstreifen verhindern dies und geben dem Verband in sich einen festen Halt. Verschalungsstreifen werden unter Belastung, in der Regel von distal nach proximal angelegt. Die Streifen überlappen sich dabei um ca. die Hälfte ihrer Breite.

Hilfssegmente
Schaumgummipolster
Jeder Verband sollte nach Möglichkeit ohne jegliche Zwischenlage angelegt werden, um seine optimale Funktion erfüllen zu können. Zum Hohllegen von Knochenvorsprüngen oder als Kompressionsverstärker bei Schwellungen können Polster den Verband jedoch sinnvoll ergänzen. Die Formteile können zwischen Haut und Tape

mit einem Unterverband fixiert oder mit Sprühkleber direkt auf der Haut appliziert werden.

Unterverband
Er wird auch „underwrap" genannt. Charakteristisch ist er sehr dünn, kohäsiv und sollte mit Sprühkleber auf der Haut fixiert werden. Mit dem Unterverband können Formteile fixiert und eine empfindliche Haut geschützt werden. Ein Unterverband aus Schaumstoff ist weniger gut geeignet (☞ Kap. 12.1.3).

Sicherungsstreifen
Sie stützen den Verband als eine Art Schiene an mechanisch besonders belasteten Stellen und sind aus unelastischem Tape.

12.1.5 Ausgewählte funktionelle Verbände am Bewegungsapparat

Jeder Verband muss Besonderheiten berücksichtigen, die durch die Anatomie bzw. Komplexität einer Verletzung vorgegeben sind. Der Aufbau eines Tapeverbandes folgt gewissen Grundregeln, ist aber individuell zu modifizieren.

Die folgenden Verbände stellen somit nur ein Grundmuster dar, von dem jederzeit abgewichen werden kann.

Fingerverband
Indikationen
- Kontusionen, Distorsionen
- Zerrungen
- Überlastungsreize
- Insuffizienzen und Läsionen des Kapsel-Band-Apparates.

Material und Liegedauer
- ca. 2 cm breites Tape
- kann bis zu 3 – 4 Tage verbleiben.

Anlage
- jeweils zwei semizirkuläre Ankerstreifen proximal und distal des betroffenen Mittelgelenkes
- bei leicht flektiertem Gelenk (Funktionsstellung) einen Zügel auf der volaren Seite des Fingers anlegen
- jeweils einen Zügel auf der ulnaren und radialen Seite des Mittelgelenks, die Zugrichtung erfolgt vom distalen zum proximalen Anker (☞ Abb. 12.1)

12.1 Funktionelle Verbände (Taping)

- von einer Seite des distalen Ankers dorsal beginnend einen Zügel diagonal über den Kapsel-Band-Apparat ziehen bis zur volaren Seite des proximalen Ankers
- die nächsten Zügel ziehen analog, so dass die Zügel ein X bilden (☞ Abb. 12.2)
- abschließend zwei Verschalungsstreifen locker über den distalen und proximalen Anker legen, um die Zügel zu sichern.

Bei Ballsportarten den Verschalungsstreifen an der Oberseite der Finger enden lassen, um bei Ballkontakt ein Lösen des Streifens zu verhindern oder eine Irritation des Sportlers zu vermeiden.

Eine gute Möglichkeit der Stabilisation und Sicherung ist die Schienung an einem benachbarten Finger. Ein Stück Schaumgummi wird zur Polsterung zwischen die Finger gelegt. Proximal und distal des Mittelgelenks werden die beiden Finger mit einem Tapestreifen locker aneinander „geschient". Diese Schienung kann zusätzlich durchgeführt werden, d. h. vorher wird der verletzte/verletzungsgefährdete Finger getaped. Sie kann aber auch als einfache Stabilisation ohne vorherigen Fingertape angelegt werden (z. B. wenn es schnell gehen muss oder das Problem nicht so gravierend ist).

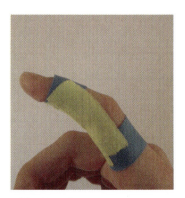

Abb. 12.1 Fingerverband I: Proximale und distale semizirkuläre Ankerstreifen (blau). Der erste Zügel wird auf der volaren Fingerseite in Funktionsstellung angelegt. Weitere Zügel ulnar und radial des Mittelgelenkes (gelb).

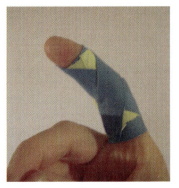

Abb. 12.2 Fingerverband II: Die diagonalen Zügel über den Kapsel-Band-Apparat ziehen von distal dorsal nach proximal volar und bilden ein X.

Kurzer Daumenverband

Indikationen
- Kontusionen, Distorsionen
- Zerrungen
- Überlastungsreize
- Insuffizienzen und Läsionen des Kapsel-Band-Apparates.

Material und Liegedauer
- 2 cm und 4 cm breites Tape
- kann bis zu 2 – 5 Tage verbleiben.

Anlage
- der erste Zügel (gleichzeitig der Anker) beginnt an der Dorsalseite zwischen Daumen und Zeigefinger, läuft über die volare Handfläche nach ulnar, um die Handaußenkante herum wieder nach dorsal (parallel zur Handgelenkfalte am Handrücken) zieht über das Daumensattelgelenk und endet unter Zug auf der volaren Handseite (☞ Abb. 12.3)
- der zweite verläuft analog zum ersten Zügel, führt jedoch zunächst über den Handrücken und endet auch dort (in entgegengesetzter Richtung, ☞ Abb. 12.4)

! Der Zügel darf das Handgelenk in seiner Funktion nicht behindern oder Falten bilden. Deshalb sollte vor dem Fixieren des Zügels der Verlauf um die Handgelenkskante „anvisiert" werden.

- einen zweiten Anker aus schmalem Tape semizirkulär distal des Daumengrundgelenks anlegen (☞ Abb. 12.4)
  (Eine Anlage, die das Daumenendglied einschließt, sollte nur dann gewählt werden, wenn es die Ausführung der betriebenen Sportart nicht behindert.)
- das Daumengelenk so einstellen, dass der schmerzauslösende Bereich nicht erreicht wird
  (Ein Funktionstest legt die schmerzauslösende Bewegungsrichtung fest.)
- die Zügel verlaufen entgegen der schmerzauslösenden Richtung
  (Sind zwei Richtungen schmerzhaft, werden zwei Funktionszügel diese Bewegungen endgradig sichern.)
- weitere Zügel über das Daumengrund- und Sattelgelenk legen, beginnend am Sattelgelenk und sich zur Hälfte überlappend (☞ Abb. 12.5)

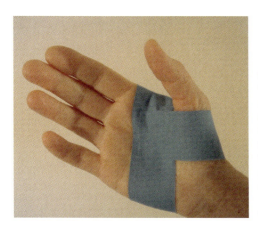

Abb. 12.3 Daumenverband I: Ein Zügel (erster Anker) von dorsal zwischen Daumen und Zeigefinger über die Volarfläche, um die Handaußenkante und das Daumensattelgelenk herum wieder nach volar.

- kornährenförmig angelegte, schmale Tapestreifen stützen den Kapsel-Band-Apparat,
  distal beginnend und mit nach proximal gerichtetem Zug auf den Anker führen,
  die Kreuzungen sind an der Stelle, an denen die größte Sicherung gewünscht wird (☞ Abb. 12.6)

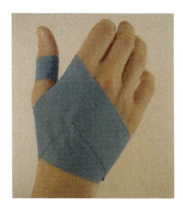

Abb. 12.4 Daumenverband II: Ein zweiter Zügel verläuft analog zum ersten (☞ Abb. 12.3), allerdings in entgegengesetzter Richtung. Zweiter Anker distal des Daumengrundgelenkes.

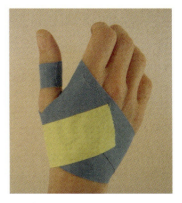

Abb. 12.5 Daumenverband III: Die Zügel werden vom Sattelgelenk bis zum Daumengrundgelenk überlappend angelegt (gelb).

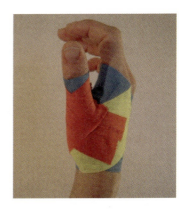

Abb. 12.6 Daumenverband IV: Kornährenförmig, mit Zug nach proximal angelegte Zügel (rot) verstärken den Kapsel-Band-Apparat.

- den Verband mit jeweils zwei semizirkulären Verschalungsstreifen am proximalen und distalen Ende schließen
- mit einem Sicherungsstreifen oberhalb des Daumengrundgelenks fixieren.

Bei Ballsportarten die Enden am Handrücken enden lassen, um bei Ballkontakt ein Lösen der Streifen zu verhindern.

> **!** Bei Abnahme darf der Verband nicht auf der Volarseite aufgeschnitten und über den Daumen gezogen werden! Der Verband wird sonst in der Regel vor dem Endglied „festgehalten" und wirkt beim weiteren Ziehen wie ein Traktionsgurt. Der insuffiziente Kapsel-Band-Apparat wird so erneut stark gedehnt.

Handgelenkverband

Indikationen
- Kontusionen
- Distorsionen
- Zerrungen der radialen und ulnaren Bänder
- Fissuren der Metakarpalknochen.

Material und Liegedauer
- in der Regel 1 Rolle 4 cm breites Tape
- kann bis zu einer Woche verbleiben.

Anlage
- ca. eine Handbreite proximal des Handgelenkes einen Anker semizirkulär oder zirkulär anlegen
- den zweiten Anker semizirkulär am distalen Ende der Mittelhandknochen befestigen (☞ Abb. 12.7)

12.1 Funktionelle Verbände (Taping)

- ein Funktionstest legt die schmerzhafte Bewegungsrichtung fest (z. B. nach Sturz auf die dorsalflektierte Hand ist häufig die Dorsalflexion schmerzhaft, der Verband beginnt dann mit Zügeln auf der Volarseite)
- das Handgelenk mit drei von distal nach proximal parallel angelegten, sich zur Hälfte überlappenden Funktionszügel einstellen (hier auf der Volarseite beginnend, ☞ Abb. 12.7),
  (Die Enden der Zügel können über den Anker herüberragen, sie werden später umgelegt und mit einem semizirkulären Streifen zur Spannung des Verbandes verwendet. Den mittleren Funktionszügel zuerst anzulegen, um die Hand sicher einzustellen und Abweichungen von der aktuellen Ruhigstellung bei der weiteren Verbandsanlage zu verhindern.)
- zwei diagonale Streifen ziehen vom distalen zum proximalen Anker und fassen das Handgelenk radial und ulnar ein (☞ Abb. 12.7)
- semizirkuläre Streifen fixieren die proximalen und distalen Streifenenden
- ein semizirkulärer Fixierungsstreifen in Höhe des Handgelenks schafft zusätzliche Vorspannung (☞ Abb. 12.8)
- wie auf der volaren Seite auch auf der dorsalen Seite drei Funktionszügel anlegen, auch hier stützt ein kreuzförmiger Zügel das Handgelenk ulnar und radial (☞ Abb. 12.9)
- anschließend die Verschalung mit semizirkulären Streifen von distal nach proximal.

Radial und ulnar kann jeweils ein Tapestreifen längs aufgeklebt werden, der die Überlappungsstellen der Verschalung überdeckt und ein Lösen des Verbandes z. B. durch reibende Trikotärmel verhindert.

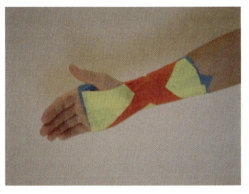

Abb. 12.7 Handgelenkverband I: Proximaler und distaler Anker (blau) sowie die ersten drei Funktionszügel auf der volaren Handgelenksseite (gelb). Diagonale Zügel vom distalen zum proximalen Anker (rot).

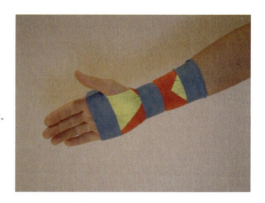

Abb. 12.8 Handgelenkverband II: Semizirkuläre Streifen fixieren die Tapeenden. Ein semizirkulärer Streifen in Höhe des Handgelenkes zur zusätzlichen Stabilisierung (blau).

Abb. 12.9 Handgelenkverband III: Drei Funktionszügel auf der Dorsalseite (gelb). Ein kreuzförmiger Zügel (rot).

> Ist das Gelenk durch die Funktionszügel auf der volaren Seite eingestellt worden, müssen die Zügel auf der Gegenseite das Handgelenk etwas „neutralisieren". Andernfalls besteht die Gefahr, dass die Unterarmextensoren gegen die Zugkraft der volaren Zügel arbeiten müssen und so eine Überlastung (Epicondylopathie) provoziert wird.

Ellenbogenverband

Indikationen
- Kontusionen
- Distorsionen
- Überstreckungstrauma.

Material und Liegedauer
- 4 cm breites Tape
- 6 – 8 cm breite, elastische Klebebinde
- kann bis zu 3 – 4 Tage verbleiben

Anlage
- zwei Anker proximal und distal des Ellenbogengelenks semizirkulär anlegen,
  der proximale Anker wird oberhalb des Bauches des M. biceps brachii gelegt, um ein Verrutschen des Verbandes bei Belastung zu verhindern, der distale Anker liegt etwas mehr als eine Handbreite proximal des Handgelenkes (☞ Abb. 12.10)
- einen Streifen elastische Klebebinde etwas überlappend auf den proximalen Anker kleben,
  der überlappende Bereich wird mit der Klebefläche nach oben umgelegt und mit einem semizirkulären Tapestreifen fixiert (☞ Abb. 12.10)
- Ellenbogen beugen und die Klebebinde auf dem distalen Anker mit der Therapeutenhand fixieren, bis die Position gefunden ist, in der die Streckung schmerzfrei gebremst wird,
  Klebebinde am distalen Anker fixieren und den Zügel anmodellieren,
  überlappenden Bereich mit der Klebefläche nach oben umlegen und mit einem semizirkulären Tapestreifen fixieren (☞ Abb. 12.10)

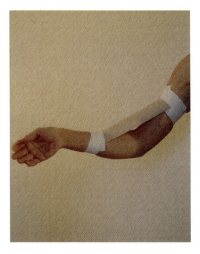

Abb. 12.10 Ellenbogenverband I: Proximaler und distaler Anker (weiß). Gelenk schmerzfrei einstellen, einen Streifen elastische Klebebinde auf den proximalen und distalen Anker kleben und mit Tape fixieren.

12 Verbände und Orthesen

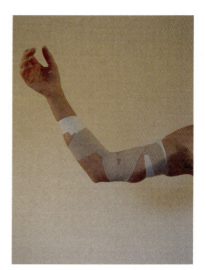

Abb. 12.11 Ellenbogenverband II: Klebebinde in Längsrichtung von beiden Seiten her schlitzen und vom Ellenbogen beginnend nach distal und proximal spiralförmig aufkleben (bis zum Anker). Mit Tape fixieren.

- einen von der Schulter bis zur Patientenhand reichenden Streifen Klebebinde in Längsrichtung von beiden Seiten soweit schlitzen, bis eine etwa ellenbogenbreite Fläche bleibt, diese quer über den Ellenbogen legen und mit den Streifen spiralförmig, gegensinnig nach proximal und distal um den Arm wickeln und mit Sicherungsstreifen an den Ankern fixiert (☞ Abb. 12.11)
- Verschalung mit semizirkulären Tapestreifen oder mit dem Rest der Klebebinde von distal nach proximal.
(Der Ellenbogen selbst bleibt von der Verschalung ausgeschlossen.)

> ! Ein zu eng angelegter Verschalungsstreifen kann im Bereich des Radiusköpfchens den N. radialis irritieren.

Schulterverband
Indikationen
- Zerrungen
- Überdehnungen.

Material und Liegedauer
- 4 cm breites Tape
- 8–10 cm breite, elastische Klebebinde
- Schaumgummiformteil
- kann bis zu 1 Woche verbleiben.

12.1 Funktionelle Verbände (Taping)

Anlage
- die ersten ein bis zwei Anker werden vom Rücken aus, am unteren Rippenbogen entlang zur Brustbeinspitze geklebt (☞ Abb. 12.12)
- einen Funktionszügel aus elastischer Klebebinde vom dorsalen Anker über die Schulter bis zum ventralen Anker führen (☞ Abb. 12.12)
- die Brustwarze mit Schaumgummipolster schützen, die äußere Umrandung der Klebebinde wird mit Tapestreifen als Ankerfläche versehen
- proximal des Ellenbogengelenks zwei sich überlappende, semizirkuläre Anker anlegen (☞ Abb. 12.12)
- die Schulter in ca. 45° Abduktion einstellen
- einen Funktionszügel aus elastischer Klebebinde vom Ellenbogen über die Schulterhöhe zum proximalen Anker in der Halsregion ziehen (☞ Abb. 12.12)
(Wie beim Handgelenkverband können die Enden des Zügels etwas verlängert, umgeschlagen und am Anker mit einem Fixierstreifen befestigt werden.)
- der zweite Zügel führt von der Bindenrolle (wird von der Binde abgerollt und nicht vorher abgeschnitten) 1 Mal um den distalen Anker herum (oberhalb Ellenbogen), um den Oberarm herum, fasst die Schulter ein und endet am rumpfseitigen Anker (☞ Abb. 12.13)
- der dritte Zügel verläuft analog in der Gegenrichtung

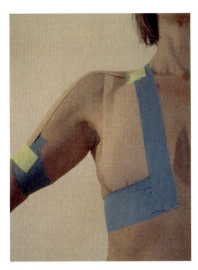

Abb. 12.12 Schulterverband I: Erster Anker vom Rücken aus, am Rippenbogen entlang bis zur Brustbeinspitze (blau). Semizirkuläre Anker proximal des Ellenbogens (blau). Funktionszügel aus Klebebinde über die Schulter führen (von dorsal nach ventral) und fixieren (blau). Schulter einstellen. Funktionszügel aus Klebebinde vom Ellenbogen über die Schulter zum proximalen Anker und fixieren (gelb).

- weitere Klebebindenstreifen überlappen die vorherigen Streifen und decken das Schultergelenk ab (☞ Abb. 12.13), die Enden werden jeweils mit Tapestreifen fixiert
- weitere Tapestreifen decken den Verband auf der Brust- und Rückenseite komplett ab (Verschalung, ☞ Abb. 12.14).

Ist das Akromioklavikulargelenk mit betroffen, muss ein Schaumgummiformteil unter zusätzlicher Kompression eingearbeitet werden.

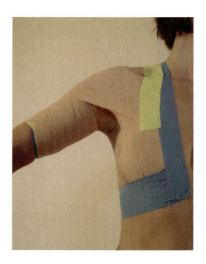

Abb. 12.13 Schulterverband II: Funktionszügel aus Klebebinde überlappend vom distalen Anker (oberhalb Ellenbogen) zum ventralen (Rumpf) und fixieren (gelb).

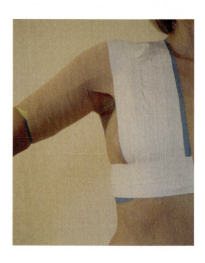

Abb. 12.14 Schulterverband III: Abschließende Verschalung.

> **Merke**
> Dieser Verband stützt das Schultergelenk und dient der Ruhigstellung. Er ist zur Ausübung der meisten Sportarten nicht geeignet.

Sprunggelenkverband

Indikationen
- Distorsionen
- Überdehnung der Bänder
- Bandinsuffizienz
- Kapseleinrisse.

Material und Liegedauer
- kohäsive Fixierbinde oder elastische Klebebinde
- Schaumgummiformteile (U- und Bumerangform)
- 4 cm breites Tape
- kann bis zu 3–4 Tage verbleiben.

Anlage
- Fuß in Neutralstellung lagern, Kniegelenk unterlagern
- bei Verletzung der Syndesmose den Fuß um 10° in Plantarflexion bewegen
- inneren Malleolus mit einem bumerangförmigem Schaumgummi hohl legen, lateralen Malleolus mit einem U-förmigen Schaumgummiformteil (☞ Abb. 12.15)
- Schaumgummiteile mit einer Haft- oder Klebebinde (oder mit Sprühkleber) fixieren,

Abb. 12.15 Sprunggelenkverband I: Hohllegen der Malleolen mit Schaumgummiformteilen.

die Binde beginnt ca. 1 cm unterhalb des Großzehengrundgelenks, fasst den gesamten Fußbereich ein und endet ca. eine Handbreite oberhalb der Knöchels (☞ Abb. 12.16)
- die Enden proximal mit zwei und distal mit einem semizirkulären Tapestreifen fixieren; diese Streifen dienen gleichzeitig als Anker (☞ Abb. 12.16)

> **Merke**
> Dient der Tapeverband lediglich der Prophylaxe oder besteht keine Schwellneigung, wird auf Kompression und Unterverband verzichtet und direkt auf die Haut getaped. Der Verband wird nur für die Dauer der Belastung getragen.

- die ersten beiden Zügel sollen den Talusvorschub verhindern,
  der erste Zügel beginnt am distalen äußeren Anker, läuft unterhalb des Malleolus lateralis um die Ferse herum und endet auf dem distalen Anker in Höhe der Großzehe,
  der zweite Zügel läuft gegengleich (☞ Abb. 12.16)
- der erste vertikale Zügel, auch Steigbügel genannt, führt von der Ferse unter Zug auf den proximalen Anker,
  der Zügel liegt zu ca. $^2/_3$ hinter und zu $^1/_3$ auf dem Knöchel (☞ Abb. 12.16)
- den nächsten Zügel vom distalen Anker schräg aufwärts um den Kalkaneus herum und über den Fußrücken zurück zum Ausgangspunkt führen
  (Vor dem Ankleben die Richtung für die faltenfreie Anlage um den Kalkaneus „anzuvisieren".),
  den zweiten Zügel gegengleich in die andere Richtung ziehen; diese beiden Zügel liegen zum Teil unter und zum Teil auf dem Knöchel (☞ Abb. 12.17)

Abb. 12.16 Sprunggelenkverband II: Eine kohäsive Fixierbinde hält die Schaumgummiformteile fest (weiß). Proximaler und distaler Anker (blau). Zügel verhindern den Talusvorschub (gelb). Die vertikalen Zügel (Steigbügel) führen von der Ferse zum proximalen Anker (rot).

Abb. 12.17 Sprunggelenkverband III: Zügel (gelb) und Steigbügel (rot) verlaufen parallel und überlappend zu den ersten Zügeln und stabilisieren das Sprunggelenk.

- die nächsten zwei Zügel und Steigbügel verlaufen parallel zu den vorangegangenen; sie überdecken sich jeweils ca. für ein Drittel bis zur Hälfte und bilden über der Knöchelregion ein „Scherengitter" (☞ Abb. 12.17)
- der zweite Steigbügel kann als zusätzliche Stimulans an der fibularen Seite in die Peronaeusmuskulatur weitergeklebt werden
- die Fußform bestimmt den Verlauf der Tapestreifen, d.h. das Tape folgt der Struktur des Fußes und nicht umgekehrt
- der Stellzügel betont die Fußstellung, entgegen des Verletzungsmechanismus, in Richtung Pronation: beginnend am proximalen lateralen Anker, nach medial unter der Fußsohle auf die laterale Seite ziehend, die Syndesmose kreuzend, um den Kalkaneus herum laufend und auf dem lateralen distalen Anker endend (☞ Abb. 12.18).

Der Verband wird mit semizirkulären Verschalungsstreifen an der Fußsohle und in Entlastungsstellung begonnen und im Stehen, d.h. unter Belastung beendet. Der Fersenbereich darf von der Verschalung ausgenommen werden, da sog. Fensterödeme hier nicht zu erwarten sind.

Die Verschalung geschieht von distal nach proximal. Um ein Abschnüren zu vermeiden, kann am distalen Anker ein Einschnitt erfolgen, der unter maximaler Vorfußbelastung eigenständig soweit reißt, wie es nötig ist. Diese Einkerbung wird abschließend mit einem Tapestreifen verschlossen.

Im Bereich des Retinaculum extensorum darf der Druck auf die darunter liegenden Sehnen nicht zu groß sein, da es sonst zu Sehnenscheidenreizungen kommen kann. Das gilt besonders für den „Syndesmosenzügel". Die Verschalungsstreifen können an dieser Stelle ggf. abgesetzt werden, da der Verband durch darunter liegendes Tape geschlossen ist.

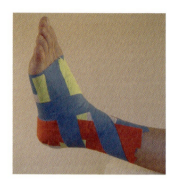

Abb. 12.18 Sprunggelenkverband IV: Der Stellzügel (blau) betont die Fußstellung.

Abgeschwächter Sprunggelenkverband

Indikation
- leichte Bandinsuffizienz
- „Memory-Tape" im Koordinationstraining.

Auf diesen Sprunggelenkverband wird meist zurückgegriffen, „wenn es schnell gehen muss". Er kann vom Sportler selbst angelegt werden und dient als „psychische Stütze".

Material und Liegedauer
- 4 cm breites Tape
- angelegt nur für die Dauer der Belastung.

Anlage (☞ Abb. 12.19)
- einen Anker ca. eine Handbreite proximal der Malleolen anlegen
- bei fibularer Bandschwäche beginnt der erste Zügel am Anker oberhalb des Außenknöchels, läuft über den Fußrücken schräg

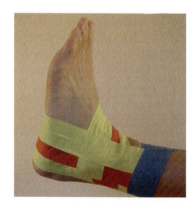

Abb. 12.19 Abgeschwächter Sprunggelenkverband: Anker (blau), erster Zügel (gelb), zweiter Zügel parallel (rot), dritter Zügel wieder parallel (gelb).

nach innen unter der Ferse hindurch und zieht hinter dem Außenknöchel aufwärts zum Anker
- der zweite Zügel läuft parallel des ersten Zügels und steigt direkt über die Mitte des Außenknöchels zum Anker aufwärts
- der dritte Zügel sitzt wiederum parallel unterhalb des zweiten Zügels, folgt dem Verlauf unter der Ferse hindurch und zieht an der Vorderseite des Knöchels zum Anker
- abschließend sichert ein Verschalungsstreifen die Zügelenden.

Achillessehnenentlastungsverband
Indikation
- Sehnenansatzreizungen
- Achillodynie
- postoperative Entlastung.

Material und Liegedauer
- 4 cm breites Tape
- 6–8 cm breite, elastische Klebebinde
- kann bis zu 4–5 Tage verbleiben.

Anlage
Der Verband wird in Bauchlage mit unterlagertem Fußgelenk angelegt. Der Fuß wird in maximaler Plantarflexion eingestellt.
- als proximalen Anker zwei semizirkuläre Tapestreifen unterhalb des Fibulaköpfchens anlegen (☞ Abb. 12.20)
- der distale Anker liegt ca. 1 cm proximal des Großzehengrundgelenkes,
  bei sehr starkem Hallux valgus werden die Enden des Tapeankers längs eingerissen, so dass sie den Hallux valgus umfassen (☞ Abb. 12.20)
- einen Streifen elastischer Klebebinde abmessen und unter Zug am distalen und proximalen Anker fixieren,
  die Streifen können etwas überstehen, sie werden anschließend mit der Klebefläche nach oben umgeklappt und mit einem Sicherungsstreifen versehen
- einen zweiten elastischen Klebestreifen am distalen Anker fixieren und die Länge bis zum Tuber ischiadicum abmessen und abschneiden,
  dieser Klebestreifen wird mittig eingeschnitten und bis unter den Kalkaneus geschlitzt (☞ Abb. 12.20)
- die geschlitzten Streifen nacheinander anlegen: sie umfassen den Kalkaneus, kreuzen die Achillessehne an ihrer dünnsten Stelle, kreuzen den Muskel-Sehnen Übergang und laufen auf dem proxi-

malen Anker aus, wo sie mit Sicherungsstreifen befestigt werden (☞ Abb. 12.21).

Die Verschalung des Verbandes geschieht entweder mit Tapestreifen oder mit dem restlichen Bindenmaterial.

Beim Verschalen mit Tapestreifen wird an der Fußsohle mit semizirkulären Tapestreifen unter Entlastung begonnen. Am Fußrücken und am Unterschenkel wird die Verschalung unter Belastung nach proximal beendet.

Bei der Verschalung mit Bindenmaterial wird vom Knöchel aus spiralförmig um den Unterschenkel bis zum proximalen Anker gewickelt. Dort wird die Binde mit Tapestreifen gesichert.

Eine zusätzliche Entlastung bringt eine zeitlich begrenzte Absatzerhöhung. Um jedoch beidseits eine gleiche Funktionalität zu gewährleisten, müssen beide Schuhe erhöht werden!

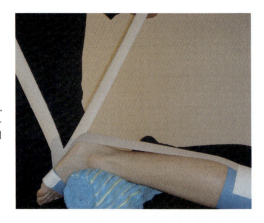

Abb. 12.20 Achillessehnenverband I: Proximaler und distaler Anker (blau). Einen Streifen Klebebinde abmessen und fixieren. Ein zweiter Streifen Klebebinde wird am distalen Anker fixiert und längs geschlitzt.

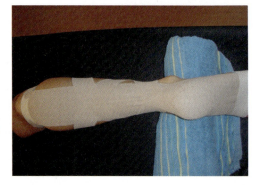

Abb. 12.21 Achillessehnenverband II: Die geschlitzte Klebebinde bis zum proximalen Anker spiralförmig anlegen unter Einbeziehung der dünnsten Stelle der Achillessehne.

Knieverband

Indikation
- Kontusionen, Distorsionen
- Dehnung der Kollateralbänder
- leichte Instabilität.

Material und Liegedauer
- 4 cm breites Tape
- 2 Rollen 8–10 cm breite, elastische Klebebinden
- kann bis zu 1 Woche verbleiben.

Anlage
Die Anlage erfolgt im Stehen bei leicht gebeugtem Knie (Unterlagerung durch Keil).
- je zwei Ankerstreifen am proximalen Ende des Ober- und am distalen Ende des Unterschenkels anlegen
- einen Streifen elastischer Klebebinde abmessen und am proximalen und distalen Anker ankleben
anschließend unter leichtem Zug den Streifen an die Außenseite des Knies, über dem kollateralen Bandapparat anheften (☞ Abb. 12.22)
- einen zweiten Streifen von der Innenseite des proximalen Ankers am oberen Patellapol entlang, das Kollateralband kreuzend spiralförmig auf den distalen Anker führen und dort abschneiden (☞ Abb. 12.22)

Abb. 12.22 Knieverband I: Proximaler und distaler Anker (blau). Einen Streifen Klebebinde lateral an den beiden Anker und der Außenseite des Knies befestigen (über dem lateralen Bandapparat). Ein zweiter Streifen Klebebinde verläuft vom medialen proximalen Anker spiralförmig (Kollateralbänder kreuzend) zum lateralen distalen Anker, fixieren (rot).

- ein dritter Zügel läuft analog zum zweiten in entgegengesetzte Richtung und berührt den unteren Patellapol; mit einem Tapestreifen sichern (☞ Abb. 12.23)
- einen Zügel von der Länge eines Beines beidseitig einschneiden und soweit schlitzen, bis ein kniebreites Stück in der Mitte übrig bleibt, den geschlitzten Klebestreifen quer auf die verletzte Knieseite legen und spiralförmig, gegengleich auf die proximalen und distalen Ankerflächen führen und sichern (☞ Abb. 12.24).

Die Verschalung erfolgt unter Belastung mit dem Rest der elastischen Klebebinden. Mit Rundtouren wird vom Unterschenkel bis zum Unterrand der Patella und vom Oberrand der Patella bis zum proximalen Anker gewickelt. Die Enden werden mit Tapestreifen fixiert. Die Patella wird nicht umwickelt.

> **Merke**
> Die Patella darf bei der Anlage dieses Verbandes in ihrer Führung nicht behindert werden!

Abb. 12.23 Knieverband II: Ein dritter Streifen Klebebinde verläuft vom medialen distalen Anker zum proximalen, fixieren.

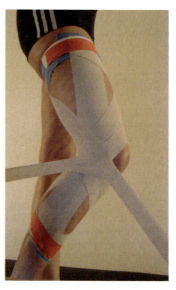

Abb. 12.24 Knieverband III: Einen Streifen Klebebinde längs von beiden Seiten her schlitzen, quer auf den lateralen Bandapparat legen und spiralförmig zum distalen und proximalen Anker führen.

Muskelentlastender Verband

Indikation
- Muskelzerrungen
- Muskelfaserriss
- Muskelfaserbündelriss.

Material und Liegedauer
- 4 cm breites Tape
- 8–10 cm breite, elastische Klebebinde
- kann bis zu 1 Woche verbleiben.

Anlage (am Beispiel der ischiokruralen Muskulatur)
Die Anlage erfolgt im Stehen bei leicht gebeugtem Kniegelenk (Entlastung der ischiokruralen Muskeln).
- zwei semizirkuläre Anker je im proximalen und distalen Bereich des Oberschenkels anlegen (☞ Abb. 12.25).
- an der Innen- und Außenseite des Oberschenkels jeweils einen Streifen Tape ankleben, so dass ein großer Rahmen um die verletzte Stelle entsteht
- in diesen Rahmen können ca. 2 cm breite Tapestreifen angeheftet werden, diese am proximalen Anker fixieren und unter Zug am distalen Anker befestigen, der Abstand zwischen diesen „Propriozeptivstreifen" beträgt ebenfalls ca. 2 cm
- die Zügel von der distalen Innenseite des Rahmens unter Zug diagonal nach proximal außen kleben und von der Außenseite

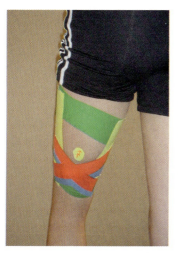

Abb. 12.25 Muskelentlastender Verband I: Semizirkuläre Anker am proximalen und distalen Oberschenkel (grün). Mit zwei Tapestreifen lateral und medial einen Rahmen um die verletzte Stelle tapen (gelb). Diagonale Zügel von medial distal nach lateral proximal bzw. von lateral distal nach medial proximal kleben (aufsteigend, blau und rot), bis kurz unterhalb der Verletzung.

diagonal aufsteigend zur Innenseite (☞ Abb. 12.25), die Zügel überlappen sich ca. um die Hälfte und folgen mit ihren Kreuzungspunkten dem Muskelverlauf bis kurz unterhalb der verletzten Stelle
- von proximal kommend werden Zügel analog dazu von außen oben nach innen unten und von innen oben nach außen unten unter Zug bis kurz oberhalb der verletzten Stelle angelegt (☞ Abb. 12.26).

Die verletzte Stelle selbst wird mit zwei semizirkulären Streifen abgedeckt. Über der verletzten Stelle kann ein Kompressionsverstärker aus Schaumgummi eingearbeitet werden (☞ 12.27).

Die Verschalung erfolgt unter Belastung mit semizirkulären Tapestreifen oder mit einer elastischen Klebebinde, die mit zirkulären Touren so um den Oberschenkel gewickelt wird, dass der Verband auf der verletzten Stelle endet.

Seitliche Sicherungsstreifen schützen die Überlappungsstellen gegen vorzeitiges Ablösen durch Reibung, z. B. durch die Sporthose.

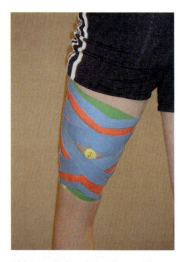

Abb. 12.26 Muskelentlastender Verband II: Analoge Zügel von proximal lateral kommend nach distal medial ziehend bzw. von proximal medial nach distal lateral.

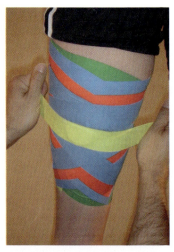

Abb. 12.27 Muskelentlastender Verband III: Abkleben der verletzten Stelle mit semizirkulären Tapestreifen (gelb).

12.2 Kinesio®-Tapes

Die Kinesio®-Tape-Methode wurde Anfang der 70er Jahre von dem Chiropraktiker und Kinesiologen Kenzo Kase entwickelt. Seit den 90er Jahren wird sie in Europa und den USA angewendet. Nach Deutschland gelangte sie Ende der 90er Jahre über den Leistungssport. Gegenüber den funktionellen Verbänden neu an der Methode des Kinesio®-Tapes ist sowohl die Anlageweise als auch das Material, welches speziell für diese Methode entwickelt wurde.

12.2.1 Wirkprinzipien

Die Kinesio®-Tape-Methode nutzt den körpereigenen Heilungsprozess. Sie wirkt ausschließlich auf nervös-reflektorischem Weg. Durch die Elastizität des Tapes, die Anlagerichtung und den intermittierend in Wellenform aufgebrachten, thermoaktiven Acrylatkleber kommt es während der Bewegung zu einer Reizung der freien Nervenenden, der Exterozeptoren (Pacini-, Krause- , Golgi-, Mazzoni-, Meissner- und Ruffinirezeptoren) und der Propriozeptoren. Die Wirkung des Tapes verstärkt sich bei Bewegung und ist mit den auf- und entladenden Streichungen aus neurologischen Behandlungstechniken vergleichbar.

Verbesserung der Muskelfunktion
Kinesio®-Tape-Verbände verzögern die muskuläre Ermüdung bei starker körperlicher Beanspruchung und lindern die damit verbundenen Überbelastungssymptome. Durch die spezielle Anlage des Tapes wird ein tonusregulierender Reiz gesetzt, je nach „Bedarf" entweder detonisierend oder tonisierend. Hierdurch wird die statische und dynamische Muskelkoordination positiv beeinflusst.

Aktivierung des Lymphsystems
Bei Lymphstauungen, Hämatomen und Ergüssen sorgt die Kinesio®-Tape-Methode durch eine erreichte Reduktion des Gewebedruckes für einen beschleunigten Lymphstrom und somit für eine raschere Regeneration.

Aktivierung des endogenen analgetischen Systems
Durch die Reizung der Mechanorezeptoren wird das körpereigene Schmerzdämpfungssystem aktiviert.

Unterstützung der Gelenke
Durch Stimulation der Propriozeptoren wird eine bessere Sensibilität erreicht, ein besseres Lageempfinden und eine schnellere und exaktere Antwort der Gelenkstrukturen auf einwirkende Reize. Um die passive Stabilität der Gelenke zu vergrößern, werden Ligamenttechniken angewendet.

> **Merke**
> Bei allen Anwendungen ist eine uneingeschränkte Bewegungsfreiheit gewährleistet (full range of motion).

12.2.2 Indikationen

Störungen am Bewegungsapparat
- muskuläre Hyper- und Hypotonien
- Arthrosen
- Knorpelschäden
- Lumbalgien/Ischialgien
- Cervicobrachialgien
- Z. n. OP.

Überlastungssymptomatik des Muskel- und Sehnenapparates
- Epicondylopathien
- Achillodynie
- M. tibialis posterior-Syndrom
- Periarthritiden
- Impingementsyndrome
- Z. n. OP.

Muskel und Sehnenverletzungen
- Kontusionen, Distorsionen
- Rupturen
- Hämatome
- Z. n. OP.

Neurologische Störungen des Bewegungsapparates
- Peronaeusläsion
- schlaffe und spastische Lähmungen
- pseudoradikuläre Schmerzen
- Wurzelreizsyndrom
- Z. n. OP.

Segmentbedingte Störungen des Bewegungsapparates und der inneren Organe
- Kopfschmerz und Migräne
- Neuralgien
- Obstipation
- Dysmenorrhoe
- Amenorrhoe.

Lymphödeme
- posttraumatische Ödeme
- postoperative Ödeme
- idiopathische Ödeme.

Anwendung in der Sportrehabilitation und MAT

Ein Kinesio®-Tape-Verband ist in allen Rehabilitationsstufen einsetzbar.

In der Phase 1 und 2 des medizinischen Aufbautrainings (MAT, ☞ Kap. 11.2) wird er vor allem ergänzend zur Lymphdrainage angelegt, um den Abfluss von Hämatomen, Ergüssen und Ödemen zu unterstützen.

In den Rehabilitationsstufen 3 und 4 erhöht er bei richtiger Anlage die Propriozeptionsleistung der Gelenk- und Muskelstrukturen. Dies bedeutet eine aktive Sicherung der Gelenke bei vollständig erhaltener Bewegungsfreiheit sowie eine Ökonomisierung des Bewegungsablaufs bei gleichzeitiger Sicherung verletzter Strukturen.

Unter der Anlage eines Kinesio®-Tapes erhöht sich die Belastungsfähigkeit des gestörten Gelenkes und es lassen sich deutlich höhere Kraftwerte erzielen, z.B. an Isokinetikgeräten. Die Sport- und Wettkampffähigkeit eines Sportlers wird durch die Möglichkeit der schnelleren Belastungssteigerung früher gewährleistet, ohne dass das Gelenk zusätzlich belastet wird.

12.2.3 Verbandsmaterial

- Die Kinesio®-Tape-Binde besteht aus in Baumwolle gefassten, latexfreien Stretchfasern. Der Kleber ist ein thermoaktiver Acrylatkleber, der in unterbrochener Wellenform auf der Binde aufgebracht ist.
- Das Tape ist längs- und querelastisch, besitzt eine Dehnungsfähigkeit von 130–140% seiner eigentlichen Länge und entspricht der Konsistenz, der Dicke und dem Gewicht der Haut.

Der Verband ist luft- und feuchtigkeitsdurchlässig, wasserfest, lässt auf Grund seiner hohen Elastizität jegliche Bewegung zu und ist außerordentlich hautverträglich.

Ein Kinesio®-Tape-Verband kann 3–5 Tage (und länger) getragen werden, ohne seine Wirkung zu verlieren.

Im Gegensatz zu anderen Tapeverbänden lässt sich der Kinesio®-Tape-Verband schonend, relativ schmerzfrei und ohne großen Zeitaufwand entfernen und hinterlässt keine Klebereste auf der Haut.

12.2.4 Anlegen von Kinesio®-Tapes

Beim Anlegen von Kinesio®-Tape-Verbänden muss die Haut fettfrei und trocken sein. Behaarung stört normalerweise nicht (erhöhte Stimulation). Ist die Behaarung jedoch so stark, dass das Tape sich sofort wieder löst, muss sie entfernt werden (☞ 12.1.4 Hautbehandlung).

Vor der Verbandanlage wird der Materialbedarf am Körper abgemessen und das Tape der Länge nach zugeschnitten. Zum Abmessen wird der zu tapende Muskel in eine schmerzfreie Dehnstellung gebracht.

Wenn das Tape zugeschnitten ist, wird ein Teil der Schutzfolie, die sich auf der Rückseite der Binde befindet, mit der Kuppe des Zeigefingers entfernt. Die Klebefläche sollte dabei nicht berührt werden.

 Kinesio®-Tape darf nicht gerissen werden, da durch das Reißen des Bandes die Struktur an der Rissstelle zerstört wird und das Tape nicht mehr angewendet werden kann.

Zuerst wird der freie Tapeteil auf die Haut geklebt. Die Haut wird gedehnt und erst dann wird die restliche Schutzfolie unter dem Anlegen des Verbandes abgezogen.

Nach der Anlage wird mehrfach über das Tape gerieben, um die thermoaktive Klebeschicht zu aktivieren. Die Wirkung des Tapeverbandes tritt nach etwa 30 Minuten ein.

> **Merke**
> Da Kinesio®-Tapes neuroreflektorisch wirken, sollte es 30 Minuten vor einer sportlichen Aktivität angelegt werden.

Anlageziele und Techniken

Die Anlagetechnik von Kinesio®-Tapes richtet sich nach der jeweiligen Zielstellung bzw. dem therapeutischen Nutzen.

Tonusregulierung (☞ Abb. 12.28)

Kinesio®-Tapes können zur Regulierung des Muskeltonus eingesetzt bzw. angelegt werden. Bei Anlage des Tapes mit Zug vom Ursprung eines Muskels zu dessen Ansatz wird eine Tonisierung des Muskels erzielt. Die Anlage vom Ansatz zum Ursprung hin wirkt detonisierend.

Um Bewegungsabläufe zu normalisieren und zu ökonomisieren werden alle zur Muskelkette oder zur Muskelschlinge gehörenden Muskeln mit einem Tapeverband versorgt.

Um den Muskel in seinem Spannungszustand zu beeinflussen, wird das Tape in der Dehnstellung des Muskels über den Muskelbauch gezogen und aufgeklebt oder randständig um den Muskelbauch herumgeklebt.

Abhängig von der zu tapenden Muskulatur oder der zu versorgenden Muskelkette muss das Tape speziell zugeschnitten werden. Einstreifiges Tape wird vor allem bei einköpfigen Muskeln verwendet. Bei mehrköpfigen Muskeln erhält jeder Muskelbauch einen Streifen. Bei großflächigen Muskeln werden ein oder mehrere Streifen direkt auf den gedehnten Muskelbauch geklebt oder mit leichtem bzw. mittlerem Zug auf den entspannten Muskel.

Muskeln, bei denen bevorzugt ein Streifen geklebt wird:
- M. quadriceps femoris (M. vastus medialis, M. vastus lateralis)
- ischiokrurale Muskelgruppe (M. biceps femoris, M. semitendinosus, M. semimembranosus)
- M. extensor carpi radialis longus
- M. rectus abdominis
- M. obliquus externus abdominis
- M. levator scapulae
- M. trapezius Pars descendens.

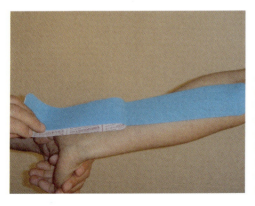

Abb. 12.28 Anbringen eines einstreifigen Kinesio®-Tapes zur Tonusregulierung der Unterarmmuskulatur aus Muskeldehnstellung heraus (Hand in Dorsalextension).

Ein Y-förmig zugeschnittener Tapestreifen wird vor allem bei folgenden Muskeln angelegt:
- M. trapezius Pars transversus
- M. trapezius Pars ascendens
- M. sternocleidomastoideus
- M. deltoideus
- M. rectus femoris
- M. gastrocnemius.

> **Merke**
> Die Anlage eines einstreifigen Tapes mit Zug vom Muskelursprung zum Ansatz bewirkt eine Tonisierung. Die Anlage mit Zug vom Ansatz zum Ursprung erzielt eine Detonisierung.

Lymphtechnik (☞ Abb. 12.29)
Bei der Lymphtechnik wir das Tape fächerförmig zugeschnitten. Die Tapebasis liegt nahe oder direkt auf den Lymphknoten, in deren Tributargebiet eine Verletzung liegt und wird ohne Dehnung des Tapes aufgelegt. Die einzelnen Fächerstreifen werden mit nur leichtem Zug in das Abflussgebiet gelegt. Man legt mehrere Fächer so an, dass sich im Ödemgebiet Überkreuzungen der Züge ergeben. Bewegt sich der Patient, kommt es unter der Tapeanlage zu kreisförmigen Verwringungen des Gewebes und damit zur Anregung der Lymphgefäße.

Ligamenttechnik (☞ Abb. 12.30)
Zur Unterstützung von Bändern wird ein maximal gedehnter Tapestreifen über das Band angelegt (in dessen Verlaufsrichtung). Um den Tapestreifen bei dieser Anlagetechnik maximal dehnen zu können, wird die Folie auf der Rückseite der Binde in der Mitte des

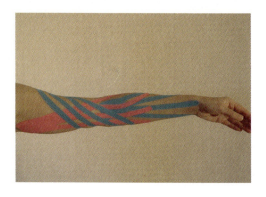

Abb. 12.29 Lymphtechnik-Anlage bei einem Armödem.

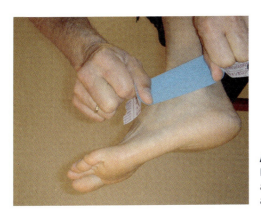

Abb. 12.30 Ligamenttechnik am Lig. fibulotalare anterius.

abgemessenen und zugeschnittenen Streifens vorsichtig eingerissen und beidseitig an der Rissstelle mit den Fingern gelöst.
Die freiliegende Binde wird nun beidseitig maximal ausgedehnt und auf die Haut geklebt. Erst dann werden die Enden ohne Zug über dem Ligament angelegt.

> **Merke**
> Den Streifen lang genug wählen, denn beide Enden müssen zugfrei liegen, um einen festen Halt zu garantieren.

Trigger-Point-Behandlung (Abb. 12.31)
Durch die Trigger-Point-Anlage wird die Aktivität von Trigger-Points reduziert oder dieser eliminiert. (Kap. 10.2.3)

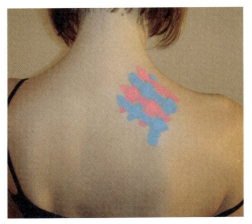

Abb. 12.31 Triggerpunktanlage am M. levator scapulae.

Bei dieser Technik handelt es sich um eine gitterförmige Anlage von mehreren dünnen, ca. 3–4 cm langen Streifen. Die einzelnen Streifen werden mit leichtem oder mäßigem Zug angelegt.

Mit der Trigger-Point-Anlage lassen sich auch segmentale Tapes anlegen, die auf die jeweiligen segmentzugehörigen inneren Organe wirken.

> **Merke**
> Die Streifen müssen in Längsrichtung zugeschnitten werden.

Schmerzpunktbehandlung (☞ Abb. 12.32)

Die Schutzfolie eines Tapestreifens wird in der Mitte vorsichtig eingerissen und der Streifen anschließend maximal ausgedehnt über den Schmerzpunkt gezogen. Mehrere Streifen werden nach dieser Art kreuzförmig oder sternförmig übereinander gelegt, z. B. bei LWS-Syndrom.

Eine andere Möglichkeit ist die Y-förmige Anlage des Tapes. Dabei liegt die Basis des Y-Streifens außerhalb der Schmerzzone. Die beiden Enden des Y werden mit leichtem Zug so angelegt, dass sie den Schmerzpunkt einfassen. Ein weiterer Tapestreifen wird quer über die von den beiden Y-Zügeln eingefasste Schmerzstelle gelegt. Diese Anlagetechnik findet besonders bei Insertionstendopathien Anwendung, z. B. Epicondylitis radialis oder Achillodynie.

Bei Neuralgien oder ausstrahlenden Nervenschmerzen wird der Nerv in seinem Verlauf mit einem oder mehreren Tapestreifen überdeckt, die mit leichtem Zug angelegt werden.

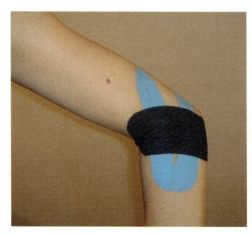

Abb. 12.32 Schmerzpunktbehandlung bei Epicondylitis humeri radialis.

12.2.5 Ausgewählte Kinesio®-Tape-Verbände

Sprunggelenkverband
Indikationen
- mediale Kapsel-Band-Verletzung, Verletzungen des Lig. deltoideum
- laterale Kapsel-Band-Verletzung
- Inversionstrauma
- Talus- und Kalkaneusfrakturen.

Ziel
Erhöhte aktive Stabilisation im oberen und unteren Sprunggelenk.

Anlagetechniken (☞ Abb. 12.33)
- Anlage eines Triggerpunktverbandes oder eines Schmerztapes
- tonisierende Anlage am M. tibialis anterior (ein Streifen mit Zug vom Muskelursprung zum Ansatz)
- detonisierende Anlage am M. gastrocnemius (Y-Streifen vom Ansatz zum Ursprung)
- tonisierende Anlage an den Mm. peronaei (ein Streifen vom Ursprung zum Ansatz)
- evtl. Ligamente unterstützend tapen.

Achillessehnenverband
Indikationen
- Bursitis subtendinea achillei
- Achillodynie/Peritendinitis achillei
- Ruptur der Achillessehne.

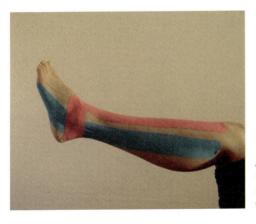

Abb. 12.33 Kinesio®-Tape Sprunggelenkverband.

Ziel
- Schmerzlinderung
- Entlastung der Achillessehne.

Anlagetechnik (☞ Abb. 12.34)
- detonisierende Anlage am M. gastrocnemius (Y-Streifen vom Ansatz zum Ursprung)
- bei Bedarf einen ca. 5 cm breiten Tapestreifen unter maximaler Ausdehnung auf den schmerzhaften Achillessehnenbereich kleben.

Kniegelenkverband
Indikationen
- Bandverletzungen am Knie
- Meniskusläsionen
- Bursitis des Pes anserinus superficialis
- Bursitis praepatellaris subcutanea (Fliesenlegerknie)
- Bursitis infarapatellaris superficialis/profunda (Hausfrauenknie)
- Patellafraktur
- Chondropathia patellae
- Osteochondrosis dissecans
- Patellaspitzen-Syndrom
- Runners knee, Jumpers knee.

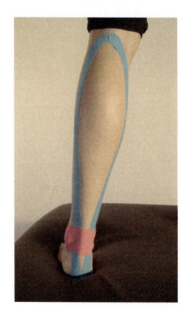

Abb. 12.34 Kinesio®-Tape Achillessehnenverband.

Ziel
- Schmerzlinderung
- Stabilisation des Kniegelenks.

Anlagetechnik
- einen Tapestreifen am maximal gebeugten Knie von der Spina iliaca anterior superior bis zur Tuberositas tibiae abmessen und über die Patella bis zur Tuberositas tibiae führen, den Streifen tonisierend anlegen (☞ Abb. 12.35)
- einen Y-Streifen bei gebeugtem Knie von der Tuberositas tibae ausgehend so anlegen, dass die beiden Enden auf dem medialen und lateralen Anteil des M. quadriceps femoris auslaufen (☞ Abb. 12.35)
- die Schutzfolie eines ca. 15 cm langen Tapestreifens in der Mitte vorsichtig einreißen und auf ca. 5 cm Breite ausdehnen, unterhalb der Patella so anlegen, dass die Patella unterstützt wird, die beiden ca. 5 cm langen Enden werden beidseitig ohne Zug weitergeführt (☞ Abb. 12.35)
- tonisierende Anlage an den ischiokruralen Muskeln mit einem Y-Streifen, die Basis am Tuber ischiadicum (☞ Abb. 12.36)

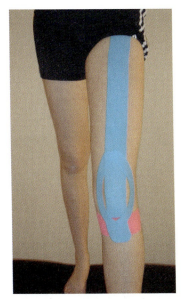

Abb. 12.35 Kinesio®-Tape Kniegelenkverband (von ventral).

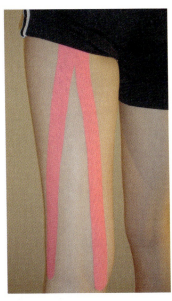

Abb. 12.36 Kinesio®-Tape Kniegelenkverband (von dorsal).

- Bei Rückgang der Beschwerden kann bei allen angeführten Krankheitsbildern folgender Kinesio®-Tape-Verband zur Ökonomisierung der Muskelkette sinnvoll sein:
- tonisierende Anlage am Tractus iliotibialis, M. quadriceps femoris, ischiokrurale Muskeln, M. tibialis anterior (einstreifig vom Ursprung zum Ansatz) und am M. tibialis anterior mit leichtem Zug anlegen
- detonisierende Anlage am M. gastrocnemius (Y-Streifen vom Ansatz zum Ursprung).

Lumbalbeschwerden, Schmerzen im Iliosakralgelenk

Indikationen
- Wurzelreizsyndrom
- Ischialgie
- Lumbago, Lumboischialgie
- pseudoradikuläre Schmerzen.

Ziel
- Schmerzlinderung
- Funktionsverbesserung.

Anlagetechniken (☞ Abb. 12.37, Abb. 12.38)
- zwei Tapestreifen fächerförmig einschneiden und von den beiden ISG-Gelenken fächerförmig nach kranial anlegen
- zwei weitere, fächerförmig eingeschnittene Tapestreifen vom Darmbeinkamm fächerförmig vertikal über die nach kranial weisenden Fächer anlegen bei idealer Anlage ergibt sich ein gleichmäßiges Gitternetz in den Segmenten L4/L5, L5/S1 und den ISG (☞ Abb. 12.37)

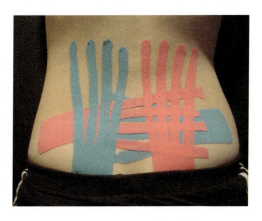

Abb. 12.37 Anlage bei Beschwerden im ISG-Gelenk.

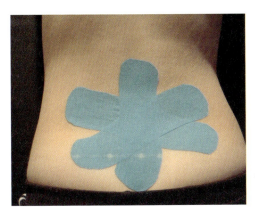

Abb. 12.38 Schmerzrosette bei Lumbalbeschwerden.

- die Schutzfolie von drei etwa 15 cm langen Tapestreifen in der Mitte vorsichtig einreißen und ausdehnen
- die Streifen kreuzweise über das schmerzende Segment oder den Schmerzpunkt anlegen, die Enden werden ohne Zug weitergeführt.

Es kann außerdem notwendig sein, folgende Muskeln detonisierend zu tapen:
- M. rectus femoris
- M. iliopsoas
- M. piriformis
- M. quadratus lumborum
- ischiokrurale Muskelgruppe.

Bei länger bestehenden Beschwerden macht es Sinn, die Muskulatur oder die Segmente, welche in der spondylogenen Reflexsymptomatik eine Rolle spielen, zusätzlich zu versorgen (☞ Kap. 11.1.2).
Triggerpunkte können bei allen Krankheitsbildern beeinflusst werden durch:
- kleine gitterförmig und mit leicht gegenläufigem Zug angelegte Tapestreifen
- sog. Crosspads (Fertigprodukt).

Schultergelenkverband

Indikationen
- Luxation/Subluxation des Akromioklavikulargelenkes
- Engpasssyndrom (Thoracic outlet)
- Werferschulter
- Bursitis subacromialis

- Bursitis subdeltoidea
- Insertionstendopathie des M. supraspinatus, M. infraspinatus, M. subscapularis, der langen Bizepssehne.

Ziel
- Schmerzlinderung
- Funktionsverbesserung.

Anlagetechnik
- einen Streifen über den M. trapezius Pars descendens detonisierend anlegen (vom Ansatz zum Ursprung, ☞ Abb. 12.39)
- ein Y-Streifen umfasst detonisierend den M. deltoideus (vom Ansatz zum Ursprung, ☞ Abb. 12.39)
- die Schutzfolie eines Tapestreifens in der Mitte vorsichtig einreißen und ausdehnen, den Streifen im Bereich des Schmerzpunktes anlegen, die Enden werden ohne Zug weitergeführt
- die Schutzfolie eines Tapestreifens in der Mitte vorsichtig einreißen und den Streifen ausdehnen, beidseitig so über die Schulter anlegen, dass der subakromiale Raum zu $1/3$ überdeckt wird, die Enden werden ohne Zug weitergeführt
- evtl. ist eine Korrektur der Schulterstellung nach dorso-kaudal notwendig, hierzu einen Streifen Tape von der Vorderseite der Schulter in Höhe des Akromioklavikulargelenkes mit starkem Zug bis unter den Angulus inferior scapulae führen (☞ Abb. 12.40).

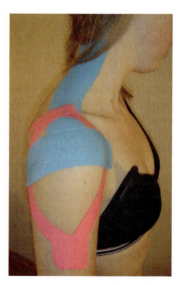

Abb. 12.39 Kinesio®-Tape Schulterverband.

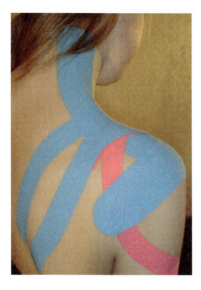

Abb. 12.40 Kinesio®-Tape Schulterverband. Korrektur der Schulterstellung nach dorso-kaudal.

12.3 Orthesen und andere externe Stabilisatoren

Orthesen und Bandagen dienen der Führung und Stabilisation von Gelenken. Man unterscheidet zwischen ruhigstellenden Orthesen, die keine Bewegung zulassen und der dynamischen Orthese, die Bewegung in eingeschränktem Bewegungsradius zulässt.

Der Einsatz von Orthesen zur frühfunktionellen Behandlung nach Sportverletzungen ist unumstritten. Mittels Orthesen können Bewegungen freigegeben werden, welche z. B. den verletzten Bandstrukturen einen zur Ausheilung notwendigen Dehnreiz geben, Knorpel ernähren und Muskelatrophien verhindern, z. B. Donjoy-Knieschiene.

Der Einsatz von Orthesen zur Prophylaxe von Sportverletzungen muss individuell gesehen werden. Er ist abhängig von der Sportart, der Spielposition und dem zu schützenden Gelenk.

Vorgefertigte Orthesen und Schienen sind nicht individuell anpassbar. Eine hervorragende Alternative sind jedoch thermoplastische Kunststoffe (z. B. Orfit), die durch Erwärmen frei verformbar sind und nach dem Erkalten aushärten. Dieser Vorgang lässt sich beliebig oft wiederholen.

Im Wettkampf/bei Sportarten mit Gegnerkontakt müssen Orthesen und Schienen vollständig abgedeckt und fixiert werden.

Der Markt bietet für fast jedes Gelenk und nahezu jede Verletzung eine Vielzahl von Bandagen und Orthesen an. Hier eine Auswahl (☞ Tab. 12.1):

Tab 12.1 Orthesen (Auswahl).

Gelenk	Produkt	Indikation
Daumengrund- und Sattelgelenk	z. B. Rhizo Loc	Stabilorthese zur Stabilisation des Daumengrund- und Sattelgelenkes
Hand	Manu Loc	Stabilorthese zur Ruhigstellung
	Manu Train	Aktivbandage zur Stabilisierung der Hand
Ellenbogen	Epipoint	Stabilorthese zur dynamischen Druckentlastung mittels Pelotte bei Epicondylopathie
	Epitrain	Aktivbandage zur Stabilisation des Ellenbogengelenkes
Schulter	Arthro MAXX	Bandage zur Ruhigstellung
	Omo Train	Aktivbandage zur Stabilisation des Schultergelenkes
Fuß	Achillo Train	Aktivbandage zur Entlastung der Achillessehne mittels Sehnenpelotte und Fersenkeil
	Air Cast	Stabilorthese zur Stabilisierung des Sprunggelenkes
Knie	Infrapateller Band	Spange zur Entlastung der Patellasehne an der Tuberositas tibiae
	Genu Loc	Stabilorthese zur Ruhigstellung
	MOS Genu	Funktionelle Orthese zur Stabilisation des Kniegelenkes (in Flexion und Extension limitierbar)
	Genu Train	Aktivbandage zur Entlastung und Stabilisation des Kniegelenkes
Hüfte	Arthro MAXX	Hüftorthese zur Stabilisation
Lendenwirbelsäule	Lumbo Loc	Stabilorthese zur Stabilisatin der LWS
	Lumbo Train	Aktivbandage zur muskulären Stabilisation der LWS

13 Literatur

Buchmann, J./Weber, K.: Weiche Techniken der Manuellen Medizin, Hippokrates Verlag Stuttgart, 1994
Drexel H. et al: Physikalische Medizin Band 1–4, 2. Auflage, Hippokrates Verlag Stuttgart, 1990
Eder, K./Pfützner, A.: Taping-leicht gemacht, Kirchheim, Mainz, 1996
Evjenth, O./Hamberg,O.: Muskeldehnung: Warum und wie? Remed, Zug, 1981
Feuerstarke, G./Zell, J.: Sportverletzungen, Theorie und Praxis, Fischer Verlag, Stuttgart, 1997
Fleischhauer, M. et al: Leitfaden Orthopädie/Traumatologie, 2. Auflage, Elsevier GmbH, München, 2006
Gottlob, A.: Differenziertes Krafttraining, 2. Auflage, Elsevier GmbH, München, 2007
Horn, H. G./Steinmann, H. J.: Medizinisches Aufbautraining, 2. Auflage, Urban und Fischer Verlag München – Jena, 2001
Klümper: Sporttraumatologie, Ecomed Verlag, 2000
Kolster, B. et al: Leitfaden Physiotherapie, 4. Auflage, Elsevier GmbH, München, 2002
Engelhardt, M.: Sport Orthopädie+Traumatologie, Elsevier GmbH, München, Monatshefte, 1999–2008
Peterson,L./Renström,P.: Verletzungen im Sport, Deutscher Ärzte Verlag, 1987
Reimann,S.: Befunderhebung, Grundlagenwissen für Physiotherapeuten und Masseure, 3. Auflage, Elsevier GmbH, München, 2007
Travell,J/Simons,D.: Handbuch der Muskel-Triggerpunkte, Fischer, Stuttgart, 2000
Zalpour,C.: Anatomie/Physiologie für die Physiotherapie, Elsevier GmbH, 2. Auflage, München, 2006

14 Register

A

Abwärmen, Cool down 68
– Ausdehnen 69
– Eigenmobilisation 69
Adaptation 196
aerober Energiestoffwechsel 25
Alternativtraining 230
anaerober Energiestoffwechsel 26
Apley-Grinding-Test 206
Atemfrequenz 209
Atmungskette 25
Aufklappbarkeit, mediale und laterale 205
Aufwärmen, Warm up 58, 240
– allgemeines und koordinatives 59
– Dehnen 60
– Rumpfstabilisation 61
– Sprint-, Explosivkraftelemente 65
Augenverletzungen 99
Ausdauer 43
– aerobe 43, 228
– allgemeine 43
– anaerobe 43, 228
– Ausdauertests 44
– lokale 43, 228
– Maximalpuls 44
– spezifische 43
– unspezifische 43, 228
Ausdauertraining 43, 195, 226, 228
– Formen 45
– Grundlagenausdauer 227
– Kompensationstraining 227
– Regenerationstraining 227
– Regenerationszeiten 229
Auslandsbetreuung 72
– allgemeine Empfehlungen 75
– Anreise, Flug 73
– Ernährung 74
– Impfungen 73
– Medikamente 75

B

Ballettschuhe 12
Bänderriss 179
Bauch- und Unterleibsverletzungen
– Erste Hilfe 101
Beatmung 94
Befunderhebung 197
– Anamnese 198
– Atemfrequenz 209
– bei Rezidiven 211
– Bewegungsprüfung 204
– Blutdruck 208
– Funktionsbefund 204
– Ganganalyse 206
– Grundlagenausdauermessung 208
– Herzfrequenz 208
– im Akutfall 209
– Inspektion 199
– Längen- und Umfangsmessungen 201
– Muskelstatus 206
– Palpation 200

- segmentale 216
- Spielerkartei 216

Bekleidung
- Funktionsbekleidung 5
- Sommerbekleidung 5
- sportartspezifische 7
- Winterbekleidung 6

Betreuerkoffer 77
- Inhalt 78, 80

Beweglichkeit 53
- Beweglichkeitstests 54
- physiologische Bewegungsausmaße 54

Beweglichkeitstraining 53, 195, 239
- Dehnungen 54, 239
- Formen 54
- Manuelle Therapie 255
- Mobilisation Nervensystem 269
- Weichteiltechniken 253

Bewegungsprüfung 204

Bewusstlosigkeit
- Erste Hilfe 93

Bindehautentzündung 93
Blasenbildung 88
Blutblase 88
Boxerschuhe 12
Bursitis 186

C

Commotio cerebri 97
Cool down, *siehe* Abwärmen 68

D

Dämpfungsschuhe 8
Dehnungen 239
- aktiv 54, 240
- dynamisch 54, 240
- Eigendehnung, Stretching 244
- Grundregeln 252
- passiv 54, 240
- statisch 54, 240
- Techniken 242

Dehydratation
- Erste Hilfe 93

Disaccharide 17
Distorsionen 90, 178

E

Einlagenversorgung 15
Eisbox 81
Eislolly 126
Eisspray 126
Elektrotherapie 128
- Applikationsrichtlinien 129
- Diadynamische Ströme (n. Bernard) 137
- Dosierungsrichtlinien 129
- Elektromyostimulation 140
- Galvanischer Strom 134
- Interferenzstrom 138
- Iontophorese 136
- Phonophorese 134
- Simultanverfahren 133
- TENS 139
- Ultrareizstrom (n. Träbert) 138
- Ultraschall 130

Elektrotherapiegerät
- tragbares 81

Energiebedarf 27
- Gesamtumsatz 28
- Grundumsatz 28
- Leistungsumsatz 28

Energiebereitstellung
- Glukosemetabolismus (Glykolyse) 24
- im Muskel 23
- Phosphatspeicher ATP, KP 24
- Phosphatspeicher ATP, KP, *siehe auch* Phosphatspeicher 24

Energiestoffwechsel
- aerober 25
- anaerober 26

Entmüdungsbäder 69
Entspannungstechniken 71
Erholungspuls 208
Ermüdung
- physische, psychische 143

Ernährung 16, 67, 72
- empfohlene Trinkmengen 30
- Fette 19
- im Ausland 74
- in speziellen Trainingsphasen 31
- Kohlenhydrate 17
- Makro- und Mikronährstoffe 16
- Mineralien 21
- Nährstoffgruppen 16
- Nahrungsergänzungspräparate 23
- Proteine 18
- Regenerationskost 33
- Reisekost 34
- sportartspezifischer Energiebedarf 27
- sportartspezifischer Nährstoffbedarf 27, 29
- Trainings- und Aufbaukost 31
- Vitamine 22
- Vorwettkampfkost 32
- Wasser 20
- Wettkampfkost 32

Erste Hilfe 82
- Bauch- und Unterleibsverletzungen 101
- Beatmung 94
- Gefahren bei Hitze 92
- Gesichts- und Halsverletzungen 99
- Hautverletzungen 85
- Herz-Lungen-Wiederbelebung 95
- Knochen- und Gelenkverletzungen 90
- Kopfverletzungen 96
- Kreislaufprobleme 93
- PECH-Schema (n. Böhmer) 83
- stabile Seitenlage 94
- Thoraxverletzungen 100

erstversorgender Verband 273

F

Fango 124
Fechterschuhe 12
Fette 19
- gesättigte Fettsäuren 19
- mehrfach ungesättigte Fettsäuren 19
- ungesättigte Fettsäuren 19

Frakturen 91, 193
- geschlossene 91
- offene 91
- Stressfraktur 192

frühfunktionelle Therapie 218
Funktionsbekleidung 5
Fußtyp 8
- Bestimmung des 8
- Hohlfuß 9
- Normalfuß 8
- Senkfuß 8

G

Ganganalyse 206
Gehirnerschütterung 97
Gelenkspiel 57
Gesichts- und Halsverletzungen
- Erste Hilfe 99

Getränkebehälter 81
Gewichtheberschuhe 12
Gleichgewichtsfähigkeit 50
Gleitmobilisation 57, 255
Glukose 17, 25

Glukosemetabolismus
- Atmungskette 25
- Zitratzyklus 25
Glukosemetabolismus (Glykolyse) 24
Glykogen 17, 25
Glykolyse 24
Golfschuhe 12
Grundlagenausdauertraining 227

H
Hallenschuhe 12
Hämatom unter dem Nagel 88
Hautverletzungen
- Erste Hilfe 85, 88
Heiße Rolle 124
Herz-Lungen-Wiederbelebung 95
Herzfrequenz 208
Hitzeschlag 92
- Erste Hilfe 92
Hohlfuß 9

I
Insektenstiche 89
Insertionstendopathie, *siehe* Tendopathie 167

K
Kältetherapie 84, 125
Kinesio®-Tapes 305
- Achillessehnen- 313
- Anlage 308
- Anlagetechniken 308
- bei Lumbalbeschwerden 316
- Knie- 314
- Schulter- 317
- Sprunggelenk- 313
- Verbandsmaterial 307
Klebeverband 277

Knochen- und Gelenkverletzungen
- Erste Hilfe 90
Kohlehydrate
- Kohlenhydratträger 18
- Monosaccharide 17
Kohlenhydrate 17
- Disaccharide 17
- Energiebereitstellung 17
- Glukose 17
- Polysaccharide 17
Kombinationsmassage (n. Schoberth) 117
Kompartmentsyndrom 164
Kompensationstraining 227
Kompression 85, 123
Koordination 48
- intermuskuläre 49
- intramuskuläre 49
- Koordinationstest 51
- koordinative Fähigkeiten 50
- Störungen der 52
Koordinationstraining 48, 195, 233
Kopfverletzungen
- Erste Hilfe 96
Kraft 37
- Kraftausdauer 38
- Krafttests 38
- Krafttraining 40
- Maximalkraft 37
- physiologische Kraftverhältnisse 38
- Schnellkraft 38
Krafttraining 37, 195, 224
- dynamisches 41
- Formen 40
- isokinetisches 42
- statisches 41
Kreislaufprobleme
- Erste Hilfe 93
Kryokinetiks 127
Kunstrasenschuhe 12

L

Laktat (Milchsäure) 26
- Folgen der Laktatbelastung 27

Laufbandanalyse 9
Laufschuhe 11
Laufuntergrund 9
- Asphalt 9
- Gras 10
- Kunststoff-, Tartanbahnen 11
- Laufband 11
- Sand 10
- Trial 10
- Waldwege 10

Luxationen 90, 184

M

Mannschaftsarzt
- Aufgabenfeld 2

Manuelle Lymphdrainage 118
- Basisgriffe (n. Vodder) 121
- Fibroselockerungsgriffe 122
- Ödemgriffe n. Asdonk 122

Massagen 113
- Klassische Massage 113
- Kombinationsmassage (n. Schoberth) 117
- Sportmassage 115
- Stäbchenmassage 116
- Vakuummassage 117

maximale Herzfrequenz 208
Maximalkraft 37
Maximalpuls 44
MBT-Schuhe 13
Medikamente 75, 103
- Externa 103
- homöopathische 105
- leistungssteigernde/Doping 107
- verbotene Substanzen 107

Medizinisches Aufbautraining (MAT) 195
- Ausdauertraining 226
- Beweglichkeitstraining 239
- Koordination- und Propriozeptionstraining 233
- Krafttraining 224
- Schnelligkeitstraining 232

Meniskustest nach Payr 206
Meniskusverletzungen 188
Mineralien 21
- Eisen 22
- Kalium 21
- Kalzium 21
- Magnesium 21
- Natrium 21
- Selen, Zink 22
- Spurenelemente 21

Monosaccharide 17
Muskeldehnungen 239
Muskelfaserriss 158
Muskelkater 145
Muskelkrampf 147
Muskelprellung 152
Muskelriss 162
Muskelstatus 206
Muskelzerrung 156
Myofasziale Trigger-Points 149
Myogelosen 149

N

Nährstoffbedarf 27, 29
- Mehrbedarf 29

Nährstoffgruppen
- Makronährstoffe 16
- Mikronährstoffe 16

Nasenbluten 97
Normalfuß 8

O

Orientierungsfähigkeit 50
Orthesen 319

P

PECH-Schema (n. Böhmer) 83
Periostitis 191
Peritendinitis, *siehe* Tendovaginitis 172
Pflasterverband (Tape) 276
Phosphatspeicher 23, 24
- Adenosintriphosphat (ATP) 23
- Kreatinphosphat (KP) 23
Platzwunde 97
Polysaccharide 17
Postisometrische Relaxation (PIR) 242
Prävention von Sportverletzungen 35
- Ausgleichstraining 37
- kurzfristige primäre 36
- primäre 35
- sekundäre 36
prophylaktischer Verband 273
Propriozeption 48
Propriozeptionstraining 48, 233
Proteine 18
- Proteinlieferanten 19

R

Reaktionsfähigkeit 50
Regenerationsmassage 116
Regenerationstraining 227
Regenerationszeiten 229
Rehabilitation (Phasen) 217
rehabilitativer Verband 274
Reitstiefel 12
Rippenprellung 100
Rumpfstabilisation 61

S

Sauna 70
Schlag auf Solar Plexus 101
Schnelligkeit 47
- Schnelligkeitstests 48
Schnelligkeitstraining 47, 195, 232
- Formen 48
Schnellkraft 38
Schock
- Erste Hilfe 96
Schubladentest 205
Schuhschnürungen 13
segmentale Organisation 216
Sehnenriss 174
Seitenstiche 101
Senkfuß 8
Sommerbekleidung 5
Sonnenblindheit
- Erste Hilfe 93
Sonnenbrand 89
Spielerkartei 216
Spikes 12
Sport- und Wettkampffähigkeit 222
sportartspezifische Bekleidung 7
Sportler
- Aufgabenfeld 1
Sportmassage 115
- Regenerations- 116
- vorbereitende 115
- Zwischen- 115
Sportphysiotherapeut
- Aufgabenfeld 3
Sportschuhe 5, 7
- Ballettschuhe 12
- Boxerschuhe 12
- Dämpfungsschuhe 8
- Fechterschuhe 12
- für spezielle Anforderungen 11
- Gewichtheberschuhe 12
- Golfschuhe 12
- Hallenschuhe 12
- Kriterien für die Schuhauswahl 7, 11

- Kunstrasenschuhe 12
- Laufschuhe 11
- Reitstiefel 12
- Schuhschnürungen 13
- Spikes 12
- Stabilitätsschuhe 8
- Stabilschuhe 8
- Stollenschuhe 11
- Trialschuhe 11

Sportverletzungen, Sportschäden, *siehe* auch die einzelnen Krankheitsbilder 142
- typische 142
- Ursachen 142

Sprint-, Explosivkraft 65
Spurenelemente 21
Stäbchenmassage 116
stabile Seitenlage 94
Stabilitätsschuhe 8
Stabilschuhe 8
Stollenschuhe 11
Stressfraktur 192
Superkompensation 196

T

Taping 272
Tendopathie 167
Tendovaginitis 172
therapeutischer Verband 274
Therapieliege
- tragbare 81

Thermotherapie
- Kälte 125
- Wärme 123

Thoraxverletzungen
- Erste Hilfe 100

Trainer
- Aufgabenfeld 1

Trainings- und Wettkampfbetreuung 58
- im Ausland 72

Trainings- und Wettkampfnachbereitung 68
- Abwärmen, Cool down 68
- Eigenmassagen 70
- entmüdende Maßnahmen 69
- Entmüdungsbäder 69
- Entspannungstechniken 71
- Ernährung 72
- Regenerationsmassagen 70
- Sauna 70
- Schlaf 72

Trainings- und Wettkampfvorbereitung 58
- Aufwärmen, Warm up 58
- Ernährung 67
- spezielle Vorbereitung 67

Trainingsparameter 40, 195
- Reizdauer 196
- Reizdichte 196
- Reizfrequenz 196
- Reizintensität 196
- Reizqualität 195
- Reizumfang 196

Trainingspuls 227
Traktion 57, 255
Trialschuhe 11
Trigger-Points 149
Trinkmengen 30

U

Unterverband 277

V

Vakuummassage 117
Verbände (Taping)
- Achillessehnen- 299
- Anlage funktioneller 280, 282
- Daumen- 286
- Ellenbogen- 290
- Finger- 284

- funktionelle 272
- Handgelenk- 288
- Hautbehandlung 280
- Hilfsmaterialien 278
- Kinesio®-Tapes 305
- Klassifizierung funktioneller 273
- Knie- 301
- Materialien 276
- Schulter- 292
- Sprunggelenk- 295, 298
- zur Muskelentlastung 303

Vitamine 22

W

Wärmepflaster 124
Wärmetherapie 123
Warm up, *siehe* Aufwärmen 58
Weichteilmobilisationen 57
Weichteiltechniken 253
Wettkampfnachbereitung, *siehe* auch Trainings- und Wettkampfnachbereitung 68
Wettkampfbetreuung 58, 68
Wettkampfvorbereitung, *siehe* auch Trainings- und Wettkampfvorbereitung 58
Winterbekleidung 6
Wundheilung
- Grundlagen 82
- Phasen der 82

Wundscheuern 88
Wundversorgung
- Blutstillung 86
- Desinfektion 87
- offene Hautverletzungen 85
- Reinigung 86
- Verbandwechsel 87

Z

Zahnverlust 99
Zitratzyklus 25

Sport Orthopädie
Sport Traumatologie

Sports Orthopaedics and Traumatology

Jetzt Probeabo nutzen!

2008 Band 24
mit 4 Ausgaben
ISSN 0949-328X

Herausgeber
Martin Engelhardt
(v.i.S.d.P.)
Osnabrück, Germany

Roland M. Biedert
Biel, Switzerland

Jürgen Freiwald
Wuppertal, Germany

Martin Huonker
Bad Buchau, Germany

Michael Krüger-Franke
München, Germany

Stefan Nehrer
Krems, Österreich

Victor Valderrabano
Basel, Switzerland

GOTS-Nachrichten
Markus Walther
München, Germany

Sportmedizinische Fortbildung und Qualitätssicherung in Klinik und Praxis

Die Zeitschrift setzt einen wissenschaftlichen und praktischen sportorthopädischen und sporttraumatologischen Schwerpunkt. Sie veröffentlicht Originalarbeiten zu den Themengebieten Arthroskopie, Biomechanik, internistische Sportmedizin, Bewegungs- und Trainingslehre, Bildgebende Verfahren, Sportpsychologie und Sportrehabilitation sowie Diskussionen über Risiko bzw. Gesundheitswert verschiedener Sportarten, Kongressberichte, Erkenntnisse aus der Arzneimittelforschung sowie traumatologische Rahmenthemen. Interdisziplinären Themen wird in gebotenem Maße Platz eingeräumt.

Die Zeitschrift ist das Organ der Gesellschaft für Orthopädisch-Traumatologische Sportmedizin (GOTS)
und das Organ der Verbandsärzte Deutschlands e.V.

Interessenten
In Praxis und Klinik sportmedizinisch tätige Ärzte, Internisten, Chirurgen und Orthopäden

Abstracted/Indexed in
Scopus

www.elsevier.de

Das Probeabo
(2 Ausgaben für 12 Euro)
Bezugshinweise, Preise und weitere Informationen erhalten Sie auf der Internetseite der Zeitschrift.

www.elsevier.de/orthtr

Fachliteratur Medizin
Wissen was dahinter steckt. Elsevier.